本书受国家社会科学基金重大项目（18ZDA045）、国家自然科学基金面上项目（71874160）、国家自然科学基金青年项目（71403248）和浙江工业大学人文社科后期资助

Research on the
formation mechanism
and spatial spillover effect of
industrial coagglomeration

产业协同集聚
形成机制与空间外溢
效应研究

陈国亮　袁　凯　徐维祥◎著

ZHEJIANG UNIVERSITY PRESS
浙江大学出版社

图书在版编目(CIP)数据

产业协同集聚形成机制与空间外溢效应研究 / 陈国
亮,袁凯,徐维祥著. — 杭州:浙江大学出版社,2020.12
ISBN 978-7-308-20639-6

Ⅰ.①产… Ⅱ.①陈…②袁…③徐… Ⅲ.①产业经
济学－研究－中国 Ⅳ.①F269.2

中国版本图书馆 CIP 数据核字(2020)第 189935 号

产业协同集聚形成机制与空间外溢效应研究

陈国亮　　袁　凯　　徐维祥　著

责任编辑	蔡圆圆
责任校对	许艺涛　郭琳琳
封面设计	续设计
出版发行	浙江大学出版社
	(杭州市天目山路 148 号　邮政编码 310007)
	(网址:http://www.zjupress.com)
排　　版	浙江时代出版服务有限公司
印　　刷	广东虎彩云印刷有限公司绍兴分公司
开　　本	710mm×1000mm　1/16
印　　张	26
字　　数	398 千
版 印 次	2020 年 12 月第 1 版　2020 年 12 月第 1 次印刷
书　　号	ISBN 978-7-308-20639-6
定　　价	89.00 元

序　一

　　陈国亮副教授和袁凯博士等的著作《产业协同集聚形成机制与空间外溢效应研究》即将出版，作者嘱我作序。我与袁凯博士有多年的师生之谊，故欣然命笔。

　　当今世界，伴随着生产要素的大规模跨国流动，经济、文化交流加深，区域之间的依存加强。作为一个地域辽阔的大国，中国最近几十年来出现的要素流动的沿海化倾向，引发了一系列关于区域协调发展问题的讨论。本书正是在这样的背景下，从学术层面探讨中国改革开放以来通过对内、对外开放，加快融入经济全球化的进程，也分析了国内各地区之间的产业发展关系。

　　自从新经济地理学理论问世以来，学界关于产业集聚的研究呈现百花齐放的态势，极大地丰富了区域经济学的理论和实践研究。本书从新经济地理理论出发，解释了中国区域经济发展当中出现的一些现象，探讨了应用"国际方法＋中国问题"的区域经济研究范式研究具体问题的途径，结合新一代信息技术突飞猛进和互联网、物联网向生产生活全面渗透的趋势，试图回答区域经济发展中出现的亟待回答的新现象和新问题，从而对区域经济学的理论分析框架的完善做出了一定的贡献。

　　陈国亮副教授和袁凯博士等的这本著作，重点探讨了二、三产业协同集聚形成机制和空间外溢效应问题，从研究内容和研究视角看，概括起来有三大特点：(1)将产业集聚的研究从聚焦于制造业向生产性服务业延伸，注重将两者结合起来进行研究。在理论上的贡献，是将单个产业集聚理论分析框架拓展至多元产业协同集聚理论分析框架，以此探讨二、三产业协同集聚的形成机制。(2)突破以行政区为研究对象的限制，把产业集聚的着眼点聚焦在跨行政区域发展和空间连片分布等问题的研究上，并试图从空间关联角度探讨二、三产业空间分布连续性形成的原因等问题。(3)在当前互联网技术不断应用的背景下,企业组织架构、运营模式以及企业空间布局都面临着巨大变革,从而对二、三产业空间分布产生了深远影响,基于此,作者探讨了互联网发展对二、三产业空间分布的影响机制,研究了工业经济时代和网络经济时代下二、三产业空间分布的差异性等问题。

在本书中,作者的观点是十分明确的:按照经济发展规律,在后工业化时代,一个国家或者地区的主导产业是服务业,但这并不意味着制造业并不重要,恰恰相反,最近几年欧美国家出现的"再工业化战略"说明过度地去工业化不利于经济发展。因此,对于中国发展而言,如何利用中国地域辽阔的地理优势,根据不同地区工业化阶段,充分发挥市场对资源配置的决定性作用,合理引导制造业和生产性服务业的空间分布,提高资源的空间配置效率,已经成为我们需要解决和回答的迫切问题。同时,二、三产业协调发展也离不开制度环境的作用,产业政策对二、三产业空间分布具有重要的影响。在现实中,各个地区产业转型升级压力逐渐加大,造成政策作用加强,这就容易出现产业政策的泛化现象,各个地方政府都是从各自行政区来考虑产业升级的政策措施,缺少从跨区域的广域空间视角来定位各自的行政区在产业升级中所扮演的角色,容易导致地区间难以实现产业协同升级的发展目标。令人欣喜的是,当前中央确定的长江经济带发展战略、京津冀协同发展战略、粤港澳大湾区发展战略和长三角一体化发展战略,从国家战略的高度弥补了这些缺憾,为实现区域间产业协同升级的发展目标创造了条件。

"无边落木萧萧下,不尽长江滚滚来",近年来,我国区域经济学术界新人辈出,新的成果也不断涌现。我诚挚地向各位读者推荐陈国亮副教授和袁凯博士等的力作《产业协同集聚形成机制与空间外溢效应研究》,并预祝他们有更多的好成果问世。

是为序。

中国人民大学应用经济学院教授、博士生导师
全国经济地理研究会会长　　　　　　　　孙久文
中国区域经济学会副会长

2020 年 5 月

序　二

　　区域产业并不是均匀地分布在整个区域空间,而总是以某一特定的空间为中心而集聚,产业集聚成为区域经济活动的突出特征。

　　由于区域产业的集聚状态,诸如集聚规模、集聚空间形态、集聚企业的产业联系状况等都深刻地影响着区域的产业结构与经济增长,并显著地反映在区域产业竞争力与区域综合实力上,因而区域产业集聚问题自新古典经济学时代以来就一直为众多学者所关注,出现了不少解释产业集聚现象的经典理论,其中最为著名的有马歇尔(Marshall)的外部经济理论、Henderson 等基于经济地理学的理论分析,以及以克鲁格曼(Krugman)等学者为代表的新经济地理学分析。随着我国市场化条件下工业化的推进,产业集聚现象也越来越普遍,因而国内研究产业集聚问题的学者也越来越多,出现了相当丰富的研究成果。

　　纵观产业集聚问题的现有研究,更多的还是集中在制造业集聚上,而对于生产性服务业集聚尚未有深入的研究。同时,现有的研究大多局限在固定空间范围内考察产业集聚问题,研究焦点只集中在单一区域,因而不能很好地解释产业集聚通过空间外溢所形成的具有大尺度地理特征的集聚连绵区。

　　针对现有研究的不足,本书在以上两个方面都进行了一定程度的研究,取得了不少令人耳目一新的研究成果。

　　第一,本专著在新经济地理学理论的基础上,通过信息技术替代运输成本构建了关于生产性服务业集聚的"要素—空间—城市—制度"的四维理论分析框架,并在实证上予以验证。

　　第二,本专著将研究对象拓展到多个产业协同集聚上。通过借鉴新经济地理学等理论,从产业和空间两个维度剖析了二、三产业协同集聚形成的内在机制,并进一步研究了二、三产业协同集聚的演化机理,并指出了两者从互补效应向挤出效应转换的临界点,从而构建了多元产业协同集聚的研究框架,超越了单个产业集聚的研究范式。

第三,本专著还从空间耦合视角研究二、三产业协同集聚,将过去静态的空间视角拓展至动态空间视角,弥补了过去研究焦点只集中在单一区域的不足。基于空间连续性角度探讨二、三产业协同集聚的空间外溢效应,并从企业跨区域发展形成的产业链空间分布离散化视角阐述了二、三产业协同集聚空间连续性的内在机理,突破了过去研究产业集聚只集中在单个行政区域范围的不足,从而将空间连续体作为研究对象成为可能。

第四,本研究基于互联网驱动视角研究了二、三产业空间非一体化形成的内在机理,并进一步探讨了互联网驱动对二、三产业空间关系演化轨迹的影响,从而识别了在工业经济时代和互联网经济时代二、三产业空间关系演化的差异性。

本书作者之一陈国亮的老家在浙江台州,那里是浙江省产业集群较为发达的地区之一,因而他很早就对产业集聚现象有着直观的感性认识,这也为他现在研究产业集聚问题提供了更多的便利。2005年陈国亮进入浙江大学经济学院学习,并以产业经济为研究方向,在对各种产业集聚理论进行系统梳理的基础上,深入研究了产业集聚的内在机理,更使得他对产业集聚问题的认识从感性认识上升到理性认识。

陈国亮在浙江大学从事学习与研究工作近10年,品学兼优,不但在各权威刊物上发表了多篇高质量的学术论文,还获得过多项奖励。我作为陈国亮在浙江大学求学、研究工作期间的导师之一,目睹了陈国亮多年来在学术研究方面的巨大进步,现在又阅读了这部反映他近年来在产业集聚领域辛勤耕耘的最新力作,十分欣喜,特为序。

许庆明

2020 年 7 月 10 日于浙江大学紫金港校区

目　录

1　绪　论 ··· 1

　　1.1　研究背景 ··· 1

　　1.2　研究目的与内容 ··· 5

　　1.3　本书的技术路线 ··· 9

　　1.4　本书的创新之处 ··· 9

　　1.5　研究的重点与难点 ·· 13

2　文献综述 ·· 15

　　2.1　问题的提出 ·· 15

　　2.2　空间视角下的产业集聚理论渊源 ··· 16

　　2.3　生产性服务业集聚研究进展综述 ··· 29

　　2.4　生产性服务业与制造业协同集聚综述 ·· 40

　　2.5　研究述评 ·· 60

3　二、三产业协同集聚理论分析框架的构建 ··································· 66

　　3.1　引　言 ··· 66

　　3.2　生产性服务业集聚的二重性研究 ··· 67

　　3.3　生产性服务业集聚与 NEG 理论 ··· 71

　　3.4　二、三产业协同集聚多重性研究 ··· 79

　　3.5　二、三产业协同集聚：一个理论框架 ·· 90

　　3.6　小　结 ··· 99

4 二、三产业协同集聚测度:产业与空间特征 ·················· 101

4.1 生产性服务业集聚水平的测度 ···················· 101

4.2 不同地理尺度下生产性服务业空间分布特征描述 ········· 108

4.3 二、三产业协同集聚的特征性事实:产业维度 ··········· 118

4.4 二、三产业协同集聚的特征性事实:空间维度 ··········· 123

4.5 二、三产业空间分布研究的延伸:海洋产业的考察 ········ 134

4.6 小 结 ···································· 140

5 新经济地理学视角下的生产性服务业集聚影响因素研究 ··· 143

5.1 生产性服务业集聚理论假说的提出 ················· 144

5.2 假说的验证 ································· 149

5.3 关于生产性服务业集聚影响因素的非线性命题讨论 ······· 156

5.4 小 结 ···································· 160

6 二、三产业协同集聚形成机制研究 ·················· 162

6.1 理论假说的提出 ······························ 162

6.2 模型设定与变量描述 ·························· 168

6.3 假说检验及讨论 ····························· 173

6.4 进一步讨论 ································· 183

6.5 小 结 ···································· 189

7 互联网驱动下二、三产业空间非一体化研究 ············· 191

7.1 问题的提出 ································· 191

7.2 互联网与二、三产业空间非一体化的作用机制研究 ······· 193

7.3 互联网驱动下二、三产业空间非一体化演进轨迹分析 ······ 198

7.4 长三角城市群二、三产业空间非一体化演进研究 ········ 200

7.5 实证分析 ·································· 206

7.6 小 结 ···································· 217

8 双重集聚:互补效应还是挤出效应? ················ 218

8.1 双重效应:一个现实印象 ······················ 218

8.2　现象背后的故事:两个维度 ……………………………… 223

8.3　经验分析:理论假说的求证 ……………………………… 230

8.4　双重效应的进一步讨论:城市规模的分组 ……………… 240

8.5　空间范围的拓展:中国城市未来的发展方向在哪里? …… 243

8.6　小　结 …………………………………………………… 248

9　空间连续性、地理距离与二、三产业协同效应 ……………… 250

9.1　引　言 …………………………………………………… 250

9.2　二、三产业协同效应:一个空间外溢事实 ……………… 251

9.3　理论分析框架的构建 ……………………………………… 255

9.4　二、三产业空间分布连续性的演化轨迹分析 …………… 261

9.5　二、三产业空间分布连续性的空间效应分析 …………… 263

9.6　假说验证及讨论 …………………………………………… 265

9.7　空间连续性的边界考察 …………………………………… 273

9.8　进一步讨论 ………………………………………………… 280

9.9　小　结 …………………………………………………… 285

10　城市规模,二、三产业协同集聚与企业成长 ……………… 286

10.1　引　言 …………………………………………………… 286

10.2　城市规模与企业成长内在机理研究 …………………… 288

10.3　模型设定、数据来源与变量选择 ……………………… 292

10.4　实证结果分析 …………………………………………… 295

10.5　结论及政策含义 ………………………………………… 307

11　从产业链离散化到二、三产业协调发展:空间组织的视角

…………………………………………………………………… 309

11.1　区域协调发展与二、三产业协调发展 ………………… 310

11.2　二、三产业协调发展新视角:产业链离散化分布 …… 312

11.3　二、三产业协调发展分析框架的构建 ………………… 326

11.4　小　结 …………………………………………………… 346

12 结论与研究展望 ⋯⋯⋯⋯⋯⋯⋯⋯⋯⋯⋯⋯⋯⋯⋯⋯ 348

  12.1 主要结论 ⋯⋯⋯⋯⋯⋯⋯⋯⋯⋯⋯⋯⋯⋯⋯⋯⋯⋯⋯ 348

  12.2 政策启示 ⋯⋯⋯⋯⋯⋯⋯⋯⋯⋯⋯⋯⋯⋯⋯⋯⋯⋯⋯ 352

  12.3 研究展望 ⋯⋯⋯⋯⋯⋯⋯⋯⋯⋯⋯⋯⋯⋯⋯⋯⋯⋯⋯ 357

参考文献 ⋯⋯⋯⋯⋯⋯⋯⋯⋯⋯⋯⋯⋯⋯⋯⋯⋯⋯⋯⋯⋯⋯ 360

后 记 ⋯⋯⋯⋯⋯⋯⋯⋯⋯⋯⋯⋯⋯⋯⋯⋯⋯⋯⋯⋯⋯⋯⋯⋯ 406

1 绪 论

1.1 研究背景

随着经济社会的发展和宏观经济环境的变化,我国沿海发达地区产业转型升级的压力逐渐加大。尽管在全国层面和省级层面自上而下推出了一系列旨在加快产业转型升级的政策措施,推出了包括产业升级指导目录在内的一系列政策和调整措施,包括大力发展现代服务业、战略性新兴产业等,但事实上产业升级的政策效果并不明显,特别是我国沿海地区产业转型升级压力仍然较大,产业转型升级形势进一步复杂。而从目前产业升级的政策手段来看,我们认为产业升级绩效不明显的一个重要原因在于,各个地区主要还是局限于就产业升级谈产业升级,都是从各自行政区来考虑产业升级的政策措施,没有从广域空间视角来定位各自的行政区在产业升级中所扮演的角色,从而导致地区间难以实现产业协同升级目标。在此背景下,一些企业为了对冲风险和提升竞争优势,通过跨区域发展,将产业链的不同功能环节在空间上重新整合,使得企业研发、设计部门和制造部门分别在中心城市和周边城市集中,从而在空间上形成了生产性服务业与制造业的协同集聚,而制造业通过借助中心城市生产性服务业的带动实现向产业链高端攀升,可以说,没有发达的生产性服务业,就不可能形成具有较强竞争力的制造业部门(Eswaran & Kotwal, 2002)。

从空间布局上看,我国制造业在20世纪80年代趋于分散而90年代以来趋于地理集中,随着中国经济迅速发展,交易成本和运输费用不断下降促进了制造业在空间地域上的集聚(文玫,2004)。同时,在经济全球化背景下,沿海省份由于优惠的政策和优越的区位获得快速发展,大量资本和劳动力加速在沿海聚集(贺灿飞等,2008),包括广东、福建、浙江、江苏、山东等沿海省份集中度很高,成为制造业的集聚地,而且主要聚集了纺织业、化学原料、医药制造、化学纤维、有色金属、普通机械、电气机械、专业设备等行业(罗勇、曹丽莉,2005)。而近几年,随着服务业特别是生产性服务业的快速发展,生产性服务业的集聚程度也在不断提高,已经出现了生产性服务业集群的现象,如中国上海的陆家嘴金融服务业集群和北京中关村的中介服务业集群等。从分行业来看,自2003年以来,主要的生产性服务业中,交通运输、仓储和邮政业领域主要集中在北京、上海等地,信息传输、计算机服务和软件业行业主要集中在北京、广东等地,金融业领域主要集中在上海、辽宁等地,租赁和商务服务业则主要集中在北京、天津和上海等大城市,从这些生产性服务业的空间布局来看,基本上还是集中在东部沿海地区。因此,从空间分布上看,制造业和生产性服务业都集中在东部沿海地区,从而形成了交叉重叠式的集聚,在空间上形成了多元产业协同集聚的空间格局。但是这种不同产业同时集聚在同一区域是偶然因素使然还是两者之间存在某种必然的关联,另外,是什么因素促使两者在空间上形成协同集聚,这种多元产业空间分布格局又是如何演化的,决定因素又是什么,这些都是本书所关注的焦点。

现有研究主要集中在制造业集聚上,较少关注生产性服务业集聚,随着城市功能不断完善和增加,对生产性服务业的需求势必越来越大,正如洪银兴、陈雯(2000)所指出的,现阶段我们国家的城市化内容已经从过去的突出人口流动向功能提升,这就使得生产性服务业在城市中的地位明显上升,最突出表现为"优二进三""退二进三",城市的服务功能逐渐增强,生产性服务业在城市形成集聚成为趋势,而以制造业为代表的工业逐步向次中心转移。从国内外的生产性服务业发展来看,已经出现了生产性服务业集群现象,如伦敦的金融服务业集群(Amin & Thrift,1995)、加利福尼亚州的多媒体集群(Scott,1988)以及中国上海的陆家嘴金融服务业集群和北京中关村的中介服务业集群等,因此,对生产性服务业集聚的研究已经具有一定的现实背景。而且李文秀、谭力文(2008)通过集聚动力机制的经济学分析发现,与传统制造企业集聚以追求成本剩余为主不同,服务企业集聚主要追求收益剩余,通过产品特征分析发现，与传统制造产品可存储和远距离传输不同，服务产品的生产和消费在时空上具有同一性。而事实上，产业的空间集聚不仅是由单个产业内部企业的地理接近，更多表现为两个产业或多元产业间企业的地理邻近，特别是对于具有上下游关联的二、三产业①协同集聚而言，不同产业间的企业空间邻近性特征尤为明显。而本书则从空间耦合视角，提出了通过空间结构调整，推进空间整合，进而实现二、三产业在广域空间上的协同集聚，从而突破了过去研究集聚只集中在固定空间范围的局限性。

此外，在经济全球化背景下，中国凭借廉价的劳动力成本优势嵌入全球价值链，经济也由此获得了快速发展，但这种融入全球化方式也容易导致被价值链高端环节企业锁定在低端环节，从而遏制了国内产业向全球价值链高端环节攀升，而且这种两头在外的生产模式容易受外部环境的冲击，波及国内企业。以 2020 年的新冠疫情为例，由于疫情在国内外蔓延，海外市场需求迅速萎缩，而且由于国内外交通的阻断，国内企业复产复工受到极大影响。笔者曾参与了浙江省经信厅、省外办、省科技厅、省公安厅、省商务厅等部门分别对"雄鹰计划"、隐形冠军、高新技术、外资外贸等企业的急需返岗或回国员工、急需推进项目合作的外方人员，以及近期急需签发商务邀请函的全省重点企业外籍专家（人员）复工到岗情况进行的摸排和政策梳理调研工作，我们发现，外籍专家（人员）复工率不高的原因包括：一是 2020 年 4 月份前，暂停外国人入境政策直接影响了外籍专家（人员）的入境到岗和复工复产。二是邀请函获签率不高，当时浙江省具有邀请函签发资格的单位为省外办和省商务厅 2 家，但国家驻外使领馆对浙江省有关专家（人员）以此邀请函申请入境签证的批准签出率很低。截至 4 月底，浙江省商务厅对贸易类企业人员签发邀请函 14 批共 24 人，但驻外使领馆实际发放签证的仅 1 批。

经汇总审核，第一批排摸急需入境返岗的重点企业外籍专家（人员）名单共 429 人。从地域分布来看，杭州 164 人、宁波 20 人、温州 5 人、湖州 54 人、嘉兴 35 人、绍兴 32 人、金华 11 人、衢州 8 人、舟山 70 人、台州 20 人、丽水 10 人。

---

① 一般来说，第三产业主要指广义上的服务业，根据行业类型不同可以分为生产性服务业、消费性服务业和公共性服务业，其中，生产性服务业与制造业联系较为密切，因此，如没有特别说明，本书所说的二、三产业更多指的是制造业与生产性服务业的关系。

从国别来看,日本99人、美国82人、韩国41人、印度33人、德国25人、乌克兰19人、意大利17人、新加坡16人,英法等其他欧洲国家49人,马来西亚等其他亚洲国家24人,其余国家或地区24人。从人员结构来看,高级专家顾问156人、工程师与核心技术人员89人、副总及以上高管84人、其他中级核心管理人员67人、设备安装调试维修等技术服务人员17人、专家与高管家属及其他合作方代表16人。从期待入境时间上看,希望5月底前入境的193人、6月入境的74人、尽快入境的74人,合计占总人数的79.5%,要求尽快入境返岗的愿望迫切。吉利集团、阿里巴巴等国际化程度高的"雄鹰"企业需求尤为突出。上述数据说明在浙江省产业链环节中对外依赖性较强,容易受外部环境波动的影响,这从客观上要求我们要充分利用国内巨大的潜在消费市场,积极打造国内价值链,大力推动沿海发达地区发展生产性服务业,在空间上构建"发达地区—欠发达地区"形成的"生产性服务业—制造业"的空间分工格局。

由于本书涉及产业和空间的互动,牵涉到不同学科分类和不同专业领域,容易为研究者所忽视,而近年来,以空间经济学为代表的理论开始将经济学问题嵌入空间背景中加以分析,并取得了新的进展。尽管如此,我们发现现有关于产业与空间的互动研究主要集中在单个产业上,而事实上,每个空间板块都包含了多元产业,而且这些多元产业在空间上表现出协同集聚特征,但这些产业协同集聚形成的内在机制是什么?这是以往研究所忽略的。虽然空间经济学基于累积循环作用探讨了产业集聚形成机制问题,但它对于如何通过空间外溢作用于相邻地区,使之形成集聚的空间连绵区,从而产生广域地区的竞争优势的内在机理并没有进行深入分析。本研究综合新经济地理学和集群理论,提出了"二、三产业协同集聚"的机制模型,分别探讨了工业经济时代和互联网经济时代二、三产业协同集聚形成的驱动因素,并从由产业链空间分布离散化引发的集群网络空间扩张的视角探讨二、三产业协同集聚形成的内在机制,构建了多元产业协同集聚的理论分析框架,同时,本研究从空间连续性和区域边界两个角度探讨二、三产业协同集聚的空间外溢效应,超越了把产业集聚作为静态的空间组织和封闭系统的认识,从而将二、三产业协同定位形成的空间连续体作为研究对象成为可能。

1.2 研究目的与内容

目前对于产业集聚的研究以制造业居多,从早期的 Marshall（1920）的外部经济理论到现在的以 Krugman（1991）为代表的新经济地理学已经形成了完整而又成熟的理论框架,而对于生产性服务业集聚尚未有深入的研究,由于生产性服务业内生于制造业,因此,研究生产性服务业不是孤立进行的,需要将制造业与生产性服务业协同集聚纳入统一的分析框架将更有意义。我们在关注多元化产业协同集聚和单个产业集聚共同点的同时,需要将研究视角更多地集中在两者的异质性上,比如说多元化产业协同集聚与单个产业集聚形成的内在机制有什么区别？影响多元化产业协同集聚的因素有哪些？如何去构建多元化产业协同集聚的理论研究框架？多元产业空间关系如何？多元化产业协同集聚会产生哪些效应？这些问题的解决将对引导二、三产业协调发展,推动产业转型升级具有重要的理论价值和现实意义,因此,本书将着重从以下6 个问题进行研究。

问题 1：如何在新经济地理学视角下构建生产性服务业集聚的理论范式？

目前对影响生产性服务业集聚的因素缺乏统一认识,关于生产性服务业集聚的研究尚未构建起完善的理论分析框架,因此,我们关心的生产性服务业集聚是延续制造业集聚的分析范式还是自成体系？相比较生产性服务业集聚的研究,关于制造业集聚的理论层出不穷,如从早期的 Marshall 的外部性理论再到最近的以 Krugman 为代表的新经济地理学理论,都已经形成了较为规范和严密的理论分析框架,或者说生产性服务业集聚和制造业集聚同属产业集聚范畴,那么是不是意味着产业集聚的理论均可以适用于生产性服务业集聚呢？ Moulaert 和 Gallouj（1993）等人对此的回答是否定的。因此,在现有生产性服务业集聚理论分析框架缺失的情况下,通过对生产性服务业与制造业在行业性质差异性的比较分析,构建一个理论分析框架。本书基于新经济地理学的视角研究生产性服务业集聚,新经济地理学以规模报酬递增和运输费用为核心,在很大程度上弥补了传统的地理经济学对产业集聚解释的不足,由于生产性服务业产品不存在运输费用等问题,因此,正是基于这一点的实质性的差别,本书在新经济地理学修正的基础上尝试性地提出了生产性服务业集聚的理论分析框架,这也是对生产性服务业集聚理论研究的一个有益的补充,进而为研究二、三产业协同集聚形成机制奠定基础。

问题2:如何在单个产业集聚理论基础上构建多元产业协同集聚的理论框架?

制造业集聚与生产性服务业集聚的关系问题是生产性服务业集聚研究的延续和拓展,目前对制造业和生产性服务业关系的研究已经取得了一定的进展,如江静、刘志彪和于明超(2007)基于地区和行业角度研究了生产者服务业对制造业效率的提升,认为生产性服务业对提升制造业竞争力具有重要作用,但这仅仅从实证上证明两者的关系是显著的,在理论上的解释更多的是从生产性服务业和制造业整体上进行阐述,导致内在机理的解释上存在一个模糊地带。从单个产业集聚来看,不管是基于什么理论,产业集聚都是在外部力量作用下,企业之间相互作用形成的结果,而多元产业协同集聚需要增加一个维度,即在单个产业内部企业间关系基础上,还要考虑产业之间的互动关系,因此,本书基于单个产业与多元产业行业性质差异性的比较分析,尝试性地提出了多元化产业协同集聚的理论分析框架,这也是对产业集聚理论研究的一个有益的补充。

问题3:在一定空间范围内,生产性服务业与制造业空间关系如何?

一般而言,产业集聚既有产业属性,也有空间属性,以往关于二、三产业互动的研究大多从产业层面展开,特别是在城市经济学领域,往往是将制造业和生产性服务业合为一体,即非农产业作为研究对象,在数据的选取和处理上都作为一个同质性来对待。而实际上,制造业集聚和生产性服务业集聚同属空间概念,都是需要一定的空间载体作为产业发展的依托,均有着各自的空间诉求,在一定的空间范围内,势必会产生产业空间拓展上的矛盾和冲突,也就是说,生产性服务业一方面通过分工实现对制造业集聚的促进作用,形成互补效应,但两者也可能因空间冲突和摩擦产生此消彼长的挤出效应。因此,本书在以往研究基础上,更多从空间视角关注生产性服务业集聚与制造业集聚的互动关系,二、三产业存在空间争夺情况下,我们重点关注不同城市在不同发展阶段,主导产业存在顺序替换,在何种情况下制造业集聚对生产性服务业集聚产生挤出效应,又在何种情况下生产性服务业集聚对制造业集聚产生挤出效应,对这些问题的回答有助于我们采取差异化的城市发展策略。

问题 4:为什么二、三产业协同集聚存在跨区域的空间连片特征?

空间连续性问题是上述三个问题的延续和拓展,根据空间经济学理论,产业集聚不仅存在于单个区域,同时还会对周边其他地区产生影响,从而产生空间外溢效应。因此,二、三产业协同集聚不仅在单个地区形成,而且通过空间关联性形成了跨区域的空间连续性,即空间邻近区域基于产业关联在广域空间上形成了空间板块连片特征。而过去关于产业集聚的研究更多的是以行政区划为研究单元,在给定空间范围内研究产业集聚,而客观事实是不同地区都存在类似的集聚现象,从而在广域空间上形成了连片的空间特征,这就需要深入研究和剖析这一现象形成的内在机制。

对产业集聚的空间连续性内在机制的解释具有重要的现实意义和政策导向,如果仅从产业分类来看,产业集聚的空间连续性有可能被误认为是产业同构在空间上的表现,但事实上,这是一种空间耦合特征,是基于产业分工视角下的空间连续性,因此,对于该现象的解释是否到位直接关系到产业政策取向问题。而在二、三产业协同集聚的空间连续性解释基础上,本书还将关注另一个问题:这种空间连续性是否存在空间边界。对这一问题的回答实际上就是对产业集聚空间属性的一个验证,从空间角度看,产业集聚是存在一定的空间范围的,但目前很少有学者对这一空间范围进行探讨,或者说,二、三产业互动效应到底在多大的空间范围内存在。如果说空间连续性是告诉我们二、三产业协同集聚是空间互动的结果,那么空间边界问题的研究就是告诉我们应该选择什么样的空间载体、多少空间主体进行互动。对这一问题的研究突破了过去研究产业集聚只集中在单个区域范围的局限性,拓宽了产业集聚的研究视野,从而将空间连续体作为研究对象成为可能,同时,也弥补了过去对产业集聚空间边界问题研究的不足。

问题 5:互联网驱动下,二、三产业空间关系如何发生变化?

上述四个问题主要讨论在工业经济时代二、三产业协同集聚形成机制和空间效应问题,随着新一轮科技革命和产业变革的孕育兴起,特别是新一代信息技术的突飞猛进和互联网、物联网向生产生活的全面渗透,打破了传统意义上的地域空间格局,改变了传统资源要素的配置方式,对生产方式产生了革命性变更,包括对社会经济空间组织、空间过程都产生了深刻的影响。而互联网对二、三产业空间分布的影响,在微观上就表现为对企业组织的影响,信息技术通过企业组织形式变革,促使企业间合作方式从产品分工向经营环节模块化分工组合转变(李海舰等,2014)。互联网基于电子网络重新设计商业过程和模式,通过价值链纵向一体化或横向一体化实现价值创造,而互联网加快了各个企业的功能模块的知识跨界、跨区域流动速度,使得互联网驱动下的产业发展模式实质上是实体产业价值链环节解构并与互联网价值链"跨链"重组的共生现象(赵振,2015)。因此,在这一背景下,由互联网发展引发了对产业链空间分解与重构的关注,研究对象也从单一的"实体集聚"延伸至"虚拟集聚"与"实体集聚"迭代演进,使得基于互联网形成的企业间组合表现为一种虚拟的空间组织,集聚所在的区域间关系也由组织邻近替代地理邻近(Chiarvesio et al.,2004),从而进一步拓展了产业链空间离散化的组织空间,使得产业发展从原来的基于空间邻近的企业互动向基于互联网驱动下企业模块化分工转变,从而突破了产业集聚的地域局限性,避免传统上下游产业链关联形成的单边锁定风险,由此再造产业链的空间秩序和重塑区域分工合作谱系图,超越了把产业集聚作为静态的产业组织形态和封闭系统的认识,有助于拓展产业集聚空间理论内涵。而且本书基于互联网驱动形成的产业链跨地域重构和空间格局重塑,将"二、三产业协调发展"和"区域协调发展"这两个分属不同研究领域的问题联系起来加以考虑,打通了在动态竞争中实现产业升级与区域协调发展良性互动的通道,从而构建起了区别于工业经济时代的基于互联网经济时代的产业转型升级和区域协调发展的理论分析框架。

问题6:如何通过空间结构调整,实现二、三产业协调发展?

对于中国过去经济的增长,有从财政分权改革角度去理解的,也有人认为中国过去30多年的经济增长更多的是依靠劳动、资本等生产要素的粗放式的投入实现的。从空间角度看,这种增长实际上是以城市为单位,在城市化和工业化交互推进的过程中实现的,但是单个城市所能承载的经济能级也是有限度的,因此,随着中国城市化的进一步推进,越来越多的生产性服务业在大城市集聚,更多的制造业从大城市退出,转移到与之相匹配的中小城市,但是这种产业的转移并不是产业整体的迁移,更多的还是生产功能在空间上的离散化,正是这种功能上的分工,使得大城市和中小城市的联系不再孤立,这也为本书所提出的通过空间结构调整,促进二、三产业协调发展提供了一种思路。

具体而言就是,必须突破静态的空间概念,创新空间组织形式,按照大中小城市的有机顺序构建城市集聚区,促使大城市和中小城市在空间上实现"生产—服务"功能的有机分工,从而使得城市集聚区成为一个城市功能有机结合的城市连绵区。换句话说,城市集聚区的打造实际上是扩大了城市规模,特别是在产业链空间分布离散化背景下,生产性服务业和制造业能在更加广域的空间上实现协同集聚,进而推动生产性服务业集聚和制造业集聚互动发展。而且国际经验(如日本东京都市圈)研究也表明这种空间结构调整是可行的,中国目前城市群(如长三角城市群)的发展现状和趋势也支持这一构想,因此,通过"产业链离散化分布—空间结构调整—二、三产业协调发展"的传导路径是具有一定的可操作性的,而且这一做法也开拓了通过非同质空间板块(区域)间的连接和联动实现区域协调发展的新路径。

1.3　本书的技术路线

本书的技术路线见图 1.1 和图 1.2。

1.4　本书的创新之处

与以往简单地将一般的产业集聚理论嵌套于生产性服务业集聚研究不同的是,本书在产业和空间二重性的基础上从新经济地理学的视角提出了生产性服务业集聚的理论分析框架。在此基础上,本书将单个产业集聚的研究拓展到多个产业的协同集聚问题,进一步考察了二、三产业协同集聚形成的内在机制,并分析了由此产生的空间外溢效应,并在实证上一一加以验证。具体来说,本书的研究取得了以下几个方面的进展:

(1)在新经济地理学理论的基础上,通过信息技术替代运输成本构建了关于生产性服务业集聚的"要素—空间—城市—制度"的四维理论分析框架,并

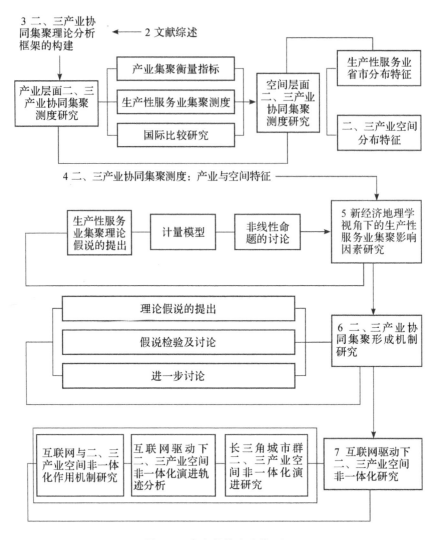

图 1.1　本书的技术路线(上)

在实证上予以验证。

　　鉴于以往对生产性服务业集聚研究的不足,本书尝试性地从新经济地理学的视角提出了生产性服务业集聚的理论框架,构建了"要素—空间—城市—制度"的四维分析范式,以此来分析影响生产性服务业集聚的因素。鉴于在新经济地理学中起重要作用的运输费用对生产性服务业集聚的不适用性以及生产性服务业与制造业在产品形态上的本质性差异,本书用信息技术水平表示

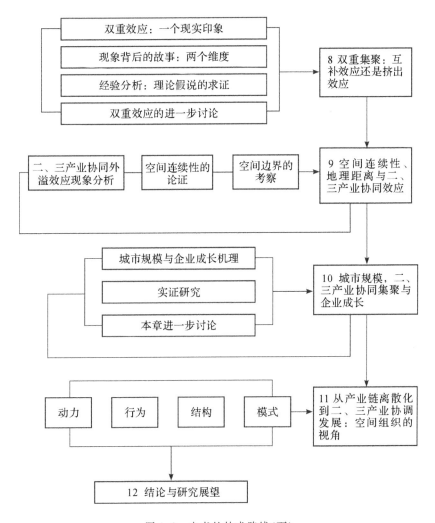

图 1.2 本书的技术路线(下)

"空间"来代替制造业集聚中的"冰山"运输成本,并以此对新经济地理学理论进行适当地修正。

(2)从产业和空间两个维度剖析了二、三产业协同集聚形成的内在机制,并进一步研究了二、三产业协同集聚的演化机理,并指出了两者从互补效应向挤出效应转换的内在机理与转换的临界点,从而构建了多元产业协同集聚的研究框架,超越了单个产业集聚的研究范式。

目前,关于多元产业协同集聚更多还是停留在特征性事实的描述上,鉴于以往对多元产业协同集聚研究的不足,本书尝试性地从新经济地理学的视角从产业和空间两个维度提出了多元产业协同集聚的理论框架,以此来分析影响多元产业协同集聚的因素。在研究多元产业协同集聚形成的基础上,本书还关注了多元产业协同集聚的演化机理,发现二、三产业协同集聚基于产业关联和知识外溢而协同定位,当然也由于商务成本作用,从空间的协同定位向空间分离转换,即二、三产业协同集聚存在从以互补效应为主向以挤出效应为主转变的拐点,超越了单个产业集聚从形成到演化的研究范式,从而进一步丰富和完善了产业集聚理论。

(3)基于空间连续性角度探讨二、三产业协同集聚的空间外溢效应,并从企业跨区域发展形成的产业链空间分布离散化视角阐述了二、三产业协同集聚空间连续性形成的内在机理,突破了过去研究产业集聚只集中在单个行政区域范围的不足,从而将空间连续体作为研究对象成为可能。

从过去关于产业集聚的研究来看,我们发现受研究方法、研究对象影响,很多学者往往将集聚的空间范围限定于省际层面或地级市层面,往往是以行政区划作为集聚样本的空间选择依据。但是从空间现象来看,很多产业集聚都是存在空间板块连续分布,使得传统理论难以解释这一现象,本书的一大创新点在于突破了过去研究产业集聚只集中在单个行政区域范围的不足,从产业链空间分布离散化角度研究了二、三产业协同集聚空间连续性形成的内在机理,拓宽了产业集聚的研究视野,从而也将产业集聚的空间连续性提升至继企业内部集聚经济、行业内部集聚经济、城市集聚经济三个层次之外的第四个集聚经济层次。

(4)基于多元产业协同集聚的空间属性,本书探讨了二、三产业协同集聚空间外溢效应的区域边界问题,明确了行业异质性下二、三产业空间分布的边界范围,从而弥补了过去对集聚空间边界问题研究的不足。

尽管很多学者都已经注意到了产业集聚的空间属性,但这仅仅限于集聚需要一定的空间范围作为载体的概念性理解上,并没有将这一空间概念具体化,本书的一大创新在于在空间连续性研究的基础上,进一步将二、三产业协同集聚的空间边界进行了深入研究,同时分行业研究了空间边界的差异性。从这种意义上而言,空间边界问题是空间连续性研究的一个延续和深入,是对第四个集聚经济层次研究的一个有益补充和完善。

（5）基于互联网驱动视角研究了二、三产业空间非一体化形成的内在机理，并进一步探讨了互联网驱动对二、三产业空间关系演化轨迹的影响，从而识别了在工业经济时代和互联网经济时代二、三产业空间关系演化的差异性。

在以往研究二、三产业互动中，不管是基于产业层面还是空间维度，都是在工业经济时代背景下展开的研究，随着互联网经济时代的到来，改变了企业组织形式和企业微观行为，由此使得二、三产业关系也出现了与工业经济时代不同的空间特征和演化轨迹。因此，本书从需求生态圈—服务生态圈正反馈机制、服务生态圈—制造生态圈正反馈机制和制造生态圈—需求生态圈正反馈机制三个方面探讨了互联网驱动对二、三产业空间关系的影响，并进而从空间分异阶段、空间自选择阶段和空间网络化阶段剖析了互联网驱动对二、三产业空间关系演化轨迹。

1.5 研究的重点与难点

1.5.1 研究重点

本书的研究重点在于根据新经济地理学理论构建生产性服务业集聚的理论框架，论证生产性服务业集聚形成的各种因素在生产性服务业集聚中所起的作用，并以此为支撑从空间耦合角度构建二、三产业协同集聚的理论框架，并从空间连续性角度探讨二、三产业协同集聚的空间外溢效应。在此基础上，本书还重点研究了互联网驱动下二、三产业空间非一体化形成和演化机理。

1.5.2 研究难点

本书的研究难点一个在于如何将信息技术代替"冰山"运输成本并将 C-P 模型进行重新推导演化，构建出适合生产性服务业集聚的理论模型，此外，目前研究产业集聚大都是将生产性服务业和制造业合二为一作为非农产业做整体上的研究，而实际上，生产性服务业和制造业属于不同类别和性质的产业。因此，本书研究的另一个难点在于如何将生产性服务业集聚和制造业集聚同时纳入同一个分析框架,构建出适合二、三产业协同集聚的理论分析框架。本书第三个难点在于目前关于产业集聚基本上是集中在单个区域范围内,而实际上二、三产业协同集聚存在空间连续性,因此,如何将空间连续性特征纳入本书的研究分析以及如何去解释空间连续性形成机制是本书需要解决的问题。

2 文献综述

2.1 问题的提出

关于产业集聚的研究自新古典经济学时代开始已经引起诸多学者的关注,如 Marshall(1920)的外部经济理论,即认为产业集聚主要由劳动力市场共享、中间产品的投入和专业化市场等三种因素引起,而 Henderson(1988)等主要基于经济地理学的分析框架认为产业集聚原因主要在于经济地理因素的差异,随着以 Krugman 等人为代表的新经济地理学的兴起,通过将"冰山"运输成本等空间因素纳入一般均衡分析框架中,从而使得有关产业区域集聚的研究自 20 世纪 90 年代以来取得了快速进步(Krugman,1991;Kim,1995;Hanson,2001);而国内大量的关于产业集聚的文献基本上都是综合考虑了以上三种理论分析框架,并以中国的经验证明了该理论在中国的可行性,如金煜、陈钊和陆铭(2006)以及杨洪焦等(2008)。

同时,我们也可以看到,目前关于产业集聚的研究主要还是集中在制造业领域,随着世界经济从"工业经济"向"服务经济"转变以及社会分工的发展和专业化水平的提高,生产性服务业通过外包形式逐渐从原来的制造业职能中分离出来①,使得服务业的集聚效应逐渐显现。特别是自 20 世纪 70 年代以

---

① 关于服务业与制造业的关系学术界有两种意见,一种以 Walker(1985)等人为代表提出了服务业的"分拆"假说,强调服务业是原来制造业的外包,也就是我们现在通常所说的随着社会分工的发展,服务业逐渐从制造业中分离出来,Abraham 和 Taylor (1996)列举了服务业从制造业中分离出来的三个理由:一是工资和利润的节约,二是平滑在高峰期时的工作量,三是获得专业化的服务,其中第三个理由由他们认为是最重要的;而 Tschetter(1987)则根据实证研究提出了不同的观点,认为服务业特别是商业服务业代表着一种新的产品技术,而不仅仅是产品生产的再安排,目前,大部分学者还是持前者观点。

来,随着一些西方国家进入后工业社会,服务业逐渐取代制造业成为国民经济中比重最大的部门,服务业集聚也开始成为许多学者研究的对象。自 Scott (1988)率先将服务业集群概念化后,关于服务业集群的研究也取得了一定的进展,如伦敦的金融服务业集群(Amin & Thrift,1995)、加利福尼亚州的多媒体集群(Scott,1998)以及中国上海的陆家嘴金融服务业集群和北京中关村的中介服务业集群等。Scott 发现,产业集聚区域主要建立在包括高技术产业和生产性服务业在内的三大区域,综合国内外的文献,目前对服务业集聚的研究基本上还处于现象性的描述阶段,有关实证研究较少。

而且从集聚所产生的原因角度分析,知识经济时代产业集聚的原因不再是过去的追求运输成本的节约等静态的聚集效益,而是侧重追求技术创新等动态的聚集经济效益,也就是说,知识密集型产业集聚不是生产成本节约导向型的而是以更快捷地获取技术创新等方面的信息,并在与同类型的企业或相关联企业间的交流中,使企业能及时获取关于技术创新的最新信息。这也意味着生产性服务业集聚不管从影响因素还是从影响机制看都将与制造业集聚存在较大差异,这也为本专著的研究提供了广阔的空间。另外,阎小培和姚一民(1997)等通过对美国波士顿和中国广州市的服务业空间分布的考察,进一步证明了服务业具有较高的空间集聚特性。

本章回顾了产业集聚理论的渊源,梳理了近年来国内外学者在产业集聚领域中具有代表性的研究成果,特别是对新经济地理学及其相关的产业集聚理论的文献进行了细致整理,重点在集聚视角下对生产性服务业进行了研究,对国内外生产性服务业集聚的相关领域进行了回顾。在此基础上,本章关注生产性服务业集聚与制造业集聚的关系,从而为本章理论框架的构建和后续的实证研究提供了依据。图 2.1 表明了基于集聚视角的生产性服务业和二、三产业协同集聚研究的文献综述脉络。

2.2 空间视角下的产业集聚理论渊源

产业集聚思想大致上经历了从以 Marshall 和 Weber 为代表的新古典经济学到以 Krugman 和 Fujita 为代表的新经济地理学的转变。但是这些理论

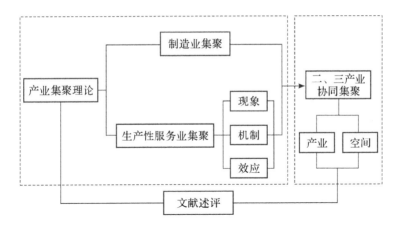

图 2.1　文献综述脉络

都有一个共同的特点是他们都不同程度地将空间因素纳入分析范式,只不过是在不同时期不同的理论中提出了不同的假设条件,因此,这部分主要根据空间因素这一线索,对产业集聚理论进行了适当的疏理。

2.2.1　空间要素与产业集聚:微观静态的研究

2.2.1.1　农业区位论

以冯·杜能(1926)[①]为代表的农业区位论考察在一个均质的假想空间里农业生产方式的配置与城市距离的关系,在地租收入最大化的前提下,形成了农业土地利用的杜能圈结构[②]。在杜能的农业区位论当中,他已经将空间要素运输成本纳入了研究框架,而且杜能圈的同心圆结构主要就是由于运输成本的大小促使空间的分异。尽管在冯·杜能之前的李嘉图建立了根据相对肥力的农业地租理论,但忽略了运输成本。该理论可以进一步扩展到空间的非均质性方面,形成具有比较优势的区位理论,而且这种理论完全可以纳入阿罗—德布鲁均衡框架之中且存在均衡,但是却不能提供有关区位和生产规模的任何信息。[③]

---

① 冯·杜能.孤立国同农业和国民经济的关系[M].吴衡康,译.北京:商务印书馆,1997.

② 杜能圈以城市为中心,由里向外依次为:自由式农业圈、林业圈、轮作式农业圈、谷草式农业圈、三圃式农业圈和畜牧业圈。

③ 安虎森.新经济地理学原理[M].北京:经济科学出版社,2009:9.

2.2.1.2　工业区位论

Weber(1997)[①]从工业区位角度对产业集聚进行了深入的研究,他认为工厂最佳位置由三个区位因子决定:运输成本、劳动力成本和集聚经济,而这三个因子也正好印证了 Weber 在构建其工业区位论时所提出的运费指向论、劳动费用指向论和集聚指向论,而且,他通过简单的模型研究了集聚对运费指向和劳动费用指向的影响,如果集聚的收益大于运费和劳动费用等成本时,会发生集聚,反之,则存在分散,从而提出了决定工业区位最小成本原理,他认为成本最小化是导致集聚的最根本原因。Weber 区位论的最大贡献之一就是最小费用区位原则,他的指向理论已经超越了工业区位的范围,成为经济区位布局的一般理论。[②]

以 Weber 的工业区位论为基础,先后产生了多个区位理论,如帕兰德区位理论,在该理论中他同时考虑了不完全竞争和远距离运费衰减规律。此外,廖什、艾萨德、格林哈特等人先后对区位论进行了补充研究。Weber 考虑了区位与运输成本问题一定程度上解决了 Marshall 理论存在的问题,而且运输费用等成本因素也为 20 世纪 90 年代新经济地理学的兴起奠定了一定的基础。

2.2.1.3　马歇尔(Marshall)理论

Marshall 把经济规模划分为两类:外部规模经济[③]和内部规模经济[④],Marshall 认为产业集聚是因为外部规模经济所致,他从三个方面来说明了空间集聚的收益递增现象之间的关系,这三个方面分别为:一是地方具有共享的劳动力市场;二是中间产品的投入;三是技术外溢。他认为共享的劳动力市场可以避免劳动力要素流动时的信息不对称和降低生产企业对劳动力的搜寻成本,而中间产品存在可以起到降低最终产品价格作用,Marshall 认为技术外溢容易引致创新。Marshall 从外部经济角度对产业集聚现象进行分析的研究的方法对后继研究产生了重要的影响,虽然 Marshall 对产业集聚的研究在一定

---

① 　Weber A.工业区位论[M].李刚剑,等译.北京:商务印书馆,1997.
② 　李小建.经济地理学[M].高等教育出版社,1999:69.
③ 　所谓的外部规模经济指的是在特定区域的由于某种产业的聚集发展所引起的该区域内生产企业的整体成本下降。
④ 　所谓的内部规模经济则是指由个别企业的资源、组织和经营效率形成的规模经济。

程度上解释了产业集聚形成的原因,但是却忽略了区位和运输成本问题,而且并没有对这种外部性的来源进行充分的解释。Marshall 理论和 Weber 等一些区位论的一个共同点就是他们仍然是建立在完全竞争和均质空间的假设之上。

2.2.1.4 胡弗(Hoover)理论

Hoover(1936)将 Marshall 的外部性分为两类:一是地方化经济(localization economics)外部性,即同一行业内的企业由于生产相似产品集聚在一个特定的地区所形成的外部性;二是都市化经济(urbanization economics)外部性,即与某特定区域内主要生产活动的整体水平相关的收益,或者说,不同产业的集聚所形成的外部性。与马歇尔理论相比,Hoover 认为外部经济是根据他们所在的产业部门的特征来界定的,并且外部性的空间规模也是存在差异性的,是根据产业部门的变化而变化的。

此外,Hoover 在区位论上也非常重视运输费用的影响,他认为运输距离、数量、方向等运输条件的变化都会影响运输费用。在 Hoover 的运输费用已经逐步向广义运输费用转变,如他的运输费用结构当中不仅包括直接的运费,还包含场站作业费、时间费用等因素。

关于产业集聚的微观静态研究主要表现出以下几个特点。

(1)空间要素在产业集聚思想中初步得到体现。从早期的杜能到后来的Weber、克里斯塔勒等人都将运输费用作为产业集聚的一个重要参数,如杜能的单一距离决定运输成本,Weber 则在此基础上提出了等费线的分析方法,而克里斯塔勒的运输成本则是通过价格杠杆影响产业的空间布局。不管他们对运输费用做怎样的理解,一个共同点就是他们对运输费用都是简单地线性化处理,不同的是在运输费用的含义上存在一定的区别,有些学者将其定义为狭义的运输成本,有些学者在此基础上做了一定的拓展,包括帕兰德、Hoover等人。

(2)匀质空间的假设。杜能在研究农业区位论时的一个假设条件就是一致的土地肥沃程度,后来的 Weber 和 Mashall 等人都遵从了这一命题,而克里斯塔勒、勒施等人也不例外。

2.2.2 产业集聚与区域经济:宏观动态的研究

从新古典经济学的中后期至新经济地理学兴起的将近 50 年间,对产业集聚的研究基本上集中于将产业集聚理论运用到区域经济分析框架中,从而在宏观上实现产业集聚和区域经济研究的动态结合。

2.2.2.1　增长极理论

增长极理论最初由法国经济学家佩鲁(Perroux,1955)提出,他认为"增长极"是由具有较大规模经济的先导部门或企业在某些地区聚集发展而形成的经济中心,而且这个经济中心具有类似自我强化的特点,能够通过辐射作用对周边地区形成辐射效应。佩鲁认为这些经济中心的功能形式具有多样化特征,概括起来主要可以表现有生产中心、贸易中心、金融中心、信息中心等多种功能,能够产生吸引和扩散作用。

但是,"增长极"形成是存在前提条件的,也就是说这些条件可以用来解释为什么在有些地方会成为经济中心,而有些地方则成为外围地区,佩鲁认为有这么几个条件值得关注:存在有创新能力的企业和企业家群体,具有规模经济效益以及适当的周围环境。第一个条件表明要素禀赋的差异性,第二个条件则是形成经济中心的前提,良好的外部环境则是形成经济中心的必要条件。而"增长极"同时作为"吸引中心"和"扩散中心"主要表现在四个方面:一是技术的创新和扩散;二是资本的集聚和扩散;三是产生规模经济效益;四是形成"团块经济效果"[①]。

2.2.2.2　"循环累积因果"理论

尽管佩鲁的"增长极"理论阐述了"增长极"的形成能促进自身增长并对其他地区经济发展有一定的示范效应,而且这也被诸多学者所认同,但它忽视了"增长极"的负面影响,特别是"增长极"所形成的回波效应[②],在循环累积因果关系的作用下,使得发达地区越来越发达,贫穷地区越来越贫穷,在空间上表现为经济活动集聚的地区越集聚,集聚程度低的地区越发散,形成了缪尔达尔(Myrdal,1957)所谓的"地理上的二元经济"。缪尔达尔认为,在发展初期,各地区的经济发展水平是大致相等的,此时,如果某些地区受到外部因素的冲击或其他力量的作用,经济增长速度快于其他地区,区域间的经济发展就会出现

---

① 谭崇台.发展经济学概论[M].武汉:武汉大学出版社,2001.
② 回波效应指的是劳动力、资金、技术等在要素收益率的作用下,出现由欠发达地区向发达地区流动的现象,经济发展中落后地区受到发达的不利影响后,地区经济差距趋于扩大的现象。

失衡,这种不平衡发展到一定程度会使得地区间的人均收入、工资水平、利润率以及整个经济发展的水平出现差距,而且在累积因果循环的作用下导致使发展快的地区更快,发展慢的地区更慢,地区间的差距逐渐拉大,从而不利于地区间的协调。

2.2.2.3 "极化—涓滴"理论

缪尔达尔的"循环累积因果"理论也承认"扩散效应"的存在,并且对"回波效应"产生相反的作用。赫尔希曼(A. O. Hirschman)(1958)在此基础之上从现有资源的稀缺性和企业家的缺乏等方面,对平衡增长战略提出了挑战,他指出在区域不平衡发展过程中将产生两种效应:极化效应[①]和涓滴效应[②],而且在刚开始阶段极化效应将占据主导地位,但他认为经济发展在更高级阶段将趋于平衡发展,在区域经济发展过程当中,涓滴效应最终会大于极化效应而占据主导地位。赫尔希曼认为,应该从不同角度、不同时期和不同阶段来考量平衡增长和不平衡增长的关系。不平衡增长是基于资源配置效率的最大化角度来考虑,也就是说,在经济发展初期通过实行地区间的不平衡发展战略将稀缺资源集中于使用效率最高的行业和地区,以此来形成增长极并对其他地区形成辐射作用,从而在更高平台上实现国民经济各部门的协调,使其保持更高层次的均衡,由此可见,赫尔希曼强调的不平衡增长目的还是要实现更高层次和更高水平的增长。

产业集聚的微观静态分析的一个特点就是在强调空间要素和产业集聚结合的同时,并没有进一步延伸出能够用来说明和解释实际区域经济发展的理论。而这个缺陷在宏观动态分析当中得以弥补,因此,它的特点体现在以下方面。

(1)包括增长极理论、"循环累积因果"理论和"极化—涓滴"理论在内的区域经济发展理论都是将空间要素包含在内的区位理论的具体应用。也就是

---

① 极化效应是指发达地区和欠发达地区因为收入差距导致劳动力向发达地区迁移,投资回报差异又导致资金向发达地区流动。

② 涓滴效应则是指欠发达地区由于生产受到压制,大量劳动力流向发达地区,因此增加了失业人口的吸收,从而降低了劳动力成本,同时,发达地区人口膨胀,对欠发达地区购买初级产品的需求增大,发达地区也有向欠发达地区进行投资、输出生产和管理方法的需求。

说,在宏观动态分析当中,产业集聚理论并没有太多的进展,更多的是作为分析的工具和手段应用于区域经济发展中。

(2)仍然保持空间均质的假设。空间均质性和空间异质性是一对矛盾体,在长时间范围,空间均质性一直被作为假设条件而存在。但随着各种理论的浮现,非线性命题逐渐成为关注的焦点。

2.2.3　新经济地理学:空间要素与产业集聚的新结合

2.2.3.1　NEG 的基本理论和主要模型

新经济地理学和传统经济地理学在解释产业集聚问题上一个很大的区别在于经济地理学理论认为,产业集聚主要是由不同区域之间经济地理因素的差异的"第一性"(first nature)优势而形成的,但是这种阐述不足以解释某些现象,比如说一些在地理区位方面并不一定非常具有优势的地区却成了产业集聚的中心,另一个则是两个具有相似的地理条件,但在产业集聚方面表现出截然不同的情况,以中国为例,同处于沿海地区的广东和广西,在产业集聚方面表现出迥然不同的态势,这使得传统的经济地理学对产业集聚的解释遭遇挑战,20 世纪 80 年代以后,以 Krugman 为代表的新经济地理学(New Economic Geography)较好地解决了这一问题。新经济地理学在 Dixit-Stiglitz 垄断竞争模型的基础上,通过引入规模经济和不完全竞争因素,并与区位理论中的运输成本相结合,构建了"中心—外围"模型(C-P 模型)。[①] 其实,在 Krugman(1991)提出 C-P 模型之前,Krugman 和 Venables(1990)已经开始从不同于传统理论的角度来解释产业集聚现象,但是,他们并没有解释清楚产业集聚发生的内在机制,而且他们在一开始就假设存在一个市场规模较大的中心地区,从而就无法解释 C-P 模型形成的原因,而在后来的研究中 Krugman 通过考虑劳动力跨地区流动来探讨集聚发生的内在机制,并阐述了"循环因

---

① 该模型假设存在两个部门(农业和制造业)两种生产要素(农业劳动力和工业劳动力)和两个区域(北部和南部),即 2×2×2 模型。该模型假设农业部门的劳动力是不可流动的,并服从瓦尔拉斯均衡,且无交易成本,而假设制造业部门的劳动力是可以流动的,存在迪克希特—斯蒂格利茨垄断竞争,收益递增,更重要的是,该模型假设制造业产品在区域间存在"冰山"交易成本,这也是新经济地理学区别于其他区位理论的重要地方。

果"形成的具体过程。

虽然 C-P 模型能够清晰地揭示交易成本、要素流动和集聚三者之间的内在关系,但结果常常依赖于大量的数字模拟等方法,从而降低了模型的可操作性。在 C-P 模型的基础上,许多学者将研究的对象从原来的劳动力流动向资本和企业家转移。换句话说,C-P 模型是建立在较多假设基础之上的,随后的研究逐渐地放松了某些假设条件,从而使得模型更趋于现实条件。如 Martin 和 Gogers(1995)通过放松假设条件提出了自由资本模型(F-C 模型),F-C 模型与 C-P 模型不同之处在于该模型假设生产要素是资本 K 和劳动力 L,且规定 K 是可以流动的而劳动力是不可流动的,资本可以在其所在地以外的其他地区使用,但资本所有者不流动,并将资本收益消费在资本所在者的地方,而劳动力是不流动的。Ottaviano(2001)和 Forslid(1999)对 C-P 模型做了不同的修正,提出了自由企业家模型(F-E 模型),同 C-P 模型相比,F-E 模型假设固定投入和可变投入涉及不同的生产要素,固定投入只包括人力资本,可变投入只包括劳动者或工人。另外,Baldwin(1999)同样基于 C-P 模型引入了资本形成与资本折旧两者变量,不同的是,Krugman 和 Venables 等人在描述产业集聚时同时考虑了需求关联和成本关联,Baldwin 在其模型中认为产业集聚仅受需求关联的循环因果关系驱动。

如果说新经济地理学在开始阶段是关注产业空间分布的长期均衡的话,那么,随着该理论的进一步发展,该理论更关注的是经济增长。Maitin 和 Ottaviano(1999)是这方面的代表,他们将产业区位与内生增长结合起来的模型表明,交易成本的降低通过影响经济地理使得经济增长率提高,而且他们认为如果产业集聚使得创新速度提高足以弥补南部地区(刚开始财富较少的地区)产业的损失,那么,产业集聚对两个地区(南部和北部)都是有利的。在他们的模型当中,长期的均衡增长率与资本的空间分布是无关的,也就是说,资本的知识溢出不存在随空间的衰减效应,在此基础上,Baldwin,Martin 和 Ottaviano(2001)考虑了空间距离的影响,距离越近,知识溢出效应越大。可以看出新经济地理学中的诸多模型实际上都是在 Krugman 的 C-P 模型基础上的修正,所以说,C-P 模型是新经济地理学的核心。

但是,C-P 模型存在的一个缺点就是当地区之间存在要素流动障碍时,劳动力流动的机制作用就受到阻碍，或者说，在许多情况下，区际要素流动并不是很普遍。基于这种考虑，Venables(1996)首次提出了上下游部门间的成本联系的概念，他认为如果不依赖劳动力流动的话，上下游产业间的投入产出关联也会促进产业集聚，也会使得某一地区会吸引越来越多的厂商在某一地区集聚，有些学者(Martin & Ottaviano,1999)认为通过研发部门投入的多样化而获得的收益与 Krugman 模型中的劳动力流动扮演的角色相同。随后，Fujita 等人(1999)将模型中的两个部门减少为一个部门，构建了垂直联系模型(CPVL 模型)，从而解决了这一问题，和 C-P 模型一样，在 CPVL 模型基础上又逐步形成了自由资本结构的垂直联系模型(FCVL)(Robert-Nicoud,2002)和具有自由企业家结构的垂直联系模型(FEVL)(Ottaviano,2002)。当然，也有人对这些模型提出了质疑，比如，Davis(1999)认为如果放松农业部门劳动力流动的假设，那么 Krugman 模型的一些结论就不存在，而 Puga(1999)则进一步讨论了劳动力流动的重要性。

2.2.3.2　NEG 理论的演化与应用

近几年，新经济地理学的研究又取得了新的进展，陈秀山和汤学兵(2008)对此做了很好的总结，如从微观角度来看，在早期的 NEG 模型中，由于没有考虑土地的稀缺性和住宅的高价格，往往将制造业价格指数完全等同于生活价格指数，因此，模型预言核心区的生活成本低于外围区，Suedekum(2006)在 C-P 模型关于农业和制造业假设基础上，增加了本地产品部门作为第三个部门，这样的模型的结果是仍会实现均衡，只是核心区的生活成本更高。另外，Tabuchi 和 Thisse(2006)考虑诸如住宅和通勤成本等城市成本的同时，在一个两地区三产业的框架下考察了多样性偏好和报酬递增与城市成本的相互关系。

Candau 和 Fleurbaey(2009)在 F-E 模型和 QLLog 模型的基础上研究了产业集聚和异质性偏好福利的关系，他们的结论是集聚和局部分散能同时实现稳定，但是偏好的异质性减少了多重均衡的可能性。从宏观角度看，Cerina 和 Pigliaru(2005)借鉴 NEGG 模型(新经济地理学理论和新增长理论的结合)研究了集聚和经济增长之间的关系，他们发现，如果贸易成本足够高的情况下，即使资本是完全流动的，对称均衡也是不稳定的，而且他们认为，即便知识

外溢是全球性的,增长率还是可能取决于产业的区位分布。Dieter(2007)则将
NEG 模型植入新古典增长模型,研究了集聚与增长之间的关系。

Baldwin 和 Krugman(2004)指出如果将集聚因素纳入考虑范围,那么,国
际税收竞争理论会发生改变,他们解释了为什么真实世界当中税收协调是很
少存在的,由于产业集聚能够产生集聚租金,使得中心地区能够征收更高的税
率而不会使资本流失,也就是,集聚租金和一体化水平呈"钟形"关系,即随着
一体化程度的提高,税收差距先扩大后缩小。Borck 和 Pflüger(2006)则在此
基础之上进一步考察了在新经济地理学背景下集聚对税收竞争的影响,不同
的是他们认为存在局部集聚的情况下,即使不存在集聚租金,局部中心地区也
能存在正向的税收差别。而 Krogstrup(2008)建立了税收竞争的核心—外围
模型,研究了集聚对税收增长的影响,当集聚力处于中等适度水平时,税收竞
争是核心—外围模型的发散力,当集聚力超过临界值时,由于巨大集聚租金的
产生,税收竞争压力减少甚至消失,均衡内生地形成了出口税收激励。
Burbidge、Cuff 和 Leach(2004)在税收竞争模型的基础上,同时考虑了产业集
聚和企业异质性,这一新的模型避免了 BTCM 模型中不考虑人头税的缺陷。
他们的模型表明,集聚的存在使得当地有动力提供资本补助,而资本的异质性
使得当地对资本征税,因此,BTCM 模型中资本不足是被恶化还是被改善取决
于产业集聚和资本异质性而引起的两种动力的大小。在税收竞争之外,另一
个竞争则是财政竞争,Fenge、von Ehrlich 和 Wrede(2007)在新经济地理学理
论的框架下讨论了财政竞争的影响,他们发现,在贸易足够高的情况下,财政
竞争会导致基础设施过度供给,而区域高度一体化则会导致基础设施供给
不足。

目前,新经济地理学还有一个发展趋势是与城市经济学的融合,如
Combes 等人(2005)提出了将城市经济学和 NEG 融合的粗略框架,并且分析
各种外生冲击对经济的影响,而 Stelder(2005)则将 NEG 模型扩展到具体的
空间维度,模拟了欧洲城市的形成,而 Partridge 等人(2007)则用集聚理论解
释了美国和加拿大两个国家城市形成模式的差异。

此外,新经济地理学还逐步与其他领域相结合,如 Zeng 和 Zhao(2009)等
人运用了两部门两国家模型来验证污染天堂假说,他们认为制造业产生的跨

地区污染降低了农业部门的生产率,从而降低了当地的收入水平,他们的研究结果表明,制造业的集聚力能缓解污染天堂效应,也就是说,如果较大的国家能够实行更加严格的环境管制,那么,污染天堂可能就不会出现。同时,Hosoe和 Naito(2006)将新经济地理学在很多文献中所忽略的环境因素纳入分析框架,以此来研究环境污染对产业在区域间的分布的变化以及环境税的影响,他们同时研究了不考虑人口流动的短期行为和将劳动力自由流动的长期影响,但是人口分布的均衡模式是一致的。

2.2.3.3 NEG 理论与中国经济

国内关于新经济地理学的研究主要还是集中在对产业集聚现象的实证分析,总的来看,国内的研究基本上遵循"集聚现象描述—集聚成因研究—集聚与区域经济发展研究"这样一个从中观层面到宏观层面的线索展开。在集聚现象描述阶段,文玫(2004)使用了工业普查数据研究了中国制造业的集中状况,她发现 1980- 1995 年,中国制造业的集中水平有了显著的提升。贺灿飞和谢秀珍(2006)则根据基尼系数测算了 1980—2003 年中国各省市制造业的地理集中状况,发现在 20 世纪 80 年代到 90 年代,中国制造业经历了从分散到集中的转变。如果从更加微观的数据来看,这个结论也是成立的,如罗勇和曹丽莉(2005)基于 E-G 指数的计算结果也表明中国制造业集聚程度呈增长趋势。

关于产业集聚的成因,很多学者从新经济地理学视角做了分析,如林理升和王晔倩(2003)以 NEG 为基础研究了运输成本与制造业的区位关系。也有学者从政策影响角度对此进行分析,如徐康宁(2001)认为产业集聚和经济的开放程度有很大关系,陆铭和陈钊(2006)以及金煜(2006)等人都论证了这个观点。在此基础上,国内许多学者关注产业的集聚效应与扩散效应对区域经济发展的影响,如王辑慈(2001)论证了集群和创新对区域经济发展的作用,陆大道(2002)在"点—轴系统"形成机理的基础上,研究了"点—轴系统"理论与增长极理论及网络开发模式之间的关系。

有些学者则通过对新经济地理学模型的改进研究了其他领域的问题,如梁琦和吴俊(2008)通过建立一个两区域两行业两要素的一般均衡空间经济,模型研究了财政转移与产业集聚的关系,他们的研究表明财政转移打破了两区域的对称均衡,并促使产业稳定地向上级行政区集聚。宋玉华和吴聃(2006)把关税与运输成本合成为贸易成本,引入两国不对称的关税体系,从而建立了一个空间经济学模型,他们认为关税升级程度高的国家的垄断竞争产业拥有更多的发展机会,但在一定条件下,关税升级程度低的国家的垄断竞争产业也可能实现集聚式的发展。李宏艳和齐俊妍(2008)建立了一个加入投入产出垂直关联因素的跨国跨产业的新经济地理模型,得出了完全垂直专业化是跨国生产条件下国际生产和分工的稳定均衡点的结论,同时他们还分析了运输成本和投入产出关联以及不同垂直关联程度和运输成本对不同国家要素收入的影响。

作为空间要素和产业集聚的新结合,势必表现出与以往不同的特点,而这种特点也恰好是对产业集聚进行新解释的出发点。

(1)非线性运输成本的提出。与早期微观静态分析时倡导的线性运输成本不同,新集聚地理学强调的运输成本是非线性的,而且新经济地理学的运输成本概念也经历了从狭义的交通运输成本到广义的运输成本(包括运费本身、税收等因素)的转变。因此,关于空间要素的演变见表2.1所示。

表 2.1　空间要素的演变

主要理论	空间因素的核心思想	代表人物	表现形式
农业区位论	运费与距离及重量成比例,运费率因农作物不同而不同,运输费用由农业生产者承担。	杜能	线性关系
工业区位论	运费依工厂区位的不同而不同,运费主要取决于重量和运距,运输方式等因素都可以转换至用重量和距离来衡量。	韦伯	线性关系
	运费与距离存在两种情况,一种是运费与距离等比例增加,另一种是距离增加和单位距离的运费递减相联系。	帕兰德	线性关系兼顾非线性事实
	运费与距离成比例,运输方式也影响运输费用。而且运输费用所包括的范围较先前有所扩大。	胡佛	线性关系

续表

主要理论	空间因素的核心思想	代表人物	表现形式
中心地理论	运输成本通过价格杠杆影响产业空间分布。运输成本成为决定要素集聚的重要因素。 停留在狭义的运输成本上。	克里斯塔勒 克鲁格曼、亨德森	线性关系
新经济地理学理论	运输费用还应包括关税、非税壁垒以及文化差异等广义上的运输成本。	藤田昌久	—
	区域内运输成本是非线性的,运输成本与产业集聚之间呈倒 U 形。	田渊	倒 U 形

资料来源:部分来自李小建等.经济地理学[M].北京:高等教育出版社,1999.

(2)空间均质性假设的放松。在以往的研究假设中都存在空间均质性,新经济地理学理论虽然在刚开始也假设劳动力被均匀地分布在两个地区,但是研究了一个地区如何在历史偶然的变动中,在运输费用和规模报酬递增的前提下从空间均质到"中心—外围"空间格局的形成。

本章将以上分析归纳为如图 2.2 所示。

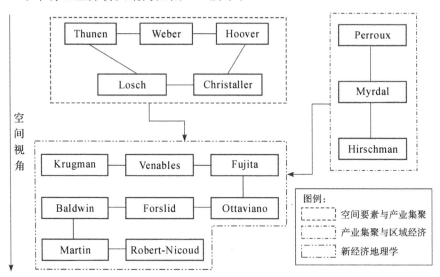

图 2.2　空间视角下的产业集聚理论

2.3 生产性服务业集聚研究进展综述

产业集聚的研究从早期新古典经济学再到后来的新经济地理学,关于产业集聚微观基础的理论文献主要以制造业为例,而对服务业集聚的研究相对较少。从服务业演进的历史逻辑来看,我们可以将服务业发展分为三个阶段。在20世纪30年代之前,对服务业的研究主要集中在关于生产性劳动与非生产性劳动的争论,也就是说,经济学家对于服务业是否促进生产力发展没有达成共识,在这一时期主要的代表人物有亚当·斯密①、萨伊②、巴师夏③和李斯特④等人。因此,在20世纪30年代之前经济学家将更多的研究焦点集中在农业和工业等一些生产有形产品的产业上,而在此之前已经出现了诸如冯·杜能(Thunen,1826)的农业区位论和韦伯(Weber,1909)的工业区位论等,类似的特点是这些研究都是集中在生产有形产品产业的集聚上,而这一阶段产业集聚理论的一个特点是空间因素初步被纳入集聚领域。而自30年代至70年代期间服务业的研究主要集中在服务业在三次产业结构中的演变,如罗斯托(Rostow)⑤、库兹涅茨(Simon Kuznets)⑥和丹尼尔·贝尔(Daniel Bell)⑦是这一阶段关于服务业研究的代表人物。而同时期的产业集聚研究的焦点主要是将产业集聚理论和区域经济研究相结合,以此研究区域之间的不均衡发展,而此时也正处于以制造业为主的工业化阶段,因此,在这一阶段,对服务业集聚的研究也很容易被忽视,而从70年代以后,特别是西方国家开始进入后工业化社会,服务业在经济中的比重不断提高,服务业研究开始与现实经济相结合,如富克斯(Fuchs)就提出了"服务经济"的概念,他认为服务就业变化的主

---

① 亚当·斯密将服务看作是非生产性劳动。
② 萨伊将服务看作是生产劳动,对于生产,他所定义为不是创造物质而是效用。
③ 巴师夏认为价值创造与物质性无关,价值来源于劳务,这实际上与萨伊的观点很类似。
④ 李斯特认为服务生产者不是生产物质产品或非物质产品,而是生产"生产力"。
⑤ 罗斯托将经济发展分为五个阶段:传统社会、为起飞准备条件、起飞、成熟社会和高消费社会。
⑥ 库兹涅茨认为由于对服务中间的需求的扩大,以及人民生活水平的提高,对服务的需求也会逐步增加,这使得服务业劳动比重稳步上升。
⑦ 丹尼尔·贝尔明确提出了经济发展的三个阶段的理论,即前工业社会、工业社会和后工业社会,特别是他认为后工业社会是服务社会。

要解释是服务部门每人产值的增长要比其他部门慢得多,同时,富克斯还阐述了服务业产值和就业的周期性波动的影响,而鲍莫尔(Baumol)[①]则延续了这一问题的研究。

而国内关于服务业的研究也是从这一阶段开始起步的,目前主要集中在关于服务业的核算问题、服务业和经济发展关系问题、服务业结构问题、服务业与制造业协同发展问题和服务业生产率问题等,而这些问题主要处于服务业演进的第二和第三阶段,具体见表2.2。

表 2.2　国内关于服务业研究情况

主要代表人物	主要研究领域	服务业演进所处阶段
岳希明和张曙光(2002)、许宪春(2004)等	服务业核算问题	第二阶段
郭克莎(2000)、李江帆和曾国军(2003)等	服务业结构问题	第二阶段
江小涓和李辉(2004)、程大中(2003)、华尔诚(2001)、黄少军(2000)等	服务业与经济发展问题	第三阶段
江静、刘志彪和于明超(2007)、徐从才和丁宁(2008)等	服务业与制造业协同发展问题	第三阶段
顾乃华和李江帆(2006)、郭克莎(1993)、程大中(2004、2005)等	服务业效率问题	第三阶段

正是在这一阶段随着服务业的作用被越来越多学者所认识,服务业集聚开始逐渐受到重视。也就是说,从历史来看,研究服务业集聚的时间较短,而且对服务业集聚的关注是伴随着制造业集聚研究的成熟,因此,在研究服务业集聚时不可避免地带上制造业集聚的烙印,尽管如此,这至少说明对服务业集聚研究已经逐渐成为许多经济学家关注的焦点。比如,Fujita、Krugman 和 Venables(1999)在将他们的研究焦点集中在以制造业为基础的产业集聚的模型之前,他们也已经注意到了金融服务业。Glaeser 等人(2001)不分部门地研究了当地最大产业的增长,这就自然包括了服务业在内,但是由于他们根据1956 年就业份额的排名选择都市区域,使得他们的研究样本主要还是集中在制造业领域。Kolko (2010)则重点研究了服务业集聚和制造业集聚如何在依

---

① 鲍莫尔(Baumol)认为经济体中存在两个生产率增长不同的部门即进步部门和停滞部门,后者主要指服务业,而且停滞部门的成本将不断地积累、无限地上升,从而导致"成本病"的产生。

赖靠近供应者、消费者和劳动力方面存在的差异性。

自 Marshall 以来,产业集聚大多集中于制造业及工业集群,许多经济学家和经济地理学家诸如 Keeble(2000)等人都致力于理论化制造业集群的"集聚经济"观点,他们认为集聚经济是企业因在某地的产业规模及由此引发的与同处集群的其他企业分享外部性支出能力而带来的成本节约。但是许多学者(Moulaert & Gallouj,1993)指出制造业集聚的理论与模型并不完全适合服务业,特别是 Moulaert 和 Gallouj(1993)以及 Pinch 和 Henry(1999)认为来自距离最小化的交易成本节约,其自身不足以解释高附加值和知识集群活动的持续增长,而且,从影响因素来看,很多用来衡量制造业集聚的因素诸如 R&D 投入、专利或者是自然资源的投入等即使能够从现有的数据进行模型构建,但也很难用来解释服务业集聚的原因。Moullaert 和 Gallouj 只是从生产性服务业的产业特性角度,质疑已有的集聚理论在生产性服务业集聚问题上的适用性,但并没有提出新的理论依据,其后的学者也没有沿着他们的提议进行深入研究。Wood(1992)曾在产业集聚的框架下考察服务业增长,但并未直接研究地理集聚及其决定因素的问题。

关于服务业集聚的理论和实证分析的文献并不是很多,目前在理论上主要包括对服务业概念的分析以及服务业地方化的影响因素研究,其他的文献主要关注于城市间和城市内服务业地方化的影响因素(Airoldi et al.,1997;O'Connor,1987)。而在实证研究上,由于大多数服务业是不可分的,不像制造业存在单位产品,因而在量化服务业产出上存在一定的技术难题,而在实践中往往用服务消费的结果,也就是服务对象的"状态的变化"来作为服务产出的计量基础,尽管黄少军(2000)认为这在理论上不完全可行,这有可能导致夸大或低估服务的实际产出,但是从研究的角度出发这也是一种尝试。从目前的关于生产性服务业集聚的实证研究来看,由于数据收集的难度和数据处理方法的限制,大部分关于生产性服务业集聚的研究仍然停留在现象性的描述和一般集聚过程的描述阶段。而且,关于生产性服务业集聚的实证研究往往是将生产性服务业集聚和制造业集聚合并在一起研究,但是专门关于服务业集聚的文献仍然十分欠缺,由于服务业内部的行业差异性较大,一些学者更多地倾向于关注单个服务业行业部门的集聚,比如说金融业(Brealey &

Kaplanis,1996)。其他一些学者则主要基于集聚指标的测算来关注服务业的集聚现象,但他们并没有分析这种地方化的影响因素(Braunerhjelm & Borgman,2004;Brülhart & Traeger,2005)。因此,本章关于生产性服务业集聚的研究本着"现象—机制—效应"的思路展开。

2.3.1　生产性服务业集聚现象研究

2.3.1.1　生产性服务业整体集聚现象研究

关于服务业集聚现象的研究很多文献都以区位商指标为代表进行描述,如 Illeris 和 Sholt(1995)研究发现1991年北欧各国70%以上的生产性服务业集中在各国首都,首都和一些经济较为发达的大都市区区位商大于1,非都市区区位商均小于1。

Howells 和 Green(1986)研究了英国服务业集聚状况,他们指出,在1971—1984年,一共有744000就业人口向服务业转移,其中,伦敦和一些主要都市及一些省份的中心城市的集聚度最高,这些地方占了53%的生产性服务业的就业人数,Howells 和 Green 指出这种服务业的分布覆盖了两类地区:一是经济核心区,主要位于英国南部和一些中小规模的城镇;二是已经形成的服务业中心,主要集中在主要的都市和地区中心,如格拉斯哥、纽卡斯尔、利物浦、曼彻斯特、西约克郡、谢菲尔德、伯明翰、布里斯托尔、南安普敦、朴次茅斯、埃克塞特和伦敦,相关的研究成果也证明了这种空间集聚分布格局,比如,Keeble 等人(1991)发现在1989年,62%的其他服务业集中在东南地区,按照区位商计算的话,伦敦和一些区域的中心如曼彻斯特、伯明翰、格拉斯哥、爱丁堡、阿伯丁和卡迪夫的中心高度集聚,从就业人数来衡量的话,Keeble 和 Bryson(1997)表明英国43%的服务业就业人数集中在伦敦和东南地区,而诸如市场调研和管理咨询等行业集聚度更高,前者80%的就业人数集中在伦敦,而后者93%的人数集中在伦敦和东南地区。

O'Donoghue 和 Gleave(2004)则运用了标准化的区位商指数对英国商务服务业(包括会计、广告业、计算机服务业、管理咨询服务业和人力资源服务业等)的空间分布情况进行了研究,发现服务业主要集聚在英国的东南部地区。另外,O'Donoghue 和 Gleave 还使用了调整后的区位商指数对英国服务业的空间分布进行了分析,研究结果表明纽伯里的指数统计性显著,成为新的服务业集聚地,而伦敦调整后的区位商指数并未表现出统计性显著的特征。

另外,Rubalcaba 和 Cuadrado (1995)研究了欧洲几个国家的服务业集聚情况,分析了人均服务业的容量和可支配收入的关系,Desmet 和 Fafchamps (2005)使用了 Pérez-Ximénez 和 Sanz-Gracia 一样的关于美国郡一级的数据库,但是 Desmet 和 Fafchamps 既没有实证检验分析美国服务业集聚现象,也没有区分服务业地方化和经济活动的空间集聚的决定因素。Wernerheim 和 Sharpe(2001)对加拿大生产者服务业空间经济的研究成果表明,生产者服务业在空间上的发展与集聚经济存在密切的关系。

国内学者程大中(2004)基于 LQ 指数、RCA 指数和 K-spec 指数分析了中国服务业及其分部门的区位分布与地区专业化,并认为这种专业化的差异不仅是由服务本身的非贸易性,还在于各服务部门专业化与分工倾向的差异性,但这仍然限于现象性的描述,未能从计量模型上解释其变化的原因;胡霞(2008)以熵指数为指标描述了服务业在中国城市的集聚状况,并解释了其内在原因,但未能建立完整的理论分析框架。

2.3.1.2 单个服务业集聚研究

阎小培(1999)对广州信息密集服务业的空间发展进行了研究,研究结果表明,信息密集服务业呈现多核集聚分布格局,同时,她还发现,信息密集服务业发展重心明显北移,向东偏北发展成为主要方向。

Miller(2001)研究表明,伦敦集聚了全英国最重要的服务业集群,如伦敦市中心的商业服务性集群,伦敦市区的金融服务业集群,伦敦 Soho 区的电影、电视等媒体制作集群等,特别是金融集群已经引起了广泛的关注。如 Gehrig (1998)利用场摩擦理论和大量的实证分析,证明了某些金融活动在地理上的聚集趋势与另外一些金融活动在地理上的分散趋势并存。

如果说集聚经济存在于医疗服务业中,那么医疗服务业在拥有诸多的医疗单位的都市里应该拥有更高的生产率,但是一些先前的关于医疗服务业的研究发现相反的证据,这些证据表明在同一地区拥有越来越多的医院导致生产率的下降,原因在于不同的医疗单位参与了医疗军备竞赛(Robinson & Luft,1985),这主要表现为医院在诸如成本推动的技术提升上进行了不必要的投资等,使得这些非价格竞争导致了生产率的降低。Oh'Uallachain and Satterthwaite(1992)关注了美国都市区 1977—1984 年的医疗服务业的就业增长情况,他们发现城市化经济能解释医疗服务业的发展而地方化经济则难以解释这一现象。Bates 和 Santerre(2005)对美国医疗服务业集聚进行了研究,他们的研究结果证明了美国都市区存在静态和动态的地方化经济,这个研究结果也反驳了 Oh'Uallachain 和 Satterthwaite 的研究结论,另外一个关于医疗服务业集聚促进了劳动生产率的结论也不同于 Robinson 和 Luft 的研究结果。但是 Laurie J. Bates 和 Rexford E. 还是将医疗服务业集聚的原因归结为传统的劳动的效率、创新的动力以及共享的投入和知识。

Grimes、Prime 和 Walker(2007)使用区位商指标并同时利用郡级层面的数据对美国在 1990—1997 年的计算机服务业的集聚状况进行了研究。他们发现,在控制了当地的计算机服务业需求的条件后,他们的研究结果表明合适的劳动力供给、产业之间的联系、同主要港口的接近以及空间过程对于计算机服务业集聚具有重要的解释力,而成本因素则与计算机服务业集聚无关。但是由于区位商指标只能反映一个产业的相对规模不能反映绝对规模,因此,Fingleton、Igliori 和 Moore(2004)对 LQ 进行了修正,提出了 HC 指标,对英国 1991—2000 年间的计算机服务业和研发产业的就业集聚状况进行了研究,同时,他们在控制了供给因素、需求因素、人力资本、当地经济环境和空间外部性等因素基础上构建了空间计量模型,对计算机服务业和研究部门的就业集聚进行了实证研究。

关于单个服务业集聚的研究更多的还是集中在同时研究多个分行业,如 Meyer(2007)以加拿大为例,比较了金融业、保险业和房地产业在城市间和城市内部空间集聚模式,他发现在金融专业化的城市区域拥有较高的人力资本、广泛的商业服务业种类和相对平衡的人口年龄结构,而房地产业专业化最有可能发生在高速成长和较为富裕的城市,而这些城市同样拥有多样化的商业服务业种类;虽然在加拿大很多城市都存在保险业的专业化,但 Meyer 发现很难产生集聚。Silk 和 King(2008)分析了美国广告和市场服务业的集聚水平的变化情况,他们发现在以 HHI 衡量指标下,1997—2002 年美国的广告业的集聚水平虽然有轻微的提高但总体水平较低。对于广告业的企业规模存在不同的观点特别是对于中型规模的企业,他们认为中型规模的企业在兼并的浪潮中消失从而呈现两极分化的规模结构,而以收入衡量则表现出更大的两极分化的趋势。同时,Silk 和 King 将广告和市场服务业分为 9 个部门,而且 1997—2002 年这 9 个部门的集聚水平表现各异。

2.3.2　生产性服务业集聚的形成机制研究

2.3.2.1　集体学习过程与生产性服务业集聚

Keeble 和 Wilkinson(2000)认为对于成功的知识型集群而言,与"创新环境"有关的 "集体学习过程"是比较重要的。随后,Keeble 和 Nachum(2002)分析了英国 300 家中小型管理和工程咨询服务企业的调查结果,研究了促使这些企业在伦敦的集群化发展和在英国南部非集群化发展的动力,他们认为集体学习过程对于促进服务业集聚有着重要的作用。

2.3.2.2　社会因素与生产性服务业集聚

Brusco(1982)通过对意大利 Emilia-Romagna 地区的研究,表明服务业集聚与影响企业之间的社会结构存在密切的关联。O'Farrell 和 Wood(1998)认为相比于苏格兰,商业服务企业能够在英国伦敦和东南部地区取得成功的原因在于不同的信用环境,而上文研究已经表明英国伦敦等地区是服务业的集聚地,这从侧面印证了服务业集聚与社会因素之间的内在关系。Keeble 和 Nachum（2002)在强调集体学习过程与生产性服务业集聚存在密切的关系的同时,也指出集体学习过程实现的一个关键在于通过正式和非正式的网络实现频繁的知识交流,而这种非正式的网络实际上就是通过社会关系的形式来体现的,因此,上述研究表明 O'Farrell 和 Wood 以及 Keeble 和 Nachum 都是间接地说明了社会关系和服务业集聚存在相关性,而有些学者(Stein,2002)则直接指出除了生产性服务业的企业在空间上的接近能促进集聚,从而提升企业的绩效,通常情况下,生产性服务业集聚和相似的社会文化也具有密切关系。

2.3.2.3　生产性服务业协同集聚

很多文献关于服务业集聚机制的研究当中都提到了多个服务业在空间上的集中,如 Senn(1993)认为不同的服务业之间彼此邻近可以使这些服务业能够便捷地享受相互间的服务,而这本身就包含了服务业协同集聚的思想。目前关于服务业集聚的解释主要分为两类:第一类是以制造业集聚的范式来研究服务业集聚,但制造业集聚一个重要的特点是集聚区内产业之间更多的是一种上下游的关系,而服务业显然不是,因此,第二类便是正如吕拉昌、阎小培(2005)等人认为的服务业集聚既有同种行业的集聚也有异种行业的集聚,而且这些行业之间是存在互补或竞争关系的,比如说,广州的零售商业、商业楼宇成条状分布等。

另外,Kolko(2007)认为以往的关于服务业集聚都集中在单个产业上,并且都或多或少以制造业集聚为参照,但他认为传统的用于解释制造业集聚的诸如知识外溢、自然资源投入和劳动力市场等因素不能解释服务业集聚,因此,Kolko从多个服务业协同集聚的角度解释了服务业集聚的原因,他认为促使服务业形成协同集聚的动力在于产业之间的知识外溢和产业之间的直接贸易关系。

2.3.2.4　生产性服务业集聚其他成因研究

杨亚琴、王丹(2005)通过对纽约、伦敦、东京三个国际大都市现代服务业集群发展模式的比较研究,对上海以陆家嘴金融贸易区、外高桥保税区、赤峰路一条街现代服务业集群三个案例进行了分析,并指出外生性服务业集群和内生性服务业集群的产业特征、内在机理和相关的产业政策。曾国宁(2006)研究了生产性服务业集群的形成机理,他认为生产性服务业集群和制造业集群的形成机理既有共性也有差异,形成生产性服务业集群的基本因素主要有:生产要素、需求条件、相关和支持性产业以及制度和环境。代文(2007)运用生态学的原理深入研究现代服务业集群形成机制、成长路径和发展模式,他认为现代服务业集聚内生机制主要表现在学习效应、知识溢出和创新欲望,而外生机制主要表现在规模经济、市场机制和吸聚效应。同时,他认为现代服务业集群可以通过自发形成、引导培育形成和强制培育形成三种方式形成。

梁颖(2006)认为金融产业产生集聚主要有两个动因:一个是宏观动因,另一个是微观动因;黄解宇和杨再斌(2006)认为金融本身的高流动性加速了集聚,而金融主体的空间邻近也有助于促使金融集聚的形成;Clark(2005)的研究也确认了金融系统地理接近性的重要性。

2.3.3 生产性服务业集聚模式研究

Coffey (2000)指出,目前关于生产性服务业集聚的研究或者是集中在单个产业部门(Bodenam,1998;Longcore & Rees,1996;Leslie,1997)或者是将生产性服务业作为整体进行研究(Harrington & Campbell,1997);Gordon & Richardson (1996a,1996b)在分析洛杉矶生产性服务业总体就业在空间上的分布的基础上指出,生产性服务业集聚存在两种过程:多中心和分散化,但是由于研究数据的问题,他们并没有揭示这两种内在的动态过程。

Shearmur & Alvergne(2002)以法国巴黎为例研究了 17 个不同服务产业的区位模式,研究结果表明,每一个服务部门的区位模式并不相同,而且每一个服务部门的区位模式都是产业集聚和扩散的综合结果,Shearmur & Alvergne 对巴黎的研究认为,存在 4 种区位模式,分别是:在巴黎的商业区形成绝对的集聚模式;在巴黎中心集聚,并以此为中心形成同心圆式的集聚模式;在巴黎集聚的同时在巴黎周边地区形成更具集聚趋势的模式;类似于圆环状的集聚模式以及一些服务业不在巴黎集聚而是在高新技术产业地区集聚。同时,Shearmur & Alvergne 也指出了服务业向外扩散的 3 种模式,分别是:完全的扩散模式,即很多的产业部门均匀地在各个地区分布;向巴黎周边的卫星镇扩散模式,以及向其他特定地区扩散,而不是向卫星镇扩散或向其中一部分的卫星镇扩散的模式。

曾国宁(2006)根据厂商大小,集群内厂商、供应商和顾客联系的程度,集群的定位导向和聚集经济效益的存在程度等产业集群模式划分的依据,认为由于各个城市的经济社会条件和区位的差异,不同的生产性服务业集群的发展模式并非完全相同,它们有不同的特征,因此,他提出了 4 种集群模式:马歇尔的新产业区模式(NID)、轮轴式集群模式、卫星平台式集群模式和政府主导型产业集群模式。路红艳(2008)根据生产性服务业的地理分布特征和其与制造业的关联特征,探讨了生产性服务业集群、制造业主导的生态群落集群和虚拟集群模式。她认为生产性服务业主导的产业集群主要形成于国际化程度较高的大城市,而在制造业主导的生态群落集群中生态群落模式内部制造企业与生产性服务企业之间以及其他机构之间存在着供求关系、价值关系和共生关系,另外,由于信息传递的数字化和网络化,以及生产性服务业具有在大都市聚集的倾向,通过利用信息技术可以形成制造业主导的制造—服务虚拟集群发展模式。

但斌、张乐乐和钱文华(2008)探讨了知识密集型生产性服务业区域性集聚分布模式,他们认为知识密集型生产性服务业集聚的分布模式可分为三种:第一种是依附于现代制造业周边的综合化集聚,第二种是以 CBD(中央商务区)为核心的圈层式专业化集聚,第三种则是特定产业集群中配套的体系化集聚。同时,他们分别对这三种模式的内在机制进行了解释,他们认为第一种模式基于分工和交易费用的产业集聚机制,而基于外部规模经济和范围经济的形成机制则解释了第二种模式的形成,第三种模式的形成则要归结于关键要素的创新机制。

2.3.4 生产性服务业集聚效应研究

(一)区位选择与生产性服务业集聚

区位因素对于服务业集聚的重要性已经被很多研究所认识,比如张文忠(1999)研究了各种服务业的区位特征,并以北美、欧洲和日本为例进行了实证分析,而 O'Farrell(1995)则研究了制造业需求与服务业之间的关系,但他们都认为服务业更倾向于在城市实现集聚。洪银兴(2003)则强调服务业在城市的集聚有助于实现以城市功能的城市化代替人口进城意义上的城市化。另外,服务业可以分为生产性服务业、消费性服务业和公共性服务业,而不同服务业的集聚程度是不一样的,正如 Daniels(1985)所指出的那样,生产性服务业在空间分布上的集聚程度要比消费性服务业高,这也得到了经验研究的佐证。唐珏岚(2004)则从有利于信息获取与创新、降低企业成本、人才获取三个方面阐述了生产性服务业在国际大都市集聚的优势,并认为大城市是生产性服务业集聚的首选地。Sassen(1994)也认为企业定位在国际性大都市对开发和促进全球联系具有一定的优势。从具体行业上看,区位因素是金融业集聚的基本条件。Leyshon(1998)在前两个研究报告的基础上,进一步研究了货币金融的地理问题,他指出在伦敦,外国的银行数量远远超过了英国的银行,这也从侧面论证了城市特别是大城市作为金融机构集聚的首选地。Gehrig(1998)则是根据证券的流动性及其信息敏感程度研究了金融活动。王朝阳和何德旭(2008)的研究也认为英国金融服务业基本形成了以大伦敦区、南苏格兰区和西南区为中心的金融产业集群。

以上研究只是表明了服务业对区位的选择倾向于大都市中,而且基本上主要从不同的角度阐明了服务业的区位选择问题,但这些研究并没有解释清楚为什么服务业会集聚于大都市中。Huallachain(1989)认为,许多美国都市地区的服务业的增长缘于多个方面,包括服务业对经济的市场渗透效应、非成熟产业或放松管制产业的集聚效应以及制度和基础设施的约束,他将这些作用归结为城市化经济和地方化经济。而且他对美国 27 个服务业产业在1977—1984 年的集聚效应进行了研究,他认为在这两种作用中,地方化经济更能解释这种增长的模式。蒋三庚(2007)结合产业集群相关理论和对服务业尤其是知识密集型服务业集群机理的探讨后认为,现代服务业之所以在国际大都市出现集聚乃至形成集群,主要有以下几个方面的原因:一是外部经济性,主要表现为人才的易获得性,市场的聚集与辐射性和知识、信息、技术的可获得性;二是范围经济,从微观层面上分析,现代服务业聚集区内不同的服务企业之间由于存在着渗透与关联,可以联合起来提供服务以获得范围经济;三是创新效应。同时,他还指出了现代服务业集群的竞争力来自竞合关系、网络组织形式和知识的创造、吸收与利用。

(二)服务业集聚与劳动生产率

Ciccone(2002)将服务业和制造业就业人数合并通过构建模型研究了产业集聚对法国、德国、意大利、西班牙和英国的劳动生产率的影响,实证结果表明这些欧洲国家的劳动生产率对就业密度的弹性系数为 4.5%,这种集聚效应稍弱于美国的 5%。范剑勇(2006)则借鉴了 Ciccone 和 Hall(1996)的模型,将服务业和制造业就业人数合并,利用中国 2004 年地级市和副省级城市的数据研究了产业集聚对中国劳动生产率差异的影响,他认为中国大陆地区非农产业劳动生产率对非农就业密度的弹性为 8.8%,高于现阶段欧美国家的水平,而且他认为这一集聚效应在省际有存在差异和没有差异两种情况,在非农产业分布极不平衡的情况下,扩大了劳动生产率在各省之间的差异。胡霞(2009)同样借助该模型研究了纯粹的服务业集聚对劳动生产率的影响,她将 1996

年、2000 年和 2005 年的分析结果进行对比后发现,相比较资本劳动比率对服务业生产率的弹性系数一直在上升,服务业集聚度对服务业生产率的作用在逐步减弱。程大中、陈福炯(2005)在构造产业相对密集度指标及其与产业劳动生产率之间的关系的基础上,讨论了中国服务业及其分部门相对密集度的地区与部门差异性,他们发现,除房地产外,中国服务业及其分部门的相对密集度对其劳动生产率均产生显著的正面影响,同时,他们基于中国服务业的经验分析而得出的结论正好与"凡尔登定律"所揭示的增长与生产率之间的"程式化关系"相符合。

2.4 生产性服务业与制造业协同集聚综述

产业空间集聚是经济活动最突出的地理特征,很多学者(Marshall,1890;Krugman,1991a,1991b;金煜等,2006)基于不同理论视角解释了国内外产业集聚形成的内在机制,但是我们发现不管是早先的新古典经济学还是后来发展兴盛的新经济地理学,它们在关于产业集聚的解释上更多还是集中在制造业领域,如 Glaeser 等人(1992)不分部门地研究了当地最大产业的增长,这就自然包括了服务业在内,但是由于他们根据 1956 年就业份额的排名选择都市区域,使得他们的研究样本主要还是集中在制造业领域,尽管 Fujita、Krugman 和 Venables(1999)在将他们的研究焦点集中在以制造业为基础的产业集聚的模型之前,他们也已经注意到了金融服务业,甚至 Krugman(1991b)指出,服务业的地方化经济趋势比制造业的地方化经济趋势还要明显,但是他们并没有继续深入研究制造业集聚与金融业等生产性服务业集聚的关系,更没有研究二、三产业协同集聚是如何形成和演化的。

虽然后来的 Koh 和 Riedel(2009)分别指出了制造业和服务业的地方化经济特征都比较显著,但是他们没有将两者纳入同一个研究框架。Henderson(1997)也注意到多元产业协同集聚的重要性,他把外部性分为两个层面,一是行业内的外部性,即同产业内的企业集中导致的产业集聚;二是产业间的外部性,不同行业之间的企业在同一区位所产生的外部性,而现有研究更多集中在产业内的外部性,而较少关注产业间外部性。但是相比较而言,Glaeser 等

(1992)则发现 Jacobs 动态外部性和 Porter 动态外部性比 MAR 效应更为明显,这也表明,知识外溢更多源于产业与产业之间,而非同一产业内部,这也从侧面说明将产业间协同集聚纳入分析范式更有一般意义。而协同集聚的优点在于用空间维度探讨两个行业之间的关联,比传统的投入产出分析多了空间关联维度,比空间集聚多了产业关联维度的思考(陆剑宝、梁琦,2012),从而更具有一般的理论价值和现实意义。

当然,也有学者认为,没有同时将制造业和生产性服务业纳入集聚的研究范式主要原因在于两者的地理集中和区位模式存在较大的差异性(Brülhart & Traeger,2005),如 Moulaert 和 Gallouj(1993)指出制造业集聚的理论与模型并不完全适合服务业,特别是 Moulaert 和 Gallouj 以及 Pinch 和 Henry(1999)认为来自距离最小化的交易成本节约,其自身不足以解释高附加值和知识集群活动的持续增长。从影响因素来看,很多用来衡量制造业集聚的因素诸如 R&D 投入、专利或者是自然资源的投入等即使能够从现有的数据进行模型构建,但也很难用来解释服务业集聚的原因。尽管如此,近几年多元产业的协同集聚研究(Ellison & Glaeser,1997;Andersson,2004;路江涌、陶志刚,2006)也逐渐得到学界的重视,特别是随着城市规模的不断扩大,多元产业在城市的协同集聚趋势日益明显,因此,需要在单个产业集聚分析的框架基础上构建新的适用于多元化产业协同集聚①的理论分析框架,从而进一步完善产业集聚理论,因此,本章关于多元产业协同集聚的研究主要遵循"现象—机制—效应"的思路展开。

---

①　产业协同集聚主要表现为关联产业的空间集聚,它有两种表现形式:一种是垂直的上下游关联产业的空间集聚;另一种则是横向关联产业的空间集聚。

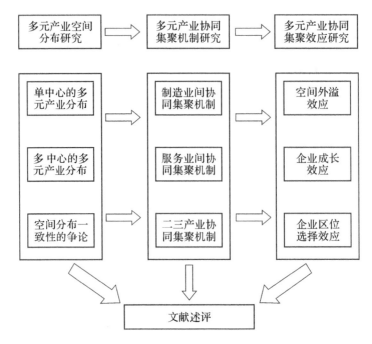

图 2.3 二、三产业协同集聚文献综述脉络

2.4.1 多元产业空间分布研究

多元产业在空间上的分布主要聚焦于两个问题:一是多元产业在空间上的分布是否有规律可循,本章将从城市单中心和多中心两个角度去探讨多元产业空间分布现象,试图从中找到多元产业空间分布规律;二是在于产业间存在关联性的多元产业之间在空间分布上是趋于一致性的还是异质性的,哪些因素会影响这种判断。

2.4.1.1 基于单中心的多元产业空间分布规律研究

目前关于多元产业空间分布主要以都市区为研究对象,而关于都市区更多将研究焦点集中于中心城区的服务业间协同集聚问题,而这也是由服务业的区位选择因素所决定的。如 Miller(2001)研究表明,伦敦集聚了全英国最重要的服务业集群,如伦敦市中心的商业服务性集群,伦敦市区的金融服务业集群,伦敦 Soho 区的电影、电视等媒体制作集群等,特别是金融集群已经引起了广泛的关注。总体而言,都市区中心城区多元服务业的空间分布特征表现为不同服务业行业空间结构模式的综合叠加,形成了都市区独特的产业空间地域结构。

Coffey(1996)等以蒙特利尔都市区为例,发现不同的生产者服务业行业类型在都市区17个就业中心不同的空间集聚,构成了以CBD综合功能区和各专门化功能区组成的地域结构模式。而Shearmur和Alvergne(2002)对巴黎17个高级商业服务业的空间分布进行研究,发现其区位模式非常复杂,每个部门表现出不同程度的集聚与分散。Meyer(2007)以加拿大为例,比较了金融业、保险业和房地产业在城市间和城市内部空间集聚模式,他发现在金融专业化的城市区域拥有较高的人力资本、广泛的商业服务业种类和相对平衡的人口年龄结构,而房地产业专业化最有可能发生在高速成长和较为富裕的城市,而这些城市同样拥有多样化的商业服务业种类。

相较于国外都市区发展相对比较成熟而言,由于国内城市化水平不高,目前还难以出现太多的都市区,因此,国内关于这一问题的研究主要还是集中在北京、上海和广州等大城市上。以北京为例,赵群毅等人(2009)对北京生产性服务业空间布局进行研究发现,北京生产性服务业形成了明显的地域分区类型,其中,北京中心城集聚了多种生产性服务业,但同质性较差,这就表现为北京中心城区集聚了各种类型的生产性服务业,而北京近郊区内沿集聚的生产性服务业同质性较强,近郊区外围以及远郊区分散着传统的生产性服务业,这正如赵群毅和周一星(2007)指出的,北京中心城区为多类型混合区,主要分布银行保险和房地产、传统金融和技术服务、商业经济和社科研究等几种生产者服务业;近郊区内沿生产者服务业功能地域同质性较强,依次形成了4种功能地域类型区,包括软件开发咨询业、数据库服务业、律师事务所、社会调查业等行业,近郊区外缘和远郊区的广大地域除了个别独立的类型异质点外,多为传统国有生产者服务业散布区,而远郊区的区县行政驻地生产者服务业类型以传统的金融和技术服务为主。这就说明北京都市区服务业空间分布呈现出地域分工的特征,区县层次要比区域层次突出些(卢明华、杨洁,2013)。而基于广州的研究表明,整体上看,生产性服务业并未出现郊区化趋势,也并非所有生产性服务业的子行业都具备向中心集聚的特征(钟韵,2007)。

而服务业在空间上的布局主要还是通过办公空间分布来得以体现,产业在空间上的集聚和扩散,在微观上就表现为办公活动的集聚和扩散。因此,过去对办公活动的地理学研究,主要将工业区位理论作为研究的出发点并进行延展,从而经历了从向心集聚及其动力机制研究转向办公离心化现象和扩散机制的研究。

Brouwer(1989)对于阿姆斯特丹办公空间的分析也显示,分散和集中与办公业的行业属性有关,银行、广告代理、会计等行业大部分保持集聚状态,在某些情况下集聚程度甚至有所增长;而计算机、保险和小型公司的总部则有分散的趋势。

张景秋和陈叶龙(2011)研究了北京办公活动的空间分布情况,他们发现,各行业空间分异特征显著,整体呈现"东高西低",城市高端功能区就业吸纳能力强的特点,其分布大体呈现三种集聚模式,即"大分散、小集聚"模式、"大分散、大集聚"模式和"小分散、大集聚"模式,各行业空间集聚趋势类似,均呈先增后减的倒"U"形结构特征,但其空间尺度存在差异,其中,社会服务业和批发零售业的办公区位可选范围最大,金融业集聚于特定区域,区位可选范围偏小,交通运输仓储和邮政业的交通区位指向显著。

2.4.1.2 基于多中心的多元产业空间分布规律研究

都市区产业单中心和多中心的关系实际上就是关于产业集聚和扩散的理解,而集聚与扩散则是在不同空间尺度下的相对概念。自20世纪90年代开始,很多的研究发现部分都市内部生产者服务业呈现出由核心向边缘转移的趋势,这种产业在空间上的转移使得部分产业仍然集聚在CBD地区,而部分产业通过转移形式在郊区等地集聚,形成都市区的次中心,换句话说,多中心的多元产业空间分布规律大致可以总结为大都市区尺度上的扩散以及园区尺度的再集聚。

以生产性服务业协同集聚为例,Forstall和Greene(1997)对美国生产者服务业的研究均发现一些专业性服务业特别是面向企业的服务业开始向都市区的周边发展,出现了服务业的分散化,并形成了郊区就业中心。而Amstrong(1972)研究了美国21个大都市区的生产性服务业分布情况,发现生产者服务业就业的40%分布在中心城市的CBD,25%分布在非CBD区域,35%分布在中心城市周边地区,这说明随着外部环境等因素的变化,不同产业在都市区空间范围上形成了协同集聚,从而使得多中心的多元产业空间分布格局逐渐形成。同样的,中国的都市发展也遵循了这样的产业空间分布规律,卢明华等人(2011)发现北京都市区城市功能布局呈现郊区化态势:建筑运输与制造功能呈现最明显的郊区化特征,沿主要交通干线向远郊区快速拓展;生产服务功能以及复合功能也呈现出初步的近域郊区化特征。北京都市区城市功能空间分异更加明显:城市中心区专业化于生产服务、公共服务功能;近郊区内专业化于复合功能、科教服务功能;近郊区外沿与远郊区专业化于建筑运输与制造功能。

如果说在单中心情况下,都市区产业结构主要以服务业为主的话,那么在大都市区的空间范围内,还应该将制造业纳入产业空间布局范畴,从行业细分来看,在集聚和扩散作用原理下,不仅服务业间形成多中心的产业空间分布,而且服务业与制造业也同样形成了类似的结构,从而在大都市区内形成了二、三产业协同集聚。Brulhart 和 Traeger(2005)将熵指数分解为国家间和国家内的指数,并据此对西欧 1975—2000 年间的部门区位模式进行了研究,他们发现在西欧制造业的相对集聚度在上升,而在制造业分部门中相对集聚度上升最明显的部门为纺织、服装业等,而地理集聚度在下降,由于制造业在地理集聚度和总就业份额中的下降,使得制造业在总就业中对地理集聚度的贡献从原来的 26% 下降到 13%。而服务业除了运输和电信部门同时表现出在地理集聚度和相对集聚度的下降的趋势外总体上表现出比制造业和农业更高的地理集聚度的趋势。Desmet 和 Fafchamps(2005)分析了 1972—2000 年间美国郡级层面的就业集聚变化情况,他们的研究结果表明,总体就业表现出日益集聚的趋势,但是从分行业来看,非服务业则呈现出扩散的态势,从而说明美国就业集聚主要由于服务业集聚所带动,在考虑空间维度的因素后,服务业集聚中心拥有较高的集聚度,在距离集聚中心 5~20 千米的范围内拥有较高的集聚度,而制造业则在距离集聚中心 20~70 千米的范围内拥有较高的集聚度。Combes(2000)曾以法国为例做了类似的研究,只是 Desmet 和 Fafchamps 的研究空间更广,但是,两人的很多研究结论加强了 Combes 的观点,不同的是他们同时考虑了空间因素。

Graham 和 Kim(2008)运用英国企业层面的制造业和服务业的数据在超越对数的生产函数的基础上建立了集聚经济的分析框架,研究结果表明对于制造业而言集聚弹性为 0.024,而在对服务业进行加权后其集聚弹性为 0.167。

但是关于都市区是否出现多中心结论,有些学者也提出了质疑,如MacPherson(1997)、Harrington 和 Campbell(1997)等人的研究认为:郊区生产者服务业的快速发展并不意味着对于 CBD 的取代,郊区的生产者服务业大多是小规模的公司,面向地方市场,而在 CBD 中则集中着更具有声誉的、面向全国甚至国际市场的生产者服务业。也就是说,都市区单中心格局不但没有弱化,反而存在强化的趋势。

2.4.1.3 多元产业空间分布一致性的争论

上文仅仅描述了多元产业在空间上的分布情况,但是产业间的空间分布是否存在一致性的争论,以制造业和生产性服务业的空间分布为例,这种争论部分源于克鲁格曼和 Venables(1995)所指出的那样,对于大部分服务业而言,由于其产品是非贸易性的,在区位上一定要靠近客户,因此,使得服务业活动趋向分散,而相反,制造业则趋向于集聚。特别是我们发现,从多元产业在空间布局的演变情况来看,产业在空间的集聚和扩散都不是单个产业的行为,而是多个产业协同变化的,因此,大量学者对产业在空间上是否协同定位进行了讨论。

毫无疑问的是,从产业层面来看,产业间协同集聚程度是越来越高,从现象上看,Ellison 和 Glaeser(1997)计算结果表明,在四位编码行业中存在协同集聚现象,而且具有上下游分工联系的行业之间普遍存在这一现象。Barrios等(2003)利用同样的方法考察了爱尔兰 1972—1999 年两位编码和三位编码制造业的协同集聚情况,他们发现多数行业的协同集聚指数有所提高。路江涌和陶志刚(2006)指出中国制造业协同区域聚集的程度近年来持续上升,但是总的来说中国比美国的行业协同聚集程度低,在可比较的 21 个 2 种行业中,只有 4 个行业中中国的协同集聚系数高于美国。Herruzo、Diaz-Balteiro 和Calvo(2008)基于西班牙木材制造业研究表明,不仅木材的产业整体的协同集聚度都较低,而且木材制造、纸张制造和家具制造之间的协同集聚度都很低,但木材制造业内部行业则存在较高的协同集聚度。但产业层面的协同集聚研究并没有考虑空间维度,只要在固定的区域中,不管产业间空间位置如何变化,都不影响产业层面上的协同集聚水平,因此,产业间协同集聚程度的提高,并不一定代表空间上二者是协同定位的,需要将空间维度纳入分析框架。

从目前的研究来看,关于产业间是否在空间上协同定位的争论主要集中在二、三产业协同集聚上。[①] Farrell 等人(1993)认为协同定位并不等于否认生产性服务业与制造业布局具有一定的空间可分性。Goe(1994)的研究表明生产性服务业在"去工业化"城市区域依然可以继续发展,说明其并不纯粹依赖制造业的布局。邱灵等人(2008)基于对北京的研究发现,制造业与配套生产性服务业均呈现显著的空间集聚性,但由于生产性服务业与制造业具有不同的空间集聚特性,集聚与分散的空间格局存在明显差异,就业空间分布的一致性较差,二者并没有必然的空间依赖性,进一步验证了制造业与配套生产性服务业具有空间可分性。

与上述研究不同的是,也有学者持相反的观点,Andersson(2004)将生产性服务业作为下游产业,制造业作为上游企业,他发现生产性服务业的分布是制造业分布的函数,反之,制造业分布也是生产性服务业分布的函数,进而提出了两者协同定位的结论。Crespo 和 Fontoura(2009)基于葡萄牙的实证研究证实了制造业集聚能促进生产性服务业集聚,从而部分论证了 Andersson 的研究结论。基于二、三产业在空间上协同定位的研究更多是将生产性服务业和制造业作为整体来进行考察,但是也有学者指出,这种影响应该是存在行业异质性的,如 Krenz(2010)以欧盟 1970—2005 年的产业数据为样本,测算了服务业部门集聚与产业集聚之间的相互影响关系,并指出 1970—2005 年间,零售贸易对纺织业集聚的影响最大。也有学者从生产性服务业和制造业的 FDI 空间互动来探讨这一问题,如 Raff 和 Ruhr(2001)指出生产者服务业 FDI 具有跟随本国下游制造业 FDI 流动到东道国的倾向。Nefussi 和 Schwellnus (2007)发现生产性服务业的 FDI 随着制造业 FDI 的增加而增加,而唐保庆等人(2011)也发现除了批发贸易类生产者服务业 FDI 以外,其他各类生产者服务业 FDI 在区域分布中均明显具有追逐制造业 FDI 的倾向。

---

① 二、三产业协同集聚之所以会引起争论,很大程度上在于两者分别属于不同行业属性,使得不同类型的产业在空间区位选择上存在差异,而相同属性的产业在区位选择上自然存在空间一致性。而类似于二、三产业等属于不同属性的产业在空间上是否存在一致性则较有争议。

不管是关于二、三产业空间分布一致性还是异质性,他们的研究焦点都是将研究对象视为一个均质体,而没有从研究对象的特征出发来考察这一问题,特别是双方都将城市作为研究出发点,但没有考虑城市规模对二、三产业协同定位的影响,而实际上城市规模不一样,对二、三产业空间分布的影响较大,因此,如果进一步放松研究对象假设,关于二、三产业是否在空间上协同定位将更符合实际。在这一方面也有学者对此进行了探讨,如陈建军和陈菁菁(2011)认为,生产性服务业区位对制造业集聚的影响,以及后者对前者逆影响的大小在不同规模城市中存在差异,由此决定了产业发展顺序的差异,大城市要推进制造业的转型升级,应首先关注生产性服务业的发展与集聚,而中小城市则首先要推动制造业的集群,才能吸引生产性服务业集聚。王硕(2013)的研究结果也表明,在长三角范围内,制造业区位与生产性服务业区位的相互影响作用由于城市规模的不同而存在差异,由此决定了不同城市产业发展顺序的差异。大城市要积极推进生产性服务业集聚发展,而在中小城市应首先发展制造业集聚,并以此来吸引和带动生产性服务业集聚,从而实现二、三产业的协调发展。

2.4.2 产业间协同集聚的内在机制研究

上文对多元产业空间分布规律进行了探索式研究,并对多元产业在空间分布上是否一致进行了讨论,本部分将在多元产业空间分布规律总结基础上,进一步研究这种空间分布的内在机制。Henderson(1997)把外部性分为两个层面:一是行业内的外部性,即同产业内的企业集中导致的产业集聚;二是产业间的外部性,不同行业之间的企业在同一区位所产生的外部性,现有研究更多集中在产业内的外部性,而较少关注产业间外部性。从产业间的分类看,目前国内关于产业间协同集聚的研究可以分为制造业间协同集聚、服务业间协同集聚及生产性服务业和制造业协同集聚三大类,而且这几大类产业间的协同集聚在形成机制上存在较大的差异,但也同时存在一定的共同点,因此,把握这些行业类别的共同点和差异性,有助于更好地把握不同类别产业情况下协同集聚形成的内在机制问题。

2.4.2.1　制造业间协同集聚形成机制研究

制造业间的协同集聚突出的一个特点是产业间的产品都是有形的,两者存在较多的共性,因此,在形成机理上包括新经济地理学理论,新古典经济学等理论对其都具有一定的适用性。

(1)运输成本与产业间协同集聚

从内在机制来看,Krugman(1991b)指出不同产业之间企业的地理接近可能缘自产业之间投入产出的关联,因为这种产业之间的地理接近可以节约中间产品的运输成本。但是 Venables(1996)从投入产出的纵向联系角度考察产业协同集聚产生的原因,他认为运输成本与产业间协同集聚并不是简单的线性关系,他研究发现,当运输成本很高或很低时,上游和下游企业分别在两个地区生产,不完全竞争和运输成本是决定上下游产业区位的重要原因,同时,他指出当运输成本处于中游水平时,会引起产业协同集聚,运输成本的进一步降低则会促进产业间在空间上的扩散。Amiti(2005)则从运输成本变化来探讨从国与国之间产业协同集聚形成机制问题,国内的李宏艳和齐俊妍(2008)也同样得出了类似的结论。

而 Koh(2009)将产业间的垂直关联延伸至水平关联的研究也同样支持了中间产品行业和最终产品行业之间在地理上的协同集聚趋势。

(2)信息成本与产业间协同集聚

与以往研究注重运输成本作用不同的是,Gallagher(2013)发现除了运输成本之外,随着产品复杂程度的提高,信息成本对制造业协同集聚也有重要影响。而降低信息成本的一个方法就是通过面对面地交流,提高信息对称性,Leamer 和 Storper (2001)、Duranton 和 Storper (2008)、Storper 和 Venables(2004)也注意到面对面地互动有助于培养信任,增加彼此间的协调性,而产业协同集聚则可以实现最小化面对面交流成本。

(3)外部性与产业间协同集聚

根据 Marshall(1890)观点,产业集聚存在三个外部性,共同的劳动力市场、上下游的产业关联和技术外溢,但是这一观点之前更多运用于单个产业集聚,而对于产业间协同集聚而言,这一理论不完全适用,只有部分适用性(Baldwin et al,2008)。

Ellison、Glaeser 和 Kerr (2010)从马歇尔外部性角度验证了这一理论对于产业协同集聚的可行性,他们研究发现,投入产出联系对制造业协同集聚更加重要。而 Arhansya(2010)则发现在三个外部性中,共同的劳动力市场的作用最大,上下游的产业关联度作用次之,而技术外溢的作用最小。Howard 等人(2012)基于改进后的协同集聚指标研究表明,技术外溢和技能关联是促进产业协同集聚的重要力量,其中,技术外溢在高技术企业之间和高技术与低技术企业之间同时存在,而低技能劳动者之间的竞争不利于产业协同集聚,而高技能劳动者之间的竞争则有利于产业协同集聚。马国霞等人(2007)揭示了驱动中国制造业产业间集聚的机制在于纵向的投入产出关系和规模外部经济,其中,纵向的投入产出关联诱发了原料投入比例大的中间需求型产业和最终需求型产业之间的空间集聚,规模外部经济则促进了拥有共同市场地的最终需求型产业的空间集聚,而地理邻近有助于这种机制的强化。

2.4.2.2 服务业间协同集聚形成机制研究

与制造业协同集聚不同的是,服务业产品的无形性特征决定了它们在产业间协同集聚形成机制上存在一定的差异。在学者开始关注制造业间协同集聚的同时,有部分学者也注意到了服务业间的协同集聚问题,如 Senn(1993)认为不同的服务业之间彼此邻近可以使这些服务业能够便捷地享受相互间的服务,而这本身就包含了服务业协同集聚的思想。从产业间相互关系上看,多元服务业在空间上协同定位一般基于两种情况:一种是服务业间存在上下游关系,过去我们通常说服务业特别是生产性服务业是制造业的中间投入,但从投入产出比率来看,服务业间的投入比重更高;另一种便是正如吕拉昌、阎小培(2005)等人认为的服务业集聚既有同种行业的集聚也有异种行业的集聚,而且这些行业之间是存在互补或竞争关系的,比如说,广州的零售商业、商业楼宇成条状分布等。

(1)信息技术与服务业协同集聚

信息化对传统经济地理学的许多理论和概念提出了新的挑战,一般来说,信息技术的发展对空间的影响主要体现为两个方面:一是影响空间邻近性和区位的具体含义,二是影响社会经济发展及其空间过程(宋周莺、刘卫东,2013)。

信息联系成本类似于制造业的运输成本,将会成为影响服务业空间分布的重要因素,因此,信息技术的高低成为影响服务业间协同集聚的重要参照。传统区位论认为交通和通信技术的改进,往往会使得企业的"离心力"增强(Marshall,1922),使得区位因素的重要性不再像过去那样重要(Cairncross,1997)。Kolko(1999)认为信息技术的发展对服务业间集聚表现为两个方面:一是降低了服务业的传输成本,使得服务业企业在空间上的分离成为可能;二是信息技术的发展提高了城市的劳动生产率,促进了服务业的集聚,最后结果取决于这两种力量的大小。而 Feitelson 和 Salomon(2000)及 Gillespie 等人(2000)也指出信息技术作用下集聚和扩散力量是同时存在的,导致经济发展的本地化趋势和分散趋势是同时发生的,只是不同部门和不同空间层级上两种力量的组合与作用是不同的。这也正如 Kolko(2007)发现的那样,在研究地域较为狭窄的范围内,信息技术的发展有助于服务业间的协同集聚程度的提高,而在广域空间范围内,信息技术则不利于服务业协同集聚。

基于服务业间协同集聚的研究反映了两层含义,从产业部门来看,信息技术对基于标准化的产业活动具有很强的分散力量,而对于类似于服务业这样非编码活动而言,仍然具有很强的集聚动力。从空间角度来看,Liu 等人(2004)指出信息技术对"聚"与"散"的影响主要跟空间范围大小有关,一般来说,在地方层次上,信息技术具有促进经济活动集中的作用(Sohn,Kim,Hewings,2002),而在更广的空间层次,信息技术则促使经济活动在空间上分散(Liu et al,2004)。Kolko 指出,总体而言,信息技术的净效应对商务服务业的城市化经济具有促进作用。

(2)外部性与服务业间协同集聚

相比较于马歇尔三个外部性在制造业间协同集聚在不同程度上都有显著作用不同,与制造业相比,服务业自身存在一些特殊性质,使得马歇尔的三个外部性在服务业间协同集聚上并不一定完全适用。

Keller(1986)较早注意到交流网络对于研发产业协同集聚的重要性,而Kolko 则认为服务业协同集聚源于产业间知识的外溢和节省服务传递成本。Kolko(2007)认为以往的关于服务业集聚都集中在单个产业上并且都或多或少以制造业集聚为参照,但他认为传统的用于解释制造业集聚的诸如知识外溢、自然资源投入和劳动力市场等因素不能解释服务业集聚,因此,Kolko 从多个服务业协同集聚的角度解释了服务业集聚原因,他认为促使服务业形成协同集聚的动力在于产业之间的知识外溢和产业之间的直接贸易关系,不同的是,制造业间直接贸易的距离范围要比服务业的大。Kolko(1999)指出城市中的服务业不仅服务于制造业而且还服务于彼此的服务业,这使得服务业间存在协同集聚的动力,从而降低了它们向小城市和郊区扩散的可能性。蒋三庚(2007)指出从微观层面上分析,现代服务业聚集区内不同的服务企业之间由于存在着渗透与关联,可以联合起来提供服务以获得范围经济。

2.4.2.3　二、三产业协同集聚形成机制研究

与制造业间协同集聚和服务业间协同集聚不同的是,二、三产业协同集聚具有一定的特殊性,不管是制造业间还是服务业间的协同集聚,它们的产品属性和特征都具有很大的相似性,因此,在协同集聚形成机制上有较多的共性理论作为支撑。而生产性服务业和制造业不管在产品特征还是产业属性,以及区位选择上都存在较大的差异性,因此,如何从学理上解释二、三产业协同集聚显得尤为重要,也更有挑战性。

(1)基于空间因素视角

从一般理论看,Krugman(1991b)指出不同产业之间企业的地理接近可能缘自产业之间的投入产出关联,因为这种产业之间的地理接近可以节约中间产品的运输成本。但是 Venables(1996)的研究发现当运输成本处于中游水平时,会引起产业协同集聚,运输成本的进一步降低则会促进产业间在空间上的扩散。Amiti(2005)在放松区域间要素禀赋相似的假设的基础上发现,当贸易成本较低的时候,上游企业和下游企业将在同一个地区协同集聚,李宏艳和齐俊妍(2008)也得出了类似的结论。而 Koh(2009)将产业间的垂直关联延伸至水平关联的研究也同样支持了中间产品行业和最终产品行业之间在地理上的协同集聚趋势。而 Noblet(2011)认为当运输成本下降时会增加中间产品数量,提高生产的复杂性,进而促进下游企业靠近上游企业,但同时也会提高两者的协调成本,当这种成本足够高时,运输成本的下降并不会必然导致上下游产业的分散。

Villar 和 Rivas(2001)在 C-P 模型基础上引入了生产性服务业,他们研究发现,均衡结果是生产性服务业集聚在区域性中心城市,而制造业集聚在外围

地区,从而形成了新的"中心—外围"空间结构。Krenz(2012)发现,在传统的C-P模型基础上,假设经济体中只有制造业和服务业两个部门,随着运输成本的降低,服务业的集聚程度要低于制造业,但是他并没有明确运输成本在二、三产业协同集聚形成过程中到底了起了什么样的作用。而事实上,运输成本是一个广义概念,它还包括了贸易成本。赵伟和郑雯雯(2011)以贸易成本为中介变量研究发现,生产性服务业集聚可以对贸易成本产生影响进而影响制造业集聚。从二、三产业协同集聚的类型看,谭洪波(2015)的研究表明,当生产性服务业贸易成本较高和较低时,二、三产业会形成"协同式集聚"和"分离式集聚"。

(2)基于商务成本视角

刘志彪(2006)指出,制造业与生产者服务业在空间上具有协同定位的效应,有利于我国产业集聚格局的形成和集群的升级,但他并没有指明二、三产业如何在空间上实现协同定位,并受哪些因素影响。在此基础上,江静和刘志彪(2009)指出,制造业和生产者服务业基于不同商务成本构成的差异形成了地区内产业分布的新格局,即中心城市集聚大量的生产者服务业,而外围则是大量的制造业集聚。谭洪波(2015)也认为制造业对土地、劳动力和资源等要素成本比较敏感,而生产者服务业对与制度相关的交易成本比较敏感,需要实现两者在东部地区和西部地区的空间分离,可以使两种产业的生产成本都不同程度地下降。杨亚平和周泳宏(2013),指出城市劳动力和土地成本对工业相对产值存在"挤出效应",对服务业相对产值具有"促增作用",并且相比服务业,劳动力成本变化对工业产值的挤出作用更明显,从广义概念来说,这种成本还包含了房价在内,房价的提高也会促进制造业的空间扩散。尽管总体上要素成本和交易成本的变化会实现二、三产业形成"分离式"协同集聚,但随着要素成本的提高,部分生产性服务业也会向外围城市转移,从而使得中心城市和外围城市出现了基于行业异质性的协同集聚。Oh'Uallachain 和 Reid(1991)发现在 1976—1986 年,诸如纽约、洛杉矶等较大城市的商务以及专业服务业的就业比重已经开始逐渐下降,而诸如底特律、丹佛等非大都市区的商务以及专业服务业的就业比重都存在不同程度的提高。而且运输成本和商务成本不是单独存在的,而是协同发生作用的,正如 Tabuchi (1998)研究指出的,城市内部通勤成本与居住成本是经济集聚的分散力量,Fujita 等人(1999)也认为随着运输成本的进一步降低,要素成本、房价水平的差异会使外围地区更具有竞争力。齐讴歌等人(2012)发现房价水平上涨和交通成本提高能加快中心城市制造业的扩散以及生产性服务业的集聚。

(3)基于信息技术视角

随着信息通信技术的快速发展,生产性服务正向制造业的各环节进行着全面渗透,两业的边界开始逐渐模糊,相互之间出现了融合互动趋势(Lundvall & Borras,1998),陈宪和黄建峰(2004)也认为信息技术是生产性服务业和制造业融合的"黏合剂"。但更多研究认为信息技术使企业的区位选择更具弹性,使得经济活动扩散成为可能(Graham & Marvin,2001)。

路红艳(2008)认为,基于信息技术可以形成制造业主导的制造—服务虚拟集群发展模式,特别是有助于小城市与大城市生产性服务业企业建立联系,在集群中形成虚拟的生产性服务业企业,从而改变了传统的地域性集群组织结构模式并使其产业集群功能虚拟化。甚至也有研究指出,在信息技术作用下,二、三产业可以实现跨国分离,Macpherson A(2008)发现互联网技术发展使制造业增大了异地服务采购,选择的地理范围已扩大到了国际范围。江小娟(2008)指出,信息技术的发展使得劳动力"虚拟"跨境流动成为可能,削弱了距离、生活成本差异等因素对劳动力流动的限制,使得生产性服务业和制造业关系越来越虚拟化。陈国亮和唐根年(2016)指出在互联网作用下,二、三产业通过"互联网驱动—需求生态圈—制造生态圈—服务生态圈"累积循环机制实现广域空间上的协同集聚。从空间角度来看,Liu 等人(2004)指出,信息技术对"聚"与"散"的影响主要跟空间范围大小有关,一般来说,在地方层次上,信息技术具有促进经济活动集中的作用(Sohn, Kim, Hewings, 2002),而在更广的空间层次,信息技术则促使经济活动在空间上分散(Liu et al, 2004)。

(4)基于制度因素视角

二、三产业协同集聚的形成除了市场自组织作用机制外,包括区域非平衡发展战略、城市偏向政策以及地方锦标模式都会影响二、三产业区位分布。从对"近距离"协同集聚影响看,出于政治锦标目的,许多地方政府更加偏好于工业的发展(刘培林等,2007),从而在短期内推进制造业的快速发展。相反地,由于有些生产性服务业如金融业涉及国民经济命脉,往往受到更大程度的管制,从而抑制了其发展(江小涓、李辉,2004;刘培林等,2007),特别是服务业领域存在着严重的政策性歧视问题,进一步束缚和抑制了生产性服务业发展,如服务业用水、用电和用地政策与工业政策的巨大反差(吕政等,2006),遏制了二、三产业协同集聚的形成。此外,生产性服务业属于契约密集型产业,它们的生产和交易涉及更为密集和复杂的契约安排(汪德华等,2008),因此,二、三产业协同集聚与当地契约保护力量密切相关,在制度越完善的地区,这种契约执行力度也越大,更能促进二、三产业协同集聚的形成。顾乃华(2010)也指出政策环境的完善程度正向影响着生产性服务业对工业获利能力的外溢效应,有助于二者形成更良性的互动发展。对于"分离式"协同集聚而言,这就涉及产业协同集聚与空间协调问题(Mori, Nishikimi & Smith,2005),但由于存在行政区经济,特别是中国目前存在较为严重的市场分割(Young,2000),导致地区之间要素流动受阻,往往限制了"分离式"协同集聚的形成,特别是分税制改革以来,服务业的营业税是地方税的第一大税种,使得地方政府有动力通过设立区域壁垒来限制生产性服务业流出(顾乃华,2011),从而阻碍了生产性服务业通过空间外溢实现二、三产业"分离式"协同集聚。

表 2.3 多元产业协同集聚形成机制

集聚类型	主导力量
制造业间集聚	投入产出、劳动力市场
服务业间集聚	知识外溢
二、三产业协同集聚	投入产出

2.4.3 产业间协同集聚效应研究

在对多元产业空间分布规律进行总结、多元产业协同集聚进行探索的基础上,本部分重点研究产业协同集聚效应问题。产业间协同集聚效应主要可以表现为两个方面,即宏观上表现为空间外溢效应,微观上表现为对企业的影响,这种影响我们认为主要通过两个途径实现,一是对企业自身发展的影响,二是对企业空间区位选择的影响。

2.4.3.1　产业协同集聚与空间外溢效应研究

大量研究表明,很多经济现象不仅受到区域内各种因素的影响,还受到周边地区的影响,从而形成空间外溢效应(Anselin,1988)。Ke 等人(2014)指出若一个城市的生产性服务业(制造业)集聚于邻近城市时,该城市的制造业(生产性服务业)可能会随之迁徙,每个产业的集聚都对邻近城市的相同产业产生溢出作用。宣烨(2012)的研究也表明,生产性服务业空间集聚不仅能够提升本地区制造业效率,且能够通过空间外溢提升周边地区制造业效率。但根据空间第一定律,产业集聚的空间外溢是存在地理边界的,尽管顾乃华(2011)已经注意到生产性服务业集聚对工业的外溢过程中是存在区域边界的,但他并没有指明这种空间边界范围,而余泳泽等人(2013)弥补了这一缺陷,他们认为金融集聚对工业生产效率提升的空间外溢效应随着地理距离的增加而递减,在 300 千米范围内空间外溢较大,而超过 500 千米时,空间外溢明显下降。他们(2016)还进一步发现生产性服务业空间聚集对制造业生产效率提升的空间外溢效应表现较为明显,并且在 200 千米以内为空间外溢的密集区域,500 千米为空间外溢的半衰距离。而基于美国的实证研究表明,生产性服务业在 75 千米范围内会对金属加工机械及测量和控制装置行业的劳动生产率产生影响(Drucker & Feser,2012)。

事实上,这种空间外溢效应的区域边界与城市产业结构密切相关,席强敏等人(2015)指出生产性服务业多样化程度越高的城市,对周边城市工业劳动生产率提升的空间溢出效应越强,但这种空间溢出效应在 100 千米范围内最强,在 350 千米后溢出效应明显下降。而且研究进一步发现,这种空间外溢不仅有空间异质性还有行业异质性,比如 Krmenec 和 Esparza(1999)研究发现,会计业的辐射半径是 426 千米,而计算机服务业、广告业、工程和建筑服务业的最远贸易距离分别为 389 千米、303 千米和 279 千米。而许政等人(2010)发现大城市对周边地区经济增长的空间外溢呈"∽"型关系,即各个城市到大港口城市的距离由远及近,对城市经济增长有一个先促进再抑制、再促进的作用,分行业看,二、三产业也均存在这样的特征(陆铭、向宽虎,2012),从三大都市圈看,长三角中上海的辐射范围要强于珠三角,而京津唐都市圈则是多个港口城市共同起辐射作用的城市体系(孟可强、陆铭,2011)。

2.4.3.2 二、三产业协同集聚与双重效应

(1)二、三产业协同集聚与互补效应形成研究

二、三产业在空间上的协同定位目的在于获取二、三产业的互补效应,而这种互补效应主要通过三种方式表现出来:一是基于古典经济学的专业化分工的影响,Markusen(1989)认为生产性服务业通过提供专业化服务有利于制造业降低成本提高效率。顾乃华(2010)认为生产性服务业发展将刺激工业企业动态匹配自身资源、能力与价值链的动机,从而促进工业企业服务外包,进而使得工业企业的资源和能力被集中在优势环节。二是基于新制度经济学的交易成本影响,比如 Goe(1990)指出制造企业通过服务外包使得外部交易成本低于内部组织成本,进而实现规模经济。冯泰文(2009)则进一步指出交易成本是生产性服务业与制造业效率提升的中介变量。三是基于产业集群理论的技术外溢方式,Glaeser 等人(2001)指出服务业集聚所带来的技术溢出更多源于产业之间而非同一产业内部,而朱海燕和魏江(2009)研究发现,生产性服务业嵌入产业集群可以推动集群网络结构向有利于集群知识扩散、知识获取和知识扩散的方向发展。

(2)二、三产业协同集聚与挤出效应形成研究

由于产业间在行业属性、发展环境等方面存在异质性,不同部门的发展需要特定性要素做支撑,而空间的有限性则成为部门间争夺的重叠性要素,正如林民盾和杜曙光(2006)指出的,同时具有自然资源和高级资源都占优势的空间不可能存在,通常是两个资源的优势分别位于两个不同的空间,从而使得二、三产业还存在挤出效应。陈国亮和陈建军(2012)发现,当商务成本达到一定临界值时,二、三产业协同集聚从以互补效应为主开始向以挤出效应为主转变,但这种挤出效应与经济发展阶段密切相关;谷彬(2008)认为,工业化对服务业比重存在挤出效应,但随着工业化进程的推进,产业链条的运转将更多依靠现代服务业,出现了产业融合趋势,使得挤压效应逐渐减弱。江静和刘志彪(2010)指出,中国的世界工厂定位使中国生产线服务业缺乏有效市场需求支撑而发展滞后,原因在于加工贸易主导的贸易结构割裂了制造业和生产性服务的产业关联,从而在要素获取方面与服务业形成竞争,进而制约了生产性服务的发展。

（3）二、三产业协同集聚与双重效应并存研究

也有研究发现,二、三产业协同集聚形成的互补效应和挤出效应是同时存在的,关键取决于城市规模大小的影响,李敬子等人(2015)发现就技术外溢效应而言,整体上城市服务业对工业发展具有正向技术外溢效应,但就要素配置效应而言,整体上城市服务业发展具有负向要素配置效应,但大小城市均呈正向效应,而中等规模城市则呈负向效应。陈建军和陈菁菁(2011)认为,生产性服务业区位对制造业集聚的影响,以及后者对前者逆影响的大小在不同规模城市中存在差异,由此决定了产业发展顺序的差异。王硕(2013)的研究结果也表明,在长三角范围内,制造业区位与生产性服务业区位的相互影响作用由于城市规模的不同而存在差异,由此决定了不同城市产业发展顺序的差异。

2.4.3.3　产业协同集聚与企业发展

（1）二、三产业协同集聚与制造业企业发展研究

从对制造业企业的影响来看,Moretti(2010)发现美国新增1个制造业就业岗位可以带动1.59个服务业就业岗位,并且高技术制造业的就业乘数更大,达到2.5,而在中国背景下,1990—2005年和2000—2005年制造业就业每增加1个就业岗位,分别能创造大约0.6个和0.4个服务业就业岗位,而且制造业就业对批发和零售、建筑和房地产等部门就业的带动作用最大,对科研和技术服务部门就业的影响最小(张川川,2015),但也有研究表明只有在城镇化和城市规模达到一定水平的地区,制造业就业才会促进服务业就业的增长(袁志刚、高虹,2015)。Barrios等人(2003)发现本地企业与跨国企业的协同集聚程度呈现逐渐提高的趋势,而且这种协同集聚对本地企业的外溢效益表现出正向作用,而且这种外溢作用能促进就业的增加。

（2）二、三产业协同集聚与生产性服务业企业发展研究

从对生产性服务业企业的发展影响来看,Jacobs等人(2014)发现生产性服务业与制造业在空间上的协同定位能够显著影响生产性服务业企业的发展,这种企业的发展主要表现为企业从原来生产者服务业企业中剥离出来,受原来公司发展路径的影响(Klepper & Sleeper,2005),这种效应要比新成立企业来得更普遍。Davis和Henderson(2008)发现,当生产性服务业与企业总部形成协同集聚时,生产性服务业企业数量增加10%,企业总部数量会相应增加

3.6％。Jofre-Monseny 等人(2011)研究了产业间协同集聚对新企业发展的影响机制,他们发现,在一个地区中,产业间使用相似劳动力更能促进新企业诞生,而产业间存在上下游关系也能促进新企业诞生,而相比较而言,技术外溢作用只在较小的空间范围内对新企业成长产生影响。

2.4.3.4 产业协同集聚与企业区位选择

多元产业协同集聚效应的另一个特征表现为企业区位选择影响,与以往研究集聚对企业区位选择影响(Viladecans-Marsal,2004;陈建军等,2011)不同的是,产业协同集聚更多从企业跨区域发展角度来研究企业区位选择问题,也就是研究协同集聚对企业不同生产环节的区位选择影响。钱德勒(2002)认为,随着企业规模扩张,企业组织逐步形成多分部结构,由此产生公司总部与分部的分权问题,而这种分权往往跟总部和分部的区位选择有关。

Davis 和 Henderson(2008)以及 Aarland 等人(2007)则发现,企业总部与生产性服务业主要在大都市地区形成协同集聚,而企业的生产功能主要集中在规模较小的城市。同样地,Strauss-Kahn 和 Vives(2009)在分析了影响企业总部定位和转移的因素后发现,企业总部之所以能定位在大都市除了受空港设施、较低的企业所得税、较低的工资水平影响,还受生产性服务业集聚的影响。Henderson 和 Ono(2008)认为,将企业总部定位于服务业密集的都市地区可以更好地将其服务功能外包出去,从而可以获得更多关于产品的市场信息,但是他们发现,基于交流和协调成本的考虑,企业总部的区位选择还与企业总部和企业生产基地的距离有关,因此,需要综合考虑这两个因素的影响。Aslesen 和 Isaksen(2007)指出,知识密集型服务业的集聚促使包括企业总部在内的客户更倾向于布局在大都市区内,在需求和供给的循环作用下,形成协同集聚。Shilton 和 Stanley(1999)论证了 20 世纪 90 年代美国大都市区之所以对公司总部集聚具有较大吸引力,主要在于都市区中总部集聚与产业类型的相近性及生产服务集群密切相关。

2.4.3.5 二、三产业协同集聚与城市功能分工

(1)二、三产业协同集聚与城市功能分工形成研究

在多种因素驱动下,二、三产业实现了从"近距离"协同集聚向"分离式"的协同集聚的转变,使得城市间的空间关系也从产业分工向功能分工转变,特别

是二、三产业协同集聚对企业不同价值链环节区位选择的影响,使得企业总部与生产性服务业形成协同集聚,而生产环节分散到中小城市,促进了城市间服务和生产功能分工的形成(Duranton,Puga,2005;赵勇、白永秀,2012)。Aarland等人(2007)发现,美国企业总部将要素收入中的13.4%支付给外包会计服务、15.2%用于支付外包法律服务以及36.6%用于支付外包广告服务,这表明生产性服务业与企业总部形成协同集聚后,存在自增强和相互融合机制。

(2)二、三产业协同集聚与城市功能分工演化研究

随着中心城市和周边城市二、三产业互动的深入,城市功能分工也出现了转化,第一个表现为中心城市的服务功能外溢,使得对外服务业输出流量高度集中于高级服务业中心,各等级服务业中心的服务业职能结构差异较大(曾春水、申玉铭,2015),而且生产性服务业外向功能格局在空间上与城市群的发育程度密切相关(柳坤、申玉铭,2014)。第二个表现为随着产业链跨区域扩张,中心城市与周边城市功能分工也出现了相应的变化,特别是信息技术的发展,城市功能分工关系发生变化,全球化、柔性化、复合化和差异化已成为信息时代的城市功能的主要特征(魏宗财等,2013),冯梅和杨建文(2009)也指出信息技术缩短了企业与企业、区域与区域之间的空间距离,使得集群在构建全球范围内跨区域网络成为可能,使得区域性的城市功能分工在一定条件下成为世界城市功能中心。

2.5 研究述评

服务业作为后工业社会的主导产业,对它的特别是生产性服务业集聚的研究目前已经引起了欧美国家学者的关注,并已经取得了一定的成果,但相对于制造业集聚的研究,对生产性服务业集聚的研究和由此引申出的二、三产业协同集聚研究仍显滞后。目前对服务业特别是生产性服务业集聚的研究已经引起了欧美国家学者的关注,并已经取得了一定的成果,但这并不表明在后工业社会制造业不再重要,西方国家实施的"再工业化"战略表明,一个国家和地区的核心竞争力还是在于先进制造业,但是如何将生产性服务业与制造业相

结合,探讨两者的空间耦合机制的研究仍显滞后。从现有研究来看,我们认为在以下方面还值得深入挖掘。

2.5.1 关于生产性服务业集聚理论分析框架的研究

由于生产性服务业集聚的研究尚处于起步阶段,目前很多研究都是参照制造业集聚的研究展开,应该说,生产性服务业集聚的研究有很大的空间,特别是对中国来说更是如此。在集聚度的测算上,现在关于生产性服务业集聚度的测算基本上还是参照制造业的方法,这存在一定的不合理因素,而且目前国内关于生产性服务业统计上存在的误差,特别是关于微观企业的数据缺失,随着统计方法的科学化,这是将来研究的一个方向。

从生产性服务业集聚成因看,虽然本书特别强调从"集体学习过程"、社会因素和服务业协同集聚三个维度进行解释,但是,目前关于生产性服务业集聚的原因的研究主要还是参照了制造业集聚的影响因素。由于目前关于服务业集聚还没有成熟的理论框架,大部分的研究都是建立在制造业集聚的框架上,诸如集聚的外部性等,上文也曾指出 Moulaert 和 Gallouj(1993)认为制造业集聚的理论与模型并不适合服务业,主要原因在于两者产品的形态不一致,由于制造业是有形产品,运输费用对制造业集聚的影响显而易见,而服务业的产品是无形的,而且服务业类别不一样,服务产品的传输方式也存在一定的差别,如消费性服务业强调的是面对面,而生产性服务业的产品可以实现跨区域的交易。因此,生产性服务业与制造业势必存在不同的集聚机制,以新经济地理学理论为例,对于制造业而言,考虑制造业产品跨地区运输的"冰山成本"因素。Krugman(1991)等人认为在一定范围内,制造业集聚与运输费用成线性相关,即随着运输成本的降低,制造业的集聚趋势越发明显,但对于生产性服务业来讲,由于该类别行业的产品不存在运输费用,因此,难以直接沿用新经济地理学的模型进行研究。在目前服务业理论尚不成熟的情况下,研究生产性服务业集聚的一个折中办法就是以新经济地理学理论为基准,通过修改假设条件使之符合生产性服务业实际情况,进而进行研究,比如说,在运输成本的问题上,可以通过以信息技术水平来替代运输成本,这至少适应了生产性服务业产品运输的特点,再借鉴新经济地理学的理论模型研究生产性服务业集聚。其实制造业和服务业在很多假设上存在类似的条件,最关键的区别就是运输费用的修正问题,可以考虑两者产品的特性做适当的变化,可以形成相应的理论框架,当然,这里面还存在诸多细节问题,但这也是今后努力的方向,希望能从中构建起生产性服务业集聚的分析框架。

2.5.2 关于二、三产业协同集聚理论分析框架的研究

首先从二、三产业协同集聚的度量看,二、三产业协同集聚的研究体现出地理学、经济学、管理学、社会学等多学科交叉的"综合性"特征和趋势,根据制造业集聚和生产性服务业集聚的发展脉络和研究进展,二、三产业协同集聚的研究有很大的拓展空间,特别是对于中国这样总体上处于从工业化中期向工业化后期加速推进,而内部不同区域又处于不同发展阶段的国家来说更是如此。关于二、三产业协同集聚的研究首先涉及协同集聚的测度问题,相较于单个产业集聚已经具有诸如 E-G 系数、基尼系数、区位商等测度指标不同,尽管目前已经存在比如修正后的 E-G 系数(Ellison & Glaeser,1997)以及 Devereux 等人(2004)简化后的指标,但是不足之处在于,这些指标仅仅是从产业维度来刻画,并没有从区域视角来度量。因此,需要借鉴单个产业基于区域层面的集聚测度指标来构建反映区域层面二、三产业协同集聚水平的指标,从而通过理论界定和模型测度实现不同空间尺度、不同时间节点和不同行业类型的可比性。而正是由于这一指标的缺失导致了当前关于二、三产业协同集聚空间演化规律的研究主要分别基于制造业和生产性服务业单个产业的空间演化来间接推测二、三产业空间演化规律,而难以直接对二、三产业协同集聚空间演化特征和轨迹进行总结和刻画,也使得后续的实证研究面临着较大的困难。

从二、三产业协同集聚形成机制看,以往文献主要集中在制造业间的协同集聚和服务业间协同集聚的形成机制上,较少关注二、三产业的协同集聚形成的内在机制。虽然 Ellison、Glaeser 和 Kerr(2010)尝试性地建立了产业间协同集聚的理论框架,具体阐述了产业协同集聚形成机理,但是这个理论框架基本上还是基于制造业。制造业间的协同集聚和服务业间协同集聚的形成在很大程度是由于行业之间存在较强的相似性,比如同作为制造业,两者产品都是

有形的(或者服务业间,两者产品都是无形的),使得从单个产业集聚到多元产业集聚,共性理论较多。而且从现有关于制造业间和服务业间产业协同集聚来看,主要基于两种理论:一种是基于新经济地理学理论,从运输成本视角研究,随着运输成本变化,产业间在空间上区位的变化情况;另一种是基于马歇尔外部性理论,考察这一理论是否可以用来解释产业间协同集聚问题。但是目前还鲜有研究关注二、三产业协同集聚问题,虽然曾国宁(2006)研究了生产性服务业集群的形成机理,他们认为生产性服务业集群和制造业集群的形成机理既有共性也有差异,形成生产性服务业集群的基本因素主要有生产要素、需求条件、相关和支持性产业以及制度和环境,但是对这一问题研究的缺失,主要原因正如上述所说的,两种产业分别属于性质完全不同的产业,两者之间存在较少的共性理论,难以捕捉两者形成协同集聚的信息和原因。需要指出的是,制造业和生产性服务业之间存在一个关系就是,生产性服务业内生于制造业,因此,我们认为只要把握这一思想,就可以较好地从产业维度解释二、三产业协同集聚原因,但是从产业层面解释二、三产业协同集聚存在的弊端在于它暗含空间匀质化假定,但事实上,从空间上看,两者存在不同的区位偏好,因此,这就需要突破单个空间来研究这一问题。

2.5.3 关于二、三产业协同集聚的效应问题

传统的经济地理学重点研究经济活动在空间、区位与地方的嵌入性问题(李小建,2012),导致关于产业集聚的研究局限在固定空间范围内,难以从理论上解释产业集聚通过空间外溢所形成的具有大尺度地理特征的集聚连绵区。而现实中的产业集聚往往都是超越了单个行政区的空间范畴(Marcon & Puech,2003),存在跨区域集聚现象,使得产业集聚从之前单纯的"城市集聚"扩展为"区域集聚",从而形成了空间连续性(Florida et al,2012)。

这就要求我们在研究二、三产业协同集聚时不应拘泥于单个区域空间范围,应努力突破静态空间范畴,将空间连续性因素纳入研究范式中。Duranton和Overman(2005)已经注意到了这个问题,在他们的研究中,他们假设企业的区域分布是连续的,而不是受到区域边际限制的,但是相对而言,这方面的研究仍然较少,需要进一步进行探讨和研究。因此,如何揭示现实经济中非均衡

空间板块的连接问题,以及由此所引起的不同程度的空间连续性对产业集聚空间外溢的影响是将来值得研究的方向。第二个问题是空间外溢效应形成机制问题,现有研究对相邻地区的空间外溢使之产生"广域"地区竞争优势的内在机理并没有进行深入分析。尽管 Ke(2010)、Ke 和 Feser(2010)指出,邻近县市产业集聚相互促进是产业空间连片分布的重要机制,但这主要基于地理邻近视角的研究,Boschma(2005)认为不能孤立地衡量地理邻近的作用,地理邻近可以通过强化其他邻近维度来促进互动学习,可以将其与邻近性的其他维度联系起来一并考察。来自欧洲的经验研究(Parent & LeSage, 2008)表明,区域间的知识溢出还取决于产业的技术联系(技术邻近),甚至地理邻近和技术邻近存在一定的重合与交互作用(Greunz,2003)。当然,空间外溢不仅仅是由区域间技术邻近形成的,而是具有多维性,王辑慈(2001)也指出,地理邻近有可能是由关系邻近带来的,而马国霞等人(2007)进一步发现,地理邻近有利于产业间投入产出联系的加强,形成关系邻近与地理邻近之间循环因果关系,此外,制度邻近、文化邻近和组织邻近等都有可能影响空间外溢效应的形成。因此,如何结合地理学、经济学、管理学和社会学等多学科理论从空间多维角度探讨二、三产业协同集聚的空间外溢效应是将来进一步的研究方向。承接上个问题,二、三产业协同集聚要考虑空间连续性因素,但我们需要进一步明确这种空间外溢效应等协同效应是否存在空间边界,或者说是无边界蔓延,这都是将来需要明确的问题。尽管有学者(顾乃华,2010)已经注意到了生产性服务业与工业之间的地理距离与生产性服务业对工业获利能力的外溢效应的相关性,但他们仅仅在理论上指出了这种外溢效应是存在空间边界的,并没有细化这种边界到底是多大。过去研究集聚效应更多集中在对劳动生产率等方面的影响,很少有人从空间角度研究这种集聚效应问题,特别是集聚效应的空间边界,事实上,包括过去大家所关注的劳动生产率也是存在空间边界问题,但是,这一问题长期以来被学者所忽略,当然,这一缺陷很大程度上受限于研究方法。

2.5.4 基于产业链空间分布离散化的微观视角值得探讨

当前产业分工已经实现了从产业间分工向产业内分工和产品内分工转

变,特别是在中国长三角、珠三角等沿海发达地区已经出现了由企业跨区域发展而形成的产业链空间分布离散化趋势,地区之间基于比较优势出现了链式集聚,这就要求关于二、三产业协同集聚的研究要细化至产业链层面,尤其是当前全球进入了新一轮的产业链分工时期,各国都在争夺新的产业"链主"地位,对这一问题的研究被赋予了新的含义。尽管有学者(魏江、周丹,2010)已经注意到从产业链分工视角去考察二、三产业互动的重要性,但是他们的研究仅限于单个集群与生产性服务业互动,并没有将研究视角扩展至生产性服务业与集群间互动,从而忽略了由集群网络空间扩张引起的二、三产业空间结构的变化,因此,需要将企业跨区域发展、集群网络空间扩张、多元产业协同集聚和产业升级纳入统一的分析框架。从理论上看,随着以 Melitz(2003)为代表的异质性企业贸易理论的出现,以 Baldwin 和 Okubo(2006)为代表的"新"新经济地理学理论突破传统空间研究的"企业同质性"假设,以"企业异质性"的选择效应和分类效应来研究产业空间布局,从而使得产业在企业异质性作用下,产业集聚和扩散在空间上表现出中心区低效率企业向外围、外围高效率企业向中心"双向迁移"的特征,产业在空间分布上形成了"二重性"的特点,因此,除传统的集聚力(本地市场效应、价格指数效应)和分散力(拥挤效应)外,微观企业的选择效应是产业空间分布的"第四动力"。而企业异质性导致的产业空间分布与产业链空间分布离散化导致的产业空间分布具有很强的相似性,因此,如何将企业理论与"新"新经济地理学理论相结合,探讨基于产业链空间分布离散化视角下二、三产业协同集聚具有一定的现实意义。

3 二、三产业协同集聚理论分析框架的构建

3.1 引　言

　　国内外关于产业协同集聚的研究体现出的一个不争的事实是,目前研究焦点从制造业集聚已经逐步向生产性服务业集聚,再向二、三产业协同集聚转变。而且从目前的研究趋势来看,关于二、三产业协同集聚的研究已经逐步从过去的现象性描述向内在机制等深层次问题转变,通过对第 2 章二、三产业协同集聚理论的梳理发现,尽管各个流派从不同的角度对多元产业协同集聚的成因和内在机理进行了剖析,但是这些研究的对象都在制造业间或服务业间,至于这些理论是否适用于与制造业和生产性服务业协同集聚则是一个值得深入研究的课题。

　　讨论一般的产业集聚理论是否适用于二、三产业协同集聚的问题延伸出去实质上就是如何在制造业集聚和生产性服务业集聚之间寻找共性理论,或者可以将制造业和生产性服务业视为一组集合,正如江小娟(2008)指出的,商品和服务都可以还原为一组要素集合。因此,我们认为,研究二、三产业协同集聚既要从两者共性理论出发,又要兼顾其特性,那么,包括集聚理论在内的某些理论对生产性服务业也具有一定的适用性。当然,这种适用性并非是全盘照搬,这当中还存在一个吸收消化和理论延伸的过程,也就是说,根据研究对象通过对现有产业集聚理论有针对性地重新演绎从而逐渐符合二、三产业协同集聚特征。正是基于这种思路,本章从新经济地理学(NEG)的角度出发,试图在这一视角下探索二、三产业协同集聚所表现出的特点。更重要的是,我们力图基于这一理论揭示出二、三产业协同集聚产生的内在机制,从而为本章

后续拓展研究提供理论依据。

如果说基于静态空间视角构建二、三产业协同集聚理论框架是本章研究的主体框架的话,那么,考察基于空间连续性视角下生产性服务业集聚与制造业集聚的关系则是主体框架的拓展。如果借鉴过去研究集聚思路,仅仅限于静态空间作为二、三产业协同集聚的出发点,在研究范式上看是可行的,但是,在现实中,地区之间特别是邻近地区之间往往存在一定程度的空间依赖性,即一个地区的集聚能影响其周边地区的集聚,从而在广域空间上形成集聚的空间连续性。而这种研究范式在以往只从静态空间视角下研究集聚是较为缺失的,因此,在研究二、三产业协同集聚的同时,将空间连续性纳入本章的研究体系是必要的。因此,本章在整个研究过程中除了注重对二、三产业协同集聚产业和静态空间二重性的考察之外,还将空间连续性纳入研究范式,从而形成了三重性的集聚属性。而以往文献对于产业集聚的研究要么偏向于产业视角,要么注重从静态空间角度来研究,往往顾此失彼,很少同时从三个维度对产业集聚进行剖析。

因此,本章在提出生产性服务业集聚理论分析框架的基础上,阐述了二、三产业协同集聚的产业、静态空间和空间连续性三重属性的特征、表现形式和实现三者融合的可能性。在此基础上,本章顺延文献综述的思路,以新经济地理学为理论基础构建本章的分析框架,在以二、三产业协同集聚形成的内在机制为主体框架的同时,拓展了二、三产业协同集聚空间连续性问题,具体的理论分析脉络见图3.1。

3.2 生产性服务业集聚的二重性研究

关于集聚的产业和空间的二重性问题,不管是制造业集聚还是生产性服务业集聚都是存在的,也就是说,从产业角度看,生产性服务业集聚是多个服务企业形成比较明显集中倾向的过程。而基于空间的维度,生产性服务业集聚是存在边界的,特别是在目前缺乏关于生产性服务业集聚边界问题研究的情况下,制造业集聚关于这一问题的讨论对生产性服务业集聚而言具有一定的参考价值和借鉴意义。

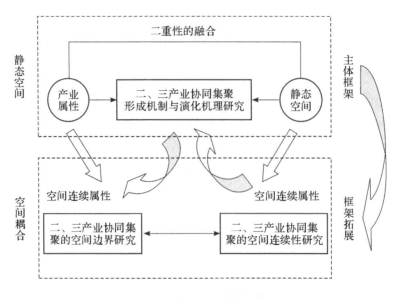

图 3.1 本书理论分析框架

3.2.1 产业属性

与制造业集聚类似,生产性服务业集聚的主要范围还是以单个产业为边界,比如在英国伦敦的金融服务业集群(Amin & Thrift,1995)、中国上海的陆家嘴金融服务业集群等。

在产业集聚的解释上,产业属性更多的指向市场因素,也就是越接近市场和劳动力的地区越容易形成生产性服务业集聚。Krugman(1991)在分析经济边界时指出,靠近市场和劳动力的地区往往比较容易产生产业间溢出效应,从而促进产业集聚。而事实上也是如此,由于生产性服务业的具体服务对象是制造业,因此,生产性服务业集聚的地区也往往意味着制造业比较发达,制造业对生产性服务业的需求带动能力也越强,势必存在较大的市场潜能。此外,胡霞(2009)认为除了工业是影响生产性服务业需要的重要因素之外,分工和专业化也是不可缺少的因素。

3.2.2 空间属性

与集聚的产业属性不一样,空间属性主要考虑地理特征对产业集聚的影响,而根据产业集聚理论历史发展过程,对集聚的产业经济边界提出的质疑主要集中在以区位论为代表的区域科学领域,该领域更多地强调地理上的区位优势对于产业集聚的重要性,或者说是产业集聚的"先发优势"和"天然优势"。

当然,这里就有个关于区位对生产性服务业的影响问题,而对于区位也有不同的理解,一种是沿海地区是否能更有效地吸引生产性服务业,另一种就是城市和农村对生产性服务业集聚的影响。毫无疑问,后一种区位对生产性服务业的影响是显著的,而且第二章大量的文献也证实了这一论断;对于前一种区位特征,我们有不同的认识,如位于沿海地区,它能更方便地吸收 FDI,特别是现在大量的 FDI 的流向已经逐步从制造业向生产性服务业转移,那么,在这种情况下,沿海的区位优势是有助于生产性服务业集聚的。但另一种情况是,由于生产性服务业是内生于制造业的,因此,大量的生产性服务业集聚于沿海地区也有可能受制造业集聚需求的逆向传导而形成,或者说,沿海的区位优势只是通过制造业间接作用于生产性服务业,生产性服务业集聚的空间属性很大一部分从属于制造业集聚的空间边界。

3.2.3 二重性的融合

许多研究表明,空间结构的调整和变迁会对区域产业绩效甚至微观主体企业行为产生影响,而反过来,产业结构的调整和整合也会对区域空间结构产生一定的反馈作用,也就是说,两者是互为关系。如陈修颖和顾朝林(2003)从三个层面研究了福建省基于闽台互动的产业与空间结构的调整。他们认为,重点产业的选择和流动空间—承转空间—地方空间—辐射空间等有机秩序空间系统的建立可以促进闽台产业和空间的互动。如果假设两者是可以量化的话,那么,在逻辑上,不仅空间属性是关于产业属性的函数,同时产业属性也是关于空间属性的函数,在数学上两者表现为联立方程的关系:

$$F(空间属性)=A+B\times 产业属性+C\times X_1+a_1$$

$$F(产业属性)=D+E\times 空间属性+G\times X_2+b_1$$

因此,从两者互动的角度看,过度关注任何一个属性都会导致研究结果的偏差,将生产性服务业集聚的产业属性和空间属性区别开来而不是结合两方面的因素综合进行研究是过去文献中的一个不足。特别是目前生产性服务业集聚的研究基本上还处在产业属性关注阶段,空间属性极其容易被忽视,虽然对制造业集聚的两个属性的研究目前也仍然处于顾此失彼的状态,但相比较而言,其已经受到越来越多的关注。

本研究的一个目的就在于兼顾产业和空间的二重性,试图调和两者之间的矛盾,从而实现二重性的融合。融合的基本途径就是在研究生产性服务业集聚时综合考虑产业结构调整和空间结构演变的双重影响,注重从内在逻辑上去协调两者的关系。总的来说,实现两者的融合要处理好产业属性和空间属性双向传导机制的关系,也就是产业属性如何传导至空间属性,而空间属性又如何反馈至产业属性。有一点需要指出的是,纵观产业属性和空间属性的互动关系,可以发现,不管是哪个方向的变化,单个产业结构的变化对空间结构变化的影响是不大的,空间结构的变化很大程度上是各个产业结构的综合变化的结果。而且上文也指出,生产性服务业集聚的产业属性和空间属性在一定程度上依附于制造业集聚的二维性,因此,在考虑生产性服务业集聚二重性的融合时有必要将制造业集聚的二维性纳入考察范畴。

从两者的双向传导机制来看,产业属性到空间属性的传导机制可以理解为:因存在产业双重集聚(生产性服务业集聚和制造业集聚)而同时产生的互补效应和挤出效应(不同类型的制造业与生产性服务业存在强度不同的互动性)使得部分产业从原来的集聚地转移至其他地区,从而促使产业在空间上的分异。而空间属性到产业属性的传导机制可以解释为:由于空间结构的调整,如城市化的推进等因素,使得要素价格上涨,部分要素敏感型产业从原来的区域转移至要素价格相对较低的区域,而其余的要素不敏感型产业仍然留在原地,从而在空间上形成了广域上的双重集聚现象(具体的关于产业属性和空间属性的双向传导机制见图3.2)。

双重集聚 ⟶ 互补效应、挤出效应 ⟶ 部分产业转移 ⟶ 产业空间上的分异

空间结构调整 ⟶ 要素价格上涨 ⟶ 部分产业转移 ⟶ 广域的协同集聚

图3.2 产业属性和空间属性双向传导机制

3.3　生产性服务业集聚与 NEG 理论

基于新经济地理学的视角来研究生产性服务业集聚,首先需要就该理论对生产性服务业集聚的适用性进行判断,我们的结论是在对该理论进行适当修正的基础上是可以解释生产性服务业集聚的。同时,作为本章理论分析的主体框架,根据理论修正我们对 C-P 模型做了简要的改进。

3.3.1　生产性服务业集聚与 NEG 结合的可行性研究

由于缺乏处理规模报酬递增与不完全竞争的手段,空间维度长期以来徘徊在主流经济学之外,空间维度的缺失使得主流经济学往往将产业集聚归结为外部性的作用,如赫克歇尔-俄林的要素禀赋理论。尽管马歇尔的三个外部性从理论上解释了空间集聚问题,但是他未能从技术上解决关于产业集聚的模型建构,这也使得产业空间集聚的“黑箱”问题并未得到彻底的破解。

以 Krugman、Fujita 和 Venables 等人为代表的经济学家在新贸易理论基础上所形成的新经济地理学理论结合 D-S 模型把源自规模经济收益递增和不完全竞争纳入一般均衡模型当中,成功地将空间要素融入产业集聚的分析范式。新经济地理学的核心思想主要表现为:产业在空间上的集聚主要受三种效应大小的影响,即本地市场效应、价格指数效应和市场拥挤效应。假设存在两个完全匀质的区域,由于偶然的历史事件等外生因素的作用改变了某一地的需求空间分布,使得工业企业逐渐地向其中一个区域集中,从而产生本地市场效应。在这种效应的作用下,大量的产品在这一区域生产使得产品价格相对便宜,进而产生价格指数效应,较低的生活成本又会进一步吸引更多的人口集聚,从而使得本地市场效应和价格指数效应在循环累积的作用下不断强化集聚力(见图 3.3)。另外,和集聚力相对应的是,由于土地租金、贸易成本等拥挤效应形成分散力在一定程度上弱化了集聚力的产生。而集聚力和分散力的大小主要取决于“冰山”运输成本的大小。总体来说,产业集聚状况与运输成本呈“倒 U”形,即运输成本很低或很高时,产业处于分散状态,运输成本只有处于中间水平时才会促使产业在空间上实现集聚。同时,该理论认为,即使不存在外生差异,内生力量也会通过区域演化,使得产业集聚成为必然。

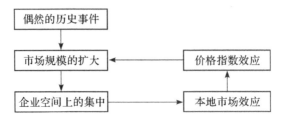

图 3.3　循环累积因果效应逻辑

对于新经济地理学理论在生产性服务业集聚研究的适用性问题,虽然很多学者将制造业集聚理论直接应用于生产性服务业集聚,但由于生产性服务业和制造业在很多方面特别是产品性质上的本质的差异,使得这些集聚理论的直接适用受到一定的质疑。正如陈殷和李金勇(2004)所指出的,服务业或是生产性服务业投入产出性质与一般制造业不同,因此,用于讨论制造业的传统产业区位理论在运用至服务业或生产性服务业时必须加以修正。同样地,我们认为新经济地理学理论在解释生产性服务业集聚上也需要做一定的改变。

以 Krugman 为代表的新经济地理学家在解释产业集聚时主要有两个核心思想:规模收益递增和"冰山"运输成本。

(1)规模收益递增的讨论

由于长期以来缺乏处理规模收益递增和不完全竞争的技术工具,使得以往主流经济学家一般回避规模报酬递增而往往都是假定规模报酬不变或者递减,而新经济地理学理论则假定以规模报酬递增为前提:$\alpha g(L_x) < g(\alpha L_x)$,$(\alpha > 1)$。

根据新经济地理学理论,引起规模收益递增有两个来源:一是消费者多样性需求偏好引起的规模报酬递增,如果消费者表现出多样化的需求偏好,那么生产企业则具有规模报酬递增特征,并且这种多样性偏好越强,企业规模报酬递增的程度就越大,在制造业中由于大量的产品存在相似性,也就是说,制造业产品的替代性较强,消费替代弹性较大,而服务业中的消费性服务业或公共性服务业存在几乎完全的替代性,消费替代弹性很大,这也就解释了消费性和公共性服务业难以形成集聚的原因。而生产性服务业其消费对象不是普通的消费者,而是制造业的生产者,这种消费者对服务产品往往有着更高的要求,这也就使得稍有差异的服务创新能极大地改变生产性服务业的市场份额。因此,其消费替代弹性较小,故其多样性需求就越强,而替代弹性越小,边际劳动产出比平均劳动产出越大,企业的规模报酬收益递增程度也越大。所以,相较于制造业,生产性服务业的消费者多样性需求偏好更能促进企业规模报酬递增,而且大部分生产性服务业,如金融、电信等都具有网络型和知识密集型特征,即增加单个要素的投入能创造更大的价值,生产规模越大,单位产品的成本就越低,因此,规模报酬递增特征极其显著。另一个来源是中间投入品的多样性需求。新经济地理学认为,假如最终产品生产使用多种中间投入品,那么在中间投入品的生产中增加 1 倍的要素投入,产出将以大于 1 倍的比例增长。也就是说,由于存在中间投入产品等上下游关系使得企业规模扩大从而导致生产成本降低。但对于生产性服务业而言,企业之间的关系并不是完全的上下游关系,在投入要素上也不存在互补性,因此,对服务业的空间集聚已不能仅仅用工厂相互接近和工业的物质联系所带来的总成本节约和总收益增大来解释(蒋三庚,2007)。实际上,服务业企业之间更多存在一种竞争或互补关系,但也并不意味着不存在任何的上下游关系,但这种关系是否能保证在服务业获得规模报酬递增尚不明确。

尽管在第二种情况下无法断定生产性服务业是否存在规模报酬递增,或者说,第二种情况不适用于生产性服务业,但在第一种情况下,生产性服务业比制造业更具有规模报酬递增的特性,因此,研究生产性服务业集聚假设规模报酬递增是符合实际的。而且从理论上讲,Markusen(1989)认为大多数服务行业本身具有集聚经济的特征,尤其是生产性服务业本身具有规模报酬递增的特性,而杨向阳和徐翔(2004)的经验研究也表明,中国服务业规模报酬基本上稳定在 2.0704~2.0938,处于稳定的规模报酬递增阶段。范剑勇(2006)在研究产业集聚与劳动生产率差异时也指出,需要利用制造业和服务业规模报酬递增的地方化特性,通过加快由工业化带动的城市化步伐来提高地区劳动生产率。

(2)"冰山"运输成本的讨论

新经济地理学理论的第二个核心思想在于假设存在运输成本,而且研究运输成本和产业集聚之间存在"倒 U"形的非线性关系。由于制造业产品是有形的,其生产和消费可以在空间和时间上分离,因此,运输成本的节约可以促使其在原有优势区域集聚,但是对于生产性服务业产品而言,由于其大部分是无形产品,运输费用就难以解释生产性服务业集聚。正如 Moulaert 和 Gallouj (1993)、Storper(1995)以及 Pinch 和 Henry(1999)指出的,来自距离最小化的成本节约不足以解释诸如知识密集型的服务业的集聚,但这并不意味着运输成本节约所依赖的媒介并不重要。实际上有些服务业行业诸如交通运输、仓储和邮政业等对基础设施的依赖程度还是较重的,只是大部分的生产性服务业无形产品在空间上的交易更多的是通过一种无形的网络进行,诸如金融业等提供的服务产品可以借助信息手段进行传输,而不需要面对面的交易。这就大大扩展了生产性服务业的服务半径,从而将地理上并不相邻的城市主导产业与相关的产业集群实现对接,按产业链条组成多个分布在更广泛地域范围的广域的产业集群。这为企业寻求在空间上的突破提供了可能,使得原来区域之间的均衡态势被打破,也就是说,在服务业集聚中,信息传输成本已经取代制造业中运输成本成为影响生产性服务业集聚的空间因素。当然,需要说明的是,本章用信息技术来替代运输成本主要还是基于制造业的有形产品和生产性服务业的无形产品的区别。在这里,我们并不否认以运输成本为代理变量的交通基础设施对生产性服务业集聚的影响,但是运输成本在对生产性服务业集聚的影响和对制造业集聚的影响的内在机制上存在较为明显的差异。

当然,在讨论信息技术取代运输成本的时候我们认为还有必要讨论信息技术和传统的因面对面的接触而产生集聚的关系。Coffey、Drolet 和 Polese (1996)对蒙特利尔 324 家服务业企业进行研究,曾发现与客户的邻近性是影响服务业集聚的重要因素;申玉铭、吴康和任旺兵(2009)在总结国内外生产性服务业集聚的研究时也认为面对面的接触对于生产性服务业集聚是重要的。而信息技术的发展是否会削弱生产性服务业集聚中面对面的需求呢?申玉铭等人认为,信息技术发展对生产性服务业的空间集聚产生了双重影响,即信息技术对不同的行业产生不同的影响。Gaspar 和 Glaeser(1996)则认为信息技术和客户的面对面接触的关系不是排斥的,而是互补的,至少不会替代面对面的联系。关于新经济地理学理论在生产性服务业集聚的适用性问题上,也有不少学者持肯定态度。何德旭等人(2008)指出,中心—外围模型可以被用来研究为什么有些商业服务会集中在大城市。Kolko(1999)指出,服务企业也类似地存在集聚的向心力和离心力,从而完全可能产生中心与外围的布局结构。当然,也有学者研究了服务业的其他问题,如曹跃群和刘冀娜(2008)基于新经济地理学的视角研究了中国服务业资本存量问题。他们得出了两个结论:经济系统的资本均衡增长率取决于知识资本的溢出程度与人口资源禀赋,资本集聚时的资本增长率大于资本分散时的资本增长率。当然,很多关于生产性服务业集聚与 NEG 的结合研究都是兼顾了生产性服务业与制造业的关系,如Kauffman 和 Kumar(2007)从新经济地理学的角度研究了美国 1998—2004 年网络对 IT 制造业和服务业的市场关联的影响,他们的研究结果表明,网络弱化了制造业和服务业的市场关联。Vaal 和 Berg(1999)在 Krugman 等人的基础上将制造业生产分成两个阶段:中间产品生产阶段和最终产品生产阶段,而且他们将生产性服务业纳入研究范畴,以考察生产性服务业对经济地理模型和工业劳动在地区间分布的影响。他们基于通信技术的发展,假设生产性服务业可以实现跨境贸易,同样,生产性服务业的贸易也涉及交易成本问题[①],而且他们假设这种成本也是服从"冰山"运输成本说的。他们的研究结果表明,生产性服务业的关联促进了经济活动在单个地区的集聚,但是集聚程度还要取决于生产性服务业贸易的成本和方式,而且他们发现如果将单个地区延伸到多个地区的话,生产性服务业的关联会使得不同的地区专业化于不同的经济活动。

3.3.2　理论模型的提出

本研究的理论模型在空间经济学的 C-P 模型基础之上进行了适当的修正和调整。该模型假设存在两个部门(农业和制造业)、两种生产要素(农业劳动力和工业劳动力)和两个区域(北部和南部),即 $2 \times 2 \times 2$ 模型,而在 C-P 模型

---

① Vaal 和 Berg 认为,如果基础设施比较完善的话,那么,这种成本可以忽略不计,但是如果基础设施欠缺则会需要大量的时间和精力去实现生产性服务业的跨境贸易(Krugman 是将一个地区分为南部和北部,而 Vaal 和 Berg 则将其分为国内和国外)。

中制造业提供的是最终产品,其消费者是农业部门和制造业部门,由于生产性服务业提供更多的是中间产品,其消费者一般是制造业和生产性服务业,因此本章假设存在两个部门,即完全竞争下的制造业(M)和垄断竞争下的生产性服务业(S)。制造业部门在完全竞争和规模收益不变的情况下生产同质产品,相反,生产性服务业企业雇佣知识密集型劳动力进行生产,这也是生产性服务业部门与制造业部门的一个重大区别,而且生产性服务业部门的生产是规模收益递增的。

同时假定,两种产品在地区间可以进行交换,制造业产品交易是无成本的,而由于生产性服务业产品是无形产品,不存在"冰山"运输成本,但本章假设服务产品通过信息技术手段进行传输,以信息传递成本代替运输费用,同时,由于信息在传递过程中存在失真现象,也就是说,信息从一个区域传递到另一个区域存在传递成本,这种成本同区域之间的信息技术水平、信息化效率等密切相关,而信息化效率取决于区域之间的城市规模水平,因此,本章以 ε_{ij} 表示 i 地区和 j 地区之间的信息传递成本系数,根据影响信息传递成本因素分析,假定 $\varepsilon_{ij}=e^{a+\frac{1}{t_{ij}g_{ij}}}$,这表示信息传递成本与信息技术水平和信息化效率成反比,t_{ij} 表示 i 地区和 j 地区之间的传递单位服务产品所需要的信息技术水平,g_{ij} 表示 i 地区和 j 地区之间信息化效率,用两地之间的城市规模比例表示,因为只有两个地区的城市规模相差不太大,才能通过信息化实现规模经济。信息传递成本系数在区域之间的信息网络高度融合之后将小于 1,否则大于 1。假设 i 地区的服务产品价格为 p_i,则 j 地区的服务产品价格为 $p_{ij}=\varepsilon_{ij}p_i=e^{a+\frac{1}{t_{ij}g_{ij}}}p_i$。这种条件假设可能比较苛刻,但本研究仅从理论角度做一下尝试。

本章不同于 C-P 模型的地方在于本章假设存在多个地区而不是两个地区,从而构建 $2\times2\times n$ 模型。假定所有消费者对于两种产品都有相同的 Cobb-Douglas 偏好,即:

$$U=C_m^{1-\alpha}C_s^{\alpha} \tag{①}$$

其中:C_m、C_s 分别表示生产性服务业和工业的消费量,α 表示生产性服务业的消费份额,$1-\alpha$ 表示工业的消费份额,同时假设对于生产性服务业所有的消费者都具有相同的偏好,也就是说,生产性服务业产品存在 CES 类型的子效应函数:

$$U = \left(\int_{s=0}^{N} c(s)^{(\sigma-1)/\sigma} \mathrm{d}s \right)^{\sigma/(\sigma-1)} \quad \sigma > 1 \qquad ②$$

其中:σ是指异质服务业产品直接的替代弹性,$c(s)$指消费者对产品s的消费量。同时,假设生产性服务业企业在生产中只使用劳动一种要素,而且这种劳动不是一般意义上的劳动,而是知识密集型的劳动,这也是生产性服务业的行业性质所决定的,其生产函数可表示为:

$$L(s) = \alpha + \beta Q(s) \qquad ③$$

其中:$L(s)$是企业使用的劳动量,$Q(s)$是企业的服务产品的产出量,α是固定成本,β为边际成本。

根据消费者效用最大化原则,在消费者收入约束条件下结合②式,通过构建拉格朗日函数,可求得总需求函数为:

$$Q(s) = p(s)^{-\sigma} \qquad ④$$

同时,根据生产者利润最大化原则,得:

$$\max\pi(s) = \max[p(s)Q(s) - wL(s)]$$

其中,w为生产性服务业从业者的工资水平,在④式的约束条件之下,通过一阶导数,得:

$$p(s) = \frac{\sigma\beta w}{\sigma - 1} \qquad ⑤$$

在消费者和生产者均衡条件下,可得:

$$Q(s) = \frac{\alpha(\sigma - 1)}{\beta} \qquad ⑥$$

根据消费者的最优规划,可以得到i地区对j地区各种服务产品的最优消费为(具体推导过程见 Fujita,1999):

$$q_{ij} = \frac{p_{ij}^{-\sigma}}{P_j^{1-\sigma}} \alpha Y_j$$

其中:$p_{ij} = \varepsilon_{ij} p_i$,$P_j = \left(\sum_i n_i p_{ij}^{1-\sigma} \right)^{\frac{1}{1-\sigma}}$ 表示地区j的价格指数,n_i表示i地区的服务产品种类数,Y_j表示j地区的消费支出。同时,在考虑信息传递成本的情况下,需求应为:

$$q_{ij}^* = \varepsilon_{ij} q_{ij} = \varepsilon_{ij}^{1-\sigma} p_i^{-\sigma} P_j^{\sigma-1} \alpha Y_j$$

因此,我们可以求出i地区对j地区得到销售利润为:

$$\pi_{ij} = p_i q_{ij}^* - w_i L = p_i q_{ij}^* - w_i(\alpha + \beta q_{ij}^*)$$

得：
$$\pi_{ij} = \frac{(\beta_i w_i \varepsilon_{ij})^{1-\sigma}}{\sum_i n_i(c)_i w_i \varepsilon_{ij}^{1-\sigma}} \cdot \frac{\alpha Y_j}{\sigma} - w_i \alpha$$

$$= \frac{(\beta_i w_i)^{1-\sigma} e^{(a + \frac{1}{t_{ij}g_{ij}})(1-\sigma)}}{\sum_i n_i(\beta_i w_i)^{1-\sigma} e^{(a + \frac{1}{t_{ij}g_{ij}})(1-\sigma)}} \cdot \frac{\alpha Y_j}{\sigma} - w_i \alpha$$

利润函数中主要可以反映两种变量对利润的影响，即第 i 地区到第 j 地区的信息传递成本（ε_{ij}）和第 j 地区的消费总支出（Y_j），故可将利润函数表示为 $F(j) = f(\varepsilon_{ij}) \cdot g(Y_j) - w_i \alpha$，由于 Y_j 是随机变量，因此我们无法判断 $g(Y_j)$ 对利润函数的影响，我们主要考察 $f(\varepsilon_{ij})$ 对利润的影响。

根据已知条件，假设 $F(\varepsilon_{ij}) = \dfrac{(\beta_i w_i \varepsilon_{ij})^{1-\sigma}}{\sum_i n_i(c)_i w_i \varepsilon_{ij}^{1-\sigma}}$，为检验 ε_{ij} 对函数的影响，我们需要判断 $F(\varepsilon_{ij})$ 的单调性，因此可得：

$$F(\varepsilon_{i,j+1}) - F(\varepsilon_{ij}) = \frac{(\beta_i w_i)^{1-\sigma}(\varepsilon_{i,j+1})^{1-\sigma}}{\sum_i n_i(c)_i w_i \varepsilon_{i,j}^{1-\sigma} + n_i(c_i w_i \varepsilon_{i,j+1})}$$
$$- \frac{(\beta_i w_i)^{1-\sigma}(\varepsilon_{ij})^{1-\sigma}}{\sum_i n_i(c)_i w_i \varepsilon_{ij}^{1-\sigma}}$$

其中：$\varepsilon_{i,j+1}$ 表示第 i 地区到第 $j+1$ 地区的信息传递成本，在 C-P 模型中两个地区之间的运输成本系数是相等的。那么在本章的模型中我们也可以近似认为，第 i 地区到任何一个地区的信息传递成本系数也是相等的，即 $\varepsilon_{i,j+1} = \varepsilon_{ij}$，也就是说，$F(\varepsilon_{i,j+1}) - F(\varepsilon_{ij}) < 0$，这说明 $F(\varepsilon_{ij})$ 是一个减函数。同时，$\varepsilon_{ij} = e^{a + \frac{1}{t_{ij}g_{ij}}}$，即 t_{ij} 和 g_{ij} 是 ε_{ij} 的减函数，所以 t_{ij} 和 g_{ij} 对生产性服务业企业的利润有正向的作用，从而引起企业在一定区域的集聚。上文只是考虑了第 i 地区和第 j 地区的关系，如果考虑所有地区，则这种函数关系仍然成立，只是在形式上略显复杂。

信息化水平和城市规模作为一种促进生产性服务业集聚的力量，其作用的发挥是建立在当地生产性服务业知识外溢从而形成集聚的基础之上的，即生产性服务业特别是生产性服务业作为一种知识密集型产业，相较于制造业存在更加强烈的知识外溢倾向，从而极其容易从原有企业中延伸出新的企业（具体见下文分析），从而促进生产性服务业在某一区域的不断集聚。Illeris 和

Philippe(1993)指出,相较于制造业,服务业有更强的空间集聚效应。阎小培(1999)和胡霞(2008)等人均证明了这一点。因此,信息技术水平、城市规模和知识要素对于生产性服务业的集聚作用机制可表述为:在生产性服务业知识外溢促进当地服务业集聚的同时,由于信息技术水平的提高和城市规模的扩大对企业集聚有正向作用,从而在知识要素外溢促进生产性服务业集聚的基础之上,增强了不同区域之间的服务业之间的联系,从而促进了广义集群的形成,同时,考虑到中国特殊的国情,特别是很多生产性服务业仍然处于政府管制之下,因此,制度因素对于分析中国产业集聚是不可避免的。综上所述,中国生产性服务业集聚函数可表示为:

F(生产性服务业集聚)$=F$(要素因素,空间因素,城市与人口因素,制度因素)

3.4 二、三产业协同集聚多重性研究

3.4.1 产业属性

从单个产业来看,不管是制造业集聚还是生产性服务业集聚,它们的主要范围还是以单个产业为边界,比如在英国伦敦的金融服务业集群(Amin&Thrift,1995)、中国上海的陆家嘴金融服务业集群等。在关于单个产业集聚形成的解释上,产业属性更多地指向市场因素,也就是越接近市场和劳动力的地区越容易形成产业集聚。但从二、三产业协同集聚来看,除了单个产业集聚所具有的产业属性以外,二、三产业间还要考虑产业关联因素。从两者关系看,由于生产性服务业的具体服务对象是制造业,因此,生产性服务业集聚的地区也往往意味着制造业比较发达,制造业对生产性服务业的需求带动能力也越强,正因为两者存在相互促进的作用,从而使得两者在空间上存在协同定位的可能。所以说,从产业属性来看,单个产业集聚更多是从产业自身发展规律来研究集聚问题,而二、三产业协同集聚,除了需要探讨各自的产业发展内在规律外,还要更关注两者的互动过程。

3.4.2 静态空间属性

从产业属性角度考察二、三产业协同集聚更多是从产业自身的发展规律来剖析两者的关系,而与集聚的产业属性不一样,空间属性主要考虑诸如地理特征、空间地理尺度等对产业集聚的影响。

从产业集聚的空间布局看,产业都需要一定的空间作为集聚形成和演化的载体,或者说,产业集聚都是在一定的空间范围内存在,但在多元产业同时形成集聚的情况下,势必存在对空间等共性要素的争夺和冲突。因此,在给定空间范围的情况下,二、三产业之间不仅存在基于产业层面的互补效应,同时也存在基于空间共性要素争夺形成的挤出效应,从而使得两者在不同空间地理尺度下形成动态变化态势。从空间属性来说,二、三产业协同集聚是两者对空间要素冲突协调的结果。但是静态空间属性更多关注的是单个区域的二、三产业协同集聚问题,而没有注意周边地区空间属性的影响,这也是该属性的一大弊病。一般来说,静态空间属性大致上可以分为两类:一类是匀质空间属性;另一类是异质空间属性。前者假设任何一个空间都是同质的,这实际上表明任何一个空间的二、三产业协同集聚效应都是一致的,匀质性的空间属性由于没有考虑空间差异因而很久之前就被学者所批评。而空间异质性则较好地弥补了这一缺陷,产生了诸如农业区位论、工业区位论等一系列理论(见图 3.4)。

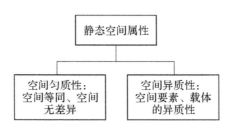

图 3.4 静态空间属性结构

3.4.3 空间连续性属性

上文基于静态空间属性分析了二、三产业协同集聚问题,但事实上,我们发现诸多的关于产业集聚研究(不管是地方化经济还是城市化经济)都存在一个问题,就是往往是以某个行政区划作为研究地理单元,从而导致研究仅仅限于单个区域范围内(Duranton & Overman,2005)。以产业集聚度量指标为例,较早的 Krugman(1991)、Audretsch 和 Feldman(1996)都是采用空间基尼系数,但这一指标由于没有考虑企业规模因素,因此,被后来所广泛使用的 E-G 系数所替代。但是 Hyun-Ju Koh 和 Nadine Riedel(2014)指出,这一指标暗含的前提假设是产业集聚在某个行政区范围内存在,从而使得这一指标计算结果受空间地理大小影响较大,这也使得大量的实证研究主要采用传统的计量方法,而没有考虑空间依赖性。或者说,基于产业集聚的空间属性是静态的,但在现实中很多产业集聚往往都是跨区域存在的,在形式上都是空间连续的。因此,我们认为研究产业集聚除了固有的产业属性和静态空间属性之外,还需要加入空间连续性属性。

空间连续性属性形式上在于突破原有静态的空间范围,将产业集聚从单个行政区域拓宽至广域的空间范畴,从而将多个地理邻近的空间整合成一个新的研究空间和单元。从理论依据看,以往研究产业集聚更多集中在某个范围内,诸如在运输成本等外生变量作用下,产业集聚是如何形成和演化的,并探讨产业集聚效应问题,但这些研究往往忽略了周边地区的产业集聚对该区域产业集聚的影响,从而缺失了空间互动维度,而空间连续性则较好地弥补了这一缺陷。从方法论看,过去研究产业集聚更多采用一般的计量方法和数值模拟方法,而基于空间连续性的产业集聚由于考虑到了周边地区产业集聚的影响,因此,在方法上借用空间计量进行修正(见图 3.5)。

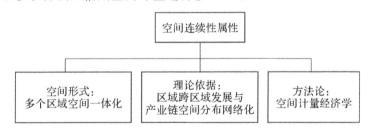

图 3.5 空间连续属性特征

3.4.4 多重性的融合分析

在二、三产业协同集聚形成和演化过程中,产业属性、静态空间属性和空间连续性属性并不是孤立存在的,实际上,这多重属性是交互影响、综合发生作用的。大量研究表明,空间结构的调整和变迁会对微观主体企业行为甚至区域产业结构产生影响,而反过来,产业结构的调整和整合也会对区域空间结构产生一定的反馈作用,两者互为对应关系。如陈修颖和顾朝林(2003)从三个层面研究了基于闽台互动的产业与空间结构的调整,他们认为,通过重点产业的选择和流动空间—承转空间—地方空间—辐射空间等有机秩序空间系统的建立,可以促进闽台产业和空间的互动。因此,要探讨多重属性的互动和融合问题,需要分层次来探讨如何实现三者的互动。

(1)产业属性与静态空间属性的融合

不管是单个产业集聚还是多元产业集聚,基本的出发点都是从产业和静态空间属性来研究集聚。单个产业集聚与多元产业集聚本质上同属集聚概念,都具备了单个产业集聚的共同属性。从产业属性上看,生产性服务业作为制造业发展的中间投入,两者存在上下游的产业关联性,这就决定了两者在空间分布上的一致性,从而实现了从产业属性到空间属性的传导。而从空间属性来看,虽然不同空间之间可能在空间大小等外在特征上存在较大的相似性,但这并不代表这些空间是匀质的,恰恰相反,空间与空间之间实际上是异质性的,而产业之所以在一个地区集聚而不在另一个地区集聚正是基于空间异质性的考虑。二、三产业协同集聚正是基于某个空间所具有的特殊性才在若干个地区形成,在产业属性作用下,实现了累积循环作用。

(2)静态空间属性与空间连续属性的融合

从静态空间属性向空间连续属性融合问题实质上就是静态空间向空间连续体转变的必要性和可行性问题。从必要性来看,以往对产业集聚的研究更多集中在单个区域范围内,而没有注意到空间邻近区域对该区域产业集聚的带动影响,从而限制了集聚理论内涵的延伸。从可行性来看,由于空间连续体在地理位置上是相互衔接的,因此,在诸多方面存在互动性,首先,表现为文化上的共性,空间上的相邻使得区域之间的文化差异不是太大,从而根据文化习俗的相似性形成一个文化共同体。其次,表现为产业结构上的相似性和层次性,由于地区之间存在经济发展压力和政治晋升锦标,因此,一个地区的成功模式容易成为各个地区特别是邻近地区模仿和学习的对象,使得地区之间在产业结构上表现出一定的同构性。而且,由于各个地区存在空间异质性,因此,一个地区的产业发展模式不可能完全复制周边地区,而是基于资源要素禀赋的比较优势,与周边地区形成了一定程度的产业内分工。第三方面表现为交易成本的降低,根据新经济地理学理论,在一定范围内,运输费用的降低可以促进产业集聚,而不同的产业对于运输费用存在不同的需求,这也使得不同产业链环节在不同地区集聚,特别是邻近地区为了寻求合作往往致力于交通基础设施建设,从而使得地区间的产业链互动成为可能。

本书写作的一个目的就在于兼顾产业、静态空间和空间连续性的三重性,试图调和与厘清三者之间的关系,从而实现三重性的融合。基本途径就是将研究视角从静态空间拓展至动态空间,注重从内在逻辑上去协调三者的关系。

3.4.5 多重性的互动分析

3.4.5.1 产业互动

生产性服务业集聚和制造业集聚关系的第一个表现就是产业互动,在研究两者互动之前首先需要明确形成产业互动的前提条件。互动实质上是主体之间基于某种共同利益或目的而产生的一种动态的行为过程。按照张聪群(2007)的研究,产业之间存在互动的经济基础为:分工协作、产业关联、地理邻近和企业共生性,而前两种因素存在客观上的因果关系,可以视为一种因素,因此,生产性服务业集聚与制造业集聚的产业互动关系可归结为由分工协作而形成的产业关联,分工成为产业互动的主要动力。

对于原本属于制造业内部的生产性服务业最后形成与制造业集聚相匹配的生产性服务业集聚,其内部演变的轨迹可解释为产业集聚间的分工,也就是产业从垂直一体化向垂直专业化转型。陈建军和夏富军(2006)指出,垂直分工与产业集聚、专业化生产之间呈正相关关系,产品"生产链"解体和中间品生产网络体系的生成导致了垂直分工,产业集聚演进推动了产业链的中间产品环节垂直分工的展开,形成了专业化生产的优势。如果从微观的角度看,就涉及企业跨区域发展的问题。王晓娟和陈建军(2006)正是从这一视角研究了产业集群转型问题,他们认为,将传统单一地域的产业集群扩展为多地域的产业集群网络,变产业集群内的分工为产业集群间的分工,有利于推动产业集群的转型和升级,同时也可以避免产业集群面临锁定性和衰退风险。黄洁(2009)则系统地论述了垂直专业化、低运输成本与产业集聚间的分工问题,并以长三角为例论证了产业集聚间分工的存在性,并揭示了其产生的内在机制。综上所述,产业集聚间分工产生的一个重要的节点在于存在较多的中间产品,从而使得垂直专业化生产成为可能。尽管他们的研究都集中于制造业领域,但是不可否认的是,制造业生产的中间产品投入中也还应该包括生产性服务业在内。因此,产业集聚间分工理论也是适用于生产性服务业集聚与制造业集聚之间关系的,而且这双重集聚也是产业集聚间分工的一种特殊形式。

在明确产业互动的基本原理之后,本章接下来将考察两者互动的主要表现形式,一般而言,按互动方式可以将两者分为:良性互动[①]、中性互动[②]以及弱性互动[③](见图 3.6)。我们认为研究双重集聚的产业互动还需要引入经济发展水平作为参照系,即使在产业互动性很强的情况下,如果经济发展水平不高,那么产业之间也不一定是良性互动。

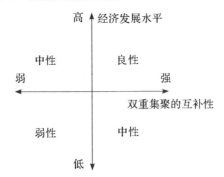

图 3.6　生产性服务业集聚与制造业集聚互动形式

资料来源:参照任迎伟和胡国平(2008)改写。

图 3.6 中的不同象限表明了不同经济发展水平下双重集聚互补性的不同

---

① 所谓产业良性互动指的是生产性服务业和制造业通过互动行为使得双方都持续、高效和显著的发展,从而形成一个良性循环过程,也说明两者发展的协调度较高。

② 所谓产业中性互动指的是生产性服务业与制造业通过互动产生的效果不明显,不会促进双方的发展但也不会阻碍对方的发展,处于中间状态。

③ 所谓产业弱性互动指的是生产性服务业和制造业通过互动不但不会促进对方的发展反而会阻碍对方的进一步提高,说明双方处于不协调状态。

组合。在第一象限中,较强的双重集聚的互补性和较高的经济发展水平形成了产业的良性互动;而在第二象限中,尽管经济发展水平很高,但是双重集聚的互补性很弱,使得产业的互动性只能处于中等水平;同样地,在第四象限中,虽然双重集聚的互补性较强,但经济发展水平较低,也只能位于中性区间;而在第三象限中,较弱的互补性和较低的经济发展水平只能使得生产性服务业和制造业之间形成弱性互动,其中一方的产业集聚不但不会促进另一方的集聚,反而会产生一种挤出效应。当然,图3.6所表示的四种产业互动形式并非是一成不变的,而是处于不断动态变化之中,在现实经济活动中也可以找到它们的缩影。如假设在中国东部地区刚开始阶段,产业之间的协调度是较高的,经济也较为发达,这时候东部地区处于产业良性互动象限。但是随着工业化的推进,生产性服务业与制造业之间在产业链上的配对发生错位,特别是在经济危机的背景下,这种情况尤为明显,从而引发了产业结构优化升级的辩论。这时候双重集聚的互补性相比前段时间有所下降,导致产业互动形式从良性到中性转变,即产业互动形式从第一象限向第二象限转换。

3.4.5.2 空间互动

生产性服务业集聚与制造业集聚第二个关系表现为空间互动。空间互动是指生产性服务业和制造业基于不同的比较优势通过要素流动和产业转移而实现在空间上的有机分布。研究产业的空间互动应该将以下几个因素纳入考虑的范畴。

(1)空间的邻近性[①]

空间互动对空间与空间之间的距离有一定的要求,这种空间距离既不能太近也不能太远,过小的空间距离容易在空间上产生挤出效应从而弱化空间互动效果,而过大的空间导致生产性服务业集聚和制造业集聚辐射范围的交集趋于零,使得双重集聚的互动性缺失,因此,适宜的空间距离有助于空间互动性的提高。根据生产性服务业集聚的空间属性和制造业集聚的空间维度,每个产业的集聚都存在一定的空间边界和空间涵盖范围,这就涉及集聚区与

---

① 这里所讲的空间是一个相对概念,正如下文所论述的区域内部互动和跨区域互动一样,在讨论区域内部互动时,城乡是两个不同的空间,在讨论跨区域互动时,两个区域则分别是不同的空间。

空间协调问题,尽管目前对这方面的研究已经有一定的进展,如 Mori、Nishikimi 和 Smith(2005)在这方面做了尝试,他们以日本制造业为例研究了产业集聚与空间协调的关系。类似的,还有 Ioannides 和 Overman(2004)研究了集聚距离作用和市场潜力对城市规模的影响。但在关于生产性服务业集聚和制造业集聚空间问题的实证研究上还较为欠缺,目前更多的还是集中在现象描述上。如 Desmet 和 Fafchamps(2005)研究认为,服务业在距离集聚中心 5～20 千米的范围内拥有较高的集聚度,而制造业则在距离集聚中心 20～70 千米的范围内拥有较高的集聚度。由于这些研究都是以微观企业数据为基础的,在目前国内服务业统计数据尚不完整的前提下,难以准确地回答生产性服务业集聚和制造业集聚的空间边界问题,而且可以肯定的是,不同产业形态下的空间边界势必存在明显的行业异质性,但是至少我们可以提出一个概念性的理念,或者说适宜的空间距离有助于双重集聚下的空间辐射范围能够形成交集。

在考虑空间邻近性的前提下,有两种情况值得研究:第一种情况是假设生产性服务业集聚和制造业集聚的空间范围一致(见图 3.7),这两者辐射范围的交集是对称的;另一种情况则是双重集聚中一方的空间范围较大,另一方较小(见图 3.8),这产生的结果就是空间范围较大的一方的辐射范围有可能涵盖空间范围较小的一方。在现实现象当中,更多以第二种情况为主,而第一种情况主要基于理论分析上的完备性。①

(2)低运输成本

空间邻近性只是空间互动的必要条件,并非充分条件,并不能保证一定能形成空间互动。如在中国很多西部地区相邻的省份或地区之间由于基础设施的不完善难以形成生产性服务业集聚和制造业集聚在空间上的互动。

产业空间互动的第二个条件是存在较低的运输成本。产业从垂直一体化到垂直专业化转型的潜在含义是通过产业链上的分工实现产业链在空间上的

① 其实双重集聚的空间辐射范围的关系类似于城市之间的"引力法则",尹虹潘(2006)曾基于一个简单的经济地理模型研究了城市规模、空间距离与城市经济吸引区的关系,他的研究结果表明,两个相邻且规模相等城市的经济吸引区的分界线为两者连线的中垂线,而空间相邻但规模不等的城市中,小城市有可能被大城市的吸引区所包围。

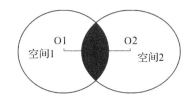

图 3.7 双重集聚的空间邻近性 1

（空间规模一致性）

注：O1-O2 表示空间距离，黑色区域表示
双重集聚的共同辐射范围。

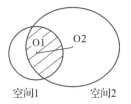

图 3.8 双重集聚的空间邻近性 2

（空间规模异质性）

注：O1-O2 表示空间距离，阴影区域
表示双重集聚的共同辐射范围。

分异，不同产业链上的企业根据自身的比较优势通过企业的跨区域转移来实现产业集聚间的分工。根据新经济地理学理论，企业在通过转移实现产业集聚间的分工当中运输成本是一个重要的参数。只有在较低的运输成本下企业的垂直专业化生产所产生的收益才能弥补垂直一体化生产性所导致各种费用的增加，因此，低运输成本是促进企业垂直专业化生产的动力，也是实现产业空间互动的条件之一。虽然运输费用对生产性服务业集聚的形成并无太大的作用，但可以通过作用于制造业集聚，促使制造业产业链的转移进而实现两者在空间上的分异，使得空间互动成为可能。

（3）产业关联性

产业空间互动的第三个条件是存在较强的产业关联性。大量事实表明在空间邻近性和低运输成本的前提下，产业的空间互动性也可能存在一定的障碍。比如在中国东部地区前两个假设条件是成立的，但在目前以经济为主的政绩锦标中，地方政府还是会选择发展相同产业来增加自身晋级的政治资本和筹码，从而导致地区间存在一定的产业同构现象[①]，弱化了产业空间互动的效果。因此，保证空间之间存在较强的产业关联性暗含的政策导向就是完善政府间的协作机制，通过有效的制度创新避免地区之间过度竞争。所以说，从产业空间互动的三个条件来看，空间邻近性是必要条件，低运输成本是实现空间互动的内在动力，而产业关联性则是空间互动的保证。

---

① 也有学者（陈建军，2004）通过更细化的产业研究发现长三角内部产业同构现象不是很明显，这很大的原因在于长三角地区之间的政府协作机制的逐渐完备使得两省一市间的产业分工成为可能。

  根据产业空间互动的三个条件，从生产性服务业和制造业的发展和演变看，可以将双重集聚的空间互动分为两种情况，另外，在讨论产业空间互动前，本章根据不同情况将空间互动形式分为：强互动性[①]、中等互动性[②]和弱互动性[③]。

  区域内部互动。[④] 生产性服务业集聚和制造业集聚并非在一开始阶段就表现出空间上的分异，只是由于运输成本的降低，使得垂直一体化向垂直专业化成为可能。因此，在初始阶段产业空间互动主要考虑区域内部问题，区域内部主要表现形式之一为城乡互动过程。[⑤] 任迎伟和胡国平(2008)通过城乡产业互动关系模型发现城乡产业关系是一个从无关联的初始状态到高层次互动关系的动态演变过程，城乡产业互动机理在于城市产业与乡村产业作为独立、有自组织能力的双主体的形成，以及城乡产业关联性深度与广度的提高。

  对于区域内部的空间互动性，本章假定空间邻近性的要求得到满足[⑥]，这里只对另外运输费用和产业关联性进行探讨。这里的运输费用不仅包含一般意义上的运输成本，还包含因城乡分割所形成的进入壁垒等诸多因素，而城乡之间的产业关联性由早期的弱性互动逐渐发展到城市和乡村产业的技术知识在广度与深度上均不断增加和再增加，直至各自均能自组织化，从而使得城乡产业实现互动、共生(任迎伟、胡国平，2008)。图3.9表示在给定空间邻近性的前提下，运输费用和产业关联性在不同的情况下产业空间的互动程度。在图3.9的第一象限中，虽然存在较高的产业关联性，但由于城乡间过高的运输费用阻碍了城乡间互动性的充分发挥，因此，在这一象限主要体现为中等程度的互动性。而在第二象限，由于城乡间的产业关联性较小，而且运输成本较

---

  ① 由于本章仅研究区域内部的城乡互动关系，因此，这里的强互动性指的是城乡之间通过优势互补，实现城乡之间的协调发展。

  ② 中等互动性指的是城乡之间互动性不足以促进城市和乡村的发展，也就是说，既不促进城乡的协调发展也不对两者的协调发展造成障碍。

  ③ 弱互动性指的是城乡之间的互动性不仅不会提高城乡之间的协调度，反而会恶化城乡之间的关系，直接的表现就是城市的发展以牺牲乡村的发展为代价。

  ④ 目前在研究产业集聚的空间互动时一般都是倾向于研究跨区域互动，区域内部互动研究的不多，出于理论研究上的完备性，本章同时讨论了这两种情况。

  ⑤ 区域内部存在多种互动表现形式，城乡之间的互动只是其中一种，限于篇幅的关系，本章仅对这一种关系进行研究。

  ⑥ 假定空间邻近性条件事先给定较为接近区域内部的实际情况。

高,导致城乡间的差距逐渐拉大,呈现弱性的互动关系,因此,在这一象限弱互动性的特征较为明显。虽然在第三象限运输费用降低,但是较低的产业关联性使得城乡间难以形成实质性的互动关系,因此,在这一象限的互动性比第二象限强但弱于第四象限。第四象限较高的产业关联性和较低的运输费用的组合使得城乡间表现出强互动性的特征。

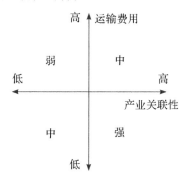

图 3.9 双重集聚的空间互动形式 1(区域内部视角)

跨区域互动。产业空间互动的第二种形式是跨区域互动。跨区域互动的背后理论正如上文所指出的存在产业集聚间分工,使得企业通过跨区域流动实现在广域上的产业集聚。这种跨区域的产业空间互动在现实中的反映就是在都市圈中心城市实现生产性服务业的集聚,而在周边中小城市中促进制造业的集聚。[1]

对于跨区域的空间互动,本章是在假定产业关联性条件事先给定的情况下[2]讨论运输费用和空间耦合性的不同组合对空间互动程度的影响。这里的运输费用遵循萨缪尔森提出的"冰山"运输成本,而空间耦合性表示两个区域之间的空间邻近性,图 3.10 表明了不同组合在不同象限中的空间互动性。空间耦合性和运输费用之间最极端的一种组合便是在第二象限,在这种情况下,空间之间基本上不存在任何的互动性。在第一象限中尽管存在较强的空间耦

① 关于这部分研究见第八章。

② 在讨论跨区域空间互动中,运输费用是一个重要的变量,而且这也是本书基于新经济地理学视角所不应忽视的一个变量,由于是跨区域问题,因此,空间距离即空间邻近性也是一个重要参数,相比较而言,在影响空间互动的三个因素中,只有假定产业关联性事先给定,淡化其在这部分讨论中的影响使得文章的分析具有一定的可行性。

合性,但是较高的运输费用阻碍了企业的跨区域流动,使得空间互动性较弱,但是相对于前一种极端组合,第一象限的条件组合所产生的空间互动性介于弱互动性与强互动性之间。同样地,第三象限中低空间耦合性和低运输成本也属于中等空间互动性,在第四象限中较强的空间耦合性和低运输费用形成了强空间互动,这也是目前学术界最关心的一种空间组合。上述四种产业空间互动形式基本上都可以在中国现实中找到相对应的缩影,特别是第四种情况如长三角内部的产业集聚间分工所引发的一些空间问题,目前已经有学者对此进行了一定的研究(陈建军、黄洁和陈国亮,2009)。

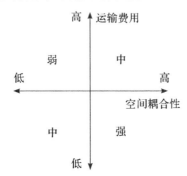

图 3.10   双重集聚的空间互动形式 2(跨区域视角)

表 3.1   双重集聚的空间互动组合

约束条件	互动区域	互动形式	空间组织形式
产业关联性	区域内部	强、中、弱	城市与乡村
低运输成本			
空间邻近性	区域之间	强、中、弱	城市集聚区
低运输成本			

3.5   二、三产业协同集聚:一个理论框架

基于新经济地理学的视角来研究二、三产业协同集聚,首先需要就该理论对二、三产业协同集聚的适用性进行识别和论证。

3.5.1 理论模型的构建

二、三产业协同集聚在空间上主要表现为两者是协同定位的。本章借鉴
Venables(1996)的研究思路,假设每个经济体包括三个部门,一个是完全竞争
部门,其产品是可以贸易的,我们假设其为农业部门,另外两个是垄断竞争并
存在垂直联系,其中一个部门是另外一个部门的中间投入,本章假设其中一个
为生产性服务业部门,另一个为制造业部门。假设单个产业都分布在两个地
区,那么,产业 A 需求函数分别为:

$$x_{ii}^A = (p_i^A)^{-\epsilon^A}(P_i^A)^{\epsilon^A-1}e_i^A \quad x_{ij}^A = (p_i^A t^A)^{-\epsilon^A}(P_j^A)^{\epsilon^A-1}e_j^A \quad i \neq j \qquad ①$$

其中,x_{ii}^A 表示 A 产业在 i 地区生产同时在 i 地区销售量,x_{ij}^A 表示 A 产业在
i 地区生产同时在 j 地区销售量,p_i^A 表示产品在 i 地区的价格,ϵ^A 是需求弹性,
且 $\epsilon^A > 1$,同时,假设产业 A 产品运输到 j 地区存在运输成本 t,因此,$p_i^A t^A$ 表
示 j 地区的消费价格,另外,P_i^A 和 P_j^A 分别表示 i 地区和 j 地区的产业价格
指数。[①]

根据 Venables 的研究,产业 A 在地区 i 和地区 j 的分布 v^A 是相对生产成
本 ρ^A、相对支出 η^A 以及相对贸易成本 t^A 的函数,即:

$$v^A = \frac{\eta^A[(t^A)^{\sigma^A}-(\rho^A)^{\sigma^A}]-t^A[(\rho^A)^{\sigma^A}-(t^A)^{-\sigma^A}]}{[(t^A)^{\sigma^A}-(\rho^A)^{-\sigma^A}]-\eta^A t^A[(\rho^A)^{-\sigma^A}-(t^A)^{-\sigma^A}]} \equiv g^A(\rho^A,\eta^A,t^A) ②$$

对于具体行业生产性服务业(用 p 表示)和制造业(用 m 表示)而言,假设
生产性服务业的需求来自制造业,而制造业的成本依托生产性服务业,这种需
求和成本关联表明 ρ^m 和 η^p 是内生的,ρ^p 是产业间的成本关联,η^m 则是需求
关联。

从制造业的成本关联来看,假设两个产业都使用劳动力作为投入,在局部
均衡情况下,工资 ω 是外生的($\bar{\omega}$),而生产性服务业总产出是仅以劳动力为投
入的固定替代弹性生产函数(CES 生产函数)。因此,其相对成本,也就是相对
价格就表示为:

---

① $(P_i^A)^{1-\epsilon^A} = (p_i^A)^{1-\epsilon^A}n_i^A + (p_j^A t^A)^{1-\epsilon^A}n_j^A$ $(P_j^A)^{1-\epsilon^A} = (p_i^A t^A)^{1-\epsilon^A}n_i^A + (p_j^A)^{1-\epsilon^A}n_j^A$
其中:n_i^A 和 n_j^A 分别表示产业 A 在地区 i 和地区 j 的企业数量。

$$\rho^p = \bar{\omega} \qquad\qquad\qquad ③$$

同时,假设制造业由生产性服务业和制造业劳动力构成,因此制造业的 C-D 生产函数和地区间的相对成本可以表示为:

$$c_i^m = w_i^{1-\mu}(P_i^m)^\mu, i = 1,2 \qquad\qquad ④$$

$$\rho^m \equiv \left(\frac{c_2^m}{c_1^m}\right) = \bar{\omega}^{1-\mu}\left(\frac{P_2^p}{P_1^p}\right)^\mu \qquad\qquad ⑤$$

其中,μ 是生产性服务在制造业生产中的投入比例,上述研究表明制造业的相对成本取决于地区间相对工资水平和生产性服务业的价格指数,根据之前的研究[①]:

$$\rho^m = \bar{\omega}^{1-\mu}\left(\frac{(t^p)^{1-\sigma^p} + (\rho^a)^{-\sigma^p}v^p}{1 + (t^p)^{1-\sigma^p}(\rho^p)^{-\sigma^p}v^p}\right)^{\mu/1-\sigma^p} \equiv h(\bar{\omega}, v^p, t^p) \qquad ⑥$$

这一研究结果表明,制造业成本是关于生产性服务业的区位的函数,从而说明,在生产性服务业规模较大的地方,制造业的成本较低,而这种影响的程度的大小取决于生产性服务业的交易成本 t^p。

从生产性服务业的需求关联来看,本章继续假设制造业的需求是外生的,$\bar{\eta}^m \equiv e_2^m/e_1^m$,而制造业对生产性服务业的需求则是内生的,生产性服务业占制造业成本的比重为 μ,因此,生产性服务业的绝对和相对支出可以表示为:

$$e_i^p = \mu n_i^m c_i^m(x_{ii}^m + x_{ij}^m + f^m) = \mu n_i^m p_i^m(x_{ii}^m + x_{ij}^m), i = 1,2 \qquad ⑦$$

$$\eta^p = n_2^m p_2^m(x_{22}^m + x_{21}^m)/n_1^m p_1^m(x_{11}^m + x_{12}^m) \equiv \nu^m \qquad\qquad ⑧$$

这一需求关联表明,每个地区的生产性服务业的支出与制造业生产区位相对应,因此将式③、式⑥和式⑦代入式②得:

$$v^p = g^p(\bar{\rho}^p, \eta^p, t^p) = g^p(\bar{\omega}, v^m, t^p) \qquad\qquad ⑨$$

$$\nu^m = g^m(\rho^m, \bar{\eta}^m, t^m) = g^m(h(\bar{\omega}, v^p, t^p), \bar{\eta}^m, t^m) \qquad ⑩$$

在给定 $\bar{\omega}$、$\bar{\eta}^m$、t^p 和 t^m 的情况下,式⑨和式⑩中的内生变量 v^p 和 v^m 是可解的,上述两式表明生产性服务业与制造业是相互促进的,从而进一步表明基于成本关联和需求关联可以在空间上实现制造业和生产性服务业协同集聚。

上述研究是在假定 $\bar{\omega}$、$\bar{\eta}^m$、t^p 和 t^m 外生下得出的,因此,将生产性服务业和

---

① 根据 Venables 的研究,$\left(\frac{P_2^k}{P_1^k}\right)^{\sigma^k - 1} = \frac{1 + (t^k)^{1-\sigma^k}(\rho^k)^{-\sigma^k}v^k}{(t^k)^{1-\sigma^k} + (\rho^k)^{-\sigma^k}v^k}$。

制造业协同集聚视为一个整体,那么,本章可以进一步表示为:

$$F(v^p, v^m) = F(\eta^p, \eta^m, w, t^p, t^m) \qquad ⑪$$

η^p 表示制造业对生产性服务业的需求,即存在产业关联,这是一种产业层面上的互动;η^m 表示居民对制造业的需求(本章不做考虑)。w 虽然表示工资,意为要素成本,我们引申为更为广义的商务成本,这与城市规模密切相关,反映影响城市内部空间因素,该变量对生产性服务业和制造业在城市内部空间变化有重要影响;t^p、t^m 表示城市间的空间因素,这两者构成了空间联动的两个方面。

3.5.2　理论模型的拓展之一

在提出本书研究的主体框架的同时,我们认为有必要对本书的理论分析框架做进一步的拓展和延伸。理论分析主体框架的确定只是揭示了二、三产业协同集聚形成的内在机制和演化机理,但这一研究缺陷在于只从静态空间属性和产业属性相融合的视角研究这一问题,而没有注意到空间连续属性等空间耦合因素对二、三产业协同集聚的影响。因此,我们认为应该将静态空间属性进一步拓展至空间连续属性,从基于空间耦合的三重属性角度去研究二、三产业协同集聚问题。

空间连续性主要表现为一种空间形式上的联系,但并不代表经济上一定存在联系。因此,本章将这空间连续性分为强连续性、中连续性和弱连续性(见图 3.11),而引起这种连续性程度不同的内在因素大致上可以归为运输成本和产业关联因素[①]。

(1)情形一:强连续性

空间连续性的第一种情况表现为 A 地区、B 地区和 C 地区都属于经济发达地,相邻地区同属经济发达地区暗含的前提条件是地区之间存在较强的

---

① 　一般来说,形成空间互动需要具备三个条件:空间邻近、产业关联和低运输成本,由于本书是讨论在空间连续情况下的产业集聚互动问题,因此,空间邻近自然得到满足,本书只需讨论产业关联和低运输成本对二、三产业协同集聚空间连续性的影响。

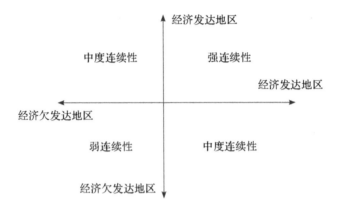

图 3.11　空间连续性表现形式

经济互动关系[①],地区之间运输成本较低,区域经济一体化程度较高,产业关联较强,因此,空间连续性较强(见图 3.12)。

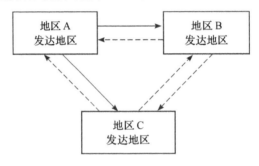

图 3.12　发达地区之间的强空间连续性

　　假如在 A 地区存在二、三产业协同集聚,同时,由于 B 地区和 C 地区经济较为发达,因此,A 地区、B 地区和 C 地区存在互动的空间,在这些地区发达的交通基础设施作用下,这三个地区之间出现了产业内分工[②]。这表现为虽然这三个地区都拥有同一产业,但生产不同的产品,实现了产业链上的分工。因此,我们可以发现地区间的强连续性主要是基于地区间产业链分工所形成的二、三产业互动发展。以长三角为例,目前大量的制造业集聚在上海、浙江和

---

　　① 从国内外经济发展情况来看,经济发达地区之间往往都存在较为紧密的经济联系,从而形成一个类似于经济联盟性质的经济体。

　　② 两个经济体越发达往往意味着两个地区的分工水平越高,因此,更多表现为产业内分工,而经济发达地区和欠发达地区之间则更多表现为产业间分工。

江苏,从行业划分看,自 20 世纪 80 年代以来,两省一市出现了从产业间分工向产业内分工转变的趋势。与此同时,长三角地区生产性服务业占比也越来越高,出现了二、三产业协同集聚局面,而且长三角地区之间由于同属经济发达地区,地区之间互动性较强,从而在空间上表现出基于产业链互动的二、三产业协同集聚的强空间连续性。

(2)情形二:中度连续性

空间连续性的第二种情况表现为 A 地区、B 地区和 C 地区,其中一个属于经济发达地区,另外两个属于经济欠发达地区(见图 3.13)。假设 A 地区为经济发达地区,B 地区和 C 地区为经济欠发达地区,在这种情况下,虽然 A 地区与 B 地区和 C 地区在空间上表现为地理邻近,但由于这三个地区的经济实力存在一定的差异,产业互动性较弱。从产业分布看,不管是制造业还是生产性服务业都主要集聚在发达地区,而欠发达地区的产业份额较低,使得发达地区和欠发达地区之间的产业关联程度较低,空间连续程度要弱于前者。

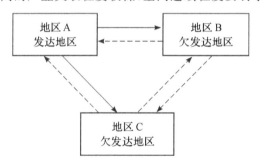

图 3.13　发达地区与欠发达地区之间的空间连续性

一般来说,在经济实力存在差异的情况下,地区之间的互动往往是单向的,即经济相对发达地区向经济欠发达地区转移产业,或者说经济发达地区与欠发达地区形成“中心—外围”的空间结构。在这一情况下,虽然有可能存在欠发达地区为了缩小与发达地区之间的差距大力发展交通基础设施,以增强来自发达地区的辐射。但我们发现在这种情况下所形成的产业关联更多是制造业间的产业间关联,而不是发达地区之间的产业内关联,由此所形成的二、三产业协同集聚难以形成有效的空间耦合。在发达地区之间,地区间的二、三产业协同效应是一个等级的,而在经济发达地区和欠发达地区之间,二、三产业协同效应则存在一定的差距,从而在空间上表现为片段化。以长三角与中部地区的交界地区安徽、江西为例,江西和安徽在很大程度上承接了来自上海、浙江和江苏等长三角地区的产业转移,这些产业主要是劳动密集型,因此,与生产性服务业互动性较弱,而与它们邻近的长三角地区,二、三产业协同集聚趋势较为明显,从而使得这两大区域形成了较为明显的二、三产业互动的反差。

(3)情形三:弱连续性

空间连续性的第三种情况表现为 A 地区、B 地区和 C 地区都属于经济欠发达地区,三个相邻地区同属经济欠发达地区暗含的前提条件是这三个地区之间都存在较弱的经济互动关系,区域经济一体化程度较低,产业关联较弱,地区之间运输成本较高,因此,空间连续性较弱,我们称为弱空间连续性(见图3.14)。

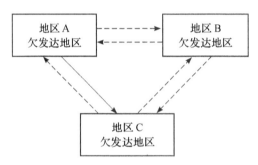

图 3.14　欠发达地区之间的空间连续性

从经济欠发达地区的连片区域看,一方面,由于该区域更多承接来自发达地区的产业转移,与发达地区的经济联系相对较为密切,而自身区域内的联系较弱,难以形成互动。另一方面,经济欠发达地区之间交通基础设施相对落后,限制了这些地区间的经济交流。而且从这些地区分布看,存在两个特点:一是这些地区的区位优势不明显,使得进入国际市场的运输成本很高;二是尽管有些地方具有较好的区位优势(如非洲地区很多国家靠近沿海),但周边地区没有经济发达地区,从而失去了接受发达地区的辐射并摆脱贫困的机会。因此,在这种情况下,欠发达地区在经济增长的驱动下,往往争相承接经济发达地区的产业转移,从而在地区间形成了严重的产业同构现象,使得地区之间不仅难以存在二、三产业协同集聚的态势,而且存在恶性竞争的可能。以西部地区为例,这些地区主要承接东部地区的产业转移,导致地区间产业结构相似度较大,而且在交通基础设施相对落后的情况下,地区间的产业互动较弱,因此,这些地区虽然在空间上是相邻的,但由于地区间产业互动性较弱,地区的空间连续性程度低。

3.5.3 理论模型的拓展之二

二、三产业在空间上协同定位使得协同集聚在地区间存在空间连续性,但形成产业间协同集聚空间连续性的一个重要因素在于产业链的空间互动,而这种产业链的空间互动性随着空间距离的增加而衰减,从而使得集聚效应随着距离增加而递减(Rosenthal & Strange,2004),换句话说,这种空间连续性是存在空间边界的(见图3.15)。理论模型拓展之一只是论证了空间连续性存在强弱的先决条件和作用机理,并没有涉及具体的空间范围问题,而本部分则在此基础上进一步研究空间连续性的延伸问题,从这个意义上来说,空间边界问题也是从属于空间连续属性的。空间范围大小实际上是由互动主体的经济实力决定的,根据空间互动主体不同,本部分将空间边界分为远距离互动、中程距离互动和空间邻近互动(近距离互动)三类,而这三类的空间边界又恰好与上文提出的空间强连续性、中度连续性和弱连续性是密切相关的。

图 3.15 空间连续的边界表现形式

(1)空间边界Ⅰ:远程距离

从强空间连续性来看,一般来说,经济发达地区往往是连片存在的,有些经济发达地区之间在空间上并不是直接的空间邻近(一阶邻近),而是二阶邻近甚至是三阶邻近,如 A 地区与 B 地区空间邻近,C 地区与 B 地区空间邻近,而 D 地区与 C 地区空间邻近,在这一情况下,我们可以认为 C 地区与 A 地区二阶邻近,D 地区与 A 地区三阶邻近(见图 3.16)。

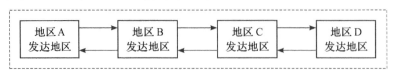

图 3.16　发达地区之间的空间连续性边界

在强空间连续性条件下,由于周边地区都是经济发达地区,因此,该区域产业互动性强,假设以 A 地区为例,A 地区不仅与 B 地区存在产业强关联,而且与 C 地区和 D 地区也都存在较强的产业互动,但是从空间位置上来看,由于 B 地区与 A 地区空间邻近,这种产业互动性相比更强,C 地区和 D 地区由于与 A 地区存在一定的空间距离,在距离衰减定律的作用下,这种产业关联性随着地区间距离的增加而逐渐衰减,但由于同属经济发达区域,即便距离相对较远,这种产业关联也在一定程度上存在,因此,相较于经济发达地区与欠发达地区之间以及经济欠发达地区之间,经济发达地区之间的空间边界将是最大的。

(2)空间边界Ⅱ:中程距离

从中度空间连续性看,在这一空间区域范围,地区间发展水平存在较大的差异,如在某一区域范围内,同时存在发达地区、中等发达地区和欠发达地区三种类型,我们假设 A 为发达地区,B 为中等发达地区,且与 A 地区空间邻近,而 C 和 D 地区均为欠发达地区,而且分别与 A 地区二阶和三阶空间邻近(见图 3.17)。

在中度空间连续性条件下,虽然 B 地区是中等发达地区,但与 A 还是存在较为密切的产业分工与协作,因此,A 地区与 B 地区可以形成一定程度的空间连续体,但与 A 地区二阶邻近的 C 地区由于是欠发达地区,与 A 地区存在较弱的互动性,但基于 A 地区强大的经济辐射力,A 与 C 地区仍然存在一定

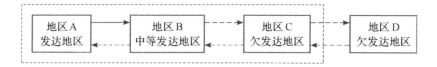

图 3.17　发达地区与欠发达地区之间的空间连续性边界

的空间互动性,但与 A 地区距离更远的 D 地区,由于经济较为落后,与 A 地区已经没有太多的经济关联,因此,基于各个经济体的发展水平,A 地区与周边地区二、三产业协同集聚空间边界主要基于 A 地区到 C 地区,而与 D 地区无关,这一空间范围要小于强连续性的空间边界,属于中程距离互动。

(3)空间边界Ⅲ:空间邻近

从弱空间连续性看,与经济发达地区连片形成的强空间连续性相类似的是,经济欠发达地区之间在空间上也是连片存在的,假设 A 地区为经济欠发达地区,那么不管与 A 地区一阶相邻的 B 地区,还是与 A 地区二阶相邻和三阶相邻的 C 地区和 D 地区都是经济欠发达地区(见图 3.18)。

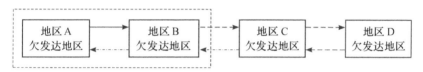

图 3.18　欠发达地区之间的空间连续性边界

在弱空间连续性条件下,由于周边地区都是经济欠发达地区,与前两种情况相比,该区域产业互动性最弱。由于 A 地区与其空间邻近的 B 地区都是欠发达地区,这两个区域之间存在微弱的产业互动性,而与 A 地区离得更远的 C 地区和 D 地区由于都属经济欠发达地区,因此,A 地区与 C 地区、D 地区基本上不存在产业互动性,在这一情况下,弱空间连续性的空间边界是最小的,主要限于空间邻近区域。

3.6　小　结

对于单个产业而言,产业属性和空间属性是产业集聚的切入点和出发点,并且产业集聚的二重性存在密不可分的关系,但在二、三产业协同集聚过程中,注重产业属性、静态空间属性和空间连续性的交互关系是本章乃至本书研究的切入点和出发点。产业属性、静态空间属性和空间连续性是互为关系的,我们认为在研究二、三产业协同集聚过程中应将产业集聚的三重性纳入分析范式,从而实现三重性的互动和融合。

在主体分析框架中本章对新经济地理学理论在生产性服务业集聚的适用性做了分析,我们主要对新经济地理学理论的两个核心思想——规模报酬递增和"冰山"运输成本进行了讨论,由于生产性服务业比制造业表现出更强的多样性偏好,符合新经济地理学关于规模报酬递增的一般理论推导,而在另一个核心思想——"冰山"运输成本的处理上,基于生产性服务业无形产品的事实,运输成本难以刻画集聚的变化,因此,本章提出采用信息技术来替代运输成本的观点,并对其可行性做了分析。循着可行性分析思路,本章对 C-P 模型进行了简单的修正,进而构建生产性服务业集聚理论分析框架。在此基础上,本章从产业属性、静态空间属性和空间连续性三重属性维度分析了二、三产业协同集聚属性,并借鉴 Venables 的研究思路构建了二、三产业协同集聚的理论分析框架。而主体框架的拓展部分主要致力于研究生产性服务业集聚与制造业集聚之间的关系,这种关系主要表现为两个方面:空间连续性和空间边界。产业空间互动背后的机制可归结为三个条件:空间邻近性、低运输成本和产业关联性,基于这三个互动条件,本章在假设空间邻近性的前提下分别考察了强空间连续性、中度空间连续性和弱空间连续性,并分别探究各种空间连续性形成的内在机理,并在此基础上进一步研究了不同空间连续性类型下二、三产业协同集聚的空间边界。

4 二、三产业协同集聚测度:产业与空间特征

在研究二、三产业协同集聚形成的内在机制和空间外溢效应之前,有必要对中国二、三产业协同集聚产业和空间特征做一个量化描述。在衡量指标上,尽管有不少学者(Moulaert & Gallouj,1993)已经指出生产性服务业集聚并不适合在制造业集聚的分析范式下进行研究,但这并不表明制造业集聚和生产性服务业集聚之间没有相通之处,比如制造业集聚和生产性服务业集聚都表现为以微观企业为单元在空间上的分布,这就使得用于衡量二、三产业协同集聚程度的指标在两者之间具有一定的共性和通用性。

4.1 生产性服务业集聚水平的测度

关于产业集聚的度量基于不同的角度有不同的测算方法,如从企业角度来看,可以通过赫芬达尔指数(H)[①]来衡量:

$$H = \sum_{j=1}^{N} z_j^2 = \sum_{j=1}^{N} (X_j/X)^2$$

其中:X代表市场总规模,X_j代表j企业的规模,z_j代表第j个企业的市场占有率,而N则表示该产业内部的企业数量。从行业角度来看,则可以通过空间基尼系数(GiNi)来衡量:

$$G = \sum_i (s_i - x_i)^2$$

其中:G为空间基尼系数,s_i为i地区某产业就业人数占全国该产业总就业

---

① 与赫芬达尔指数相关联的用来衡量产业集中程度的指数有绝对地理集中指数,计算公式为:$MHHI^k = \sqrt{\dfrac{\sum_{i=1}^{N}(s_i^k)^2}{N}}$,与此相对应的还有相对地理集中指数,计算公式为:$HKMT^k = \sqrt{\dfrac{\sum_{i=1}^{N}(s_i^k)^2}{N}}$。

人数的比重,x_i 为该地区就业人数占全国总就业人数的比重。而 E-G 系数 (Ellision & Glaeser,1997) 综合了上述两个指标的优点,其计算公式为:

$$r_{E-G} = \frac{G_i - (1 - \sum_i x_i^2)H}{(1 - \sum_i x_i^2)(1 - H)}$$

其中:G 代表空间基尼系数,x_i 表示 i 区域全部就业人数占经济体就业总数的比重,而 H 则表示赫芬达尔指数。E-G 系数综合考虑了企业和行业两个维度,而且服务业集聚的二维评价模型(李文秀、谭力文,2008)也认为 E-G 系数是检验服务业集聚程度的较好指标。

从上述几个主要衡量产业集聚程度的指标来看,衡量集聚的大都涉及就业人数这一基本要素,从 2003—2015 年中国服务业的就业人数变化趋势[①]可以发现(见表 4.1),在 14 个服务业行业中除了交通运输、仓储和邮政业、批发和零售业及住宿和餐饮业等 3 个行业的就业人数呈现下降的趋势外,其余 11 个行业均呈现上升的变化态势。

表 4.1 中国服务行业就业变化情况(2003—2015 年)　　　　单位:万人

行业名称	2003 年	2006 年	2009 年	2012 年	2015 年
交通运输、仓储和邮政业	560.99	530.48	547.50	600.91	819.27
信息传输、计算机服务和软件业	112.09	133.54	168.11	233.90	363.92
批发和零售业	669.13	520.58	518.71	821.80	1159.25
住宿和餐饮业	191.30	182.87	199.35	336.59	402.43
金融业	337.80	351.84	431.79	510.74	590.99
房地产业	119.49	153.24	189.28	282.01	435.89
租赁和商务服务业	174.96	230.33	280.68	298.88	519.49
科学研究、技术服务和地质勘查业	209.42	222.93	261.37	320.78	409.90
水利、环境和公共设施管理业	161.71	174.59	193.93	230.96	261.85
居民服务和其他服务业	57.04	61.46	58.22	158.90	222.11
教育业	1334.33	1395.49	1437.74	1544.06	1634.01

---

　　①　由于 2003 年以后中国采用新的行业划分标准,因此,为保持统计口径的一致性,表 4.1 只对 2003 年以后的数据进行比较分析。

行业名称	2003 年	2006 年	2009 年	2012 年	2015 年
卫生、社会保障和社会福利业	452.09	490.97	560.16	680.30	807.52
文化、体育和娱乐业	121.17	117.80	123.82	135.86	155.46
公共管理和社会组织	1050.28	1139.6	1269.62	1403.61	1498.12

数据来源:《中国城市统计年鉴》(2004—2016)。

表 4.1 中的数字只是从总体上反映了服务业分行业中的就业人数变化趋势,但这还不足以反映各个行业在空间上是趋于集聚还是趋于分散,换句话说,就业人数的增加并不能代表服务业集聚水平的提高,因为这有可能由各个地区同时增加引起,而就业人数的减少也不能反映集聚程度的降低,这有可能由部分地区减少而其他地区增加从而导致集聚度的提高。

目前,虽然关于产业集聚的指标大多被用于测算制造业集聚程度,但也有学者开始尝试着去研究服务业的集聚程度,如马风华和刘俊(2006)利用 E-G 系数对中国 1998 年、2000 年和 2002 年 11 个服务行业的集聚程度进行了研究,他们认为目前中国服务业集聚现象不是很明显,而且,服务业有向制造业集聚的地区集中的趋势。杨勇(2008)转换了 Amiti 和 Wen 的区域分布基尼系数,同时基于省级层面从生产总值的角度来估算中国服务业内部行业的生产在地理上的集中程度,另外,他还测算了空间基尼系数,得出的结论是:中国服务业集聚度最高的是租赁和商务服务业,而最低的行业是卫生、社会保障和社会福利业。李文秀和胡继明(2008)分别基于空间基尼系数、赫芬达尔系数和 E-G 系数,但不管从哪个指标上看,中国服务业的集聚趋势已经出现,且从长期来看,服务业的集聚程度在不断上升。

但限于数据的可得性,本章仅采用空间基尼系数来衡量服务业特别是生产性集聚程度,这可能在最后的计算结果上有偏差,但并不影响我们对中国生产性服务业集聚现状的判断,值得指出的是,由于空间基尼系数不像 E-G 系数那样对集聚程度做出规定,因此,在判断生产性服务业集聚程度上本章主要基于生产性服务业与消费性服务业和公共性服务业的比较。其中,公式中的 s_i 表示 i 地区某产业就业人数占全国该产业总就业人数的比重,x_i 为该地区就业人数占全国总就业人数的比重,由于本章采用《中国城市统计年鉴》的数据,因此,s_i 为 i 城市某产业单位从业人数占 286 个城市该产业单位从业人数的比重,x_i 表示该城市从业人数占 286 个城市单位从业人数的比重,该系数越大说明集聚度越高,系数越小说明集聚度越低($0 \leqslant G \leqslant 1$)。

由于中国在 2003 年对行业分类进行了调整,第三产业即服务业^①从原来的 11 个行业调整至现在的 14 个行业,因此,本章主要就 2003 年以来的中国城市服务业空间基尼系数变化进行分析,具体见表 4.2。从表 4.2 中可以看出,不同的行业空间基尼系数表现出很大的差异性,2015 年系数最高的行业是生产性服务业之一的信息传输、计算机服务和软件业,为 0.02558;而最低的是水利、环境和公共设施管理业,为 0.00224,前者约是后者的 11.42 倍。

中国服务业集聚主要表现出两大特征:第一个特征是以交通运输、仓储和邮政业、信息传输、计算机服务和软件业、房地产、租赁和商务服务业及科学研究、技术服务和地质勘查业为代表的生产性服务业的集聚程度较高,从集聚程度来看,中国 14 个服务业中排名前五位的大多为生产性服务业;从集聚趋势来看,生产性服务业表现出逐渐提高的动态趋势(金融业除外);从产业的布局空间结构来看,以 2015 年为例,以城市所在省份为单位,单位从业人员数量最多的 5 省市占总单位从业人员数量的比例分别为 34.81%、41.13%、45.94%、52.12% 和 37.49%,而且这些生产性服务业主要集聚在北京、上海、广东、山东、江苏和浙江等沿海省市。罗勇、曹丽莉(2005)对中国 29 个制造业地域分布进行了研究,发现中国的制造业也主要集中在上述几个省市,这也印证了现实印象,即制造业集聚的地方生产性服务业也比较集中,说明制造业与生产性服务业的强相关性,但这种相关性并不表明两者的变动是同步的。根据鲍莫尔-富克斯假说(Baumol-Fuchs Hopothesis),服务业劳动生产率增长率是滞后的,并且这一假说得到了来自中国数据的印证,程大中(2004)的研究表明中国服务业劳动生产率增长落后于工业 3.84 个百分点,基于产业集聚与劳动生产率之间的相关性(范剑勇,2006),意味着中国服务业集聚状态是落后于工业的,但这只是从服务业总体来看,如果具体分行业进行比较研究,结论应该会有所不同。

---

① "第三产业"和"服务业"两个概念内涵基本上相同,只是在国际上"服务业"为通用概念,因此,在本书中将"服务业"与"第三产业"视为同一概念。

表 4.2　中国 14 个服务行业空间基尼系数(2003—2015 年)

行业名称	2003 年	2006 年	2009 年	2012 年	2015 年	排名	集聚趋势
交通运输、仓储和邮政业	0.00244	0.00362	0.00471	0.00468	0.00419	11	上升
信息传输、计算机服务和软件业	0.00963	0.0141	0.0284	0.0334	0.02558	1	上升
批发和零售业	0.00449	0.00201	0.00326	0.00862	0.00899	6	上升
住宿和餐饮业	0.02473	0.01027	0.0112	0.02235	0.02025	4	下降
金融业	0.00121	0.00077	0.00081	0.00236	0.00342	12	上升
房地产业	0.01383	0.018	0.0161	0.00991	0.0057	10	下降
租赁和商务服务业	0.02896	0.036	0.0463	0.02871	0.02246	2	下降
科学研究、技术服务和地质勘查业	0.01431	0.0144	0.0177	0.01779	0.01471	5	上升
水利、环境和公共设施管理业	0.00151	0.00076	0.00088	0.00218	0.00224	14	上升
居民服务和其他服务业	0.05231	0.0297	0.02456	0.0112	0.02044	3	下降
教育业	0.00269	0.00138	0.00164	0.00265	0.00258	13	下降
卫生、社会保障和社会福利业	0.00135	0.00058	0.00078	0.00186	0.00571	9	上升
文化、体育和娱乐业	0.00241	0.00607	0.00699	0.00769	0.00701	7	上升
公共管理和社会组织	0.0027	0.0014	0.00173	0.0032	0.00636	8	上升

资料来源:《中国城市统计年鉴》(2004—2016)。

注:在 14 个服务业行业中,生产性服务业[①]为:交通运输、仓储和邮政业、信息传输、计算机服务和软件业、金融业、房地产、租赁和商务服务业、科学研究、技术服务和地质勘查业等;消费性服务业[②]为:批发和零售业以及住宿和餐饮业;公共性服务业为:水利、环境和公共设施管理业,卫生、社会保障和社会福利业,文化、体育和娱乐业以及公共管理和社会组织等。

中国服务业集聚的第二个特征则是消费性和公共性服务业的集聚程度较

[①]　生产性服务业(Producer Service)概念由美国经济学家 H. Greenfield 最早提出,它指的是市场化的中间投入服务,即可用于商品和服务的进一步生产的非最终消费服务。格鲁伯和沃克(1993,中译本)也做了类似的定义,他们认为,生产性服务与直接满足最终需求的消费性服务相对应,是指"那些为其他商品和服务的生产者用作中间投入的服务"。生产性服务业与其他服务业的区别在于,生产性服务业是为制造业发展服务的,正如上文所说的,具有中间产品特征,而消费性服务业主要是为居民消费服务的,具有最终产品特征,而公共服务业主要是由政府提供的,具有公共产品性质。

[②]　消费性服务业是相对于生产性服务业而言的,它指的是以满足居民消费需求或基本民生要求的服务业。与生产性服务业相比较,消费性服务业侧重的是"结果",而生产性服务业侧重的是"过程"。

低。从集聚程度的排名来看,这些行业大部分都在十名以后,而且从集聚趋势来看,这些行业基本上都表现出降低的态势,这可解释为这些服务业进入门槛较低,更为重要的一个原因是与生产性服务业相比,消费性服务业和公共性服务业所提供的往往都是最终性服务,实际上这是生产者与消费者互动的过程,其分布更为广泛,而生产性服务业更多表现出生产者之间的关系,由于不同的服务业的服务对象不同决定了其集聚程度和集聚趋势的差异性。

每一个产业都有各自的发展规律,不同的国家其产业发展处于不同的阶段,呈现出一种梯形的发展态势,特别是发达国家与发展中国家之间在产业层级上的差异。虽然说国家之间存在不同的国情,其产业发展模式不可完全复制,而且也不能完全按照国际标准产业发展模式来模拟,但发达国家的产业发展经验在一定程度上对发展中国家来说还是具有某种借鉴意义的,因此,进行有针对性的国内外比较也是必要的。

李文秀和胡继明(2008)通过与 OECD 国家服务业集聚的研究结果对比发现,近些年,中国服务业有些行业已经呈现上升的趋势,但上升趋势不稳定,总的来说,他们认为,中国服务业的行业区域集聚程度和行业内企业集聚程度都较发达国家低,特别是行业内企业的低集聚导致了中国服务业的集聚结构较差。

中国服务业发展时间相对世界发达国家较短、发展水平不高,本章以日本为例,通过比较分析,对中国将来服务业发展进行有益的借鉴。另外,由于世界各个国家对服务业分行业的划分标准不一,因此,我们选择中日类似的行业进行分析,同时,我们选择日本 2004 年和 2007 年两年的服务业数据,计算其在短期内的空间基尼系数变化情况,见表 4.3:

表 4.3 2004 年和 2007 年日本部分服务业的空间基尼系数

行业名称	2004 年	2007 年	评价
运输通信业	0.00351	0.02930	1+
金融业	0.02160	0.02830	2+
房地产业	0.02580	0.02700	3+
批发零售餐饮业	0.00385	0.00408	4+
公务	0.00323	0.00344	5+

注:+表示趋势是上升的;—表示趋势是下降的。

资料来源:《2005 日本统计年鉴》和《2008 日本统计年鉴》。

与日本服务业集聚相比，中国服务业集聚存在以下几个特点：首先，两国在服务业集聚特别是以运输通信业、房地产业为代表的生产性服务业集聚都表现出上升的趋势，但中国的生产性服务业集聚程度较日本低；其次，以餐饮零售业为代表的消费性服务业集聚程度都较低，但在中国该类型的产业集聚有继续降低的趋势，在日本该类型的产业集聚则较为平稳，略有上升，且在集聚程度上也较中国高，这也可以解释为在日本服务业企业经过较长时间的竞争，特别是跨国大型的零售企业的进入，加剧了该地区的消费性服务业的竞争，加快了产业整合步伐，从而使得日本的消费性服务业集聚程度在一定程度上有所提高，而经过长时间的竞争后，使得日本的消费性服务业发展总体上趋于平稳。

因此，根据两国服务业集聚的比较，我们可以预见，随着中国加入 WTO、各个服务业领域的逐渐开放，中国的生产性服务业集聚程度将会进一步地提高，而消费性服务业领域由于跨国公司的介入，中国的零售企业将面临巨大的竞争压力，消费性服务业将面临大规模的企业重组兼并浪潮，而且这种现象在中国已经初步显现。另外，李文秀(2008)基于空间基尼系数通过对美国各个服务行业的集聚度进行了测算，他的结论是证券、保险和铁路的集聚程度最高，而医疗卫生行业的集聚度最低(见表 4.4)。同时，他基于 E-G 系数的研究表明，美国服务业各行业内的企业集聚程度超过了该行业的区域集聚程度。尽管由于工业化进程和服务业时间发展上的差异性，中国和美国之间在服务业集聚上没有太多的直接比较价值，但是与日本的比较一样，它都表明生产性服务业的高集聚特征，从而间接地表明中国生产性服务业未来的发展趋势。

表 4.4　美国部分行业空间基尼系数

行业	1996 年	2004 年
证券业	0.1780	0.0957
保险业	0.0145	0.0100
铁路	0.0461	0.0578
医疗卫生	0.0010	0.00099

资料来源：李文秀《美国服务业集聚实证研究》，载《世界经济研究》2008 年第 1 期，第79—83 页。

4.2 不同地理尺度下生产性服务业空间分布特征描述

中国生产性服务业集聚不仅在分行业上表现出一定的异质性,还在地区上呈现出明显的空间差异性。杨勇(2008)认为目前中国东部地区主要以现代服务业集聚为主,而传统服务业主要集聚在中部和西部地区。既然服务业存在集聚现象,也就意味着服务业特别是生产性服务业在空间上的分布并非是匀质的,而是在不同地区表现出差异化的集聚态势。这部分就是力图通过揭示生产性服务业在中国空间上分布的差异来研究生产性服务业集聚的地区特征,同时,本章注重从历史的逻辑和角度来考察这种特征变化的必然性。另外,本章还感兴趣的一个问题是,中国各个地区的不同生产性服务业行业会表现出怎样的专业化特征?

4.2.1 省级层面的空间分布

我们通常习惯上用 LQ 指标来反映服务业及分部门行业在各个地区的集中情况,具体计算公式为:

$$lq_{im}(t) = \left[e_{im}(t) / \sum_m e_{im}(t) \right] / \left[e_m(t) / \sum_i e_m(t) \right]$$

其中:$e_{im}(t)$ 表示在 t 时期 i 地区 m 行业的从业人数,$e_m(t)$ 表示全国在 t 时期 m 行业的从业人数,$\sum_m e_{im}(t)$ 表示在 t 时期 i 地区 m 行业从业人数的总和,$\sum_i e_m(t)$ 表示全国在 t 时期所有行业的从业人数总和,若 $LQ_{im}(t)$ 大于 1 则表示行业 m 在 i 地区相对集中。在计算历年各个省市的 LQ 指标的数据主要来源于《中国劳动统计年鉴》,而在计算中国各个城市的 LQ 上,数据则主要来自《中国城市统计年鉴》。虽然程大中和黄雯(2005)从三大地带的角度研究了服务业在中国的集中程度,认为中国的服务业都相对集中于东部地区,但中西部的就业集中度的提高幅度大于东部地区。本章将进一步细化至省级层面和地级及以上城市层面,从更加微观的角度来考察,此外,以往关于服务业的在中国的集中程度和变化趋势都是全面研判服务业各个行业的空间变化,本章则重点考察生产性服务业的空间分布和地区之间的差异性。由于 2003 年国家对行业划分进行了调整，我们对新旧两个标准的行业集中度分别进行了测算，以新的行业划分标准为例，我们发现以下内容。

在交通运输、仓储和邮政业领域，2003—2015 年，共有包括北京、河北、山西等 18 个省区市的集中度趋于上升，而在 2015 年，LQ＞1 的省区市共有 14 个，安徽(0.919)、湖南(0.839)和陕西(0.991)从原来的相对不集中分别转变为相对集中的 1.387、1.024 和 1.113，其中，集中度最高的 3 个省区市分别是新疆(2.645)、青海(2.026)和上海(1.97)。从地区的分布来看，在相对集中的省区市中，共有 6 个省市位于东部地区，其余位于中西部地区。

在信息传输、计算机服务和软件行业，共有包括北京、天津和河北等 14 个省区市的集中度趋于上升，而在 2015 年，LQ＞1 的省区市共有 6 个，辽宁(0.926)、吉林(0.889)和陕西(0.854)从原先的相对不集中分别转变为相对集中的 1.105、1.081 和 1.047，而浙江、福建、湖南和广东则表现出相反的态势，其中，集中度最高的 3 个省市分别是北京(4.457)、上海(1.96)和四川(1.14)。

在金融业领域，共有包括北京、天津和河北等 15 个省区市的集中度趋于上升，而在 2015 年，LQ＞1 的省区市共有 16 个，北京、天津、内蒙古、黑龙江和广西分别从原先的相对不集中(0.626、0.855、0.963、0.695 和 0.678)转变为相对集中(1.904、1.292、1.23、1.396 和 1.038)，而江苏、安徽、广东、四川和新疆则表现出相反的态势，其中，集中度最高的 3 个省市分别是北京(1.904)、上海(1.465)和河北(1.464)。

在房地产领域，共有包括河北、吉林和福建等 15 个省市的集中度趋于上升，而在 2015 年，LQ＞1 的省份共有 10 个，天津、四川和云南分别从原先的相对不集中(0.883、0.78 和 0.757)转变为相对集中(1.059、1.041 和 1.193)，而辽宁、黑龙江和浙江则表现出相反的态势，其中，集中度最高的 3 个省市分别是北京(2.305)、上海(1.68)和海南(2.26)。

在租赁和商务服务业，共有包括北京、天津和河北等 12 个省区市的集中度趋于上升，而在 2015 年，LQ＞1 的省区市共有 7 个，广西、四川和宁夏从原先的相对不集中(0.801、0.421 和 0.411)转变为相对集中(1.001、1.378 和 1.657)，而天津、辽宁、海南、四川、贵州和新疆则表现出相反的态势，其中，集中度最高的 3 个区市分别是北京(3.686)、上海(3.139)和新疆(1.663)。

在科学研究、技术服务和地质勘查业,共有包括天津、河北和内蒙古等 15 个省区市的集中度趋于上升,而在 2015 年,LQ>1 的省区市共有 15 个,河北、辽宁、黑龙江、广西和贵州分别从原先的相对不集中(0.742、0.928、0.812、0.608 和 0.844)转变为相对集中(1.047、1.175、1.195、1.078 和 1.232),其中,集中度最高的 3 个省市分别是北京(3.455)、天津(1.737)和青海(1.939)。

在教育业,共有包括北京、河北和山西等在内的 20 个省区市的集中度趋于上升,而在 2015 年,LQ>1 的省区市共有 19 个,辽宁、黑龙江和青海分别从原先的相对不集中(0.839、0.601 和 0.934)转变为相对集中(1.103、1.197 和 1.311),而江苏、浙江和湖北则表现出相反的态势,其中,集中度最高的 3 个省份分别是贵州(1.876)、甘肃(1.715)和河北(1.604)。

其他行业的变化见表 4.5,如果从旧标准来看,以交通运输、仓储及邮电通信业为例,从 1994—2001 年,共有包括天津、河北和山西等在内的 16 个省区市的集中度趋于上升,而 LQ>1 的省区市共有 18 个,山西、辽宁、江西和陕西分别从原先的相对不集中(0.972、0.998、0.964 和 0.958)转变为相对集中(1.091、1.163、1.060 和 1.106),而安徽则表现出相反的态势,其中,2001 年,集中度最高的三个省市分别是吉林(1.313)、重庆(1.303)和青海(1.374)。从更广的地带来看,程大中和黄雯(2005)研究发现,全国交通运输、仓储及邮电通信业相对集中于东部地区,但西部地区在相应指数上的提高幅度却是最大的。申玉铭、邱灵、任旺兵和尚于力(2007)运用聚类分析和 Theil 系数探讨中国三大地带间、三大地带内和 31 个省区市服务业发展的空间分异特征,他们的研究结果表明,1990 年以来,中国服务业发展的总体差异、东中西三大地带间差异和地带内差异均呈上升趋势,而且地带内差异对全国总体差异变化影响程度明显强于地带间差异。胡霞和魏作磊(2006)通过局域空间自相关研究表明,服务业分布呈现明显的核心—外围的地域特征,目前,服务业已经形成以东南沿海为核心,以西部和西南地区为外围的发展格局。

表 4.5　各个服务业行业的地区集中程度变化情况

行业	LQ 趋于上升省份个数(新标准)	LQ>1 的省份个数(2015 年)	行业	LQ 趋于上升的省份个数(旧标准)	LQ>1 的省份个数(2001 年)
A	18	14	a	16	18
B	14	6	b	13	11
C	16	12	c	10	16
D	17	10	d	14	11
E	15	16	e	12	7
F	15	10	f	15	13
G	12	7	g	14	17
H	15	15	h	12	9
I	15	15	i	16	13
J	15	8			
K	20	19			
L	22	15			
M	19	14			
N	18	20			

注:A 代表交通运输、仓储和邮政业;B 代表信息传输、计算机服务和软件业;C 代表批发和零售业;D 代表住宿和餐饮业;E 代表金融业;F 代表房地产业;G 代表租赁和商务服务业;H 代表科学研究、技术服务和地质勘查业;I 代表水利、环境和公共设施管理业;J 代表居民服务和其他服务业;K 代表教育;L 代表卫生、社会保障和社会福利业;M 代表文化、体育和娱乐业;N 代表公共管理和社会组织。

a 代表交通运输、仓储及邮电通信业;b 代表批发和零售贸易及餐饮业;c 代表金融、保险业;d 代表房地产业;e 代表社会服务业;f 代表卫生体育和社会福利业;g 代表教育、文化艺术及广播电影电视业;h 代表科学研究和综合技术服务业;i 代表国家机关、党政机关和社会团体。

4.2.2　地级层面的空间分布

如果从更细分的地级及以上城市来看,我们以 2015 年 286 个城市为例(拉萨除外),城市层面的生产性服务业 LQ 指标表现出的特征与省域层面相比较,表现出明显的地理尺度差异,总的来说,体现出以下几个特点。

（1）省会城市普遍表现出较高的集中度

研究结果表明，在全国 286 个地级及以上的城市中，省会城市在大部分行业中都表现出较高的集中度，在包括直辖市在内的 30 个省会城市和 7 个生产性服务业行业中，北京在租赁和商务服务业中的 LQ 最高达到 3.672，在 LQ＞1 的行业个数中，省会城市普遍占有比较大的优势，在 7 个行业中，最少的是南昌，只在 1 个行业上存在较大的集中度，最多的是诸如北京、上海等城市，在 6 个行业上具有较高的集中度。在具体行业上，交通运输、仓储和邮政业有 21 个省会城市的 LQ＞1，信息传输、计算机服务和软件业有 16 个省会城市的 LQ＞1，金融业有 18 个省会城市的 LQ＞1，房地产业有 23 个省会城市的 LQ＞1，租赁和商务服务业有 14 个省会城市的 LQ＞1，科学研究、技术服务和地质勘查业有 27 个省会城市的 LQ＞1，教育业有 9 个省会城市的 LQ＞1。各个省会城市在各个行业的集中度大于 1 的数量见表 4.6 所示。

表 4.6　2015 年中国省会城市生产性服务业集中度情况

东部地区		中部地区		西部地区	
城市	LQ＞1 个数	城市	LQ＞1 个数	城市	LQ＞1 个数
北京	6/7	太原	3/7	南宁	6/7
天津	4/7	呼和浩特	6/7	重庆	5/7
石家庄	6/7	长春	5/7	成都	5/7
沈阳	4/7	哈尔滨	6/7	贵阳	3/7
上海	6/7	合肥	3/7	昆明	5/7
南京	5/7	南昌	1/7	西安	6/7
杭州	5/7	郑州	2/7	兰州	5/7
福州	2/7	武汉	4/7	西宁	4/7
济南	4/7	长沙	3/7	银川	2/7
广州	5/7			乌鲁木齐	4/7
海口	6/7				

数据来源：根据《2016 年中国城市统计年鉴》计算得出。

注：斜杠前的数字表示生产性服务业 LQ＞1 的个数，斜杠后的数字表示生产性服务业总数。

(2)城市集中度与省域集中度地理特征出现一定的偏差

根据对省域层面的 LQ 和城市层面的 LQ 计算结果的比较分析来看,生产性服务业 LQ 最高的三个城市所属省份和 LQ 最高的三个省市并不完全一样,或者说,城市层面的集中度与省市层面的集中度在空间上出现一定的偏差,如2015 年在交通运输、仓储和邮政业,LQ 最高的三个城市分别是湘潭(5.045)、六安(3.620)和乌鲁木齐(3.203),它们分别属于湖南、安徽和新疆,而 LQ 最高的三个省市则分别是新疆(2.645)、青海(2.026)和上海(1.97);在信息传输、计算机服务和软件业,LQ 最高的三个城市分别是北京(4.441)、南京(3.475)和济南(3.189),它们分别属于北京、江苏和山东,而 LQ 最高的三个省市则分别是北京(4.457)、上海(1.96)和四川(1.14);在金融业,LQ 最高的三个城市分别是丽水(2.962)、衢州(2.645)和承德(2.614),它们分别属于浙江和河北,而 LQ 最高的三个省市则分别是北京(1.904)、上海(1.465)和河北(1.464);在房地产业,LQ 最高的三个城市分别是海口(3.605)、三亚(3.331)、广州(2.51),分别属于海南和广东,而 LQ 最高的三个省市则分别是北京(2.305)、海南(2.26)和上海(1.68);在租赁和商务服务业,LQ 最高的三个城市分别是北京(3.672)、东营(3.158)和上海(3.128),分别属于北京、山东和上海,而 LQ 最高的三个省市则分别是北京(3.686)、上海(3.139)和新疆(1.663);在科学研究、技术服务和地质勘查业,LQ 最高的三个城市分别是大庆(4.043)、北京(3.461)和绵阳(3.373),分别属于黑龙江、北京和四川,而 LQ 最高的三个省市则分别是北京(3.455)、青海(1.939)和天津(1.737);在教育业,LQ 最高的三个城市分别是固原(3.571)、昭通(3.301)和贵港(3.157),它们分别属于甘肃、云南和广西,而 LQ 最高的三个省区市则分别是贵州(1.876)、广西(1.809)和甘肃(1.714)(见表 4.7),上述研究表明,在集中度较低的省区也同样存在集中度较高的城市,这也表明在制定产业政策时不仅要考虑一个地区整体的产业结构,同时也应关注次级区域的产业结构。

表 4.7 2015 年中国生产性服务业城市 LQ 指数分布

行业	LQ 最高的 3 个城市	城市所属省市	LQ 最高的 3 个省市	LQ>1 城市数量
A	湘潭（5.045）、六安（3.62）和乌鲁木齐（3.203）	湖南、安徽和新疆	新疆（2.645）、青海（2.026）和上海（1.97）	63
B	北京（4.441）、南京（3.475）和济南（3.189）	北京、江苏和山东	北京（4.457）、上海（1.96）和四川（1.14）	33
C	丽水（2.962）、衢州（2.645）和承德（2.614）	浙江和河北	北京（1.904）、上海（1.465）和河北（1.464）	142
D	海口（3.605）、三亚（3.331）和广州（2.510）	海南和广东	北京（2.305）、海南（2.26）和上海（1.68）	56
E	北京（3.672）、东营（3.158）和上海（3.128）	北京、山东和上海	北京（3.686）、上海（3.139）和新疆（1.663）	35
F	大庆（4.043）、北京（3.461）和绵阳（3.373）	黑龙江、北京和四川	北京（3.455）、青海（1.939）和天津（1.737）	55
G	固原（3.571）、昭通（3.301）和贵港（3.157）	甘肃、云南和广西	贵州（1.876）、广西（1.809）和甘肃（1.714）	198

注：A 代表交通运输、仓储和邮政业；B 代表信息传输、计算机服务和软件业；C 代表金融业；D 代表房地产业；E 代表租赁和商务服务业；F 代表科学研究、技术服务和地质勘查业；G 代表教育。

（3）行业的最高集中度存在于中小城市中

如果将研究视角缩小到地级城市层面，研究发现在越广域的范围，生产性服务业越集中于中国东部地区，而如果将空间范围进一步缩小，差异化就不是特别明显，其中一个表现就是行业集中度最高的城市很多都位于中西部地区，而且还是中小城市，如在交通运输、仓储和邮政业中，LQ 最高的 3 个城市分别是湘潭（5.045）、六安（3.62）和乌鲁木齐（3.203）；在金融业中，LQ 最高的三个城市分别是丽水（2.962）、衢州（2.645）和承德（2.614）；在科学研究、技术服务和地质勘查业中,LQ 最高的三个城市分别是大庆(4.043)、北京(3.461)和绵阳(3.373);在教育业中,LQ 最高的三个城市分别是固原(3.571)、昭通(3.301)和贵港(3.157),在其他行业也仍然表现出类似的特征。上述现象主要可以解释为相较于大城市,中小城市规模相对较小,更倾向于专业化发展某一行业,从而使得集中度高于大城市。

4.2.3 生产性服务业地区专业化特征研究

产业集中演变到一定阶段就往往表现出地区专业化,本章用 Krugman 专业化指数(K-spec 指数)来衡量服务业分部门的地区专业化与地区结构的差异,计算公式为:

$$K_{ij}(t) = \sum_{k=1}^{n} \left| \frac{E_{ik}(t)}{E_i(t)} - \frac{E_{jk}(t)}{E_j(t)} \right|$$

$E_{ik}(t)$ 表示 i 地区在 t 时期 k 行业的就业人数,$E_i(t)$ 表示 i 地区在 t 时期的总就业人数,同理,$E_{jk}(t)$ 表示 j 地区在 t 时期 k 行业的就业人数,$E_j(t)$ 表示 j 地区在 t 时期的总就业人数。如果 $K_{ij}(t) = 0$ 表示被考察的两个地区 i 和 j 是完全非专业化的,这也意味着两个地区的产业结构完全相同,如果 $K_{ij}(t) = 2$ 则表示两个地区拥有完全不相同的产业结构。同时,为了更深入研究省市之间服务业专业化的情况,我们计算了 2015 年每一个省市每一个服务业行业与全国其他省份之间的 $K_{ij}(t)$ 指数,由于 $K_{ij}(t)$ 指数是任意一个生产性服务业行业任意两个省市的配对情况,因此,在 30 个省市 14 个行业中一共存在 12600 种配对。[①]

由于 K-spec 指数只是大体上规定了 K-spec 介于 0 和 2 之间,越是接近于 0,该产业在两地区间的专业化越不明显,为分析方便,本章做一个简单的定义[②],当 $K_{ij}(t) < 0.02$ 时,定义该产业在两地区间专业化程度较低;当 $0.02 < K_{ij}(t) < 0.06$ 时,定义该产业在两地区间专业化程度处于中等水平,当 $K_{ij}(t) > 0.06$ 时,定义该产业在两地区间专业化程度较高。从生产性服务业

---

① 在这 12600 种配对中,有部分配对是重合的,这实际上只是基于参照标准不同而计算的。

② K-spec 只给出了取值范围,值越大专业化水平越高,但并没有对值域内的不同区间做出定义,出于研究需要,本书对此做了一个简单的假设。

的具体行业看,以北京市为参照(见表 4.8),在交通运输、仓储和邮政业领域,北京和上海、山西、安徽、海南和青海的 K-spec 指数低于 0.02,而北京和其余省区市的 K-spec 指数介于 0.02 和 0.06 之间,说明总体而言,在这一行业北京和其他省区市的专业化水平并不是很高;在信息传输、计算机服务和软件业,除了上海之外,北京和其余省区市都处于高度专业化分工程度;在金融业,北京和上海、天津、河北、辽宁、黑龙江、湖南和青海 K-spec 指数低于 0.02,而北京和其余省区市的 K-spec 指数介于 0.02 和 0.06 之间,说明北京和省区市之间的专业化程度较低;在房地产业,除了上海和海南外,北京与其余省区市间的专业化处于中等水平;而在租赁和商务服务业中,北京除了与上海的 K-spec 指数小于 0.02 以及与宁夏和新疆处于中等专业化分工,与其余省区市均处于高度专业化分工水平;在科学研究、技术服务和地质勘查业中,北京除了与重庆、江苏、浙江、福建、江西、山东和河南形成了高度专业化分工,与其余省区市均处于中等专业化水平;而在教育上,北京与其余省区市的专业化分工表现出一定的层次性,如北京与重庆、天津、江苏、浙江、福建、广东、海南、新疆等省区市表现出较低的专业化水平,与河北、广西、云南、甘肃和贵州表现出较高的专业化水平,而与剩下的省区市形成了中等程度的专业化分工。从生产性服务业的 K-spec 指数的平均值来看,北京和其余省区市在租赁和商务服务业(0.0789)上的专业化水平最高,而在金融业(0.0279)上的专业化程度最低。

表 4.8　2015 年中国生产性服务业分行业 K-spec 指数(以北京市为例)

行业	$K_{北京,j}<0.02$	$0.02<K_{北京,j}<0.06$	$K_{北京,j}>0.06$	$\overline{K_{北京,j}}$
A	上海、山西、安徽、海南、青海	其他省区市	无	0.0336
B	无	上海	其他省区市	0.0714
C	上海、天津、河北、辽宁、黑龙江、湖南、青海	其他省区市	无	0.0279
D	上海、海南	其他省区市	无	0.0316
E	上海	宁夏、新疆	其他省区市	0.0789
F	无	其他省区市	重庆、江苏、浙江、福建、江西、山东、河南	0.0536

行业	$K_{北京,j}<0.02$	$0.02<K_{北京,j}<0.06$	$K_{北京,j}>0.06$	$\overline{K}_{北京,j}$
G	重庆、天津、江苏、浙江、福建、广东、海南、新疆	其他省区市	河北、广西、云南、甘肃、贵州	0.0408

注：A-G 的含义同表 4.7。

数据来源：根据《2016 年中国城市统计年鉴》计算整理得出。

另外，我们还将重点关注中国三大经济带内省区市间的生产性服务业专业化程度，在珠三角，研究发现，广东除了与广西在教育业上形成了高度的专业化分工之外，在其他行业均尚未形成较高水平的专业化分工，这间接反映出珠三角服务业存在一定程度上的产业同构问题。相较于珠三角，长三角和京津唐地区在生产性服务业上的专业化特征比较明显。在交通运输、仓储和邮政业上，在长三角，上海与浙江以及上海与江苏的 K-spec 指数差异不大，而在京津唐地区，北京与河北的差异程度则要大于北京与天津。在信息传输、计算机服务和软件业，京津唐地区表现出了一定的专业化趋势，北京与天津以及北京与河北形成了高度的专业化分工态势；在金融业，两个地区的专业化水平都比较低；在房地产业，两个地区的 K-spec 指数均处于 0.02 和 0.06 之间，专业化程度差异不大；在租赁和商务服务业，两个地区的 K-spec 指数均高于 0.06，说明在这一行业已经出现了明显的产业分工格局。在科学研究、技术服务和地质勘查业，京津唐的专业化水准略高于长三角，长三角专业化特征并不是很明显；在教育业上，这两大地区均表现出一定层级的专业化分工格局，其中，在长三角地区，上海与安徽的专业化分工程度达到 0.0581，而上海与浙江以及上海与江苏的 K-spec 指数均小于 0.02，而在京津唐地区，北京与河北的 K-spec 指数达 0.0768，表现出了高度的专业化分工，而北京与天津的 K-spec 指数则小于 0.02，具体见表 4.9。

表 4.9　2015 年中国三大地带生产性服务业分行业 K-spec 指数

行业	珠三角（以广东为基准）				长三角（以上海为基准）			京津唐（以北京为基准）	
	福建	江西	广西	湖南	浙江	江苏	安徽	天津	河北
A	0.0112	0.0104	0.0067	0.0025	0.0565	0.0552	0.0257	0.0263	0.0318
B	0.0046	0.0056	0.0073	0.0055	0.0224	0.0202	0.0242	0.0727	0.0737
C	0.0033	0.0030	0.0093	0.0177	0.0086	0.024	0.0154	0.0195	0.0140
D	0.0076	0.0173	0.011	0.0089	0.0212	0.0249	0.0210	0.0293	0.0371
E	0.0143	0.0224	0.0054	0.0158	0.0620	0.0675	0.072	0.0752	0.082
F	0.0049	0.0058	0.0059	0.0023	0.0206	0.0213	0.0185	0.0379	0.0532
G	0.0116	0.0531	0.0905	0.0495	0.0166	0.0148	0.0581	0.00008	0.0768

注：A-G 的含义同表 4.7。

数据来源：根据《2016 年中国城市统计年鉴》计算整理得出。

4.3　二、三产业协同集聚的特征性事实：产业维度

从二、三产业的空间分布来看，罗勇和曹丽莉（2005）的研究表明，中国制造业主要集中在江苏、广东、山东、浙江和上海等东部沿海地区，同时，陈建军等人（2009）的研究也表明，中国的服务业特别是生产性服务业也主要布局在北京、上海、广东、江苏和浙江等地，这似乎印证了生产性服务业和制造业在空间分布上的一致性和协同性，但这些研究都是基于单个产业空间分布的研究，尽管有些学者（马国霞等，2007）度量了制造业间协同集聚程度，也有学者（Kolko，2007）对服务业间集聚程度的测算做了考察，但是目前鲜有研究度量制造业与生产性服务业的协同集聚程度，而这对于理解二、三产业协调发展尤为重要。

目前关于产业集聚的度量指标先后有空间基尼系数、赫芬达尔指数、胡弗系数、熵指数等，一直到后来 Ellison 和 Glaeser（1997）构建了 E-G 指数，他们用这一指标计算了两位数产业的集聚水平，但这一指标不能反映相关联产业的集聚程度，或者说，这些指标难以刻画多个产业间的集聚状况，因此，他们构

建了用于考察多个产业间协同集聚的 E-G 修正指数[1],计算公式为:

$$\gamma^c = \frac{\left[\dfrac{G}{1-\sum_i x_i^2}\right] - H - \sum_j \hat{\gamma}_j w_j^2 (1-H_j)}{1-\sum_j w_j^2}$$

其中,G 为地理集聚指数,$H = \sum_j w_j^2 H_j$ 为企业规模分布加权的赫芬达尔指数,W_j 为 j 行业在一个行业组中的就业比重,H_j 为 j 行业企业层面的赫芬达尔指数,$\hat{\gamma}_j$ 为行业 j 的 E-G 指数。Devereux 等人(1999)认为 E-G 指数的计算过程过于烦琐,因此,他们将 E-G 协同集聚指数简化为:

$$C(r) = \frac{G_r - \sum_{j=1}^r w_j^2 G_j}{1-\sum_{j=1}^r w_j^2}$$

其中,$w_j = T_j / \sum_{j=1}^r T_j$ 为权重指标,用产业销售份额表示(本章用就业人数表示),T_j 为产业 j 总就业,G 为地理集中度,可用赫芬达尔指数计算,即 $G = \sum_{k=1}^s s_k^2 - \frac{1}{K}$,$G_r$ 表示两个产业或多个产业在第 r 地区的就业人数占两产业或多产业全国就业的份额[2],G_j 表示单个产业在第 r 地区的就业人数占全国就业人数的比重,s_k 表示单个产业或多个产业在第 K 地区的就业人数占单个产业或多个产业全国就业人数的比重,K 表示地区个数,$C(r)$ 值越大,产业间集聚度越高。

本章选取了 28 个两位数的制造业[3]与 7 个生产性服务业的两两配对作为

---

[1] Ellison 和 Glaeser 最早是用该指标计算产业组间的协同集聚程度,如果产业组内的产业是横向联系的,该指标表示这些产业是否倾向于将类似的生产工序或价值链制造环节在某一地方进行协同生产;而如果产业组内是纵向关系,该指标就表示这些产业在一地区内的垂直分工水平。

[2] 本章只考虑两个产业之间的关系。

[3] 这 28 个制造业行业分别为:农副食品加工业、食品制造业、饮料制造业、烟草制造业、纺织业、纺织服装、鞋、帽制造业、皮革、毛皮、羽毛(绒)及其制品业、木材加工及木、竹、藤、棕、草制品业、家具制造业、造纸及纸制品业、印刷业,记录媒介的复制、文教体育用品制造业、石油加工、炼焦及核燃料加工业、化学原料及化学制品制造业、医药制造业、化学纤维制造业、橡胶制品业、塑料制品业、非金属矿物制品业、黑色金属冶炼及压延加工业、有色金属冶炼及压延加工业、金属制品业、通用设备制造业、专用设备制造业、交通运输设备制造业、电气机械及器材制造业、通信设备、计算机及其他电子设备制造业、仪器仪表及文化、办公用机械制造业。

研究对象,根据理论分析,单个制造业行业既可以和单个生产性服务业行业实现协同集聚,也有可能与多个生产性服务业实现有机组合,本章只考虑了两两配对情况。每年有 196 对($C_{28}^1 C_7^1$)产业组合,由于 2003 年中国行业划分做了调整,因此,为保证考察对象的连续性,本章计算了 2003 年和 2017 年制造业与各个生产性服务业分行业的协同集聚变化情况(见表 4.10、表 4.11),2003 年和 2017 年共有 2940 对产业组合。

表 4.10　2003 年中国二、三产业协同集聚度排名前十位的产业配对

序号	制造业	生产性服务业	$C(r)$值
1	文教体育用品制造业	房地产	0.04007
2	通信设备、计算机及其他电子设备制造业	房地产	0.03654
3	文教体育用品制造业	信息传输、计算机服务和软件业	0.03108
4	纺织服装、鞋、帽	房地产	0.02831
5	文教体育用品制造业	租赁和商务服务业	0.02781
6	通信设备、计算机及其他电子设备制造业	信息传输、计算机服务和软件业	0.02773
7	通信设备、计算机及其他电子设备制造业	租赁和商务服务业	0.02706
8	皮革、毛皮及其制品	房地产	0.02569
9	文教体育用品制造业	金融业	0.02547
10	仪器仪表及文化、办公用机械制造业	房地产	0.02531

数据来源:根据 2004 年《中国劳动统计年鉴》计算得出。

表 4.11　2017 年中国二、三产业协同集聚度和增长幅度排名前十位的产业配对

序号	制造业	生产性服务业	$C(r)$值	制造业	生产性服务业	$C(r)$增长
1	文教体育用品制造业	房地产	0.05610	橡胶制品业	租赁和商务服务业	0.03518
2	文教体育用品制造业	租赁和商务服务业	0.05377	橡胶制品业	房地产	0.03446
3	家具制造业	房地产	0.05138	家具制造业	租赁和商务服务业	0.03070

序号	制造业	生产性服务业	C(r)值	制造业	生产性服务业	C(r)增长
4	家具制造业	租赁和商务服务业	0.05136	橡胶制品业	信息传输、计算机服务和软件业	0.02963
5	通信设备、计算机及其他电子设备制造业	房地产	0.04983	家具制造业	房地产	0.02813
6	通信设备、计算机及其他电子设备制造业	租赁和商务服务业	0.04982	文教体育用品制造业	租赁和商务服务业	0.02596
7	文教体育用品制造业	信息传输、计算机服务和软件业	0.04596	家具制造业	信息传输、计算机服务和软件业	0.02548
8	橡胶制品业	房地产	0.04468	电气机械及器材制造业	租赁和商务服务业	0.02520
9	通信设备、计算机及其他电子设备制造业	信息传输、计算机服务和软件业	0.04460	造纸及纸制品	房地产	0.02291
10	家具制造业	信息传输、计算机服务和软件业	0.04459	通信设备、计算机及其他电子设备制造业	租赁和商务服务业	0.02276

数据来源：根据 2018 年《中国劳动统计年鉴》计算得出。

以 2017 年为例，二、三产业协同集聚程度大于 0 的产业配对数占总数的 98.41％，与 2003 年的 95.92％相比，有近 2.5％的小幅上升。无论是在 2003 年还是 2017 年，烟草制造业和生产性服务业的协同集聚度始终为负，但有色金属冶炼及压延加工业和皮革、毛皮及其制品制造业和生产性服务业的协同集聚度从 2003 年的负值在 2017 年变成正值，而石油加工、炼焦及核燃料加工业和生产性服务业的协同集聚度却在 2017 年变成了负值。同时，还可以发现，在 2017 年协同集聚度比较低的组合还有有色金属冶炼及压延加工业、黑色金属冶炼及压延加工业、木材加工及木、竹、藤制品等与生产性服务业各个行业配对，这些行业配对的协同集聚度都较小，均在 0.01 之下。这一现象可以解释为这些制造业行业主要是与自然资源或原材料相关，它们的发展受资源禀赋等自然地理条件影响较大，而受生产性服务业的影响较小，因此，两者之间互动性较弱，产业关联度较小，如烟草制造业、金属冶炼业的发展主要依赖自然资源禀赋，而这些资源主要集中在云南、山西等中西部地区，并且这些地区的经济增长主要依靠自然资源开发,信息技术水平相对较低,人力资本积累也较弱,因此,其生产性服务业发展水平也较为落后,这种产业资源在空间上配置的不一致性导致在空间上表现出较低的协同集聚度。

而二、三产业协同集聚程度较高的组合有文教体育用品制造业—房地产业(0.056)、文教体育用品制造业—租赁和商务服务业(0.0538)、家具制造业—房地产(0.0514)以及家具制造业—租赁和商务服务业(0.0514)等,而这些行业组合的一个特点就是制造业与生产性服务业的产业关联度较高,互动性较强,从而在空间布局上趋于一致,如以文教体育用品制造业—房地产业组合为例,无论是在2003年还是2017年,这对组合一直是协同集聚度最高的组合,但与2003年相比,这对组合在2017年的协同集聚度上升了40个百分点。并且2017年文教体育用品制造业主要集中分布在广东、福建、江苏、山东和浙江,而这5个省份的城镇从业人员占全国的39.98%。相应地,房地产业也主要分布在这几个省市,从而在空间上形成了协同集聚。另外,由于这几个省份地处沿海,基础设施建设较为完备,商业服务发达,尤其是以互联网为依托的电子商贸业发展迅速,因此其租赁和商务服务业发展也相对较好,和文教体育用品制造业的协同集聚程度十分高。从发展趋势来看,与2003年相比,2017年有168个行业配对的协同集聚度上升,其中,2003年$C(r)$系数在0.02以上的有21组行业配对,占10.71%;2017年$C(r)$系数在0.02以上的有71组行业配对,占36.22%,提高了25.5个百分点,另外,共有28组二、三产业分行业配对的协同集聚程度呈下降趋势。这说明从总体上来看,中国制造业与生产性服务业之间的协同集聚不但已经出现而且呈逐渐上升趋势,这主要可以归结为目前我们国家正在大力发展生产性服务业,并注重生产性服务业对制造业的提升带动作用,由此提高了二、三产业的协同集聚程度。

从分行业来看,在协同集聚下降的行业配对中,42.86%来自劳动密集型制造业和生产性服务业的配对,这说明尽管目前部分劳动密集型制造业与生产性服务业的协同集聚程度较高,但从长期发展趋势来看,随着劳动力成本上升、国际环境变化等因素,劳动密集型制造业与生产性服务业的协同集聚程度将逐渐下降。而由于资本密集型和技术密集型制造业知识密度相对较高,随着这些行业在制造业中的比重不断提升,它们与生产性服务业的结合程度更为紧密,这使得这两类的制造业与生产性服务业的协同集聚度逐渐上升。这种发展趋势也与目前很多学者对制造业和生产性服务业单个产业的空间分布研究基本一致。

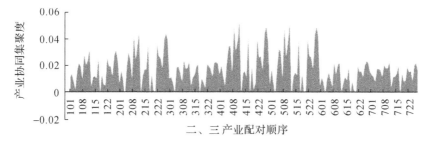

图 4.1　2017 年中国二、三产业协同集聚度

可以发现,中国生产性服务业与资本密集型和技术密集型制造业表现出越来越高的协同集聚度,而这些产业结合程度与产业特征、城市发展以及空间地理等都有密切关系,因此,可以大致地猜测,生产性服务业与制造业的协同集聚应该与知识等要素密集程度、产业关联性、空间距离以及制度因素有着紧密的联系。另外,由于生产性服务业是一个大的行业类别,其包括了交通运输、仓储及邮政业、金融业等行业,而且不同的生产性服务业与制造业的协同集聚存在不同的特征,因此,本书还将关注行业异质性问题。

4.4　二、三产业协同集聚的特征性事实:空间维度

$C(r)$ 指数只是从产业层面反映二、三产业协同集聚水平,并不能反映区域层面的二、三产业协同集聚程度。因此,本章借鉴陈建军等人(2016)的研究思路,将度量指标设置为:

$$\Theta = 1 - \frac{|S_{mi} - S_{mj}|}{S_{mi} + S_{mj}} + (S_{mi} + S_{mj})$$

其中:S_{mi} 表示 i 产业(制造业或生产性服务业)在 m 城市的集聚度,S_{mj} 表示 j 产业(生产性服务业或制造业)在 m 城市的集聚度,单个产业集聚度用区位商表示。本章测算了 2003—2015 年产业层面的协同集聚度,根据测算结果,本章定义若某地区的 $\Theta \geqslant 3$,定义该地区为高协同集聚区,若 $3 > \Theta \geqslant 2.6$,则

定义该地区为中度协同集聚度地区,若 $\Theta<2.6$,则定义该地区为低协同集聚区。[①]

4.4.1　二、三产业协同集聚总体空间分布特征

随着工业化和城镇化的协同推进,二、三产业协同集聚的空间格局出现了动态演化,从全国层面看,2003—2015 年,二、三产业低协同集聚地区的比例从 46.01% 下降至 37.26%,中度协同集聚地区的比例从 36.88% 略微下降至 34.22%,而高协同集聚地区比例则从 17.11% 上升至 28.52%,上述研究表明,二、三产业低协同集聚地区数量在持续减少,而高协同集聚地区数量在不断增加。总体上,中国二、三产业协同集聚表现出了以下空间分异特征。

(1)从省域层面看,二、三产业协同集聚程度排名前几位的省市分别是上海、广东、天津、江苏和浙江,南北向梯度较小,但地带性差异较大,总体上形成了"沿海地区—中部地区—西部地区"依次递减的空间分异格局,而这一现象则是由历史、环境、地理和政策等多种因素共同作用的结果。从自然因素看,中西部地区不管水土资源还是气候条件都不及东部地区,使得产业发展受限,同时,由于地理区位劣势使得国家在区域发展政策向东部倾斜,制造业主要集聚在沿海地区,特别是沿海地区凭借靠近国际市场的区位优势,集中了国内大部分的高技术产业,促进了生产性服务业发展,从而使得二、三产业协同集聚程度高于内陆地区。尽管 1999 年以来,国家先后实施了中部崛起和西部大开发战略,一定程度上促进了内陆地区工业化发展,但产业技术密集度不高,限制了生产性服务业发展,使得内陆地区的二、三产业协同集聚水平与沿海地区相比差距仍然较大。

(2)城市层面也表现出了与省域层面类似的空间分异特征,二、三产业协同集聚水平最高的深圳是最低的庆阳的 2.725 倍,分区域看,排名前 30 位的城市中,有 27 个城市位于沿海地区,东部地区 31.03% 的城市是二、三产业低协同集聚区,中度协同集聚区和高协同集聚区分别占 31.04% 和 37.93%,中

[①]　目前对于二、三产业协同集聚的临界值大小没有明确的界定,为了方便研究和说明,本书根据样本测算结果将临界值划分为大于<2.6、2.6~3 和>3 三个区间。

部地区 45.57%的城市是二、三产业低协同集聚区,中度协同集聚区和高协同集聚区分别占 43.04%和 11.39%,西部地区 66.18%的城市是二、三产业低协同集聚区,中度协同集聚区和高协同集聚区分别占 25%和 8.82%,东北地区51.61%的城市是二、三产业低协同集聚区,中度协同集聚区和高协同集聚区分别占 35.49%和 12.9%(见图 4.2)。

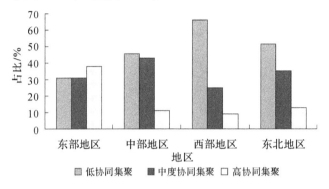

图 4.2　2015 年不同区域二、三产业协同集聚分布情况

(3)二、三产业协同集聚具有空间衰减特征,图 4.3 显示,二、三产业协同集聚"首位度"不高,排名第一的深圳比第二名的惠州高 5.57%,而且二、三产业协同集聚由高到低的衰减速度不同,大体上经历了三个层级,第一层级从首位开始以相对较快速度减弱,由深圳下降到第 16 位的广州(3.241),产城融合水平下降 8.81%,第二层级从滁州开始下降速度略有减缓,直到排名 220 位的宿州(2.246),第三层级二、三产业协同集聚下降速度则又开始加速。从动态演进趋势看,随着时间的推移,三个层级的下降速度均呈加快趋势,表明二、三产业协同集聚衰减的区段性特征日益明显。

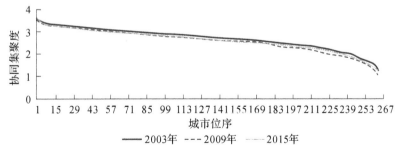

图 4.3　二、三产业协同集聚空间衰减过程

而且,城市层面还表现出了等级扩散特征,2003 年,二、三产业高协同集聚主要集中在上海、深圳、南京等城市,到 2015 年,天津、杭州、苏州、青岛等城市也先后成为二、三产业高协同集聚区,使得二、三产业协同集聚大致随行政等级依次降低,整体显示出直辖市高于副省级城市、省会城市高于普通地级市,等级扩散特征明显,形成了行政等级式的"级差化"空间分异格局。

4.4.2　二、三产业协同集聚空间结构演化分析

Zipf 法则体现经济资源在不同地区间规模配置的效果,本研究借鉴 Pareto 指数对基于二、三产业协同集聚的空间结构进行研究,即:

$$\ln(Rank) = p - \xi \ln(City) + \varepsilon$$

其中,p 和 Pareto 指数 ξ 是待估参数,Rank 表示一个城市的二、三产业协同集聚水平在全国城市体系中的排序,City 表示每个城市的二、三产业协同集聚水平,该模型主要围绕帕累托指数 ξ 展开讨论,如果 $\xi > 1$,说明基于二、三产业协同集聚呈扁平化分布,空间分布比较均匀,序位高的城市和序位低的城市二、三产业协同集聚差异不大,二、三产业协同集聚水平在城市体系中存在中小城市化倾向。反之,说明城市体系二、三产业协同集聚水平分布比较集中,序位高的城市二、三产业协同集聚相对较高,二、三产业协同集聚水平在城市体系中存在大城市化倾向,呈"中心—外围"结构,如果 ξ 越接近 1,二、三产业协同集聚空间分布与 Zipf 分布越接近,说明区域内的二、三产业协同集聚空间分布结构符合齐普夫定律的位序—规模法则,如果 ξ 变小,说明二、三产业协同集聚分布集聚趋势大于扩散趋势,ξ 变大说明扩散趋势大于集聚趋势。在此基础上,为避免 OLS 回归造成的偏误,本研究根据 Gabaix-Ibragimov(2011)方法进行稳健性检验。

为进一步考察二、三产业协同集聚空间分布演化规律,本研究分别从全国层面、地带层面和省域层面三个地理尺度研究了 Pareto 指数动态演化过程。表 4.12 显示了中国二、三产业协同集聚齐普夫定律的拟合演变过程,从全国层面看,Pareto 指数 ξ 大于 1,说明目前中国二、三产业协同集聚空间分布并不符合位序—规模法则,与齐普夫曲线存在较大的偏离,表现为扁平化的空间结构。随着中低水平二、三产业协同集聚城市的加入,Pareto 指数 ξ 逐渐变小,

说明从横向看，全国二、三产业协同集聚逐步向符合位序—规模法则方向靠拢。从纵向变化看，随着时间推移，Pareto 指数从 2003 年的 3.802 增大至 2015 年的 3.813，说明中国二、三产业协同集聚拟合曲线逐渐偏离齐普夫曲线，首位城市的二、三产业协同集聚增长速度慢于区域内位序靠前的其他城市，使得首位城市的二、三产业协同集聚的中心地位逐渐弱化。另外，Gabaix-Ibragimov（2011）指出，OLS 回归结果会造成偏误，因此，表 4.12 给出了基于 Gabaix-Ibragimov 方法的回归结果，它们与 OLS 回归结果相差不大，进一步验证了上述研究结论。

表 4.12 二、三产业协同集聚空间结构拟合结果

年份	OLS 回归（齐夫参数 ξ 估计）				Gabaix-Ibragimov 回归（齐夫参数 ξ 估计）			
	Rank<=100	Rank<=150	Rank<=200	全部	Rank<=100	Rank<=150	Rank<=200	全部
2003	17.1316*** (35.1006)	12.471*** (32.7868)	8.9887*** (30.2254)	3.8019*** (18.7533)	17.9727*** (30.6736)	12.901*** (29.9827)	9.224*** (28.3694)	3.8719*** (18.1921)
2015	15.9577*** (35.1811)	11.6314*** (32.5708)	8.6002*** (31.1277)	3.8134*** (19.6695)	16.7632*** (31.1673)	12.0407*** (29.9099)	8.8302*** (29.2141)	3.885*** (19.0658)
年份	东部地区	中部地区	西部地区	东北地区	浙江	广东	湖北	四川
2003	4.5629*** (9.5079)	4.5921*** (11.4256)	3.5862*** (11.364)	2.6439*** (6.786)	6.4669*** (8.3297)	5.2198*** (6.0929)	8.0647*** (7.0745)	3.9801*** (5.8444)
2015	4.6553*** (11.2865)	4.4386*** (10.6175)	3.8342*** (11.5952)	2.6581*** (8.1924)	3.793*** (5.2551)	6.0752*** (5.2861)	15.3301*** (7.411)	3.8188*** (4.9418)
结构特征	扁平化	扁平化	扁平化	扁平化	扁平化	扁平化	扁平化	扁平化
演化趋势	扁平化	中心—外围	扁平化	扁平化	中心—外围	扁平化	扁平化	中心—外围

从地带间层面看，本研究将中国划分为东部地区、中部地区、西部地区和东北地区四个地带，研究发现，2003 年中部地区的 Pareto 指数最大为 4.592，东北地区的 Pareto 指数最小为 2.644，说明在此阶段相比较而言，东北地区的二、三产业协同集聚的"中心—外围"结构特征较为明显，而中部地区的二、三产业空间分布形成的扁平化结构最为突出。到了 2015 年，除了中部地区的 Pareto 指数有所下降外，其他三个地带的 Pareto 指数均有所上升，说明中部地区的二、三产业协同集聚格局逐步向"中心—外围"结构转变，原因在于随着东部地区产业向中部转移，并分布在中部地区主要城市，从而形成了"中心—外围"结构。而东部地区的二、三产业空间分布逐步表现为扁平化结构，原因在于目前中国大部分产业主要分布在沿海地区，沿海地区内部已经形成了深度的产业分工，使得产业不仅仅集聚在少数几个城市，还形成了跨区域的空间连

续性分布,从而使得二、三产业空间分布扁平化结构较为明显。而西部和东北地区之所以表现出扁平化结构的原因在于随着资源要素向沿海地区转移,使得这两个地区成为要素净流出地区,导致要素无法在西部和东北地区形成集聚。

从省级层面看,所有省份的 Pareto 指数均大于 1,说明不管从全国层面、地带层面还是省级层面,二、三产业协同集聚空间结构不受行政区划限制,均表现出了扁平化的空间结构(见图 4.4)。2015 年,Pareto 指数最小的是甘肃(2.161),最大的是湖北(15.33),其中,沿海省份除了浙江(3.793)和江苏(3.757),其他省份的 Pareto 指数均大于 4,同样地,中部地区除了安徽(3.525),其他地区的 Pareto 指数也都大于 4,而西部地区除了广西(5.542),其他省份的 Pareto 指数都小于 4,而东北地区所有省份的 Pareto 指数都小于4。从各个省份 Pareto 指数的动态演化看,尽管总体上二、三产业协同集聚的 Pareto 指数偏离 Zipf 法则较大,但各个省份偏离态势存在较大差异,其中,辽宁、黑龙江、福建、江西、山东、湖北、湖南、广东、广西、云南和陕西等省区的 Pareto 指数呈扩大趋势,说明这几个省份的资源空间分布呈扩散态势,中心城市首位度呈弱化趋势。

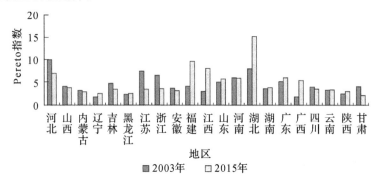

图 4.4　各个省市二、三产业空间分布 Pareto 指数演化

从分行业看,制造业与所有生产性服务业分行业的 Pareto 指数 ξ 均大于1,说明考虑了行业异质性情况下二、三产业协同集聚空间分布仍然不符合位序—规模法则,均与齐普夫曲线存在一定的偏离(见表 4.13)。2015 年,制造业—租赁和商务服务业协同集聚的 Pareto 指数最低(2.589),说明制造业—租赁和商务服务业空间分布的"中心—外围"特征最为明显,而制造业—交通仓储邮电业协同集聚的 Pareto 指数最高(3.607),说明制造业—交通仓储邮电业

空间分布的扁平化特征最为明显。从动态演化看,2003 年和 2015 年,除了制造业—交通仓储邮电业协同集聚的 Pareto 指数呈下降趋势,制造业与其他生产性服务业的分行业空间分布的 Pareto 指数都呈上升趋势,说明行业异质性视角下大部分的制造业与生产性服务业分行业空间分布都呈扁平化结构,而且存在逐渐强化趋势。

表 4.13　行业异质性视角下二、三产业协同集聚空间结构拟合结果

年份	OLS 回归(齐普夫参数 ξ 估计)				Gabaix-Ibragimov 回归(齐普夫参数 ξ 估计)			
	zz-jt	zz-xx	zz-jr	zz-fc	zz-jt	zz-xx	zz-jr	zz-fc
2003	3.6071*** (30.6162)	3.4698*** (27.6593)	3.4249*** (23.2138)	2.6764*** (32.7979)	3.6833*** (29.2235)	3.5498*** (26.758)	3.5065*** (22.6703)	2.7413*** (31.6031)
2015	3.4316*** (32.1714)	3.5091*** (39.1464)	3.6377*** (25.1876)	2.9726*** (29.7873)	3.519*** (31.2086)	3.6011*** (37.7313)	3.7141*** (24.3059)	3.038*** (28.5892)
年份	zz-zl	zz-ky	zz-jy		zz-zl	zz-ky	zz-jy	
2003	2.3357*** (25.5786)	2.9755*** (35.0018)	3.5181*** (17.2565)		2.3858*** (24.7036)	3.0452*** (33.446)	3.5985*** (16.9367)	
2015	2.5893*** (28.8469)	3.0031*** (31.3246)	3.7664*** (22.1152)		2.6506*** (27.9149)	3.0718*** (30.0808)	3.8439*** (21.438)	

注:zz-jt 表示制造业—交通仓储邮电业,zz-xx 表示制造业-信息传输、计算机服务和软件业,zz-jr 表示制造业-金融业,zz-fc 表示制造业-房地产业,zz-zl 表示制造业-租赁和商务服务业,zz-ky 表示制造业-科研、技术服务和地质勘查业,zz-jy 表示制造业-教育业。

4.4.3　城市群视角下二、三产业协同集聚空间演化分析

此外,根据二、三产业协同集聚空间分布发现一个显著特征,相同类型的二、三产业协同集聚在空间上呈现连片分布特征,形成了空间连续性,因此,本研究把由地理上邻近且都是由高协同集聚度地区形成的空间形态称为强空间连续性,而由地理上邻近且较高协同集聚度的地区形成的空间形态称为中度空间连续性,由地理上邻近且低协同集聚度地区形成的空间形态称为弱空间连续性。

基于产业层面的测算结果表明,生产性服务业与技术密集型制造业的协同集聚度较高,而且呈上升趋势,而与劳动密集型制造业的协同集聚度呈下降趋势。从空间维度看(见表 4.14),以长三角、珠三角和京津唐三大城市群为例,分别有 28%、71.42% 和 15.38% 的样本处于高协同集聚度,分别有 32%、19.05% 和 53.85% 的样本处于较高协同集聚度。此外,二、三产业协同集聚度

较高的城市在空间上呈连片分布,从而出现了空间连续性特征,在长三角城市群中,上海(3.283)表现出了高协同集聚度,而与之相邻的苏州(3.306)、嘉兴(3.268)以及延伸出去的无锡(3.178)、镇江(3.176)、宁波(3.038)均为高协同集聚度,从而形成了强空间连续性,而南京(2.964)、常州(3.147)等地则表现出了中度空间连续性。在珠三角城市群中,也表现出了由广州(3.242)、东莞(3.323)、中山(3.327)、深圳(3.554)、珠海(3.279)、江门(3.079)等城市形成的强空间连续性,而在京津唐城市群中,只表现出了由天津(3.191)和廊坊(3.259)形成的强空间连续性。因此,总体上看,长三角城市群和珠三角城市群的空间连续性要强于京津唐城市群。

表 4.14 2015 年三大城市群二、三产业协同集聚及分行业比较

地区	zz-sc	zz-jt	zz-zl	地区	zz-sc	zz-jt	zz-zl	地区	zz-sc	zz-jt	zz-zl
上海	3.283	3.633	4.605	广州	3.242	3.652	3.743	北京	2.779	2.546	4.291
南京	2.964	3.135	3.08	深圳	3.554	3.973	5.046	天津	3.191	3.401	3.167
无锡	3.178	3.051	2.83	珠海	3.279	3.204	3.432	石家庄	3.008	3.198	2.836
常州	3.147	2.869	3.455	汕头	2.873	2.424	1.82	唐山	2.859	3.027	2.331
苏州	3.306	3.284	3.411	佛山	3.343	3.357	3.215	秦皇岛	2.951	3.558	2.269
南通	1.871	1.661	2.18	江门	3.079	2.963	2.497	邯郸	2.508	2.41	2.347
扬州	2.269	2.149	2.297	湛江	2.323	2.211	2.101	邢台	2.645	2.013	1.598
镇江	3.176	2.851	3.001	茂名	2.492	2.171	1.79	保定	2.667	2.034	1.632
泰州	2.111	2.259	2.063	惠州	3.357	3.266	2.896	张家口	2.308	2.135	1.992
杭州	2.774	2.663	2.897	梅州	2.796	2.325	1.427	承德	2.457	2.195	2.065
宁波	3.038	3.142	3.786	汕尾	3.258	2.637	2.578	沧州	2.472	2.185	2.976
嘉兴	3.268	2.926	3.77	河源	3.256	2.676	2.364	廊坊	3.259	2.215	2.735
湖州	2.596	2.144	2.279	阳江	2.818	2.593	1.69	衡水	2.562	2.376	1.547
绍兴	1.829	1.616	1.614	清远	3.052	2.288	2.001				
舟山	2.566	3.114	2.744	东莞	3.323	3.31	3.814				
台州	2.439	1.92	2.023	中山	3.327	3.244	3.382				

注:zz 表示制造业,sc 表示生产性服务业,jt 表示交通运输、仓储和邮政业,zl 表示租赁和商务服务业。另外,受篇幅限制,本章没有给出长三角和珠三角全部城市和其他分行业的测算结果。

二、三产业空间连续性分布具有明显的行业异质性，并形成了三种发展模式。第一种是"中心—外围"模式，这种模式表现为中心城市与地理上相邻的高协同集聚度的城市形成的强空间连续体，而外围由低协同集聚度的城市形成的弱空间连续体。比如，在长三角城市群中，制造业与信息传输、计算机服务和软件业的协同集聚中，形成了以上海（3.637）、无锡（3.710）、苏州（3.603）、杭州（3.349）和湖州（3.115）为中心的强空间连续体，而周边则是低协同集聚度城市形成的弱空间连续体，此外，制造业与交通运输、仓储和邮政业以及制造业与金融业的协同集聚也表现出类似模式。在珠三角城市群中，制造业与交通运输、仓储和邮政业的协同集聚中，形成了由广州（3.652）、深圳（3.554）、珠海（3.279）、佛山（3.343）、江门（3.079）、惠州（3.357）、东莞（3.323）和中山（3.327）等高协同集聚度的城市形成的强空间连续体，其余城市则为低协同集聚度。在京津唐城市群中，在制造业与交通运输、仓储和邮政业的协同集聚中也表现出了类似的特点。第二种是"雁阵"模式，这种模式表现为由中心城市与邻近城市形成的强空间连续体为核心，在向外拓展过程中，空间连续性强度依次呈现递减趋势。比如，在长三角城市群中，制造业和租赁与商务服务业的协同集聚中，形成了由上海（4.605）、常州（3.455）、苏州（3.306）、宁波（3.038）和嘉兴（3.268）等高协同集聚城市形成的强空间连续体，在这一核心区周边则形成了由南京（3.08）、无锡（2.83）、镇江（3.001）、杭州（2.897）、舟山（2.744）等较高协同集聚城市形成的中度空间连续体，而最外围则是由低协同集聚度城市形成的弱空间连续体，而在珠三角城市群和京津唐城市群中均表现出了类似的发展模式。第三种是"匀质化"模式，这种发展模式的特征表现为城市群中大部分城市都处于高协同集聚水平，从而整个城市群形成了强空间连续性，比如，在珠三角城市群中，制造业与教育业的协同集聚，在21个城市中只有5个城市是非高协同集聚区，从而使得核心区范围拓展至城市群全域范围。

随着空间连续体次区域间空间关系的转换，使得空间连续体的演化具有阶段性特征。从长三角城市群看，2003—2015年，作为核心区的狭义上的16个城市中有13个城市的协同集聚度呈现下降趋势，而外围区9个城市中有5个城市的协同集聚度呈上升趋势，说明随着空间连续体不断对外拓展，协同集聚效应也随之向周边区域覆盖,导致单个区域的协同集聚效应被稀释,这可解释为单个区域在要素成本和交易成本作用下,制造业向外扩散,使得二、三产业在单个区域从以互补效应为主开始向以挤出效应为主转变,使得广域空间的二、三产业互补效应和单个区域的挤出效应并存。从珠三角城市群看,在狭义珠三角的 9 个城市中,有 6 个城市的协同集聚度在上升,而且均处于高协同集聚度,而外围区的 12 个城市中有 6 个城市的协同集聚度在上升,这表明珠三角城市群的核心区和外围区存在互动关系,但核心区仍然对外围区以吸附力为主,只是部分外围区在与核心区的互动过程中地位发生转换,促使空间连续体区域边界出现动态调整,导致空间边界在某个方向上的拓展或收缩。而京津唐城市群中,北京、天津、唐山和廊坊等核心区和外围区的协同集聚度分别呈上升和下降趋势,说明京津唐城市群的核心区较少对外围区形成空间外溢效应,核心区与外围区的互动较少,核心区的空间连续体边界比较稳定。因此,从演化阶段看,长三角城市群的空间连续体强度最大,珠三角城市群次之,而京津唐城市群最弱。为进一步论证这一观点,本章借鉴 Brülhart(2001)、Combes 和 Overman(2004)的中心度模型①分别对二、三产业在三大城市群的中心度进行测算,研究发现,在长三角城市群中,上海的服务业中心度高,而且相邻地区的苏州、无锡、常州、嘉兴和湖州的制造业中心度也高,说明上海已经与这些城市形成了强空间连续性,在珠三角城市群中,广州的服务业中心度较高但弱于上海,而相邻地区的惠州、东莞、佛山、中山、深圳、珠海和江门的制造业属于高中心度,因此,珠三角城市群的空间连续性要弱于长三角城市群。在京津唐城市群中,北京、天津和廊坊的服务业中心度和制造业的中心度都较高,而其他地区二、三产业的中心度都较低,说明核心区与外围区形成了弱空间连续性。

---

① 中心度模型表示为:$Centrality_c = \frac{1}{n}\left[\left(\sum_d \frac{\sum_i E_{id}}{\delta_{cd}}\right) + \frac{\sum_i E_{ic}}{\delta_{cc}}\right], c \neq d, \delta_{cc} = \frac{2}{3}\left(\frac{Area_c}{\pi}\right)^{1/2}$,$E_{id}$ 为 i 地区的从业劳动者,δ_{cd} 表示 c、d 地区间的空间距离,N 表示地区数量,δ_{cc} 表示地区内部距离,$Area_c$ 表示 c 地区的行政面积。

4.4.4 二、三产业协同集聚空间重心转移分析

本研究借鉴牛顿力学原理，引入物理学中重心概念与计算方式，利用各个城市经纬度数据，构建二、三产业协同集聚重心转移模型，反映中国二、三产业协同集聚的重心动态变化特征和空间迁移过程，定义中国二、三产业协同集聚重心坐标分别为：

$$J = \sum_{i=1}^{250}(A_i * J_i)/\sum_{i=1}^{250}A_i W = \sum_{i=1}^{250}(A_i * W_i)/\sum_{i=1}^{250}A_i$$

其中，J_i 和 W_i 分别表示 i 城市的经度和维度，A_i 表示 i 城市的二、三产业协同集聚水平。

本章利用重心模型刻画了二、三产业协同集聚重心的空间迁移方向、移动轨迹和移动速率（见表 4.15），研究表明，2003—2015 年间，中国二、三产业协同集聚的几何重心主要在（114.599°E～114.933°E，33.162°N～33.42°N）的区域内移动，该区域为河南驻马店市，重心格局相对比较稳定。但从分行业看，重心转移轨迹存在较大的行业异质性，其中，制造业—租赁和商务服务业以及制造业—教育业的协同集聚重心也都集中在河南的驻马店，但制造业—交通仓储邮电业协同集聚的重心在河南周口、河南驻马店和安徽阜阳三个地区之间反复移动，其中，2003—2011 年间主要在河南周口和驻马店之间来回移动，2012 年重心转移至安徽阜阳，随后又转移至河南驻马店。制造业—信息传输、计算机服务和软件业协同集聚重心在 2003—2012 年间都集中在河南驻马店，2013 年转移至安徽阜阳，2014 年后又转移回河南驻马店；而制造业—金融业协同集聚的重心主要在河南驻马店和河南周口来回转移，其中，2003—2005年、2008—2012 年两个时间段主要集中在河南驻马店，2006—2007 年以及2013—2015 年则主要集中在河南周口。制造业—房地产业的协同集聚重心在2003—2005 年先后在河南周口、安徽阜阳以及河南驻马店来回移动，2005 年以后则稳定在河南驻马店，而制造业—科研、技术服务和地质勘查业协同集聚重心较为活跃，2003—2008 年主要稳定在河南驻马店，2008 年以后分别在河南周口、商丘、洛阳等地来回转移。

表 4.15 二、三产业协同集聚空间重心演化

年份	zz-sc		zz-jt		zz-xx		zz-jr	
	经度(E)	维度(N)	经度(E)	维度(N)	经度(E)	维度(N)	经度(E)	维度(N)
2003	114.651	33.1	114.778	33.248	114.74	32.927	114.766	33.107
2006	114.622	33.049	114.742	33.147	114.713	32.947	114.784	33.122
2009	114.633	32.93	114.741	33.076	114.673	32.915	114.798	32.996
2012	114.694	33.015	114.985	32.952	114.702	32.945	114.827	33.059
2015	114.652	33.06	114.753	33.098	114.897	33.062	114.863	33.149

年份	zz-fc		zz-zl		zz-ky		zz-jy	
	经度(E)	维度(N)	经度(E)	维度(N)	经度(E)	维度(N)	经度(E)	维度(N)
2003	115.025	33.213	114.891	32.904	114.568	33.39	114.518	33.055
2006	114.898	32.932	114.801	32.929	114.587	33.367	114.501	33.021
2009	114.758	32.692	114.734	32.769	114.732	33.38	114.488	32.891
2012	114.856	33.017	114.758	32.881	114.718	33.39	114.537	32.972
2015	114.586	32.903	114.576	32.959	114.601	33.366	114.5	33.035

注:zz-jt 表示制造业-交通仓储邮电业,zz-xx 表示制造业-信息传输、计算机服务和软件业,zz-jr 表示制造业-金融业,zz-fc 表示制造业-房地产业,zz-zl 表示制造业-租赁和商务服务业,zz-ky 表示制造业-科研、技术服务和地质勘查业,zz-jy 表示制造业-教育业。

4.5 二、三产业空间分布研究的延伸:海洋产业的考察

目前关于区域层面二、三产业协同集聚的测度指标还没有统一的标准,不同学者提出了不同的改进指标,因此,为了进一步验证上文结果的稳定性,这部分通过借鉴刘志彪和郑江淮(2008)的方法测度海洋产业协同集聚水平,即:

$$\eta_{ij} = \frac{\sum_k E_{ik} * e^{-T_{jk}} / \sum_k e^{-T_{jk}} \Big/ E_{\cdot j}}{E_{i\cdot} / E}$$

其中:E_{ik} 是第 k 个省市第 i 个产业的产值,$E_{\cdot j}$ 是城市 j 的产值,$E_{i\cdot}$ 是整个地区产业 i 的产值,E 是地区的总产值,T_{jk} 是省市 j 到省市 k 的距离测度,用乘火车的小时数来衡量,$T_{ii}=0$,这里根据省市距离对省市 k 及其周边省市的产

业 i 的产值进行了加权,以获得地理上的集聚水平,为计算方便,本章采用了区位商指标进行简化处理。另外,本章定义 $\eta_{ij} < 0.6$ 为低协同集聚度,$0.6 < \eta_{ij} < 0.8$ 为中协同集聚度,$\eta_{ij} > 0.8$ 的则为高协同集聚度。

为了揭示中国海洋产业协同集聚的空间差异和演化趋势,本章划分两级空间单位进行研究,首先是选择沿海 11 个省级行政区域为基本空间单元,其次是以南部、中部和北部三大地带为较为宏观的空间单元,其中,北部包括辽宁、天津、河北和山东,中部包括上海、浙江和江苏,南部包括福建、广东、广西和海南。在数据来源方面,本章将 2003—2012 年作为研究时段,海洋各产业的相关数据取自 2003—2012 年的《中国海洋统计年鉴》。另外,本章主要选择海洋渔业、海盐业、海洋石油业、海洋化工业、海洋电力业、海洋船舶业、海洋建筑工程业和海洋交通运输业等 8 个行业为研究对象。

从静态比较来看,2012 年,海洋一、二产业和一、三产业的协同集聚度分别为 0.0163 和 0.0162,而海洋二、三产业协同集聚度为 0.0368,显著高于海洋一、二产业和一、三产业的协同集聚程度,表现出明显的行业异质性,这可解释为海洋一产主要是与海洋自然资源相关的产业,空间分布具有强烈的局限性,企业区位选择灵活性较差,很难通过空间区位的变迁实现协同集聚,因此,海洋一、二产业与一、三产业表现出一定程度的空间分异特征。而海洋二、三产业所需的资源空间移动性较强,容易形成协同集聚,包括船舶修造、海洋生物医药制造在内的涉海工业由于产业链较长,与海洋贸易、海洋金融保险、涉海信息服务等海洋服务业形成了较为明显的上下游投入关系,使得两者在空间分布上表现出较强的协同性。从分行业来看,行业间差异性较大,协同集聚度较高的是海洋石油业—海洋电力业(0.15)、海洋电力业—海洋工程建筑业(0.145)以及海洋化工业—海洋电力业(0.123),而协同集聚度较低的则是诸如海洋渔业—海洋石油业(0.00053),以及海洋渔业—海洋船舶业(0.0133)等海洋一、二产业组合。从动态演化来看,2003—2012 年间,海洋一、二产业的协同集聚程度表现出了下降的态势,而海洋一、三产业的协同集聚程度则表现出了先上升后下降的趋势,说明从总体来看,这两种产业组合在空间上逐渐趋于离散化分布,而海洋二、三产业的协同集聚程度虽然在 2006 年出现了下滑的态势,但此后开始逐年递增,说明海洋二、三产业在空间分布上逐渐趋于集中和一致。从产业间协同集聚水平的差异演化来看,这种差异表现出了一定的阶段性特征,其中,海洋一、二产业与二、三产业的协同集聚水平差距呈现先扩大后缩小再扩大的"N型"的演化趋势。2003年,海洋一、二产业与二、三产业的协同集聚水平差距为0.0079,2006年这一差距扩大到0.0329,到2012年又缩小至0.0205。而海洋一、三产业与二、三产业的协同集聚水平差距呈现先缩小再扩大的"V型"的演化趋势。2003年,海洋一、三产业与二、三产业的协同集聚水平差距为0.0335,到2009年这一差距缩小为0.0197,而到2012年这一差距又进一步扩大到0.0206(见表4.16)。

表 4.16　2003—2012 年全国海洋产业协同集聚度

产业配对	2003年	2004年	2005年	2006年	2007年	2008年	2009年	2010年	2011年	2012年
海洋二、三产业	0.0512	0.0555	0.0545	0.0564	0.0424	0.0369	0.0398	0.0408	0.0404	0.0368
海洋一、二产业	0.0433	0.0300	0.0344	0.0235	0.0214	0.0197	0.0222	0.0204	0.0168	0.0163
与二、三产业的差异演化	0.0079	0.0255	0.0201	0.0329	0.0210	0.0172	0.0176	0.0204	0.0236	0.0205
海洋一、三产业	0.0177	0.0241	0.0298	0.0218	0.0239	0.0216	0.0201	0.0156	0.0148	0.0162
与二、三产业的差异演化	0.0335	0.0314	0.0247	0.0346	0.0185	0.0153	0.0197	0.0252	0.0256	0.0206

分行业考察					
海洋渔业—海洋石油业	0.0005	海洋渔业—海洋化工业	0.0630	海洋渔业—海洋电力业	0.0560
海洋渔业—海洋船舶业	0.0133	海洋渔业—海洋建筑工程业	0.0520	海洋石油业—海洋化工业	0.0600
海洋石油业—海洋电力业	0.1500	海洋石油业—海洋船舶业	0.0430	海洋石油业—海洋建筑工程业	0.1160
海洋化工业—海洋电力业	0.1230	海洋化工业—海洋船舶业	0.0340	海洋化工业—海洋建筑工程业	0.1070
海洋电力业—海洋船舶业	0.1100	海洋电力业—海洋工程建筑业	0.1450	海洋船舶业—海洋建筑工程业	0.0390

注:由于《中国海洋统计年鉴》自2005年以后没有给出海洋分行业的增加值和总产值数据,因此,本章关于海洋产业分行业的协同集聚的研究数据主要基于2005年得出。

从区域层面来看,本章运用ArcGIS软件等空间分析工具,刻画了海洋产业协同集聚的空间演化过程(见图4.5至图4.7),其空间转换和地理变迁主要表现出以下特征。

(1)海洋产业协同集聚的空间分异显著,整体上呈现南—北差异性。海洋一、三产业协同集聚经过多年演化后,目前河北和山东以及浙江和江苏处于高协同集聚度,而在海洋一、二产业中,高协同集聚度主要集中在河北、山东等北方省份,而中部的浙江和江苏以及南部的福建、广东主要表现为中协同集聚度,呈现从北到南逐渐减弱的空间分布趋势。而这种空间分异存在行业异质

(a) 2003年　　　　　　　(b) 2007年　　　　　　　(c) 2012年

图 4.5　海洋一、二产业协同集聚

(a) 2003年　　　　　　　(b) 2007年　　　　　　　(c) 2012年

图 4.6　海洋二、三产业协同集聚

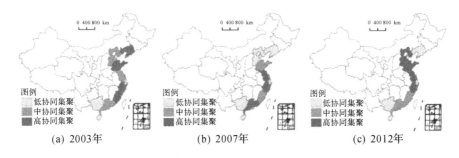

(a) 2003年　　　　　　　(b) 2007年　　　　　　　(c) 2012年

图 4.7　海洋一、三产业协同集聚

性,在渔业与海洋交通运输业的协同集聚中,集聚中心在浙江,通过集聚的空间外溢效应,出现了自中部向南北两边逐渐减弱的空间分布格局,而渔业与海洋船舶业主要分布在河北、辽宁、浙江和广东,基本上呈现南中北三大地带均衡分布的态势。

　　(2)海洋产业协同集聚的空间连续性与自组织性逐渐增强,并且与陆域产业空间分布高度拟合。在海洋一、二产业协同集聚中,江苏和河北都是高协同集聚度,形成了组团式发展模式,而浙江和福建海洋经济板块的连接程度则要弱于河北和山东,在海洋一、三产业协同集聚中,山东、江苏和浙江则表现出了局部带状分布的强连续性。而这种空间连续性最明显体现在海洋二、三产业协同集聚上,大部分的沿海省份都表现出了强空间连续性,而且这种空间连续性强度除了河北和上海外,其余省份表现出不断强化的趋势。从陆域产业空间分布来看,中国二、三产业也主要分布在沿海等省市,与海洋产业的空间分布表现出了高度拟合特征。

(3)海洋产业协同集聚的"单中心"与"多中心"存在交替转换。从细分产业来看,海洋产业协同集聚在表现出空间连续性的同时,也形成了"单中心"与"多中心"的空间结构。2003年,海盐业与海洋化工业的协同集聚的空间结构表现为以河北和山东为中心的"双中心",到2007年,则演化成了天津、河北、江苏和山东的"多中心"结构,而到2012年,空间集聚程度进一步提高,形成了山东的"单中心"空间结构。此外,海洋船舶工业与海洋交通运输业的协同集聚中心也经历了从2003年的上海和浙江的"双中心",转换到2009年的上海"单中心"结构,再到2012年又恢复到"双中心"结构。

海洋产业协同集聚在空间演化过程中出现了地理变迁,主要表现为3种类型(见表4.17)。

空间大尺度变迁类型。这一类型表现为海洋产业在空间上的跨邻近区域扩散,实现三大地带间大范围地理变迁。在海洋一、三产业协同集聚中,以福建为代表的南部板块实现了向浙江和江苏中部板块的地理变迁,而从海洋化工业与海洋船舶业来看,2004年,该产业协同集聚中心主要位于山东,除了2005和2006年向邻近的辽宁转移外,到2012年,集聚中心转移至广东。而类似的演化路径也存在于渔业与海洋船舶业的协同集聚中,2003年,这些产业的集聚中心在广东和浙江,而到2012年,集聚中心则从广东迁移到了辽宁。

邻近地理变迁类型。这一类型主要表现为海洋产业向周边邻近地区转移,从产业大类来看,在海洋一、三产业协同集聚中,2003—2012年间以辽宁、山东为代表的北方板块实现了向河北和山东转换。从分行业来看,2003年,渔业与海洋化工业主要分布在山东,到2008年集聚中心扩散至江苏、辽宁和福建,而到2012年协同集聚中心又转移至辽宁,因此,从该产业组合的空间演变路径来看,主要表现为集聚中心从山东向周边省份辽宁转移。

空间更加集中类型。这一类型主要表现为海洋产业在原有基础上,集聚程度进一步提高。从渔业和海洋交通运输业的协同集聚来看,2003 年,该产业主要集中分布在广东和浙江,虽然在 2007 年,集聚中心进一步拓展至江苏,但到 2012 年该产业又进一步集聚于广东和浙江,而且与 2003 年相比,集聚程度进一步提高,其中,广东从原来的 0.941 提升至 0.998,浙江从原来的 0.894 提升至 0.931。而在海盐业与海洋化工业的协同集聚中,2003 年,集聚中心主要位于河北和山东,而到 2012 年,该产业主要分布于山东,空间分布更加集中,此外,海盐业与海洋船舶业也存在类似的变迁类型。

表 4.17 海洋产业协同集聚空间分布情况

产业组合	2003 年		2012 年		地理变迁类型
	高协同集聚	中协同集聚	高协同集聚	中协同集聚	
渔业—海盐业	辽宁	无	无	辽宁、江苏	空间更加集中
渔业—海洋化工业	无	山东	辽宁	福建	邻近地理变迁
渔业—海洋船舶业	无	浙江、广东	无	辽宁、浙江	空间大尺度变迁
渔业—海洋交通运输业	广东	辽宁、浙江	浙江	辽宁、江苏、福建、海南	空间更加集中
海盐业—海洋化工业	河北、山东	无	山东	无	空间更加集中
海盐业—海洋船舶业	江苏	无	无	无	空间更加集中
海盐业—海洋交通运输业	天津	辽宁	天津、辽宁	无	空间更加集中
海洋化工业—海洋船舶业	无	无	广东	辽宁、浙江	空间大尺度变迁
海洋化工业—海洋交通运输业	江苏	无	福建	辽宁、广东	空间大尺度变迁
海洋船舶业—海洋交通运输业	上海、浙江	福建、山东、广东	上海、浙江	广东	空间更加集中

数据来源:根据 2003—2012 年《中国海洋统计年鉴》计算得出。由于篇幅限制,本章没有给出所有年份海洋经济分行业分区域的协同集聚情况。

对于沿海省市间的空间外溢效应,本章借鉴 Moran's I 指数进行测度:

$$I = \frac{\sum\limits_{i=1}^{n}\sum\limits_{j=1}^{n} w_{ij}(x_i - \bar{x})(x_j - \bar{x}) / \sum\limits_{i=1}^{n}\sum\limits_{j=1}^{n} w_{ij}}{\sum\limits_{i=1}^{n}(x_i - \bar{x})^2 / n}$$

x 表示 11 个沿海省市海洋产业协同集聚水平，w_{ij} 是空间权重，Moran's I 表示海洋产业协同集聚的空间自相关性，该值越大说明地区间海洋产业互动性越强，空间外溢效应越大。

表 4.18 测算了 2003—2012 年间沿海省市海洋产业协同集聚的空间外溢效应，研究结果表明，海洋二、三产业协同集聚的空间外溢效应最强（0.2421），一、三产业的空间外溢效应次之（0.1387），一、二产业的空间外溢效应最弱（0.1158）。从变化趋势来看，这些产业空间外溢效应存在减弱趋势，原因在于目前各个沿海省市都注重发展海洋经济，很多沿海省市的海洋战略相继上升为国家战略，出现了地区间同质性竞争，使得竞争效应逐渐显现。海洋产业协同集聚的空间外溢效应还存在行业异质性特征，其中，海洋船舶业—交通运输业的空间外溢效应最强（0.2911），海洋渔业—海盐业的空间外溢效应最弱（0.1151），海洋渔业—海洋交通运输业的空间外溢效应次之（0.1977），这一结果也与产业大类研究结论基本一致。

表 4.18　海洋产业协同集聚 Moran's I 指数

产业配对	2003 年			2007 年			2012 年		
空间权重（W）	ROOK	0～250km	0～500km	ROOK	0～250km	0～500km	ROOK	0～250km	0～500km
海洋一、二产业	0.3323***	0.1013	0.198**	0.2377**	−0.0677	0.1041**	0.2394**	−0.1081	0.1158*
海洋二、三产业	0.3642***	0.3097**	0.2743***	0.3803***	0.2834**	0.2779**	0.3464**	0.2378**	0.2421**
海洋一、三产业	0.3090***	0.0365	0.1888**	0.2651**	−0.0948	0.1676**	0.2275**	−0.1335	0.1387**
分行业考察（2012 年）									
海洋渔业—海盐业			0.1151*	海洋渔业—海洋船舶业			0.1291*	海洋渔业—海洋交通运输业		0.1977**
海盐业—海洋交通运输业			−0.0014	海盐业—海洋船舶业			0.0659	海洋船舶业—交通运输业		0.2911***

数据来源：根据 2004—2013 年《中国海洋统计年鉴》计算得出。

4.6　小　结

产业集聚既是一个产业概念同时也是一个空间概念，因此，研究二、三产业协同集聚的特征性事实应注重产业和空间两个维度。从产业视角来看，本章首先基于空间基尼系数的测算结果认为由于服务业内部行业存在较大的差异性，使得各个行业的集聚度也表现出较为明显的差别，但总的来说，以商务租赁等行业为代表的生产性服务业的集聚度相对较高，而消费性服务业和公共性服务业的集聚度则偏低，而且这一结果也得到了国际经验的证明。当然在国际比较的问题上，并不存在一个所谓的标准问题，发达国家的服务业集聚水平对中国只是一个参照系，由于产业结构等方面存在较大的差异性，发达国家服务业发展的今天并不必然等于中国服务业的明天。基于省级层面的 LQ 指数计算结果表明，东部省份在大部分行业的指数相对较高，而如果将研究范畴细化至地级城市的话，中西部地区的城市在部分行业上具有较高指数，总的来说，省会城市普遍表现出较高的集中度，城市集中度与省市集中度地域特征出现一定的偏差以及行业的最高集中度存在于二线城市中。K-spec 指数的 12600 种配对计算结果表明，在全国三大经济中心中，京津唐地区中北京和其余两个省市的专业化水平最高，长三角中的上海和江浙两省的专业化水平次之，而珠三角最低。

在此基础上，本章重点研究了二、三产业协同集聚的产业特征和空间分布演化规律，研究发现，从产业层面看，生产性服务业与技术密集型制造业的协同集聚度较高，而与劳动密集型制造业的集聚度较低。从变化趋势看，42.86% 来自劳动密集型制造业和生产性服务业的协同集聚度在下降，这一研究发现也表明生产性服务业与制造业存在两种空间配对模式，一种是生产性服务业与技术密集型制造业形成了紧密的空间协同发展模式，另一种是生产性服务业与劳动密集型制造业形成了空间分离的发展模式，这也意味着在制造业发展滞后或者技术含量较低的地区，产业结构相对单一，难以衍生出生产性服务业，从而遏制了这些地区的产业转型升级。从二、三产业协同集聚的空间分布演化看，本研究分别从总体空间分布特征、基于 Zipf 法则的空间结构演化、基于城市群视角的二、三产业协同集聚演化以及空间重心演化 4 个维度进行了分析。研究发现，二、三产业协同集聚地带性差异较大，省级层面总体上形成了"沿海地区—中部地区—西部地区"依次递减的空间分异格局，而城市层面具有空间衰减和空间扩散特征。二、三产业协同集聚空间结构总体上呈扁平化结构，而且呈不断强化的趋势，但这一结构存在空间异质性，其中，中部地区逐步向符合 Zipf 法则的位序—规模模式演进，东部地区、西部地区和东北地区则持续向扁平化结构演进。研究还发现，二、三产业协同集聚形成了以城市群为载体的空间连续性特征,根据城市间的空间关系,这种空间连续性可以分为强空间连续性、中度空间连续性和弱空间连续性 3 种模式。最后,本章将陆域的二、三产业延伸至海洋二、三产业,进一步论证不同空间形态下二、三产业协同集聚所具有的空间特征。研究发现,海洋二、三产业协同集聚空间特征表现了与陆域二、三产业协同集聚较为相似的空间演化特征,但也表现出了 3 种演化类型,分别是空间大尺度变迁类型、邻近地理变迁类型和空间更加集中类型。

我们目前对二、三产业协同集聚的研究不管从产业层面还是空间角度都是从全国的范围来研究的,虽然本章在空间领域的分析将研究视角缩小到地级层面,但由于数据所限,未能从城市内部去挖掘二、三产业协同集聚状况,如果数据越微观,产业集聚的空间分布演化的地理尺度效应越明显。

5 新经济地理学视角下的生产性服务业集聚影响因素研究

综合国内外相关文献,可以发现,目前关于生产性服务业集聚的研究基本上还是基于集聚现象的定性分析,在研究方法上主要采用理论性推理和描述性分析,尤其是描述性分析的方法应用比较普遍,深入的理论分析和定量实证研究还比较少,鉴于以上两点不足之处,本章在新经济地理学理论的基础之上,融入新古典经济学和城市经济学理论,研究影响生产性服务业集聚的因素,同时,以中国 222 个地级及以上城市为样本对本章所提出的 4 个假说进行了实证检验,揭示了中国生产性服务业集聚的成因,并在影响因素非线性命题讨论的基础上,进一步指出了这种集聚的发展趋势。

本章以中国 222 个地级及以上城市为研究主体,理由在于:一是以往关于产业集聚的研究主要还是以国别或省际为对象,而以地级市等更加微观的主体为研究对象能更全面反映生产性服务业集聚的状况。吉昱华、蔡跃洲和杨克泉(2004)曾以 266 个地级市的截面数据为依据,在 Sveikauskas(1975)和 Segal(1976)的基础上通过变化的生产函数对中国城市集聚效益进行了实证研究,他们认为,工业部门作为一个整体并不存在明显的集聚效益,但二、三产业加总则存在显著的集聚效益,从而揭示了研究中国城市生产性服务业集聚效益对于城市集聚经济的重要现实意义。二是相较于制造业集聚而言,由于城市在人力资本、基础设施等方面的优势,使得生产性服务业在城市更能形成规模经济,因此,以城市为研究对象较为合适,而以国别或省际数据进行研究则有可能存在高估的现象。

5.1 生产性服务业集聚理论假说的提出

目前关于生产性服务业集聚还没有一个完整的分析框架,多数研究基本上停留在围绕着服务业集聚的动因,进行一事一议的研究阶段,在研究方法上如 Bates 和 Santerre(2005)在分析医疗服务业集聚时基本上还是沿用了分析制造业集聚的范式,Moulaert 和 Gallouj(1993)曾对此提出了质疑。本章在综合新古典经济学、新经济地理学和城市经济学等理论的基础上,结合第 4 章的特征性描述和行业之间的比较分析,提出一个"要素—空间—城市—制度"的四维分析框架,作为分析中国生产性服务业集聚的框架,具体见图 5.1。

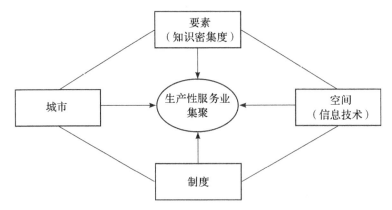

图 5.1 生产性服务业集聚因素分析框架

5.1.1 基于要素因素

以 Marshall(1890)为代表的新古典经济学提出的外部经济理论认为促进产业集聚有 3 种因素:熟练的劳动力市场的形成、与本地大市场相联系的前后向联系以及知识的溢出。Hoover 将 Marshall 的外部性分为两类:一是区域化经济外部性,二是都市化外部性。前两种因素表明共享的劳动力市场和中间产品以及专业化服务的存在使得企业的生产成本因此而得以降低,从这一点可以看出集聚区内制造业企业之间是上下游的关系,对于生产性服务业企业而言,在第三章中已经提到生产性服务业集聚区内企业之间的关系更多的还是竞争或互补关系。

对于第三种因素,虽然对于制造业企业特别是技术密集型企业而言,知识溢出能促进企业创新,提高企业生产绩效,但对于生产性服务业企业,其本身就是知识密集型企业,更为重要的一点是 Marshall 外部性的知识外溢仅限于同一地区同一行业之间,而生产性服务业之间的知识外溢则可以突破空间和行业间的限制,以获得范围经济,这使得知识的溢出作用将更为明显。不少学者(Camagni,1991;Keeble & Wilkinson,2000)都强调生产性服务业的"集体学习过程"对于创新环境演化的重要性,这使得集群中的企业能有效地提高创新性和学习、分享和创造新知识的能力。Keeble 和 Nachum(2002)从制造业和生产性服务业的集聚来源角度对两者进行了区分,他们认为,制造业是从需求和供给等角度来寻求集聚利益的,而生产性服务业应该从创新环境等角度来寻求集聚利益。由于服务业集群内部的知识通过正式和非正式网络所形成的高频率的知识交流,以及通过当地的劳动力市场形成的频繁的知识流动使得相较于制造业的知识外溢,生产性服务业知识外溢的一个重要特点在于服务业集群中心企业往往内生于原有的企业,也就是服务业集群中的企业通过知识外溢催生新的企业,这主要可归结为制造业与生产性服务业不同的行业特性,虽然知识外溢对制造业集聚具有重要的作用,但对于制造业而言,更多的还是资本密集型或劳动密集型即是物质资本,知识外溢是建立在资本或劳动基础之上的,而生产性服务业更多的还是知识密集型即是脑力资本,因此,生产性服务业企业更有可能通过知识外溢途径从原有企业中分离出新的企业(spin-off),或者部分员工从原有企业中离开成立新的企业,从而使得在当地形成集聚。Coe 和 Townsend(1998)对英国赫特福德郡(Hertfordshire)和波克夏郡(Berkshire)的计算机服务业进行了调查,他们发现被调查的企业中大约有 2/3 的企业来自本地原有企业的分离或者来自原有企业员工所组建的企业,剩下的为外来投资者。

假说 1:知识密集度的提高促进生产性服务业集聚。

5.1.2　基于空间因素

本研究在第三章中曾指出新经济地理学的两个核心思想是:规模报酬递

增和"冰山"运输费用,而一般衡量规模报酬递增往往使用行业的平均企业规模作为测量依据,这就涉及产业总产出指标(白重恩等,2004),但由于在中国服务业被严重低估(岳希明、张曙光,2002),因此,本章对此不做假设。

新经济地理学另一个核心思想就是"冰山"运输成本。新经济地理学认为,当区域之间的运输成本的节约足以弥补区域之间的交易费用时,随着开放度的提高,分散力的减弱速度大于聚集力的增强速度,在某一临界点上,聚集力将超过分散力,使得产业在某一区域发生突发性聚集,并在累积循环因果关系作用下,将放大本地市场效应和价格指数效应,使得产业向某一区域集聚,而且运输成本也是影响绝对分异判别因子大小,从而保证集聚稳定的重要因素。但是本研究在第3章关于新经济地理学理论对于生产性服务业集聚的适用性问题的讨论上已经指出,由于存在有形产品和无形产品的巨大差异,运输费用变量已经不适用生产服务业集聚,取而代之的是信息技术。Carbonara(2005)以意大利产业区为例,研究了信息技术的渗透对产业集群带来的影响,他认为信息技术的扩散一方面不会改变原有集群的结构,但会使得集群中的企业和不同集群的企业形成网络化,另一方面会促使"虚拟集群"的形成。Karlsson(2004)认为,信息化水平的提高降低了地理上的互动成本从而扩大了区域的边界,为拥有内部规模经济的产业和企业提供了广阔的发展空间,也就是说,信息化水平的提高促进了市场潜能①的扩大。根据市场潜能与产业集聚的显著正相关关系(刘修岩、殷醒民和贺小海,2007),信息化水平与产业集聚之间存在某种程度上的正相关关系。Hong 和 Fu(2008)根据 2004 年中国普查数据研究了信息技术与产业空间集聚的关系,他们发现,集聚度越高,信息技术运用得越广泛。尽管有些学者(Quah,2001)认为,信息技术的发展使得企业员工无须集聚在某一地方,导致向心力逐渐减低,从而使得产业更趋向于分散而不是集聚,但更多的学者(Kolko,1999)还是认为,信息技术的发展的净影响是促进集聚的。

---

① 市场潜能函数可表示为 $mp_r = \sum_j \frac{(e^{\tau d_{rj}})^{1-\sigma} Y_j}{G_j}$,其中,$e^{\tau d_{rj}}$ 为在制造业情况下的运输费用,由于生产性服务业的产品运输费用由信息技术实现,因此,在保持其他变量不变的情况下,$mp_{生产性服务业} > mp_{制造业}$。

假说2:信息化水平的提高正向作用于生产性服务业集聚。

5.1.3 基于城市和人口因素

城市经济学认为城市规模的扩大会对城市中的每个产业产生正的外部性。从劳动力市场来看,城市规模的扩大为劳动力在产业间的转移提供了空间,有效地降低了对劳动力的搜寻成本,同时城市规模的扩大意味着更多的就业机会,更好的居住条件和更丰富的文化娱乐活动,这些都将吸引大量有着不同背景的人才迁入城市(周伟林、严冀,2004)。从产业结构来看,城市规模的扩大是伴随着城市化率的提高而进行的,而城市化率的提高往往促使城市内部产业结构发生重大变化,如根据城市化进程速度,制造业和服务业在城市经济发展的不同阶段起着不同的作用,在城市发展的初期阶段,制造业成为城市经济的主导产业,但随着城市产业结构的变化和城市化水平的提高,城市化的主要内容已经从过去的突出人口流动向功能提升(洪银兴、陈雯,2000),这就使得生产性服务业在城市中的地位明显上升,最突出表现为"优二进三""退二进三",城市的服务功能逐渐增强,服务业逐渐在城市集聚,而以制造业为代表的工业逐步向次中心转移,这主要可根据 Alonso(1964)的企业投标租金模型解释为相较于制造业,生产性服务业更能够承受城市高昂的土地租金而在城市集聚。

高鸿鹰、武康平(2007)认为,不同等级城市具有不同的集聚效应指数,其中 50 万～100 万人的城市的平均集聚效应指数为－45.14,100 万人以上的城市平均集聚效应指数为 52.94。当然,并不是说城市规模越大越能促进产业集聚,也就是说,城市规模与产业集聚之间存在一个城市最优规模的问题。Alonso(1964)阐述了最优城市规模理论,他认为城市规模与集聚经济之间存在着非线性关系。Miller(1967)也认为,随着城市规模的扩大,诸如生活成本上升、交通拥挤以及环境污染等不经济因素的出现使得产业逐渐从集聚向不集聚转变。

假说3:在一定范围内,城市规模的扩大提升生产性服务业集聚水平。

5.1.4 基于制度因素

产业集聚程度往往与制度因素密切相关,如开放的经济政策有利于促进产业分工,提高区域专业化水平,从而促进产业集聚,而保守的政府行为容易阻碍生产要素的自由流通,从而阻碍产业集聚。白重恩等人(2004)在考虑产业的地区集中度的决定因素时,重点考察了地方保护主义的作用,他们发现,在利税率较高以及国有化程度较高的产业,地方保护主义更趋严重,产业的地区集中度也相应较低。但是,由于制造业的产品更易于统计,特别是制造业的劳动生产率高于服务业,在目前中国以 GDP 为主的政绩考核体系下,许多地方政府将更多的精力集中在促进制造业发展上面,他们更倾向于通过税收优惠等方式吸引外资以及通过采取扶持部分具有比较优势的工业的产业政策,来拉动地方经济发展,这也在一定程度上促进了制造业的集聚。虽然一些地方存在着地方保护主义,但越来越多的地方政府已经注意到招商引资对地方经济的拉动作用,因此,较大的政府规模往往具有较强的行政干预能力,如通过设立各种级别的工业园区,促进产业集聚,进而提升当地经济能级,以此作为自身晋级的资本,所以说,政府规模与制造业集聚之间存在的是正相关关系,本章第四部分证明了这一观点。而政府部门对待生产性服务业则存在着截然相反的态度,由于很多生产性服务业如金融业、科学研究、技术服务和地质勘查业等涉及国民经济命脉,因此,这些行业受来自政府干预的影响更为敏感,更容易受政府管制,因此,相较于制造业集聚,政府的行政干预一般起着阻碍生产性服务业集聚的作用。此外,许多政府行为本身就构成一种对生产性服务业的替代,一个无所不包的政府会对一个地区的生产性服务业集聚产生抑制等负面作用。

汪德华等(2008)以 114 个国家为样本讨论了政府规模、法治水平与服务业发展的关系,他们认为,以一国法治水平来衡量的契约维护制度的质量与其服务业比重显著正相关,政府规模与其服务业比重显著负相关,国外学者诸如Ram(1986)、Barro(1991)等人都间接地验证了政府规模与服务业发展的负相关关系。

假说 4:政府规模与生产性服务业集聚水平成反比。

5.2　假说的验证

5.2.1　计量方法

本部分主要考察理论假说在中国现实的可行性,由于要检验不同的因素对生产性服务业集聚的影响程度,因此,本章在计量方法上主要采用线性回归的方法进行实证检验,以 4 个假说所形成的 4 个变量为基础模型(x_i),同时考虑其他几个控制变量,如根据制造业集聚的研究结果,地理位置对于产业集聚存在重要的影响,那么本章通过引入地理位置这一虚拟变量进行考察。另外,Keeble 和 Nachum(2002)、Coe 和 Townsend(1998)以及 Moulaert 和 Gallouj(1993)等人均认为服务业集聚应该在全球网络的背景下加以考虑,因此,本章引入 FDI 这一控制变量,试图考察在全球化背景下,FDI 与生产性服务业集聚存在什么样的关系,同时,为了避免模型设置存在遗漏变量的偏误,本章引入滞后因变量。在模型的检验上,由于本章采用的是截面数据,容易存在异方差性从而导致计量结果存在有偏估计的可能,为了避免异方差性对计量结果的影响,本章借助广义最小二乘估计(GLS)进行修正,同时,将样本分为东部和中西部分别加以研究从而检验模型的稳定性。另外,根据本章的研究结果,在 4 个主要影响因素中,城市规模对生产性服务业集聚的贡献最大,因此,根据城市最优规模理论,本章在第 5 部分中重点考察了这一变量的影响,在模型设定上采用了非线性模型进行了研究。

5.2.2　数据来源和模型设定

本部分根据 2006 年中国地级及以上城市截面数据分别检验各个因素在影响中国生产性服务业集聚过程中所起的作用,根据实际数据的可得性和一致性,本章选取了其中 222 个地级及以上城市作为样本,数据主要来自《2007 年中国城市统计年鉴》和《2000 年中国城市统计年鉴》。在模型的选择上,我们根据上述的计量方法,将计量模型形式设定为:

$$service_i = a_0 + a_1 x_i + a_2 service_{-t} + a_3 east + a_4 \frac{fdi_i}{fdi} + u_i$$

$$x_i = \beta_0 + \beta_1 \frac{jsyc_i}{jsyc} + \beta_2 \frac{yddh_i}{cyry} + \beta_3 \frac{csrk_i}{csrk} + \beta_4 \frac{czzc_i}{czzc}$$

其中，a_0、β_0 为常数项，a_1、a_2、a_3、a_4、β_1、β_2、β_3 和 β_4 为待估参数，u_i 为误差项。

5.2.3 变量的选择

(1)service_i 表示第 i 个城市的生产性服务业集聚程度[①]，由于本章受数据限制未能分行业研究服务业集聚，而是将生产性服务业[②]作为研究对象，因此以往的空间基尼系数、E-G 系数或胡弗地方化系数等反映行业集聚程度的指标均不适用于本部分。在关于各个地区制造业集聚水平上，国内外很多学者都用工业总产值比重来衡量产业集聚(Wen,2004；金煜等,2006)，由于制造业产品是有形的，在统计口径和统计方法上都已经较为完善，采用这样的指标有一定的合理性，但是对于服务业的核算，上文已经提到过，由于中国服务业被严重低估，采用总产值比重来衡量地区服务业集聚不太合适，因此，本章采用了城市单位从业人员与全国城市平均单位从业人员的比重来衡量地区生产性服务业集聚程度。

(2)east 表示虚拟变量。根据经济地理学理论，产业集聚很大一部分原因是地理位置差异引起的，如资源禀赋等，为了考察生产性服务业集聚是否受地理位置的影响，本章在模型设定上引入虚拟变量 east，如果所在城市为东部，该值为 1，如果属于中西部地区，则为 0，鉴于东部地区在区位优势方面的现状，我们预期其符号为正。

(3)service_{-t} 表示生产性服务业集聚的 t 期滞后。产业集聚是个动态变化

---

① 服务业集聚程度这个概念既有行业比重也有空间分布上的含义，这种空间分布有两层含义，一是指全国范围的空间分布，这在本章的第二部分已经有所论述，另外一层含义就是单个城市内的空间分布，这属于比较微观的范畴，由于本章是以全国范围为研究对象，因此，单个城市内的空间分布不在本章的研究范围之内，实际上，城市的行业比重就是城市内部各个行业在该城市空间上的加总。

② 本章在这里只对生产性服务业集聚做分析，在第五部分将对包括消费性和公共性服务业在内的整个服务业的集聚做一个简单的分析。

的过程,存在累积循环因果关系,为了描述这一关系,模型引入滞后因变量,由于产业集聚是个长期的过程,因此,在滞后期的选择上不同于以往的一两期,我们选择滞后 7 期,即以 1999 年各个城市的服务业集聚度为基准。[①]

(4)fdi_i 表示第 i 个城市的 FDI 存量,$\overline{fdi}$ 表示全国城市的平均 FDI 存量,根据国外的发展经验,我们预期其符号为正。在数据获取方面,由于目前还没有关于全国各个城市的生产性服务业 FDI 数据,但是考虑到本章采用第 i 城市和全国平均值的比值,而且 FDI 和生产性服务业 FDI 存在高度的线性相关,因此,本章用整个城市的 FDI 和全国平均水平的比重。同时,考虑到 FDI 发生作用有一定的滞后性,为了综合考虑 FDI 的作用,本章采用了 FDI 存量指标。[②] FDI 存量计算方法参照资本存量计算方法,我们以 2004—2006 年为时限,2004 年第 i 城市的 FDI 存量为:

$$FDI^i_{2004} = \frac{fdi^i_{2004}}{g^i + \alpha}$$

其中:fdi^i_{2004} 表示 2004 年第 i 个城市当年的 FDI 流量,g^i 表示第 i 个城市 2004—2006 年的人均 GDP 增长率,α 采用 6% 作为折旧率(Hall & Jones,1999),2004 年以后年份的 FDI 存量采用永续存盘法公式计算:

$$FDI_i(t) = FDI_i(t-1) - \alpha FDI_i(t-1) + fdi_i(t)$$

而且,随着全球化水平的提高,FDI 的流向也发生了显著变化,Sharmistha (1989) 的研究表明,在美国,FDI 开始从制造业流入服务业部门,因此,考察 FDI 与生产性服务业集聚的关系颇具意义。

---

① 本章之所以选择 1999 年为基准年,主要在于 1999 年以前中国城市统计年鉴关于从业人员的统计指标为全部从业人员数量,1999 年以后其统计指标为单位从业人员数量,略有不同,为了避免统计上的误差,我们以 1999 年为界,当然,如果能取得一致的统计口径,选择的年份可以往前选择,这样更能反映服务业集聚的累积循环因果关系的作用。汪德华、张再金和白重恩(2007)曾以 1991 年为基准衡量各国服务业比重的现期差异受历史因素的影响。另一个重要的原因在于自 20 世纪 80 年代以来,中国的行政体制发生了一系列的重大变化,其中一个突出表现就是地级市设置的变化,也就是说,在过去的 20 年中,中国有些地级市被撤并,有些新设立,而本章研究以地级及以上城市为样本,因此,滞后期越往前推移,滞后期的年份与 2006 年的共同样本势必会大量减少,同时,考虑到有些城市有些变量统计缺失,在考虑以上因素后,1999 年与 2006 年的共同样本为 222 个城市。以 1999 年集聚度为基准主要反映 1999 年的服务业集聚对现在集聚度的影响,从而体现累积循环因果作用。

② 本章 FDI 之所以采用名义值而没有采用实际汇率进行转换,主要是考虑到本章的 FDI 是第 i 个城市的 FDI 存量和全国的平均值的比重,是一个比值,因此,在计算过程中消除了汇率因素。

(5)$jsyc_i$表示第 i 个城市每万人拥有的高等学校专任教师数量，$\overline{jsyc}$ 表示全国城市每万人拥有的高等学校专任教师数量平均水平，两者的比值作为城市知识外溢的代理变量。尽管在制造业集聚中也强调知识外溢的重要性，但由于生产性服务业本身就是知识密集型服务业，知识外溢程度对于生产性服务业集聚而言更加重要，正如 Braunerhjelm 和 Johansson（2003）在对瑞典1975 年和 1993 年的产业集聚决定因素进行研究后指出的那样，知识密集型制造业并未表现出更高的空间集聚度，而服务业集聚度最高的 10 个行业中，知识密集型服务业占了 50%，当然，也有学者用地区人口平均受教育年限表示（金煜等，2006），但是采用高等学校教师指标更能说明问题（李金滟、宋德勇，2008）。

（6）$yddh_i$ 表示第 i 个城市的信息化水平，汪斌、余冬筠（2004）曾利用信息化综合指数（CIIC）测算了中国信息化发展水平，但由于该指数涉及众多指标，鉴于数据所限，本章仅以其中一个指标人均移动电话表示，cyry 表示该城市的单位从业人员数量，两者的比值作为衡量信息化水平对生产性服务业集聚的作用，当然，衡量信息化水平还有其他指标，如邮电、互联网等。

（7）$csrk_i$ 表示第 i 个城市的城市规模，我们用 Alonso（1964）的人口指标来表示城市规模，$\overline{csrk}$ 表示全国城市人口数量的平均值，用两者的比值来衡量城市规模对服务业的集聚作用。由于城市规模的扩大能为服务业发展提供更加广阔的空间，因此，两者关系的预期符号为正，这与已有的研究（江小娟，2004）[①]结论相符合。

（8）$czzc_i$ 表示第 i 个城市的非公共财政支出水平，以此表示第 i 个城市的政府规模，$\overline{czzc}$ 表示全国城市非公共财政支出水平的平均值，用两者的比值来衡量政府规模对生产性服务业集聚的影响。在衡量政府规模的指标上，Gwartney 和 Lawson（2005）从政府消费支出占总消费的比例等 4 个方面进行综合评分，本章鉴于数据的可得性用政府非公共财政支出来表示政府规模，即

---

① 江小娟（2004）认为影响一个城市服务业发展水平的因素主要有人均 GDP、城市化水平、人口密度和人口规模，而人口规模即城市中的人口总数对服务业从业人员比重的影响系数为正，且在 10%水平上显著。

政府规模＝地方财政一般预算内支出－科学支出－教育支出－抚恤和社会福利救济支出－社会保障补助支出。

以上变量详见表5.1。

表 5.1　主要变量说明

主要变量	含义	数据	预期符号
service	生产性服务业集聚水平	生产性服务业从业人员与全部就业人数的比重	－
service$_{-t}$	生产性服务业 t 期前的集聚水平	第 t 年的生产性服务业从业人员与全部就业人数的比重	＋
jsyc	知识密集度、知识外溢程度	每万人拥有的高等学校专任教师数量	＋
yddh	信息化水平（空间因素）	人均移动电话数量	＋
csrk	城市规模	城市人口数量	先＋后－
czzc	政府干预水平（制度因素）	非公共财政支出水平	－
fdi	控制变量	外商实际直接投资	＋
east	虚拟变量	东部：1 中西部：0	＋

5.2.4　实证结果

由于中国地域广阔，东中西部城市发展不平衡，在人力资本的分布、信息化水平、城市规模和市场化程度等方面都存在差异的情况下，本章将中国城市分为东部地区和中西部地区分别加以考察，其中东部地区包括北京、河北、天津、辽宁、山东、江苏、上海、浙江、福建、广东和海南等 11 个省市共 96 个城市，而剩余的为中西部地区，共计 126 个城市，表 5.2 给出了模型的回归结果。

从全国层面看，各个解释变量均通过了显著性检验，表明各个解释变量对中国生产性服务业集聚具有比较强的解释力。模型（2）和模型（3）在基本模型（1）的基础上引入了虚拟变量、滞后因变量和 FDI，回归结果显示地理因素相对于制造业而言更为重要，在控制其他影响因素之后，东部地区比中西部地区集聚程度高出 0.057 个单位，这意味着相对于制造业集聚，东部地区生产性服务业集聚更多的是依赖于下文提到的人力资本、城市规模等方面的优势，而并不依赖于地理位置的优势。滞后因变量的影响系数为正，说明生产性服务业集聚受累积循环因果关系影响较大,当然,这一因素对制造业集聚影响更大,其影响系数高达 0.903,从而也印证了累积循环因果关系的存在,模型(3)在综合考虑各个变量的影响后,发现滞后因变量的系数增大,其他影响因素相应地降低,这从侧面反映了在不考虑滞后因变量的情况下,模型结果存在偏误,在引入滞后因变量后,部分影响因素通过滞后因变量加以体现。模型(4)和模型(5)分地区检验了各个因素对生产性服务业集聚影响程度,研究结果表明,中西部地区生产性服务业集聚更受累积循环因果关系的影响。同时,模型(6)研究了各个因素对制造业集聚的影响,从侧面论证了本章的假说。

表 5.2　各个影响因素对生产性服务业集聚回归结果

项目	全国样本			中西部样本	东部样本	制造业样本
	(1)	(2)	(3)	(4)	(5)	(6)
常数项	0.213*** (0.0016)	0.147*** (0.0012)	0.145*** (0.003)	0.125*** (0.0038)	0.166*** (0.0077)	−8.99E-05 (0.0036)
east			−0.013*** (0.00091)			0.057*** (0.0023)
jsyc	0.014*** (0.0007)	−0.0001 (0.00089)	−0.0025*** (0.00075)	0.0042*** (0.0011)	0.0015 (0.00199)	−0.0015*** (0.0007)
fdi		0.001 (0.00071)	0.0012* (0.00061)	0.0017*** (0.0008)	0.0006 (0.00058)	0.0009 (0.0007)
yddh	0.0017*** (0.0002)	0.0017*** (0.00036)	0.0023*** (0.0003)	0.0043*** (0.0008)	0.0011** (0.00044)	−0.0006 (0.0004)
csrk	0.033*** (0.0014)	0.0391*** (0.0012)	0.039*** (0.00071)	0.0724*** (0.0014)	0.0344*** (0.00237)	−0.015*** (0.0015)
czzc	−0.0032*** (0.0008)	−0.0102*** (0.00104)	−0.0095*** (0.0067)	−0.056*** (0.0014)	−0.0011 (0.00122)	0.003*** (0.0013)
service$_{1999}$		0.6065*** (0.0206)	0.657*** (0.0174)	0.7053*** (0.0301)	0.372*** (0.0576)	
manufacture$_{1999}$						0.903*** (0.081)
Ad-R^2	0.9991	0.9999	0.9999	0.9995	0.9998	0.9996
观测值	222	222	222	126	96	222

注:***代表显著性水平为 1%,**代表显著性水平为 5%,*代表显著性水平为 10%。由于本章所用的是截面数据,为避免异方差,我们选择普通最小二乘法估计原模型时采用广义最小二乘估计(GLS)方法对估计结果进行修正,括号里的数字表示标准差。

全国层面的回归模型和分区域层面回归模型两个维度的研究有力地论证了本章所提出的 4 个假说:

(1)代表知识密集度的万人高校教师数量虽然从全国来看表现出与生产性服务业集聚负相关性,但从分区域来看,表现出显著的正相关,但在区域上还是表现出一定的差异性,在东部地区的知识密集度的系数为 0.0015,而在西部只有 0.0042,这并不意味着东部地区的人力资本不如中西部,而主要说明在中西部增加人力资本投资更能促进生产性服务业集聚,从另一个角度印证了东部的生产性服务业集聚水平高于中西部。但是在制造业上,知识密集度水平对制造业集聚影响为负,这与一般的研究结果有一定的出入,这反映出目前中国制造业集聚主要还是集中在劳动密集型行业,对知识密集度要求不高,这也进一步反映出生产性服务业集聚对知识的依赖性。

(2)信息化水平对生产性服务业集聚的正面影响通过显著性检验表明信息化水平与服务业集聚密切相关,这也有力地反驳了 Quah(2001)等人提出的"经济地理距离消亡论"和"集聚经济终结论"的观点。但中西部地区的信息化水平(0.0043)相较于东部地区(0.0011)更能促进生产性服务业集聚程度的提高,这似乎与现实相矛盾,这可解释为由于本章只采用人均移动电话和全国城市平均水平的比重来衡量信息化水平,未考虑互联网等其他表现信息化水平的指标,如果综合考虑各种体现信息化水平的指标,并分权重加以检验,可能更加接近实际情况。

(3)在城市规模的解释上,城市规模增加 1 个单位可以提高 0.039 个单位的生产性服务业集聚度,这也解释了生产性服务业往往容易在城市发生集聚,而且东部地区和中西部地区城市规模对生产性服务业集聚表现出不同的函数关系。而城市规模同制造业集聚的负相关表明现阶段城市昂贵的地租以及其他生产成本使得制造业在城市地区实现了从集聚向扩散的转变,这也与吉昱华等人(2004)的研究结论相一致。

(4)政府规模对生产性服务业集聚的影响也表现出预期的负相关,即政府规模对生产性服务业集聚程度的影响系数为−0.0095,但是从分地区来看,中西部城市受政府规模影响更大,这主要归因于东部地区和中西部地区市场化水平的差距和行政干预的力度,由于东部地区市场化水平高,政府的服务意识强烈,这使得东部地区在产业管制、市场进入门槛上较中西部地区宽松,特别是服务业诸如金融领域等受政府规制影响较大,这也使得目前很多东部地区"小政府、大社会"的社会结构逐渐成形,而中西部地区受传统的计划经济影响较大,从而表现出过多的行政干预。

而FDI对生产性服务业集聚影响则与预期表现一致,虽然FDI对全国层面的生产性服务业集聚表现出预期的积极作用(0.0012),但从分区域角度看,相较于东部地区,FDI更能促进中西部地区生产性服务业集聚。这一方面可能由于不能获取服务业FDI而间接采用全部FDI与全国的平均值的比重有关,从而造成一定的误差,另一方面则是现实的情况的真实反映,根据程大中(2005)等人的研究,中西部地区在农林牧渔业、地质勘查与水利管理业等方面存在较强的集聚趋势,东部地区主要在诸如金融、房地产等生产性服务业上存在集聚的趋势,说明东西部在服务业集聚上的差别,这也恰好说明FDI在促进中西部生产性服务业集聚方面更有作为,虽然由于资本逐利的本质,FDI往往选择基础设施较好,产业体系完善,人力资本丰富的地区,而东部地区已经具备了这些条件,特别是中国三大经济圈的形成,制造业高度的发达,为生产性服务业发展提供了良好的产业基础,这也为FDI投资生产性服务业并获利提供了条件。中西部地区的中部崛起和西部大开发战略的实施,为FDI流向该地区提供了制度租金,从而为FDI以更快的速度促进中西部生产性服务业集聚扫清了障碍。

5.3 关于生产性服务业集聚影响因素的非线性命题讨论

生产性服务业集聚和制造业集聚的一个重要区别就在于生产性服务业集聚在区位选择上要求更高,就是说,生产性服务业在区位上更倾向于选择城市(Coffey & Bailly,1992;O'Farrell,1995;Kolko,1999),对于城市规模而言,是不是城市规模越大越能促进生产性服务业集聚呢? 或者说,是否会存在"拐点"使得生产性服务业集聚在一定的临界点出现质变,如果说存在的话,那么这个"拐点"又有什么样的表现特征,也就是说,与之相对应的城市规模有多大,是否会因区域不同而不同呢? 下文将对此进行研究。

　　既然谈到"拐点",就引出一个新的问题,就是城市规模因素和生产性服务业集聚之间的关系是线性关系还是非线性关系,如果非线性命题成立的话,那么,这个"拐点"也是成立的,反之,如果不存在"拐点"的话,那么,生产性服务业集聚与城市规模之间则是简单的线性关系。而事实上,对"拐点"的讨论也是对本章假说 3 的验证,按照集聚理论和产业发展事实表明,产业集聚在城市发展到一定阶段会出现从集聚到不集聚的转变,因此,为检验这一"拐点论",本章考虑在城市规模代理变量 $\dfrac{csrk_i}{csrk}$ 原有基础上增加一个 $\left(\dfrac{csrk_i}{csrk}\right)^2$ 解释变量,作为检验城市规模与生产性服务业集聚之间的非线性关系,同时,本章还将简单考察包括消费性服务业和公共性服务业在内的整个服务业集聚与城市规模的非线性关系[①],为此,本章将分东部地区和中西部地区进行讨论(见表 5.3)。

表 5.3　中国分地区城市规模与生产性服务业集聚非线性回归结果

项目	东部地区样本(7)	中西部地区样本(8)
常数项	0.166*** (0.0374)	0.097*** (0.0019)
jsyc	0.0022 (0.0102)	−0.0041*** (0.001)
fdi	−0.0006 (0.0026)	−0.011*** (0.0016)
yddh	0.0018 (0.0011)	0.0038*** (0.0002)
csrk	0.0184 (0.0467)	0.099*** (0.0013)
$(csrk)^2$	0.0083 (0.018)	−0.0089*** (0.0005)

　　[①]　虽然不同服务业类别的集聚存在不同的特征和影响因素,在这里为了简单地考察整体服务业集聚情况,我们假设生产性服务业、消费性服务业和公共性服务业的集聚在影响因素等方面存在某种程度上的同质性。

续表

项目	东部地区样本(7)	中西部地区样本(8)
czzc	−0.0019 (0.0055)	−0.024*** (0.0012)
$service_{1999}$	0.419** (0.189)	0.765*** (0.0156)
Ad-R^2	0.1199	0.9999
观测值	96	126

注:***代表显著性水平为1%,**代表显著性水平为5%,*代表显著性水平为10%。括号里的数字表示标准差。

根据城市产业集聚和城市规模的关系,城市规模对城市产业集聚的影响并非单调递增,可能存在一个"拐点",不是城市规模越大,越能促进产业集聚,两者均存在一个区间值,在这个区间范围内,两者是正相关,超出区间范围两者存在负相关,也就是说,生产性服务业集聚和城市规模会呈现 倒 U 形结构。但是从东部地区来看,在原方程引入 $\left(\frac{csrk_i}{csrk}\right)^2$ 后,$\left(\frac{csrk_i}{csrk}\right)^2$ 前的系数为正,这意味着在中国东部地区生产性服务业在城市集聚呈现的不是倒 U 形结构,而是相反的"正 U"型,但是 $\left(\frac{csrk_i}{csrk}\right)^2$ 前的系数未能通过显著性检验①,也就是说,目前中国东部地区的生产性服务业集聚与城市规模之间仍然遵循模型(5)的发展路径,即两者存在着长期的线性关系,或者说,东部地区城市将长期处于集聚效应递增阶段。

而中国的中西部城市的城市规模与生产性服务业集聚则表现出符合我们理论预期的倒 U 形的形状,具体见图5.2(实线部分)。

图5.2和表5.3表明,当集聚突破"拐点"即城市相对规模为5.567时,集

---

① 本章中东部地区的 $\left(\frac{csrk_i}{csrk}\right)^2$ 系数如果通过显著性检验,表明东部地区存在一个生产性服务业集聚递减的阶段,但正"U"形的曲线的拐点为 −1.156,这对城市规模而言没有任何意义,也就是说,东部地区大部分城市已经进入生产性服务业集聚递增阶段,按照国外城市发展经验,东部地区仍然会进入倒 U 形的集聚路径,只是东部地区城市规模相对较大,根据模型,东部地区的城市发展尚未到达这一"拐点",因此,不管二次项系数是否显著,目前中国东部地区正处于集聚递增阶段。

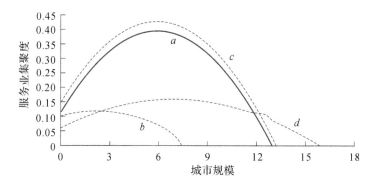

图 5.2 中国中西部地区城市规模与生产性服务业集聚非线性关系

注:曲线 a 表示生产性服务业集聚与城市规模的非线性关系图;曲线 b 表示考虑消费性服务业和公共性服务业在内的整个服务业集聚与城市规模的非线性关系图,具体函数形式见脚注①,而曲线 c 和曲线 d 本章并没有将其具体函数形式表示出来,只是基于一种理论逻辑上的推导,具体见本章第六部分的政策含义说明。由于城市规模和服务业集聚度均为正数,因此,本章只将他们在坐标轴中的第一象限部分表示出来。

聚效应开始降低,这也进一步印证了本章假说 3 提出的在一定范围内,城市规模的扩大能促进生产性服务业的集聚,而在"拐点",目前中西部城市中尚未有城市超过这一临界值,这意味着绝大多数的中西部城市还远未达到这一临界值,说明大部分的中西部城市还是处在集聚效应递增阶段,但"拐点"已经出现,可以预计的是,当中西部的城市相对规模超过 5.567 时,集聚效应开始降低。Naresh 和 Gary(2003)在 Swann(1998)提出的集群生命周期的基础上,认为服务业集群产生的积极效果到了一定的"拐点"就会成熟,并最终导致集群的衰落。与东部地区的集聚效应降低的"拐点"尚未出现相比,中西部城市在享受服务业集聚的时间上较东部地区更短。如果考虑消费性服务业和公共性服务业,生产性服务业集聚曲线由曲线 a 则变为整个服务业集聚曲线 b①,拐点为 2.262,这说明生产性服务业有更长时间的集聚效应,这也进一步论证

---

① 如果考虑消费性服务业和公共性服务业,中国中西部地区服务业集聚非线性函数变为:$service = 0.103 - 0.0037 \left(\frac{csrk}{\overline{csrk}}\right)^2 + 0.0167 \left(\frac{csrk}{\overline{csrk}}\right) + 0.007 \left(\frac{jsyc}{\overline{jsyc}}\right) - 0.023 \left(\frac{fdi}{\overline{fdi}}\right) + 0.003 \left(\frac{yddh}{\overline{cyry}}\right) + 0.01 \left(\frac{czzc}{\overline{czzc}}\right) + 0.793 service_{1999}$。

了生产性服务业比消费性服务业和公共性服务业具有更高的集聚程度。

从中国东部和中西部城市规模与生产性服务业集聚非线性关系来看,存在一个共同点,就是目前都处于生产性服务业集聚效应递增阶段,吉昱华等(2004)将中国城市按市区非农业人口从大到小排序,分别对从最大的城市到第20、50、80、110、140、170、200和230位的城市进行了研究,得出了与本章类似的结论。而不同点在于,东部地区的城市将长期存在生产性服务业集聚效应,而中西部地区则存在有限的生产性服务业集聚效应,这同时也为我们国家制定城市差异化发展战略提供了思路。

5.4　小　结

随着中国城市化进程的不断推进,生产性服务业集聚趋势日益明朗,因此,如何强化集聚趋势,促进中国现代服务业发展,从而实现中国从制造业大国向服务业大国转变,最终成为世界的经济增长中心具有重要意义。

本章借鉴新经济地理学的思想,同时基于生产性服务业和制造业在有形产品和无形产品上的本质差别,在论证生产性服务业规模报酬递增的基础上,将信息技术替代空间因素运输成本,另外,本章基于生产性服务业的知识密集型的行业特征、区位特征以及制度等因素,提出了"要素—空间—城市—制度"这么一个四维的理论分析范式,本章的实证结果也证明了在保持其他条件不变的前提下,城市环境、强知识密集度和高信息化水平是正向作用于生产性服务业集聚的,而过多的政府干预往往会阻碍生产性服务业的进一步集聚。在讨论城市规模与生产性服务业集聚的关系时,本章强调了两者之间是不是线性关系,因此,在对两者非线性命题讨论的基础上,我们认为在中国东部地区这个线性命题是成立的,而在中国中西部地区,这种线性命题是不成立的,也就是说,在中西部地区生产性服务业集聚与城市规模之间存在一个"拐点",使得生产性服务业集聚在达到极值后趋向递减。

在推进生产性服务业集聚的政策取向上要本着强化积极作用,弱化负面影响的原则,继续贯彻"科教兴国"战略,提高城市的人力资本水平,由于东部地区和中西部地区教育方面特别是高等教育方面存在较大的差距,这也直接影响了生产性服务业集聚的程度,因此,在政策和资金方面应予以一定的倾斜;同时,鉴于信息化水平对生产性服务业集聚的较大带动作用,在实施信息化带动工业化的战略的同时可实施信息化带动生产性服务业战略,加快中国生产性服务业与国际接轨;由于城市规模对于生产性服务业集聚的特殊性,在政策方面应因地制宜,对于东部地区的城市,由于将长期存在集聚效应的实际状况,东部地区城市发展战略应侧重发展大城市,对于中西部城市而言,在强化人力资本、信息化水平加快集聚速度的同时(见图 5.2 曲线 c),要注重挖掘城市内在的潜力,促使函数曲线向右移动(见图 5.2 曲线 d),从而延长集聚效应,而在目前西部大开发和中部崛起的战略背景下,在选择以城市作为增长极的情况下,城市规模的选择主要还是偏重发展中小城市,不能盲目求大、求快;在对待生产性服务业外商直接投资的问题上,除了提高自身的竞争力外,应认真借鉴外商在服务业方面特别是生产性服务业方面的管理经验,同时,积极承接国际生产性服务业转移,形成有中国特色的生产性服务业集群。另外,由于政府规模和服务业集聚的负相关,因此,为了生产性服务业的发展,有必要进一步加快行政体制的改革,精简政府机构,减少政府对发展经济的大包大揽,把政府的职能集中在制度的建设、环境的治理以及完善市场机制上面,从而为现代服务业的发展提供良好的体制环境。

6 二、三产业协同集聚形成机制研究

6.1 理论假说的提出

在现实当中,产业集聚并不是发生在单个产业中,更多的会发生于多个产业在空间形成协同集聚,如在工业园区,并不存在单一的产业集聚,而在城市中心的 CBD 不仅仅只有金融业的集聚而且还包括商务服务业、广告业、咨询业等在内的多个生产性服务业的协同集聚,而事实上,Marshall 的外部性理论不仅可用于解释单个产业的集聚,对于多个产业的集聚也有一定的解释力,只不过对于不同产业间的集聚,三种力量何为主导则视情况而定。目前关于二、三产业协同集聚还没有一个完整的理论分析框架,现有的关于产业协同集聚研究主要基于马歇尔外部性的理论分析框架(Ellision et al.,2007;Kolko,2007),这种研究更多的是基于产业互动层面的研究,但根据理论模型推导,生产性服务业与制造业的协同集聚不仅包括产业互动还包括空间联动,作为二、三产业协同集聚的双重属性,产业互动和空间联动不是对立的,而是可以互相传导的,只是以往对涉及空间联动的研究较少,本章则同时将产业互动和空间联动因素纳入考虑范畴,从而构建相对完整的理论分析框架(见图 6.1)。

6.1.1 基于产业互动视角

以 Marshall(1890)为代表的新古典经济学认为产业集聚存在 3 个外部性:熟练的劳动力市场、与本地大市场相联系的前后向关联以及知识溢出。Marshall 外部性理论除了对单个产业集聚具有很强的解释性外,对不同产业的协同集聚也有一定的应用性。Rosenthal 和 Strange(2004)指出,在实证研

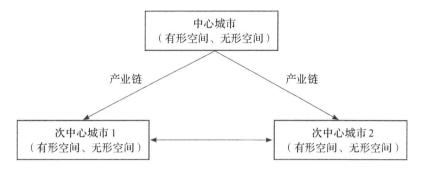

图 6.1　本章理论分析框架

究上,由于不同集聚理论经常得出相似的结论,因此,往往难以将不同的集聚力量进行分解,而 Ellison 等人(2007)就马歇尔外部性的三大要素对产业协同集聚的影响程度做了实证分析。但是我们认为,相同性质产业的协同集聚有些是由于共同的劳动力市场因素引起的,有些则是基于知识外溢,也有一些则是由于上下游的投入产出联系而引起的,至于具体何种因素占据主导则视产业配对情况而定。而二、三产业协同集聚则是由于产业之间存在关联效应,出于节约运输成本的考虑,产业间往往选择在空间上的协同集聚,而这种产业关联包括两个方面:投入—产出关系和知识外溢。

存在投入—产出关系的产业往往为了节约运输费用和靠近消费市场会选择在空间上协同集聚,从而形成良性互动。Hanson(1998)研究发现,关联产业集聚使得企业选址于有投入—产出关系的企业附近,特别是对于制造业与生产性服务业协同集聚而言,生产性服务业作为制造业生产的中间投入能在很大程度上解释两者在空间上的协同定位。克鲁格曼和 Venables(1995)认为,企业是通过投入—产出结构联系在一起的,这种产业间联系产生金钱外部性,推动产业地理集中。产业之间的投入—产出关系实际上也表现为垂直分工关系。Amiti(2005)在放松区域间要素禀赋相似的假设的基础上发现,当贸易成本较低的时候,上游企业和下游企业将在同一个国家集聚。同样地,李宏艳和齐俊妍(2008)发现,当经济完全封闭时,各国上下游生产完全分散,没有国际分工;当经济完全自由时,生产完全集聚于一国。

假说 1:二、三产业前后向关联促进了产业协同集聚水平的提升

知识外溢主要表现为企业的协同定位能加速思想的流动,Ellison 等人

(2007)已经证明了 Marshall 外部性中的知识外溢对于制造业产业间协同集聚的促进作用,对于生产性服务业企业而言,其本身就是知识密集型企业,而 Marshall 外部性的知识外溢仅限于同一地区同一行业之间,而生产性服务业之间的知识外溢则可以突破空间和行业间的限制,以获得范围经济,这使得生产性服务业之间的知识溢出作用将更为明显。对于生产性服务业与制造业协同集聚而言,知识外溢也同样具有一定程度的解释力,由于生产性服务业原先隶属于制造业的某个部门或环节,这种技术关联在生产性服务业从制造业产业链分离后仍然存在,这也成为两者实现协同创新的基础。Larsen 等人(1997)从四个方面解释了生产性服务业与制造业之间的技术关联性。Glaeser 和 Khan(2001)认为,诸如金融行业等高人力资本特征产业的城市化将加速知识的流动,Arzaghi 和 Henderson(2008)则强调了曼哈顿中营销企业网络的好处,而这些益处主要表现为企业之间的知识外溢。Dohse 和 Steude(2003)指出,媒体和娱乐业、软件业、工业服务和生物技术等产业存在高度协同集聚度,而这些知识密集型产业的高集聚度表明这些产业之间存在强烈的动态知识外溢。在实证上,Barrios、Bertinelli 和 Strobl(2006)考察了本地企业与外资企业的协同集聚的外溢效应,他们的研究表明,外资企业对本地企业的生产率和就业存在外溢作用。

假说2:知识外溢有助于二、三产业实现协同集聚。

6.1.2 基于空间互动视角

产业关联和知识外溢只是表明二、三产业的协同集聚存在要素的关联性,但产业协同集聚还包括空间地理的接近性。空间联动是指生产性服务业和制造业基于不同的比较优势通过要素流动和产业转移而实现在空间上的有机分布。这就涉及了产业协同集聚与空间协调问题(Mori, Nishikimi & Smith, 2005),根据上文理论模型推导,空间联动存在两个维度,其中之一是城市内部的空间互动,鉴于生产性服务业和制造业在区位选择上存在一定的差异性,我们认为在讨论二、三产业协同集聚时应将其置于城市经济学的分析框架内。一般来说,随着城市规模的变化,二、三产业的空间分布也会发生一定的变化,相较于以往从城市规模的集聚效益和拥挤效应角度来解释单个产业的集聚和扩散不同,城市规模对二、三产业协同集聚影响的内在机制在于通过商务成本的作用使得二、三产业在城市内形成互补效应和挤出效应的动态变化。

商务成本主要可以分为要素成本和交易成本,随着城市规模的扩大,商务成本总体呈上升趋势,其中,要素成本趋于上升,交易成本趋于下降。在城市规模较小阶段,要素成本较小、交易成本较大,有利于制造业集聚,而在城市规模较大阶段,要素成本较高、交易成本较低,有助于生产性服务业集聚。因此,在城市规模较小、商务成本总体较低的情况下,制造业集聚占据主导,生产性服务业发展不充分,这时更多表现出制造业对生产性服务业的挤出效应,当商务成本上升到一定水平时,两者的向心力①逐渐加强,双重集聚的互补效应逐渐显现,随着城市规模扩大,商务成本上升到一定程度,离心力②超过向心力,特别是产业间(包括制造业与生产性服务业)相互争夺重叠性资源导致要素的获得性受到限制(金祥荣、朱希伟,2002),同时,在这一阶段,交易成本趋于下降,这使得生产性服务业得到较大发展,制造业发展空间受限,使得生产性服务业对制造业的挤出效应成为主要表现形式。Au 和 Henderson(2006)在对中国城市净集聚效应的估计中,发现城市最优规模与制造业和服务业比值的负向关系,即大城市的制造业与服务业比值比较小,而小城市该比值比较大。

因此,生产性服务业与制造业存在一个商务成本的均衡值,在这个均衡点上,二、三产业协同集聚度达到最高,换句话说,商务成本与二、三产业协同集聚水平是呈倒 U 形关系的,而不是传统理论上所强调的线性关系。江静和刘志彪(2006)指出,基于不同商务成本构成的差异,制造业和生产者服务业在区域内协同定位,最终形成了地区内产业分布的新格局,即中心城市集聚大量的生产者服务业,而外围则是大量的制造业集聚。

假说3:存在均衡的商务成本水平使得二、三产业协同集聚程度达到最优。

空间联动的第二种形式是城市间的互动。城市间互动对城市与城市之间

---

① 本章中的向心力指的是由于生产性服务业作为中间投入能促进制造业发展,而制造业的需求也能带动生产性服务业发展,从而使得两者在空间上存在协同集聚的可能,这个含义有别于促进单个产业集聚的力量。

② 同样地,本章中的离心力不是指由于集聚不经济而使得产业从集聚向分散转变,而是指由于制造业和生产性服务业对土地租金等要素成本存在不同的需求弹性,从而当商务成本过高或过低时,两者的空间分布呈现离散的格局。

的空间距离有一定的要求,过小的空间距离容易在空间上产生挤出效应从而弱化空间互动效果,而过大的距离导致投入品共享、知识外溢等随地理距离的增加而衰减,使得双重集聚的互动性缺失,因此,适宜的空间距离有助于空间互动性的提高。

二、三产业协同集聚更多强调作为中间产品的生产性服务业与作为终端产品的制造业的有机联系,但受城市发展阶段和规模的影响,存在制造业与生产性服务业在产业链上匹配性不一致的矛盾,而区域性中心城市通过生产性服务业集聚的外部性作用弥补了周边城市制造业与生产性服务业匹配性的不足。高峰和刘志彪(2008)认为,影响生产性服务业和制造业的协同集聚既受到产业集聚的共性影响也受到一些特殊因素的影响,其中,中心城市的辐射是影响协同集聚的重要因素。一个城市实现生产性服务业与制造业协同集聚有两个来源:一是通过城市的内部化来实现,如通过制造业集聚所引致的需求来实现生产性服务业与制造业的匹配,但是在中国这样的大国背景下,由于存在诸多的城市,每个城市的工业化所处阶段不尽相同,那么与之相配套的生产性服务业也相应地存在一定的差别,特别是制造业的产业链处于动态的变化之中,这就对生产性服务业提出了不同的要求。基于中国服务业发展相对滞后的事实,生产性服务业与制造业在时间和空间上不是完全地契合,导致部分城市是相匹配的,而另外一部分是失配的,这就使得单纯依靠城市内部化难以实现二、三产业协同集聚,从而使得另外一个来源即中心城市对周边城市的辐射作用显得尤为重要。由于中国存在大量的城市,产业结构也存在一定的差异,有些城市处于制造业产业链的较高位置,需要高端的生产性服务业与之匹配,但由于生产性服务业作为知识密集型产业,需要相应的人力资本结构才能发展,而中心城市则具备了这个条件,这就使得中心城市通过辐射作用促进周边城市二、三产业协同集聚成为可能。二、三产业协同集聚实际上是基于生产性服务业与制造业产业链的互动视角,而且这种互动关系因制造业和生产性服务业分行业形态的不同而存在一定的差异性(Franke & Kalmbach,2005)。郑凯捷(2008)研究表明,制造业的跨区域分工的差异性将会通过中间需求力量来影响产业结构和服务业水平呈现不平衡的发展变化。郑才林(2008)揭示了不同阶段中,不同服务生产要素对产业集群竞争力产生显著影响的结构因素,也就是说,生产性服务业与制造业之间呈现相互作用和相互依赖的动态关系(Guerrieri & Meliciani,2005)。

因此,在考虑各个城市在产业链环节动态变化的情况下,需要各种生产性服务业与之相匹配,而中心城市多样化特征可以在较大程度上满足周边中小城市因产业结构变化而形成的对生产性服务业的需求。

假说 4:区域性中心城市有助于周边城市二、三产业协同集聚水平的提高。[①]

6.1.3 基于制度视角

从地区间的关系来看,在假说 4 中,本章认为区域性中心城市对周边城市的二、三产业协同集聚有着积极作用,但是这一命题的前缀是地区之间要素自由流动,或者说,这需要区域经济一体化作为前提条件。但是由于存在人为扭曲现象,使得中国目前存在较为严重的市场分割(Youung,2000),导致地区之间要素流动受阻,从而稀释了中心城市对周边城市的辐射和带动作用。而在市场分割条件下,由于地方保护导致各个地区的产业发展存在较为严重的产业同构现象,白重恩(2004)等人发现,在利税率较高以及国有化程度较高的产业,地方保护主义更趋严重,产业的地区集中度也相应较低。而在此基础上通过逆向传导发展起来的生产性服务业通过反馈作用使得当地的制造业逐渐偏离比较优势,进而使得制造业与生产性服务业在匹配上出现错位,从而影响二、三产业协同集聚。

从地区内部来看,由于制造业的产品更易于统计,特别是制造业的劳动生产率高于服务业,在目前中国以 GDP 为主的政绩考核体系下,出于政治锦标目的,许多地方政府更加偏好于工业的发展(刘培林等,2007),突出表现为大力发展各个级别的工业园区,并通过各种优惠措施吸引国内外企业进驻,从而

---

① 区域性中心城市对二、三产业互动效应的提高表现为对非区域性中心城市生产性服务业发展不足的弥补,当然,生产性服务业发展水平高的地区对欠发达地区的影响既可能存在正面影响,也有可能存在负面作用,而负面作用表现为对当地同行业的竞争。钟韵和闫小培(2006)曾研究了香港对广州的影响,她们的实证调查结果表明,香港的生产性服务业对广州生产性服务业同行业发展的负面影响不大。

在短期内能实现制造业的快速发展。相反地,由于有些生产性服务业如金融业涉及国民经济命脉,往往受到更大程度的管制,从而抑制了其发展(江小娟等,2004;刘培林等,2007),而较大的政府规模往往具有较强的行政干预能力,导致制造业集聚和生产性服务业集聚呈现不对称发展。汪德华等(2008)以114个国家为样本讨论了政府规模、法治水平与服务业发展的关系,他们认为,以一国法治水平来衡量的契约维护制度的质量与其服务业比重显著正相关,政府规模与其服务业比重显著负相关。不管是地区间的市场分割还是地区内部对制造业的过于追求,这些都与较强的行政干预能力密切相关。

假说5:政府规模与二、三产业协同集聚成反比关系。

6.2 模型设定与变量描述

6.2.1 方法与模型设定

为了验证上文提出的5个理论假说的可行性,文章根据5个假说定义5个核心变量进行求证。在研究思路上,本章采用逐步回归方法以检验系数估计的稳健性。在考虑5个核心变量的同时,我们还加入了外商直接投资(Fdi)、市场规模(Qysl)和工业企业整合价值链能力(Qycy)等控制变量。一般来说,面板模型形式主要有混合最小二乘法(Pool OLS)、固定效应(FE)和随机效应(RE)3种,由于模型核心变量中含有不随时间变化的空间距离变量,因此,本章在面板模型估计中采用了混合截面面板数据的估计方法,为了避免异方差问题,本章对变量进行了对数化处理。

在数据来源上,本章选取了286个地级及以上城市作为研究样本,数据主要来自2007—2009年《中国城市统计年鉴》,另外,我们在研究过程中还引入了各个省会城市到本省其他城市的距离以及三大都市圈的中心城市(北京、上海和广州)到全国各个城市距离的变量①,这部分数据来自2008版的《中国电

---

① 限于数据的可得性,本章假设在样本期内区域性中心城市到各个城市的最短铁路距离没有发生变化,由于本章样本期相对较短,铁路距离没有发生太大变化,因此,这一假设也是相对合理的。

子地图》(北京灵图软件技术公司和人民交通音像电子出版社)。本章具体模型设定为:

$$Ln(C_{rit} + m) = \alpha_0 + \alpha_j \sum_{j=1}^{2} Ln(Cost_{it})^j + \alpha_3 Ln(Ss_{it} + 1) + \alpha_4 Ln(Gov_{it})$$

$$+ \alpha_5 Ln(Capital_i) + \alpha_k \sum_{k=6}^{8} X_{(k-5)it} + u_{1it} \tag{1}$$

其中:m 为常数,由于本章计算的二、三产业协同集聚度存在负值,因此本章在因变量上加上一个正数予以平滑,而且由于二、三产业分行业配对不同,m 取值也不同。同样地,在自变量中,Fdi 和 Ss 存在 0 值或负值,本章通过对(Fdi +1)和(Ss+1)取对数的方法进行处理,以避免在取对数过程中对零值的剔除导致数据缺失(missing data)。另外,本章将空间变量纳入分析框架,在(1)式中,主要考虑了省会城市对省内其余城市产业协同集聚的影响,由于距离较短,只考虑了线性关系,同时,本章还考虑了上海、北京和广州三大都市圈的中心城市对其余城市的影响,由于空间距离较大,基于新经济地理学中有关城市体系的“中心 — 外围”理论,本章还考虑了如下模型:

$$Ln(C_{rit} + m) = \beta_0 + \beta_j \sum_{j=1}^{2} Ln(Cost_{it})^j + \beta_3 Ln(Ss_{it} + 1) + \beta_4 Ln(Gov_{it})$$

$$+ \beta_k \sum_{k=5}^{7} Ln(Bigcity_i)^{k-4}$$

$$(Bigcity = Shanghai, Beijing, Guangzhou) + \beta_n \sum_{n=8}^{10} X_{(n-7)it} + u_{2it} \tag{2}$$

其中:α_0、β_0 为常数项,而 α_j、α_3、α_4、α_5、α_k 为第一个模型的待估系数,β_j、β_3、β_4、β_k、β_n 为第二个模型的待估系数,u_{1it} 和 u_{2it} 分别为两个模型的误差项。

6.2.2 变量描述

(1)C_{rit} 表示第 i 个城市第 t 期的生产性服务业与制造业的协同集聚程度,由于 $C(r)$ 指数只是从产业层面反映全国二、三产业协同集聚水平,不能反映单个地区的二、三产业协同集聚程度,因此,在实证研究上,本章借鉴刘志彪、郑江淮等人(2008)的方法构建反映全国 286 个地级及以上城市的二、三产业协同集聚程度的面板数据库,主要思路是首先构建地区 j 产业 i 的集聚指数,即:

$$\eta_{ij} = \dfrac{\sum\limits_{k} E_{ik} * e^{-T_{jk}} / \sum\limits_{k} e^{-T_{jk}} \Big/ E_{.j}}{E_{i.} / E}$$

其中:E_{ik} 是第 k 个城市第 i 个产业的产值,$E_{.j}$ 是城市 j 的产值,$E_{i.}$ 是整个地区产业 i 的产值,E 是地区的总产值,T_{jk} 是城市 j 到城市 k 的距离测度,用乘火车的小时数来衡量,$T_{ii} = 0$,这里根据城市距离对城市 k 及其周边城市的产业 i 的产值进行了加权,以获得地理上的集聚水平,为计算方便,本章采用了区位商指标进行简化处理。在此基础上,使用集聚指数的相对差异大小来衡量地区 k 产业 i 和产业 m 的协同集聚水平:

$$\gamma_{imk} = 1 - \dfrac{\left| \eta_{ik} - \eta_{mk} \right|}{\eta_{ik}}$$

该指数越大,地区 k 产业 i 和产业 m 的集聚水平越接近,协同集聚水平越高。

(2)Link 表示生产性服务业与制造业的前后向关联。由于缺乏各个城市的投入产出数据,只能通过一些方法大致估算,本章在借鉴 Hanson(1998)的基础上,我们认为,由于生产性服务业作为制造业的上游产业,生产性服务业投入越大,其与制造业的前后向联系越密切,因此,本章将生产性服务业从业人员与制造业从业人员比重与全国相应指标的比值作为衡量依据[①],我们预期其符号为正。

(3)Ss 表示生产性服务业与制造业的知识外溢程度,本章用师生比(高等学校教师数量与学生数量的比重)表示。尽管在制造业内部和生产性内部都强调知识外溢的重要性,但作为具有前后向关联产业,制造业与生产性服务业之间也同样存在一定程度的知识外溢。有些学者(金煜,2006)用地区人口平均受教育年限表示,但受数据限制,本章采用师生比指标,我们预期其符号为正。

(4)Cost 表征商务成本水平,在以往的研究中,很多学者都只注重要素成本对城市产业结构的影响,如 Kanemoto、Ohkawara 和 Suzuki(1996)在研究日

---

① 严格地来说,生产性服务业不是完全用于制造业的中间投入,部分还用于其他生产性服务业,因此,在这一指标前还应乘以一个权重,但是由于各个城市的系数不一样,为了简化处理,本章未考虑这一权重问题,但不影响本章的结论,而且本章将这一比值除以全国比值也在一定程度上消除了这一影响。

本最优城市规模时曾估计过不同类型的城市土地类型的价格①,本章同时将要素成本和交易成本纳入计量范畴。在具体度量上,我们参考安礼伟等人(2004)的方法构建了反映 286 个城市商务成本的指标体系,同时,由于数据所限,本章对该指标体系作了简化处理,构建了二级指标体系②。根据理论假说,商务成本与二、三产业协同集聚成"倒 U 形"关系,因此,我们预期一次项系数为正,二次项系数为负。

(5)Capital 刻画省会城市的辐射作用,以此来验证假说 4 的可行性。衡量中心城市对次中心城市的辐射能力有两种方法:一种是根据中心城市和次中心城市的贸易流量,贸易额越高,说明城市之间的经济联系越密切,中心城市的辐射作用越明显,反之,则不明显;另一种方法则是考虑地理因素,根据各个次中心城市到中心城市的空间距离来表示,一般来说,距离中心城市越近,受其影响就越大,已经有学者(许政等,2010)做过类似的研究。由于目前缺少城市间贸易流的数据,因此,本章采用了第二种方法,即用中心城市到次中心城市的最短铁路距离③和空间直线距离④来衡量,而且一般也通常采用公路或铁路距离来估计城市之间的空间关系(Brülhart & Koenig, 2006;Partridge et al. , 2009)。同时,由于有些城市尚未开通铁路以及虽然有些地方已经开通铁路但数据库中未能体现,而且在这个变量上我们需要剔除省会城市和直辖市

---

① 该土地价格的估计方程为:$lnP = \alpha_0 + \sum_{i=1}^{7}\alpha_i D_i + bt$,其中,$P$ 表示土地价格,D 表示除了居民区外的城市土地类型的虚拟变量,t 表示到中心城市的距离。

② 其中,一级指标主要分为要素成本与交易成本,而要素成本进一步可细分为人力要素成本、土地房产成本和水汽成本;交易成本则可细分为基础设施状况、投资信息获取成本、金融服务便利度、区域产业集聚度、企业税费负担、市场机制发育程度和人力要素可得性。

③ 衡量一个城市到另一个城市的距离有两种方法:一种是比较简单的根据地图比例来刻画两个城市间纯粹的自然空间距离,这种方法一个很大的缺陷在于没有考虑复杂的地理特征;另一种就是交通距离,如公路距离、铁路距离等,按照理论分析,不管是用公路距离还是用铁路距离,计量结果的经济意义应该是一致的,而与此相伴随的一个变量就是旅行时间,应该说,距离越短,所需的时间也应越少,因此,两者是高度线性相关的,本章只考虑了铁路的距离,而没有考虑公路距离和旅行时间,但根据理论逻辑的推断,结果应该是差不多的。黄玖立和李坤望(2006)曾以省会城市之间最短的公路距离作为工具变量来研究出口开放、地区市场规模和经济增长的关系。

④ 本章采用的最短铁路距离和空间直线距离各有利弊,铁路距离主要考虑到不同地方的地形和地貌(如高山、江河、湖泊等)的差异性,而铁路距离这一变量有可能会产生内生性问题,而空间直线距离则可以避免这一问题。

的样本,因此,本章实际样本城市为212个。

(6)Bigcity 表示中心城市对其他城市的辐射作用,这种情况实际上是在上一个变量基础上进行的空间拓展。由于我们国家存在三大都市圈(长三角、珠三角和京津唐),这三大都市圈的核心城市不仅仅是区域性的中心城市,更是全国性的中心城市,而且这三大都市圈的辐射范围也存在一定的差异(孟可强、陆铭,2011),我们感兴趣的是这三大全国性的中心城市是否对二、三产业协同集聚发挥积极作用。因此,本章采用了三大都市圈的中心城市到各个城市的铁路距离①来进一步研究作为全国性的中心城市对产业协同集聚的影响,我们用 $Beijing_i$、$Shanghai_i$ 和 $Guangzhou_i$ 分别表示北京、上海和广州到各个城市的铁路里程。在样本选择上同样基于第一种情况,北京至各个城市的样本为238个,上海至各个城市的样本数量为237个以及广州至各个城市的样本为236个。

(7)Gov 表示城市的政府规模,一般来说,政府规模越大,其对市场干预能力也越强,往往容易导致地方保护主义。实际上,分割存在于两个或两个以上地区,如以 Naughton(1999)为代表的贸易法和以 Youung(2000)为代表的生产法等都提出了衡量分割的方法。本章基于数据的可得性,用政府的干预程度来衡量分割水平,而政府的干预程度由非公共财政支出占全部财政支出的比重来表示,而非公共财政支出=地方财政一般预算内支出-科学支出-教育支出-抚恤和社会福利救济-社会保障补助支出,我们预期其系数符号为负。

此外,我们还考虑了以下控制变量(X):

(X1)对外开放程度:本章用外商直接投资表示。Sharmistha (1989)实证分析了在美国影响 FDI 的主要因素,研究发现 FDI 逐渐从制造业流入服务业部门,而且近几年中国服务业 FDI 比重也在逐步上升,因此,我们认为 FDI 是有助于二、三产业协同集聚的。考虑到 FDI 发生作用有一定的滞后性,本章采用了 FDI 存量指标。FDI 存量计算方法参照资本存量计算方法,我们以2006—2008年为时限,2006年第 i 城市的 FDI 存量为:

---

① 在衡量这三个城市到各个城市距离时分为直达和一次中转两类,如果存在直达的线路,我们取其最小值而不考虑其他的中转方式,如果不存在直达线路,而存在中转线路,我们只考虑一次中转所需的最短距离,而不考虑二次中转以及其他的线路。

$$FDI^i_{2006} = \frac{fdi^i_{2006}}{g^i + \alpha}$$

其中:fdi^i_{2006}表示 2006 年第 i 个城市当年的 FDI 流量,根据当年汇率进行了换算,g^i 表示第 i 个城市 2006 年到 2008 年的人均 GDP 增长率,α 采用 6% 作为折旧率(Hall & Jones,1999),2006 年以后年份的 FDI 存量采用永续存盘法公式计算:

$$FDI_i(t) = FDI_i(t-1) - \alpha FDI_i(t-1) + fdi_i(t)$$

(X2)市场规模(qysl):本章用工业企业数量表示。Francois(1990)认为,随着市场的扩张,企业数量和生产规模会扩大,生产过程得到更加细分,从而提高生产的专业化程度,而更为细化的分工也使得二、三产业在更高层次的平台上实现协同集聚,我们预期该变量系数符号为正。

(X3)工业企业整合价值链能力(qycy):本章用企业的平均就业人数表示。一般来说,那些价值链整合能力强的企业可能更容易实施服务化战略,自设研发、营销、投资、物流乃至地产开发等部门(顾乃华,2010),因此,我们预期该变量系数为负。

6.3 假说检验及讨论

6.3.1 空间视角的分析

根据上文设定的模型和变量定义,表 6.1 给出了模型的回归结果,其中,模型(1)~模型(4)是根据逐步回归法以全国为样本考察了主要变量回归结果的稳定性,模型(3)则是在模型(2)核心变量基础上引入了外商直接投资等控制变量,回归结果显示,这 5 个核心变量都表现出预期的设想,从各个核心变量的系数变化来看,各个估计系数基本上在较小的区间上波动,说明本章 5 个核心变量系数的估计结果是稳健的,这表明本章从 3 个维度提出的关于二、三产业协同集聚实现机制的 5 个假说初步得到经验研究的支持。此外,考虑到中国地域广阔,东中西部城市发展不平衡,在人力资本的分布、城市发展状况、中心城市与次中心城市的互动性等都存在明显的差异性的情况下,本章将研究样本分为东部地区和中西部地区，分别加以考察，其中东部地区包括北京、河北、天津、辽宁、山东、江苏、上海、浙江、福建、广东和海南等 11 个省市共 75 个城市，而剩余的为中西部地区共计 137 个城市，模型(5)～(8)分区域报告了回归结果。

表 6.1　中国二、三产业协同集聚实现机制回归结果（空间视角）

解释变量	以 $Ln(C_m+m)$ 为被解释变量$(m=7)$							
	全国样本				东部地区样本		中西部地区样本	
	(1)	(2)	(3)	(4)	(5)	(6)	(7)	(8)
Constant	−28.382*** (5.191)	−16.507*** (4.997)	−15.08*** (4.803)	−15.29*** (4.811)	−5.829 (5.852)	1.682*** (0.346)	−24.872*** (7.456)	−15.394** (6.797)
Ln(Cost)	15.782*** (2.751)	9.831*** (2.639)	9.033*** (2.531)	9.154*** (2.535)	4.036 (3.089)	0.198** (0.088)	14.317*** (3.941)	9.004** (3.601)
Ln(Cost)²	−2.052*** (0.364)	−1.292*** (0.349)	−1.187*** (0.335)	−1.204*** (0.335)	−0.511 (0.408)		−1.89*** (0.521)	−1.186** (0.476)
Ln(Gov)	−0.243*** (0.07)	−0.044 (0.069)	−0.094 (0.066)	−0.086 (0.067)	−0.022 (0.107)	0.086 (0.108)	−0.113 (0.085)	−0.221*** (0.077)
Ln(Ss+1)		0.595** (0.238)	0.429* (0.228)	0.431* (0.228)	0.225 (0.603)	0.139 (0.609)	0.681*** (0.257)	0.402* (0.232)
Ln(Capital)①		−0.046*** (0.008)	−0.038*** (0.008)		−0.028** (0.011)	−0.024** (0.011)	−0.058*** (0.0108)	−0.03*** (0.01)
Ln(Capital)②				−0.042*** (0.009)				
Ln(Link)		0.076*** (0.008)	0.092*** (0.01)	0.093*** (0.01)	0.154*** (0.013)	0.146*** (0.018)	0.047*** (0.011)	0.062*** (0.011)
Ln(Fdi+1)		0.018*** (0.003)	0.017*** (0.003)		−0.026*** (0.009)		0.015*** (0.003)	
Ln(Qycy)			−0.0258* (0.015)	−0.0256* (0.0147)		−0.0278 (0.026)		−0.008 (0.016)
Ln(Qysl)			−0.006 (0.009)	−0.0057 (0.009)		0.028* (0.015)		0.044*** (0.015)
Ad-R²	0.0827	0.2106	0.2872	0.2845	0.4517	0.4733	0.1581	0.3282
obs	212*3	212*3	212*3	212*3	75*3	75*3	137*3	137*3

注：括号里的数值表示标准差，*** 代表 1% 的显著性水平，** 代表 5% 的显著性水平，* 代表 10% 的显著性水平。Ln(Capital)① 表示省会城市到各个城市的最短铁路距离，Ln(Capital)② 表示省会城市到各个城市的空间直线距离。另外，考虑到因变量中存在负值，本章因变量中取 m=7 则可以刚好消除因变量负值带来的不利影响，作者也曾检验过 m=8 或其他值，结果表明本章研究结论仍然是成立的，表 6.2、表 6.3 和表 6.4 中因变量 m 的取值也仍然遵循这种原则。

全国层面的回归模型和分区域层面回归模型两个维度的研究有力地论证了本章所提出的 5 个假说：

(1)产业关联效应对二、三产业协同集聚具有显著的正向促进作用，提高一个单位的产业关联度可以提高 0.09 个单位的二、三产业协同集聚度,这一研究结果印证了新经济地理学所指出的产业关联促使上下游产业集聚的结论,这主要可以解释为生产性服务业与制造业之间不仅存在上下游的投入产出关系,而且两者的需求还存在互为传导。另外,这一变量效应的区域差异不大,不管是东部地区还是中西部地区两者系数均在 1% 水平上显著。

(2)代表知识外溢程度的师生比指标表现出与二、三产业协同集聚明显的正向关系,而且在 10% 的水平上显著,提高 1 个师生比的百分点,二、三产业协同集聚度将提高 0.429 个百分点。结合单个产业集聚的影响因素研究,说明知识外溢不仅在产业内存在,同时在产业间也仍然存在,而本章的假说 1 和假说 2 也是从侧面论证了 Marshall 外部性在解释二、三产业协同集聚上的可行性,这也间接印证了 Ellison 等人(2010)的研究结论,同时,由于样本选择问题,东部地区这一变量并不显著。

(3)与城市规模相关的商务成本与二、三产业协同集聚表现出预期的倒 U 形的特征,说明存在一个均衡值得二、三产业协同集聚达到最优水平。根据计算,当商务成本达到 44.93 时可以实现最大化的产业协同集聚度,过了这个"拐点"之后,商务成本水平与二、三产业协同集聚度成反向关系,这也意味着当商务成本达到 44.93 时,二、三产业协同集聚度开始下降,在空间上表现为二、三产业趋于分离,二、三产业从以互补效应为主向挤出效应为主转变。从研究样本来看,只有 23.11% 的样本点在"倒 U"曲线的右侧(由于在该样本中剔除了各个省会城市和直辖市,因此,实际数量应该还会增加),也就是说,目前 76.89% 的样本城市的二、三产业协同集聚仍然处于随商务成本上升而提高的阶段。从东西部比较来看,东部地区商务成本与协同集聚度呈线性关系,而中西部这一均衡值是 44.52,这说明相较于中西部地区,东部地区城市规模更有拓展的空间和增长效率。

(4)在现有文献中,很多学者都将产业集聚研究集中在产业层面,而忽视了空间视角,本章引入的空间变量 Ln(Capital) 系数显著为负(-0.038)说明,越靠近省会城市越有助于二、三产业协同集聚。省会城市对其他城市的辐射作用一方面得益于在一个省内部受地方保护程度相对较小,省会城市的辐射作用较少受到弱化,另一方面在于省会城市距离其他城市距离相对较短。当然,也有学者对区域中心城市在现阶段是否能真正通过辐射作用带动次中心城市提出质疑,如顾乃华(2010)的研究结果表明,所在省的生产性服务业发展水平对所辖城市生产性服务业发挥对工业的外溢效应存在负作用①。另外,在模型(2)和模型(3)中,本章主要引入了省会城市到各个城市的最短铁路距离以考察区域性中心城市的辐射作用,但用铁路距离可能会导致内生性问题,从而影响模型系数估计的有效性,因此,为避免这一问题,在模型(4)中,本章用空间直线距离来度量,研究发现,结论仍然是成立的。

(5)政府规模对二、三产业协同集聚的影响也表现出预期的负相关(−0.094),但未能通过显著性检验。而从分地区来看,中西部城市受政府规模影响更大,这可解释为政府规模越大,干预能力越强,从而导致的地方保护将会增加地区间的贸易成本,会降低产业的地区集中度(白重恩等,2004),从而阻碍了二、三产业协同集聚的形成。而东部地区影响相对较小,主要在于东部地区市场化水平高,政府的服务意识强烈,这使得东部地区在产业管制、市场进入门槛上较中西部地区宽松,这也使得目前很多东部地区"小政府、大社会"的社会结构逐渐成形,而中西部地区受传统的计划经济影响较大,从而表现出过多的行政干预。

(6)模型(3)和模型(4)在引入了控制变量后,核心变量系数依然显著,而从控制变量来看,FDI与二、三产业协同集聚表现出预期的正相关关系,FDI促进产业协同集聚主要体现在FDI来源的构成上,从统计数据来看,2000年中国实际利用的FDI中,制造业占63.48%,服务业占25.7%,而到2009年,FDI中制造业下降至51.95%,服务业则上升至42.79%,而服务业FDI的增加对工业企业的生产效率具有显著的提升作用(韩德超,2011),从而促进了二、三产业的协同集聚。此外,工业企业整合价值链能力表现出预期的负相关关系,而市场规模这一变量则未通过显著性检验。

6.3.2 空间视角的拓展

上文的空间视角仅限于省会城市对所在省其他城市的辐射影响,但在实

---

① 他将这一计量结果解释为我国城市之间生产性服务业发展缺乏有效的区域分工,导致城市间存在比较严重的生产性服务业重复发展和结构趋同。

际经济中,这种辐射作用往往是跨区域的,因此,有必要对空间视角进行一个拓展。根据新经济地理学理论,Fujita 和 Mori(1996)、Fujita 等(1999)发现,在单中心的城市体系中,呈现出到中心城市距离和当地市场潜力之间"倒 S形"的曲线关系,也就是说,中心城市对其余城市经济发展的影响是非线性的,但这种影响有个前提就是在一个广域的空间范畴。因此,借鉴这一研究思路,本章试图探究中心城市对其余城市二、三产业协同集聚是否也存在这种关系,根据式(2)的模型设定,本章分别考虑以北京、上海和广州为代表的全国中心城市对其余城市产业协同集聚的影响,表 6.2 给出了该模型的回归结果。

表 6.2　中国二、三产业协同集聚实现机制空间视角的拓展

解释变量	以 $Ln(C_{nt}+m)$ 为被解释变量(m=7)					
	Bigcity=Beijing		Bigcity=Shanghai		Bigcity=Guangzhou	
	(9)	(10)	(11)	(12)	(13)	(14)
Constant	−5.499 (3.753)	−5.311 (4.11)	−9.201** (3.756)	−16.9*** (4.074)	−7.253* (3.744)	−6.267 (3.902)
Ln(Cost)	3.987** (1.987)	3.825* (1.982)	5.693*** (1.989)	5.511*** (1.933)	4.774** (1.987)	4.691** (2.012)
$Ln(Cost)^2$	−0.526** (0.265)	−0.503* (0.264)	−0.75*** (0.265)	−0.725*** (0.257)	−0.632** (0.265)	−0.621** (0.268)
Ln(Gov)	−0.079 (0.061)	−0.077 (0.061)	−0.116* (0.061)	−0.116* (0.06)	−0.088 (0.062)	−0.085 (0.062)
Ln(Ss+1)	0.442** (0.218)	0.414* (0.218)	0.239 (0.218)	0.325 (0.212)	0.4* (0.222)	0.415* (0.224)
Ln(Link)	0.093*** (0.0077)	0.095*** (0.008)	0.083*** (0.008)	0.077*** (0.008)	0.0934*** (0.0078)	0.094*** (0.008)
Ln(Fdi+1)	0.017*** (0.002)	0.0177*** (0.002)	0.021*** (0.002)	0.02*** (0.002)	0.019*** (0.0022)	0.0188*** (0.002)
Ln(Bigcity)	−0.025*** (0.008)	−0.121 (0.824)	0.039*** (0.009)	3.581*** (0.843)	0.01 (0.007)	−0.393 (0.343)
$Ln(Bigcity)^2$		0.036 (0.13)		−0.513*** (0.131)		0.063 (0.057)
$Ln(Bigcity)^3$		−0.003 (0.007)		0.024*** (0.007)		−0.003 (0.003)
Ln(Qycy)	−0.03** (0.012)	−0.029** (0.0122)	−0.036*** (0.012)	−0.031** (0.012)	−0.025** (0.0122)	−0.025** (0.013)

续表

解释变量	以 $Ln(C_{rit}+m)$ 为被解释变量($m=7$)					
	Bigcity=Beijing		Bigcity=Shanghai		Bigcity=Guangzhou	
	(9)	(10)	(11)	(12)	(13)	(14)
Ad-R^2	0.2711	0.2756	0.2686	0.3094	0.2588	0.2586
obs	238*3	238*3	237*3	237*3	236*3	236*3

注:括号里的数值表示标准差值,＊＊＊代表 1％的显著性水平,＊＊代表 5％的显著性水平,＊代表 10％的显著性水平。

表 6.2 中模型(9)～(14)从更大的空间范畴考量了二、三产业协同集聚的实现机制,本章 5 个假说命题继续得到印证,但本章将重点考察空间变量的影响。对这一变量的检验,同样采用逐步回归法,模型(9)、(11)和(13)考察了一次项的关系,而模型(10)、(12)和(14)则是引入了三次项以考察中心城市对其余城市是否存在非线性的影响。研究结果表明,北京和广州对其余城市的产业协同集聚的影响不存在非线性关系,而上海则存在较为明显的三次项关系,根据空间距离变量系数可计算得在 450 千米的范围内(这一空间范围基本上涵盖了长三角各个城市到上海的空间距离),上海对这些城市的二、三产业协同集聚成负相关关系,对这一现象我们解释为,在长三角地区由于区域一体化的推进和商务成本的提高,上海和周边城市形成了二、三产业在空间上的离散化,从而导致形成了上海与周边城市的专业化分工,虽然这会降低单个城市的二、三产业协同集聚程度,但通过产业转移和空间结构调整,可以实现长三角地区广域空间上的更高层次的产业协同集聚。广州和北京并没有在珠三角地区和京津唐地区表现出类似于长三角的发展特征,钟韵(2007)利用珠三角制造业企业问卷调查和广州生产性服务业机构问卷调查发现,目前珠三角的制造业消费来自广州的生产性服务业确实很少,她认为珠三角制造业对生产性服务业的专业化要求较低是制造业对生产性服务业的需求本地化和内部化的主要原因。

6.3.3 行业视角的考察

空间视角从全行业角度剖析了制造业与生产性服务业形成协同集聚的内在机制,但是由于生产性服务业的分行业间存在较大的差异性,制造业与不同生产性服务业行业之间的配对组合在内在机制上可能存在不同的特点。因此，为刻画这种特征，这部分主要考察不同行业配对组合的实现机制。另外，鉴于数据所限，本章主要考虑制造业与生产性服务业分行业的配对组合情况，即制造业—交通运输、仓储及邮政业（ZZJT）、制造业—信息传输、计算机服务及软件业（ZZXX）、制造业—金融业（ZZJR）、制造业—房地产（ZZFC）、制造业—租赁和商务服务业（ZZZL）、制造业—科学研究、技术服务和地质勘查业（ZZKX）、制造业—教育（ZZJY）。在研究方法上，本章仍然采用混合截面数据估计方法分别对这 7 个行业配对进行独立样本回归，表 6.3 报告了制造业与生产性服务业分行业的协同集聚回归结果，在制造业与生产性服务业分行业协同集聚中，5 个假说继续得到不同程度的验证：

第一，在模型（15）～（21）中，产业关联系数均在 1％ 水平上显著为正，这说明尽管生产性服务业的分行业存在显著的差异性，但是其与制造业的关联效应始终存在，而且从行业组合来看，制造业与交通运输、仓储及邮政业的关联效应最为显著，这也与贸易成本、运输费用在制造业集聚中的显著作用有关。

第二，在模型（15）、（16）、（17）和（20）中，知识外溢对于促进制造业与交通运输、仓储及邮政业、信息传输、计算机服务及软件业、金融业和科学研究、技术服务和地质勘查业的协同集聚作用并不是很明显，这可以归结为制造业与这些生产性服务业之间存在较大的知识差异性，行业之间的进入壁垒较大。

表 6.3　制造业与生产性服务业分行业协同集聚回归结果

变量	Ln(ZZJT+m) m=8	Ln(ZZXX+m) m=16	Ln(ZZJR+m) m=6	Ln(ZZFC+m) m=20	Ln(ZZZL+m) m=30	Ln(ZZKX+m) m=27	Ln(ZZJY+m) m=13
解释变量	(15)	(16)	(17)	(18)	(19)	(20)	(21)
Constant	−15.796 (9.957)	3.999 (4.99)	−7.184 (5.225)	10.404 (10.157)	−12.912* (7.064)	3.487*** (0.355)	−30.008*** (5.366)
Ln(Cost)	9.448* (5.248)	−0.639 (2.63)	4.931* (2.754)	−3.696 (5.352)	8.385** (3.723)	0.181* (0.084)	17.231*** (2.828)
Ln(Cost)²	−1.235* (0.694)	0.087(0.348)	−0.644* (0.365)	0.476(0.708)	−1.073** (0.493)	—	−2.265*** (0.374)
商务成本均衡值	均衡值 =45.84	无均衡值	均衡值 =45.98	无均衡值	均衡值 =49.75	无均衡值	均衡值 =44.87
Ln(Gov)	0.098 (0.137)	−0.018 (0.067)	0.033 (0.072)	−0.44*** (0.138)	−0.276*** (0.095)	−0.021 (0.09)	−0.24*** (0.073)

续表

变量	Ln(ZZJT+m) m=8	Ln(ZZXX+m) m=16	Ln(ZZJR+m) m=6	Ln(ZZFC+m) m=20	Ln(ZZZL+m) m=30	Ln(ZZKX+m) m=27	Ln(ZZJY+m) m=13
Ln(Ss+1)	0.515 (0.472)	0.154 (0.238)	−0.042 (0.251)	1.828*** (0.485)	0.654* (0.341)	0.444 (0.32)	0.572** (0.259)
Ln(Capital)	−0.041** (0.017)	−0.012 (0.008)	−0.04*** (0.009)	−0.016 (0.017)	−0.008 (0.012)	−0.04*** (0.011)	−0.021** (0.009)
Ln(Link)	0.197*** (0.021)	0.045*** (0.009)	0.045*** (0.01)	0.111*** (0.021)	0.052*** (0.012)	0.044*** (0.009)	0.034*** (0.009)
Ln(Fdi+1)	0.029*** (0.006)	0.0033 (0.003)	0.002 (0.003)	0.056*** (0.006)	0.019*** (0.005)	0.017*** (0.004)	0.013*** (0.003)
Ln(Qycy)	−0.026 (0.03)	0.001 (0.015)	−0.02 (0.016)	−0.143*** (0.003)	−0.042* (0.021)	−0.078*** (0.019)	−0.042** (0.016)
Ln(Qysl)	−0.036* (0.02)	−0.008 (0.01)	−0.01 (0.01)	−0.055*** (0.019)	−0.019 (0.013)	−0.073*** (0.012)	−0.007 (0.011)
Ad-R²	0.2487	0.0528	0.0834	0.2423	0.1341	0.142	0.1687
obs	212*3	212*3	212*3	212*3	212*3	212*3	212*3

注:括号里的数值表示标准差值,***代表1%的显著性水平,**代表5%的显著性水平,*代表10%的显著性水平。在模型(16)和(18)中,商务成本(cost)系数在一次项线性关系上并不显著,因此,本章只列出了二次项的非线性关系的系数。在模型(20)中,商务成本的二次项系数不显著,因此,本章只给出了一次项系数。

第三,制造业与不同生产性服务业行业存在不同商务成本的均衡值,其中,在模型(19)中,商务成本对制造业与租赁和商务服务业的协同集聚的影响存在最大的均衡值为49.75,目前仅有28个样本城市(占样本总数的4.4%)超越了这一"拐点",而均衡商务成本最小出现在模型(20)中制造业与教育业的协同集聚为44.87,也就是说,制造业和生产性服务业分行业协同集聚在空间上的分离存在时序上的差异,最先分离的是制造业与教育业,最后分离的是制造业与租赁和商务服务业。从样本统计来看,大部分的样本都大大低于这些均衡值,进而说明目前中国城市规模还有很大的拓展空间。

第四,上文研究结果表明,省会城市对其余城市的产业协同集聚有一定的带动作用,但从分行业来看,这种辐射效应则存在一定的差异。根据回归结果,省会城市对制造业与信息传输、计算机服务及软件业、制造业与房地产以及制造业与租赁和商务服务业的协同集聚的辐射作用并不显著,这说明制造业对这些生产性服务业实现了需求本地化和内部化,换句话说,省会城市与省内其他城市实现了一定程度的生产性服务业专业化,而在影响较为显著的行业配对中,省会城市对省内其他城市的制造业与交通运输、仓储及邮政业的协同集聚带动作用最大(－0.041)。

第五,政府规模对二、三产业协同集聚的影响也表现出行业异质性特征,如行政干预对制造业与交通运输、仓储及邮政业、信息传输、计算机服务及软件业、金融业和科学研究、技术服务和地质勘查业的协同集聚作用并不是很明显,而对其他行业的协同集聚则表现出与预期相符的显著的负相关关系。

6.3.4　稳健性检验

为了考察以上研究结论是否稳健,本章从其他角度对5个假说命题做了稳健性检验,表6.4报告了二、三产业协同集聚实现机制的稳健性检验结果。

首先考虑到一些异常样本的存在可能导致计量分析的偏误,例如一些规模相对较小的城市可能会存在难以控制的变量,因此,本章将研究样本划分为城市人口规模大于400万人和小于400万人两部分(前者样本数为92×3,后者样本数为118×3),表6.4的模型(22)～(25)报告了基于城市规模划分的稳健性检验结果。此外,有些样本在样本期从人口规模小于400万进入大于400万,为保持研究样本的稳定性和面板数据结构的平稳,本章将这一部分样本剔除(河北的廊坊市和广东省的清远市)。在研究思路上,本章同样根据逐步回归法,在模型(22)和(24)中考察主要的核心变量在不同城市规模中的显著性,在模型(23)和(25)中则引入了控制变量做进一步考察。回归结果显示,在两组城市规模分类中,主要核心变量的系数至少在10%的水平上显著,系数符号也基本上符合理论分析,本章关于二、三产业实现协同集聚的内在机制基本上得到了进一步的验证。此外,本章还基于样本划分对制造业与生产性服务业分行业的协同集聚进行了稳健性检验[1],结果表明5个假说命题得到不同程度的验证。

---

[1]　由于篇幅限制,本章未给出分行业的协同集聚稳健性检验结果。

表 6.4　二、三产业协同集聚实现机制的稳健性检验

解释变量	以 $Ln(C_{rit}+m)$ 为被解释变量（m＝7）					
	人口规模大于 400 万		人口规模小于 400 万		空间变量的切换	
	(22)	(23)	(24)	(25)	(26)	(27)
Constant	−18.484*	−14.802	−21.277***	−21.562***	−15.908***	−14.888***
	(10.912)	(10.818)	(6.604)	(6.119)	(5.026)	(4.864)
Ln(Cost)	11.164*	9.384*	12.222***	12.27***	9.449***	8.912***
	(5.834)	(5.781)	(3.47)	(3.208)	(2.654)	(2.562)
Ln(Cost)²	−1.507*	−1.263*	−1.59***	−1.605***	−1.249***	−1.169***
	(0.78)	(0.773)	(0.456)	(0.442)	(0.351)	(0.339)
Ln(Gov)	0.188**	0.208***	−0.2*	−0.284***	−0.056	−0.107*
	(0.078)	(0.078)	(0.105)	(0.098)	(0.069)	(0.067)
Ln(Ss+1)	0.385	0.442	0.624***	0.334	0.68***	0.491*
	(0.461)	(0.456)	(0.302)	(0.28)	(0.239)	(0.231)
Ln(Capital)①	−0.031***	−0.028***	−0.056***	−0.029**		
	(0.01)	(0.01)	(0.013)	(0.012)		
Ln(Link)	0.071***	0.034**	0.076***	0.105***	0.075***	0.086***
	(0.01)	(0.016)	(0.013)	(0.014)	(0.008)	(0.01)
Ln(Capital)③					−0.044***	−0.027***
					(0.008)	(0.008)
Ln(Fdi+1)		0.004		0.018***		0.017***
		(0.007)		(0.004)		(0.003)
Ln(Qycy)		−0.003		−0.026		−0.031**
		(0.026)		(0.019)		(0.0148)
Ln(Qysl)		−0.047***		0.018		−0.01
		(0.016)		(0.014)		(0.0096)
Ad-R²	0.1968	0.2196	0.236	0.3616	0.2052	0.2733
obs	92*3	92*3	118*3	118*3	212*3	212*3

注：括号里的数值表示标准差值，*** 代表 1% 的显著性水平，** 代表 5% 的显著性水平，* 代表 10% 的显著性水平，Ln(Capital)① 见表 6.1 说明，Ln(Capital)③ 表示各个城市到最近大城市的距离。另外，在稳健性检验中，模型(23)中的变量 Ln(Cost)、Ln(Cost)² 以及模型(27)中的变量 Ln(Gov)分别在 10.57%、10.35% 和 10.85% 水平上显著，本章都近似认为其在 10% 水平上显著。

从空间维度来看，模型(3)和(4)表明以省会城市为代表的区域性中心城市对二、三产业协同集聚有显著的促进作用，但是实际上，有些城市距离省会城市较远，而距离邻省大城市更近，因此，可能受这些城市的影响更大。为从

多个维度考察空间变量的影响,本章在省会城市影响的基础上,还进一步研究了各个城市二、三产业协同集聚是否受最近大城市的影响,为印证这种效应,本章在模型(26)和(27)中引入了各个城市到最近大城市的铁路距离变量,回归结果表明,跨省市大城市的辐射作用是存在的,而且在1%水平上显著。这一变量还反映了另外一个问题,即由于各个城市到最近大城市的距离有可能是跨省的,根据之前的研究,这种辐射作用会受行政干预的影响,但是在此情况下,这一变量仍然显著说明尽管城市之间的行政干预阻碍了要素流动,从而弱化了地区二、三产业协同集聚的形成,但是邻省大城市的辐射带动作用仍然发挥作用,这也说明二、三产业协同集聚是多个空间维度共同作用的结果。

6.4　进一步讨论

另外,根据第4章的研究可以发现,海洋二、三产业协同集聚程度明显高于其他海洋产业组合,而且还存在集聚水平不断强化的趋势,因此,本部分通过构建"产业互动—空间因素—海陆联动—外部动力"的理论分析框架来解释海洋二、三产业协同集聚的形成机制问题。

6.4.1　基于产业互动视角

以 Marshall 为代表的新古典经济学认为产业集聚存在 3 个外部性:劳动力市场、前后向关联以及知识溢出。Krugman 和 Venable(1990)认为产业间的关联性促使企业选址于有投入—产出联系的企业附近,使得两者在空间上协同定位。从海洋二、三产业协同集聚来看,随着港口的开发,临港工业逐渐兴起,迫切需要发展海洋交通运输服务业等生产性服务业作为配套产业,正是由于海洋工业和海洋生产性服务业存在上下游的产业关联性,海洋产业间为了节约交易费用往往会选择在空间上协同定位。

假说1:产业关联有助于海洋二、三产业在空间上的协同定位。

Marshall 外部性第二个方面表现为知识外溢,而知识外溢与投入产出关系密切相关,特别容易在上下游产业间发生。而海洋二、三产业间的知识外溢主要通过基于研发合作机制实现,海洋科技研发等服务业通过知识扩散、技术传导推动海洋工业的发展,促进海洋工业技术创新,此外,知识溢出效应尤其是非编码知识的传播和扩散往往局限在有限的地理空间范围内,使得产业间为追求知识外溢效应会在一定范围内形成协同集聚。

假说2:知识外溢有助于推进海洋二、三产业协同集聚形成。

6.4.2　基于空间因素视角

根据新经济地理学理论,运输成本是产业集聚形成的重要参数,而海洋经济能否实现空间集聚关键在于港口,现代的港口功能已经不仅局限于货物运输,同时也具有开展贸易和商业活动、发展港口工业的功能,从这个意义上来讲,港口具备了作为空间属性的条件,它在功能属性上充当了运输成本的空间因素。港口在发展初期阶段,产业间由于交易费用的降低,往往成为海洋要素的集聚地,海洋制造业和生产性服务业基于产业关联和知识外溢,会依托港口形成海洋二、三产业协同集聚,但随着海洋要素的不断增加,会出现拥挤效应,特别是在运输成本不断下降的作用下,多元海洋产业在港口内的协同集聚逐渐出现产业扩散,表现为从协同集聚向空间分离转换,海洋运输成本与协同集聚之间呈现"倒U形"关系。

假说3:海洋产业运输成本与海洋产业协同集聚呈非线性关系。

6.4.3　基于海陆联动视角

从空间上看,海洋产业协同集聚还要考虑海洋经济与陆域经济基于地理邻近形成的互动关系。海洋产业本身具备了较为完整的产业体系,但这并不意味着海洋产业可以独立存在,它的发展需要以陆域经济为依托,通过海陆联动,拓展经济腹地。而陆域经济对海洋产业协同集聚的作用在机制上主要表现为产业链的延伸,特别是陆域产业与海洋产业在中间投入品及最终消费品的需求关系,促成了沿海地区与海洋资源开发的产业链效应。从这个意义上来说,海洋工业、海洋服务业的发展水平在很大程度上取决于陆域经济发展引致的需求。

假说4:海陆联动与海洋产业协同集聚成正向关系。

6.4.4　基于外部动力视角

　　二、三产业协同集聚强调生产性服务业与制造业的有机联系,但受海洋经济所在地区发展阶段的影响,存在海洋制造业与海洋生产性服务业在产业链上匹配性不一致的矛盾,而中心港口所在城市通过生产性服务业集聚的外部性可以较好地弥补这一不足,高峰和刘志彪(2008)也认为生产性服务业和制造业的协同集聚既受产业集聚的共性影响也受一些特殊因素的影响,其中,中心城市的辐射是影响协同集聚的重要因素。

　　假说5:区域性中心港口对周边地区的海洋产业协同集聚具有带动作用。

表 6.5　海洋二、三产业协同集聚实现机制的变量说明

解释变量	变量含义	度量方式
Coagglomeration	海洋二、三产业协同集聚	见上文
Spillover	海洋二、三产业间的知识外溢程度	用各个省市的海洋科研机构数量来度量
Link	海洋二、三产业间的关联程度	基于两者存在垂直关联关系,本章借鉴投入产出表直接消耗系数思想,用海洋生产性服务业和海洋制造业产值的比值表示,考虑到海洋生产性服务业数据的可得性,用海洋服务业代替海洋生产性服务业指标
Port	中心港口城市对周边地区海洋产业协同集聚的影响	大港口所在省市(上海、天津和广州)的海洋经济总量
Distance	各个省市到最近大港口(天津、上海和广州)的空间距离①	根据 Google Earth 获取各个城市的地理中心坐标(经度和维度),并根据公式 $\Theta * \arccos(\cos(\alpha_i - \alpha_j)\cos\beta_i\cos\beta_j + \sin\beta_i\sin\beta_j)$ 测算城市间距离,Θ 为地球大弧半径(6378 千米),α_i、α_j 为两个城市中心点的经度,b_i、b_j 表示两个城市中心点的维度,这 3 个大港口所在城市的内部距离的计算公式为:$D_{ii} = \frac{2}{3}\sqrt{\frac{S}{\pi}}$,$S$ 为该区域的行政面积
Port * Distance	中心港口城市对周边省市影响的空间距离衰减效应	两个变量相乘

---

　　①　一般来说,空间距离有两种方式表示,一种是用铁路距离或者公路距离来表示,另一种是空间直线距离,前一种方法可以将大山、大河等自然因素考虑进来,相对比较接近实际情况,但这一指标存在内生性问题,因此,本章为了避免内生性问题对本章的影响,文章采用了后一种表示方法。

续表

解释变量	变量含义	度量方式
Land	陆域经济与海洋经济协同程度	用 $\sum_{i=1}^{2}\|L_i - M_i\|$ 表示，L 和 M 表示陆域经济和海洋经济的二、三产业比重
Transport	海洋产业运输成本	用海洋货运量与海洋经济总量的比重作为代理变量
W	空间权重	分别引入 3 种空间权重进行考察

根据上文设定的模型和变量定义,结合面板数据的特点,本章在模型选择上分两个步骤,首先基于个体效应检验结果,拒绝了个体效应整体为零的原假设,在此基础上,经过 Hausman 检验,本章拒绝了随机效应的假设,采用固定效应。表 6.6 给出了模型的回归结果,其中,模型(6.1)~(6.3)根据逐步回归法检验了研究结果的稳定性,在模型(6.4)中,本章引入了产业关联变量和海洋产业运输成本变量的交互项以考察海洋产业协同集聚变化过程中离心力和向心力作用方向。此外,为了考察空间邻近地区的海洋经济发展对本地区海洋产业协同集聚影响,本章在模型(6.6)~(6.8)中引入了空间权重(W)进行考察,这种空间权重主要分三类,第一类为地理邻近权重($W1$),表示地理邻近的沿海省份的海洋二、三产业协同集聚对本地区的海洋二、三产业协同集聚的影响,$W_i = \frac{1}{n}\sum_{j=1}^{n} w_{ij} * Coagglomeration_j$,其中,当 i 地区和 j 地区地理邻近时,$w_{ij} = 1$,否则为 0。第二类在地理邻近基础上,加入邻近省份海洋二、三产业协同集聚值与该省份的本身变量之商作为权重($W2$),进一步考察不同集聚水平邻近省份的影响,$W_i = \frac{1}{n}\sum_{j=1}^{n} w_{ij} * Coagglomeration_j * \lambda_{ij}$,$\lambda_{ij} = \frac{Coagglomeration_j}{Coagglomeration_i}$,当 i 地区和 j 地区地理邻近时,$w_{ij} = 1$,否则为 0,第一个权重将周边沿海省市的影响视为同质,但实际上周边沿海省市海洋二、三产业协同集聚越高对本地区的影响越大,因此,在第二个权重中对地理邻近进行了加权处理。第三类为空间距离权重($W3$),表示所有沿海省份对该地区的影响,并用地理距离加权进行调整,$W_i = \sum_{j=1}^{n} \frac{Coagglomeration_j}{d_{ij}^{\alpha}}$($\alpha = 1$ 和 $\alpha = 2$),d_{ij} 表

示第 j 个沿海省市到 i 沿海省市的距离,距离越远,表示影响越小。

表 6.6　海洋二、三产业协同集聚实现机制回归结果

解释变量	(6.1)	(6.2)	(6.3)	(6.4)	(6.5)	(6.6)	(6.7)	(6.8)
Constant	−1.07*** (−4.35)	−1.925*** (−4.74)	−2.839*** (−5.172)	−1.486*** (−4.694)	−0.895*** (−5.052)	−0.864*** (−4.893)	−0.692*** (−4.049)	3.32*** (4.024)
Ln(Spillover)	0.383*** (3.372)	0.24*** (1.992)	0.261** (2.192)	0.151** (2.299)	0.215*** (3.637)	0.208*** (3.543)	0.203*** (3.731)	0.18*** (3.46)
Ln(Link)	−0.359*** (−7.521)	−0.447*** (−9.469)	−0.427*** (−8.635)	−0.875*** (−20.656)	−0.882*** (−20.519)	−0.885*** (−20.757)	−0.884*** (−22.335)	−0.819*** (−20.833)
Ln(Port)		1.384*** (4.468)	1.626*** (3.754)	0.293 (1.143)				
Ln(Port)* Ln(Distance)		−0.229*** (−3.972)	−0.264*** (−3.483)	−0.037 (−0.839)				
Ln(Land)			−0.022 (−0.405)	0.015 (0.499)	−0.002 (−0.056)	0.006 (0.207)	0.033 (1.762)	0.001** (2.11)
Ln(Transport)			0.26 (1.295)	0.228** (2.062)	0.258** (2.478)	0.266** (2.578)	0.228** (2.377)	0.269*** (2.967)
Ln(Transport)²			−0.008 (−0.101)	−0.04 (−0.956)	−0.071** (−2.077)	−0.07** (−2.06)	−0.054* (−1.692)	−0.058* (−1.917)
Ln(Transport)* Ln(Link)				0.338*** (13.766)	0.35*** (15.139)	0.35*** (15.278)	0.334*** (15.404)	0.327*** (15.868)
引入地理邻近权重(W_1)						0.109 (1.583)		
引入地理加权邻近权重(W_2)							0.613*** (3.975)	
引入空间距离权重(W_3)								0.906*** (5.201)
Hausman test	固定效应	固定效应	固定效应	固定效应	固定效应	固定效应	固定效应	固定效应
Obs	99	99	99	99	99	99	99	99
Ad-R²	0.467	0.576	0.597	0.879	0.874	0.8767	0.8936	0.9048

注: *** 代表 1% 的显著性水平,** 代表 5% 的显著性水平,* 代表 10% 的显著性水平,括号里的数值表示 t 值。在模型(6.6)~(6.8)中由于空间距离权重中已经考虑了大港口所在城市的影响,因此,为避免多重共线性问题,本章并没有将 Ln(Port) 和 Ln(Port) * Ln(Distance) 两个变量纳入模型中。

研究发现:(1)知识外溢对海洋二、三产业协同集聚具有显著的正向促进作用,而且在 10% 的水平上显著,提高一个单位的知识外溢度可以提高 0.215 个单位的二、三产业协同集聚度,结合单个产业集聚的影响因素研究,这表明知识外溢不仅在产业内存在,同时在产业间也仍然存在,而结合陆域经济和海洋经济来看,知识外溢不仅在陆域产业间存在,在海洋产业间也仍然存在,说明这一因素具有广泛的适用性。

(2)尽管新经济地理学指出产业关联能促使上下游产业集聚,但本章的产业关联变量的系数并未表现出预期特征,但这并不能就此表明 Marshall 外部性中关于产业关联不适用于海洋产业协同集聚,部分原因在于受数据限制,本章在测算产业关联程度上并没有严格将生产性服务业和消费性服务业区分开,这也导致了研究结论的误差。

(3)本章用港口货运量作为代理变量来考察运输成本对海洋二、三产业协同集聚的影响,结果发现运输成本与海洋二、三产业协同集聚呈"倒 U 形"关系,即随着运输成本的降低,海洋二、三产业趋于协同集聚,但随着运输成本的进一步降低,海洋二、三产业协同集聚度开始下降,存在一个运输成本的阈值使得海洋二、三产业从协同定位向空间分离转换,从而表现出海洋二、三产业从开始的以互补效应为主向以挤出效应为主转变。根据对回归系数的计算得出 Transport 的拐点为 6.7,从样本的分布来看,目前共有 63.6% 的样本位于倒 U 形曲线的左边,也就是说,目前这些样本仍然处于随着运输成本的下降海洋二、三产业协同集聚上升阶段,而剩下 36.4% 的样本地区已经出现了海洋二、三产业在空间上的分离。此外,在模型(6.5)中本章引入了产业关联与运输成本的交互项,这一变量系数显著为正,这表明在运输成本降低、推进海洋产业协同集聚阶段,二、三产业间的关联加速了协同集聚进程,而在运输成本降到更低水平促进产业间分离过程中,产业关联因素减缓了海洋二、三产业空间分离进程。

(4)本章用陆域经济与海洋产业经济协同程度指标探讨了海陆联动对海洋二、三产业协同集聚的影响,在模型(6.4)中发现这一变量并不显著,但是在模型(6.6)~(6.8)引入了空间变量时,这一变量至少在 10% 水平上显著,一方面说明之前模型在变量选择上存在遗漏问题,另一方面也说明目前海洋二、三产业协同集聚的形成不能忽视陆域经济的传导作用,这也从侧面表明,当前沿海省市大力发展海洋经济,推进海陆联动初步取得了一定的成效,但回归系数值并不大,说明海陆联动还有待进一步挖掘和强化。

(5)在现有文献中,很多学者都将海洋产业研究集中在固定的行政区域范围,而忽视了中心港口城市的辐射作用,本章引入的长三角、珠三角和京津唐三大都市圈的中心港口城市变量系数显著为正(1.626),说明中心港口对周边地区海洋产业协同集聚存在一个带动效应,而中心港口的海洋经济规模与周边地区空间距离的交互项系数显著为负,说明这种带动效应存在空间距离衰减定律,这也从侧面表明目前不仅在陆域经济上三大都市圈已经形成,海洋经济也初步形成了三大板块,这就要求在发展海洋经济上也要加强区域协作,发挥协同效应。

本章在模型(6.6)中引入了地理邻近权重发现,这一系数并不显著,说明纯粹的地理邻近还不能完全解释海洋产业协同集聚的空间互动问题,因此,在此基础上,模型(6.7)引入了区分各个沿海省份不同影响力的地理加权权重,这一系数通过了显著性检验,说明周边省份的海洋产业集聚水平越高,对该地区的影响也越大。最后本章在模型(6.8)还引入了空间距离权重,结果发现这一变量也是显著为正,这表明目前中国沿海省份的海洋经济的协同集聚存在空间关联性,而正是这种空间关联性使得沿海省份的海洋产业发展在空间上形成了连片分布特征,从而论证了上文关于空间连续性的存在。

6.5 小 结

本章借鉴新经济地理学的思想,研究了二、三产业协同集聚形成的内在机制,在研究思路及理论上,本章构建了"产业—空间"的理论分析框架,在诠释二、三产业协同集聚形成的过程中,有几个经验研究结论值得关注:一是从产业层面上看,在控制其他变量不变的情况下,产业关联通过制造业和生产性服务业上下游关系促进了二、三产业的协同集聚,知识密集度则通过行业间的知识外溢帮助二、三产业协同集聚的实现,从空间角度看,区域性中心城市对此有进一步的带动作用。

在此基础上,本章进一步研究了二、三产业协同集聚的演化机理问题。一般来说,产业集聚形成之后,还面临着集聚演化问题,同样地,二、三产业协同集聚形成,随着集聚载体要素的变化也面临着协同演化问题。由于要素成本和交易成本对制造业和生产性服务业存在交错作用,因此,存在均衡的商务成本水平使得二、三产业协同集聚度达到最优,上述研究结论还存在地区差异性和行业异质性。此外,本章还将研究对象拓展至海洋二、三产业协同集聚形成机制问题,试图进一步验证该理论分析框架在海洋二、三产业协同集聚上的适用性,研究表明,知识外溢和海陆联动有助于海洋二、三产业协同集聚,周边地区的海洋经济发展对本地区的海洋产业协同集聚形成也有积极作用。存在运输成本的阀值使得海洋产业从协同集聚向空间分离转换,促使海洋产业间从以互补效应为主向以挤出效应为主转变。

7 互联网驱动下二、三产业空间非一体化研究

7.1 问题的提出

在经济全球化趋势下,中国凭借廉价要素等比较优势嵌入全球产业价值链中,但这容易导致中国长期被锁定在全球价值链的低端环节。因此,如何摆脱这种附属地位成为"新常态"下急需破解的难题,而通过生产性服务业嵌入产业集群来推进制造业向价值链高端攀升,基于构建国家价值链角度实现从被俘获的全球价值链中突围是根本路径(刘志彪、张杰,2009)。特别是在2008年以后西方国家提出的"再工业化"战略,以及中国实施的"供给侧改革""中国制造2025"战略等,都试图争夺新一轮全球产业价值链的"链主"地位,这对二、三产业互动提出了更高要求。从现实背景看,当前中国经济增长存在内需拉动不足问题,而与此形成鲜明对比的是,诸多媒体报道的大量中国消费者涌向欧美、日本采购智能马桶盖、电饭煲等消费品,这一看似自相矛盾的现象反映的深层次问题是中国生产性服务业发展滞后(程大中,2008),制造业产品难以满足消费者个性化和高端化需求。而部分制造企业通过制造业服务化方式,从原先注重产品生产开始向注重提供服务转变,进而同时达到寻求企业新的竞争优势和促进生产性服务业发展的目的,比如IBM从大型机和个人电脑制造商向信息服务公司转变,以此实现向微笑曲线两端攀升,这为中国发展服务型制造业并依托大国经济优势实现国内价值链空间重构,进而深度参与全球价值链争夺提供了新思路,而互联网经济的出现为实现这一目标提供了可能。本章认为中国制造企业应以市场需求为导向,紧紧抓住互联网浪潮趋势,充分利用互联网具有的全球资源配置优势,打造新型的二、三产业互动模式。

以往文献主要从两个方面关注二、三产业互动研究,一是基于产业分工视角探讨生产性服务业对制造业效率提升问题,比如 Markusen(1989)指出生产性服务业通过提供专业化服务,降低了制造业的成本,在作用机制上,Eswaran和 Kotwal(2002)认为服务部门通过促进专业化、分工深化和降低投入到制造业的中间服务的成本来促进制造业发展。宣烨(2012)则指出生产性服务业集聚通过竞争效应、专业化效应以及外部性等途径降低制造业的交易成本,进而提高生产效率。二是基于空间视角探讨了两者的区位选择问题,Fujita 等人(1999)在研究以制造业为基础的产业集聚模型之前已经注意到了金融业,甚至 Krugman(1991)指出,服务业的地方化经济趋势比制造业还要明显,但是他们没有将两者结合起来进行研究。陈国亮和陈建军(2012)的研究表明,产业前后向关联和知识密集度有助于促进二、三产业协同集聚水平的提高,而且存在显著的区域性差异。Shanzi Ke 等人(2014)指出,制造业倾向选址于有生产性服务业的城市,若一个城市的生产性服务业集聚于邻近城市时,该城市的制造业可能会随之迁徙,每个产业的集聚都对邻近城市的相同产业产生溢出作用。陈建军和陈菁菁(2011)研究发现,生产性服务业区位对制造业集聚的影响以及后者对前者逆影响的大小在不同规模城市中存在差异。从一般的理论上解释,Venables(1996)发现,不完全竞争和运输成本是决定上下游产业区位选择的关键原因,当运输成本处于中游时,会引起产业的协同集聚,而谭洪波(2015)的研究进一步表明,当生产性服务业贸易成本较高和较低时,二、三产业会形成"协同式集聚"和"分离式集聚"。

上述研究的不足之处在于他们都是从制造业服务外包角度探讨二、三产业互动问题,随着消费者需求的变化、竞争加剧和产业边界日渐模糊,使得以一体化解决方案为代表的制造业服务化趋势日益流行(黄群慧、霍景东,2015)。吴义爽和徐梦周(2011)研究发现,制造企业通过服务平台战略不仅为自身产业间升级奠定基础,也在产业层面上催化了生产性服务业的集聚与分工深化,从而形成了与以往制造业服务外包截然不同的二、三产业互动范式。但是这些研究往往先认定二、三产业是空间一体化的,随着信息化水平提高,"互联网+"应用领域的不断拓展和延伸,加快了交易速度,减少了中间环节,推动了要素组合方式和企业生产方式发生重大变革,使得二、三产业空间区位选择和互动机理表现出了不同于工业经济时代的新模式,也突破了新经济地理学理论受物理时空约束的限制。由于二、三产业的区位选择模式存在较大的空间异质性(Brülhart & Traeger,2005),同时两者存在上下游的产业关联性,使得他们的区位选择并不是独立的过程,需要从空间非一体化角度探讨互联网驱动下二、三产业互动的形成和演化机理。

7.2 互联网与二、三产业空间非一体化的作用机制研究

互联网对于实体经济的意义在于通过打造智慧型组织,实现对传统产业的再造(李海舰等,2014),因此,在互联网浪潮的涌动下,传统的基于地理邻近形成二、三产业互动理论分析框架需要作进一步的修正。

7.2.1 二、三产业空间非一体化形成驱动因素分析

随着消费者需求日趋多样化,需要企业及时提出解决方案,迫使企业从"以生产为中心"向"以服务为中心"转变,但以下几方面驱动因素促使生产部门和服务部门向空间非一体化转向。

(1)资源的可获取性。发展服务型制造业需要企业组织横跨制造体系和服务体系,这就要求企业服务业化过程中需要大量的服务资源为依托,而企业本身拥有的服务资源相当有限,中国生产性服务业发展滞后也进一步限制了企业从外部获取服务资源的机会。此外,生产部门与服务部门存在较大的知识距离,制造企业向服务行业转型过程中存在诸如组织结构和内部流程异质性等一系列的行业壁垒,导致企业前期形成的知识积累和储备难以通过学习机制加以解决。由于企业难以单独衍生出高效率的服务部门,需要以当地生产性服务业作为依托,两者在空间上的协同定位不但能较为便捷地享受彼此间的服务,而且还可以加速思想交流,但正如上文指出的,由于资源获取机制的缺失使得制造企业在单个区域内服务化转型面临较大障碍,甚至形成"服务化悖论"。

(2)空间的有限性。由于产业间在行业属性、发展环境等方面存在异质

性,不同部门的发展需要特定性要素为支撑,而空间的有限性则成为部门间争夺的重叠性要素。因此,生产部门和服务部门在空间上存在两种力量的博弈:一是两大部门争夺重叠性要素导致该资源稀缺性增强,形成部门间的离心力,正如林民盾和杜曙光(2006)指出的,同时具有自然资源和高级资源都占优势的空间不可能存在,通常是两个资源的优势分别位于两个不同的空间;二是生产部门和服务部门基于上下游关联形成的向心力。生产部门和服务部门基于资源互补形成相互强化的累积循环作用会加剧对区域内非贸易资源的争夺,推动两大部门基于重叠性资源的争夺而出现空间分异(陈国亮、陈建军,2012)。从小城市看,诸如土地、劳动力等要素成本较低,而与制度环境相关的交易成本较高,适合生产部门发展而不适合服务部门发展,存在生产部门对服务部门的挤出效应,而大城市的要素成本较高、交易成本较低,存在服务部门对生产部门反向的挤出效应。因此,对于不同规模的城市而言,在制造企业服务化过程中,总是存在一种相互排斥的力量推动制造部门和服务部门实现空间分离。

(3)空间的适配性。在内外部驱动因素协同作用下,制造企业的服务部门和生产部门存在空间分异的动力,而中心城市往往成为服务部门空间区位再选择的对象。原因在于一方面,发展服务型制造业需要外部生产性服务业的支持,而中心城市作为生产性服务业集聚中心可以较好地弥补资源获取机制的缺陷;另一方面,中心城市多元的生产性服务业协同集聚形成的空间外部性可以较好满足制造企业服务部门对生产性服务业多样化的需求,而服务部门通过嵌入中心城市的生产性服务业网络,更好地获取知识外溢效应。此外,中心城市与次区域在要素成本和交易成本恰好形成了比较优势的互补性,从而实现资源的空间适配。

7.2.2 互联网驱动下二、三产业空间非一体化形成分析

制造企业的服务部门是否会形成区位的再选择取决于两种情况的权衡:一是服务部门留在原地需要承担较高的交易成本,但可以减少与生产部门的交流成本;二是若服务部门迁移至中心城市,存在较低的交易成本,但与生产部门的交流成本增加,因此,如果交易成本超过交流成本,服务部门就会选择

向中心城市迁移,而且距离越远,交流成本越高。中心城市与次区域基于二、三产业空间互动的半径取决于信息技术的发展,在信息技术和通讯方式较为落后阶段,只能实现短距离的互动,而以"互联网+"为核心的信息技术的进步从根本上改变了服务产品生产和消费同时性等传统属性,使得服务部门和生产部门远距离互动和交流成为可能,表现出了显著的空间性。因此,服务部门和制造部门是否会基于比较优势在中心城市和次区域出现空间非一体化取决于中心城市与次区域的传递成本和要素成本(交易成本)的权衡,而互联网的发展淡化了因空间距离形成的传递成本,使得次区域的服务部门和中心城市的生产部门基于虚拟网络的空间邻近形成二、三产业双向转移,从而实现空间非一体化发展。

互联网驱动下生产部门和服务部门的空间分离与传统的"总部—工厂经济"相比,在形式上具有一定的相似性,但仍存在较大差异。①企业组织形式的差异。"总部—工厂经济"注重的是企业总部和工厂价值链的分离,而互联网的优势在于解决了企业信息不对称问题,使得企业从全产业链生产向专注于优势环节生产转变,促使企业边界向纵向缩短、横向伸展趋势转型(杨蕙馨等,2008),表现为企业在空间上实现功能模块的离散化分布。②企业价值来源不同。"总部—工厂经济"通过价值链纵向一体化或横向一体化实现价值创造,但消费者话语权较弱,而互联网的"脱媒"功能使消费者与生产者之间实现直接互动,特别是在当前大数据、云计算背景下企业可以及时感知消费者偏好的转变,促使企业通过功能模块调整,使得价值创造载体从价值链向价值网络转变(Stabell & Fjeldstad,1998)。③企业生产方式的差异。"总部—工厂经济"规模化的生产方式导致市场转型难度较大,而互联网使得企业基于虚拟组织通过跨界、跨区域及时调整与其他企业功能模块的组合满足瞬息万变的市场需求,灵活性较大。④空间结构的差异性。"总部—工厂经济"中区域间表现出强关联性,而互联网则加快各个企业的功能模块的知识跨界、跨区域流动速度,使得区域间从强联系向基于模块化组合的弱联系转变,弱化了由传统上下游产业链关联形成的单边锁定风险,因此,互联网驱动下的产业发展模式实质上是实体产业价值链环节解构并与互联网价值链"跨链"重组的共生现象(赵振,2015)。

假说1:互联网能加速二、三产业从空间一体化向空间非一体化转换。

7.2.3　空间非一体化视角下互联网与二、三产业互动机理研究

(1)需求生态圈—服务生态圈正反馈机制。传统的商业模式表现为消费者与生产者彼此分离,导致消费者的偏好诉求难以得到充分表达和及时满足,但在互联网背景下,消费者可以实现零边际成本互动,使得消费者作为价值提供者进入价值网络创新体系(程立茹,2013),成为互联网驱动下产品价值创造的源泉。消费者通过互联网交流消费观点、交换产品功能信息,使得消费者需求偏好得以集中表达,克服了以往需求信息分散化和破碎化而导致信息不对称的弊端,从而形成了需求生态圈。从本质上讲,需求生态圈就是一种社群组织形式,使得消费者与生产者从单向价值传递过渡到厂商与消费者双向价值协同(罗珉、李亮宇,2015),它不但具有自我组织、自我扩张特征,可以实现具有相似偏好的消费者集聚,还具有知识创造功能,消费者在需求生态圈里通过非正式的表达、交流和学习隐性知识,形成新的产品设计理念。需求生态圈形成的消费诉求通过反馈至企业的服务部门,推动服务部门与中心城市生产性服务业基于互补性资源组合而形成服务生态圈。在知识外溢驱动下,服务部门根据消费者新的功能需求与中心城市的生产性服务业形成交互作用并实现了融合发展,服务部门通过将新产品功能设计任务分解与外包,逐步形成了以服务部门为中心,其他生产性服务业配套的服务生态产业链。此外,服务生态圈具有跨区域发展特征,可以根据需求生态圈不断升级的偏好诉求与全国甚至全球其他中心城市形成服务功能耦合,从而形成产品设计创新机制,通过对新产品在外观设计、功能优化等方面实现再造,牢牢把握新产品生产标准的制定权和主导权。

(2)服务生态圈—制造生态圈正反馈机制。服务部门基于服务生态圈知识交融形成新的产品设计、功能模块形成方案,通过虚拟网络传导至企业生产部门,在互联网驱动下焦点企业与不同行业的节点模块企业进行基于功能互补的网络合作,使得网络集聚的外部性替代地理集聚的外部性,从而形成了制造生态圈。它的运行机制包括:①从组织架构看,它是焦点企业与节点模块企业以多层次、多类型的利益分配机制为基础建立的一种松散型的虚拟组织,焦

点企业通过资源全球化配置,使产品创新网络突破传统的地域空间。②产品功能模块互动包括两个阶段:一是产品功能模块分解与匹配机制,焦点企业根据服务生态圈形成的产品设计方案,将该方案分解成为若干功能模块,在明确各个模块的技术标准、功能参数的基础上,通过互联网采用不定向委托和合纵连横方式实现跨区域、跨界匹配。另一个是焦点企业技术集成机制,新产品并不是模块间的简单组合,而是焦点企业通过与节点模块企业构建学习交流机制实现模块连接,通过"连接"方式将各个功能模块按照产品创新设计方案进行有机组合和对接。③从制造生态圈的演化看,焦点企业与各个功能模块的组合是基于网络形成的虚拟组织,彼此间主要表现为弱联系,这种柔性逻辑使节点连接状况不断改变。但产品新功能的出现是原有产品功能基础上的进一步优化,随着产品功能的不断升级,原先属于产品新功能的节点模块逐渐成为与焦点企业的固定组合,使得焦点企业在不断拓展弱联系的同时,与原有的节点模块企业的联系逐渐加强,形成了基于信任的强联系。

(3)制造生态圈—需求生态圈正反馈机制。在需求导向的市场机制下,制造生态圈通过焦点企业与各个节点功能模块的技术集成,实现各个功能模块的无缝对接和有机组合,使得新产品正式成型,但这并不代表产品已经定型,为了完善和提高产品性能,需要进入焦点企业组织的用户体验阶段。如果说在用户参与新产品设计阶段主要是从使用以往产品的经验来反馈需求信息,那么,在这一反馈机制,用户参与产品创新主要基于用户体验来反馈新产品存在的缺陷和不足,并提出相应的改进建议,制造生态圈再以此对新产品进行不断矫正和调整,最终达到符合市场需求的目的,并进行产业化。企业新产品通过特定的推广渠道和推广机制又进一步增大消费者社群规模,扩大需求生态圈容量,消费者社群的顾客来源也从本地拓展至其他区域,使得生态圈内消费者基于多元文化的互动和知识交流更加频繁,进一步激发出新的产品功能设计理念,倒逼服务生态圈和制造生态圈进行循环互动和持续创新,从而进入新一轮的价值创造过程。

假说2:互联网通过三大生态圈促进二、三产业基于空间非一体化的互动。

7.3 互联网驱动下二、三产业空间非一体化演进轨迹分析

在互联网驱动下,三大生态圈不断突破物理时空限制,形成了虚拟空间和实体空间两种形式,并表现为虚拟空间和实体空间从契合到偏离的过程。根据互联网对区域间互动关系的影响可以将二、三产业空间非一体化的演化过程分为空间分异、空间自选择和空间网络化发展三个阶段(见表7.1)。

表 7.1　互联网驱动下二、三产业空间非一体化演化机制与阶段特征

演化阶段	演化动力	推进模式	需求生态圈	制造生态圈	服务生态圈	演化内容
空间分异阶段	地理租金	空间邻近型	本地社群	尚未形成	尚未形成	二、三产业空间分异形成,但空间板块衔接较为松散
空间自选择阶段	连接租金	信息邻近型	跨区域社群	跨区域弱联系	本地弱联系	空间板块互动以弱联系为主,板块衔接的随机性较大
空间网络化发展阶段	网络租金	组织邻近型	跨区域社群	跨区域强联系	本地强联系,跨区域弱联系	空间板块互动以强联系为主,板块衔接趋于固化

7.3.1 空间分异阶段

空间具有非匀质性,特定的空间往往具有相应的要素禀赋等优势,生产要素通过接近特定空间获得红利,形成了地理租金(臧旭恒、何青松,2007)。从二、三产业空间非一体化演进看,在初始阶段,一方面,焦点企业通过服务化战略使企业核心业务逐渐向服务领域延伸,但受商务成本结构变化影响,中心城市与次区域分别基于交易成本和要素成本优势形成了地理租金,服务部门存在向中心城市转移的动力,特别是在互联网驱动下,生产部门和服务部门存在空间分离趋势。但另一方面,服务部门和生产部门基于产业关联而倾向于在次区域布局,使得中心城市和次区域对服务部门的区位选择存在相互博弈,因

此,在这一阶段,二、三产业空间非一体化的演化表现为中心城市与次区域基于空间邻近型的互动模式。而区域间竞争的均衡结果则是在交易成本不断上升过程中生产部门和服务部门基于比较优势资源的争夺而出现空间分异,但空间关联较弱,区域间空间板块衔接程度较为松散。在这一阶段,互联网对二、三产业空间非一体化的影响仅限于在形式上促进空间分异,而制造生态圈和服务生态圈则尚未形成,需求生态圈的空间范围仅限于本地消费者社群。

7.3.2　空间自选择阶段

在消费者个性化需求作用下,服务生态圈和制造生态圈基于互联网的虚拟网络促进焦点企业克服物理时空约束,通过跨界、跨区域的互补性模块连接,实现产品功能创新,以此获取额外的经济价值,本章把这种价值增值称为连接租金。在这一阶段,互联网的发展一方面驱动焦点企业的服务部门嵌入中心城市的生产性服务业网络中,并在相互作用过程中逐渐形成了以服务部门为核心的服务生态圈,另一方面也催化企业组织形式向模块化变更,并在模块互动过程中形成制造生态圈。从中心城市与次区域的空间关系看,随着需求生态圈的消费者社群规模逐渐扩大,消费者区域来源从本地开始向跨区域扩张,消费者个性化需求不断提高,使得服务生态圈和制造生态圈与周边地区节点企业模块的互动也在不断调整和改变,这一阶段区域间的空间关系更多表现为弱联系。从推进模式看,连接租金本质上就是在个性化需求驱动下,区域间借助虚拟网络的信息对称优势实现价值增值,因此,这一阶段主要表现为互联网的信息邻近模式。在工业经济时代,中心城市与不同次区域的二、三产业空间分工存在时间上的差异性,使得次区域间存在竞合关系,甚至竞争程度超过合作关系,而在互联网时代下,区域间基于弱联系更多表现为合作关系而非竞争关系,而且这种合作关系具有同步同频特征,不存在时间顺序上的差异性。

7.3.3　空间网络化发展阶段

在这一阶段,需求生态圈形成的边际需求对服务生态圈和制造生态圈的影响表现为原有功能模块组合上的持续强化,使得焦点企业与原先节点模块企业在持续互动中形成了强联系,而这种空间关系的转变促进了二、三产业跨区域、跨界的知识外溢,中心城市和次区域由此获取了网络租金。从推进模式看,中心城市和次区域以及次区域间的模块互动在虚拟网络上从弱联系向强联系转变,形成了具有跨区域特征的"虚拟集群",使得这种虚拟网络形成较为固定的模块组织形式,因此,这一阶段主要表现为互联网下的组织邻近型模式。随着消费者社群个性化需求逐渐升级,当地的服务生态圈已经难以满足这种需求,推动服务生态圈不断向外拓展,形成了中心城市服务生态圈强联系、外部城市弱联系的网络结构。区域间基于虚拟网络形成的新型的二、三产业互动虽然可以在更广的虚拟空间范围内进行,但其前提条件是区域间拥有较为完善的通信硬件网络,使得基于互联网形成的二、三产业空间非一体化的空间边界与网络基础设施覆盖是高度契合的,因此,互联网驱动下的二、三产业空间非一体化仍然存在空间边界。这种空间边界扩张取决于两种力量综合作用:一是区域间基于网络效应形成的向心力;二是以地区间互联网设施差异为代表的离心力,地区间互联网通信设施差异越大,地区间距离增加提高了二、三产业的交易成本,弱化了二、三产业空间关联形成的空间外部性,而且产品生产过程的分割程度越细化,分解出来的特定生产环节和阶段越多,由此所导致的二、三产业交流成本也越高,在向心力和离心力的联合作用下,存在一个区域边界的阈值使得二、三产业网络效应与空间离散导致的空间成本实现均衡。

假说3:互联网驱动下的二、三产业空间非一体化促进城市群向匀质化结构演进。

7.4 长三角城市群二、三产业空间非一体化演进研究

7.4.1 长三角地区二、三产业空间非一体化形成动力分析

本章借鉴安礼伟等人(2004)的方法,构建了2003—2014年285个地级市和31个省区市两个空间维度的商务成本的评价指标体系(见表7.2),并由此构建面板数据库,重点分析了长三角地区商务成本变化情况。在此基础上,本

章借鉴区位商指标刻画了 1994—2014 年间长三角地区各个城市 28 个两位数制造行业和生产性服务业在商务成本驱动下的空间分布演化过程。

表 7.2　商务成本指数指标体系

一级指标(Y)	二级指标(X)	度量方法	指标属性	权重赋值
要素成本 (Y1)	人力要素资本(X1)	职工平均工资	正向指标	16
	土地租金成本(X2)	代理变量:地区生产总值/ 土地面积	正向指标	21
	水气成本(X3)	供水总量/总人口	正向指标	6
交易成本 (Y2)	基础设施(X4)	年末道路面积/总人口	逆向指标	10
	信息获取成本(X5)	国际互联网户数	逆向指标	9
	金融服务便利程度 (X6)	年末金融机构人民各项存 款余额/地区生产总值	逆向指标	7
	产业集聚程度(X7)	制造业区位商	逆向指标	8
	企业税费负担(X8)	增值税/销售收入	正向指标	12
	人力资本可得性 (X10)	在校大学生数量	逆向指标	11

资料来源:根据安礼伟等(2004)方法整理。

在测算方法上,首先计算每个指标的极差,然后对各项评价指标做无量纲化处理①,并将该无量纲化值乘以权重得到商务成本指数。从研究结果看,1994 年,上海在 28 个制造业行业中有 18 个行业的集聚程度大于 1,浙江和江苏分别只有 11 个和 12 个,到了 2000 年,上海制造业集聚度大于 1 的行业数量增加至 23 个,并进一步引致了生产性服务业发展,以上海为中心的二、三产业协同集聚区初步形成。而产业集聚导致要素成本不断提高,2003 年,上海的要素成本指数(40.13)明显高于浙江(34.33)和江苏(31.88),推动了上海制造业向江浙地区转移,特别是随着长三角地区高速公路迅速发展,大大降低了运输成本,加快了二、三产业的空间分离,因此,上海制造业集聚程度从 2003 年的 1.328 下降至 2014 年的 1.008,而周边城市的制造业集聚水平都有一定程

---

①　对于正向指标,$Y_i = \dfrac{x_i - \min x_i}{\max x_i - \min x_i} \times 40 + 60$,对于逆向指标,$Y_i = \dfrac{\max x_i - x_i}{\max x_i - \min x_i} \times 40 + 60$。

度的上升(见表 7.3)。相应地,交易成本存在下降趋势,且上海的交易成本指数(42.86)低于浙江(47.69)和江苏(46.5),促使江浙地区的部分生产性服务业存在向上海的逆向转移趋势,通过嵌入上海生产性服务业网络,进一步提升服务能力,因此,上海的生产性服务业集聚程度从 2003 年的 1.225 上升至 2014 年的 1.479,而周边城市的生产性服务业集聚程度则出现不同程度的下降,使得二、三产业在单个区域从以"互补效应"为主向以"挤出效应"为主转换。从分行业看,上海的通用设备制造业、专用设备制造业等产业的集聚度不降反升,表明技术密集度程度越高的制造业受要素成本影响越小,受交易成本影响较大,行业扩散半径较小。

表 7.3　2003 年、2008 年和 2014 年长三角地区商务成本结构变化趋势

省市	要素成本指数(1)			交易成本指数(2)			商务成本指数＝(1)+(2)		
	2003 年	2008 年	2014 年	2003 年	2008 年	2014 年	2003 年	2008 年	2014 年
上海市	40.1300	40.1059	43.0000	42.9770	42.4770	42.8590	83.1070	82.5829	85.8590
江苏省	31.8775	29.8991	30.2262	48.3188	48.5533	46.5036	80.1963	78.4524	76.7298
浙江省	34.3314	32.5498	28.5611	50.2743	48.9280	47.6879	84.6057	81.4778	76.2490

注:篇幅所限,本章仅给出省级层面的测算结果,没有给出各个地级市历年的计算结果。

7.4.2　长三角地区二、三产业空间非一体化演化研究

从空间关系看,中心城市和次区域二、三产业空间分工主要表现为城市间的功能分工,因此,本章借鉴 Duranton 和 Puga(2005)、赵勇和白永秀(2012)的方法对此进行测度:

$$FS_i(t) = \frac{\sum_{k=1}^{N} E_{ikm}(t) / \sum_{k=1}^{N} E_{ikp}(t)}{\sum_{k=1}^{N}\sum_{i=1}^{M} E_{ikm}(t) / \sum_{k=1}^{N}\sum_{i=1}^{M} E_{ikp}(t)}$$

其中,$\sum_{k=1}^{N} E_{ikm}(t)$ 表示在 t 时期 i 城市从事服务功能人员的从业人员数量,本章用生产性服务业的从业人员表示,$\sum_{k=1}^{N} E_{ikp}(t)$ 表示在 t 时期 i 城市生产人员的从业人员数量,$\sum_{k=1}^{N}\sum_{i=1}^{M} E_{ikm}(t)$ 和 $\sum_{k=1}^{N}\sum_{i=1}^{M} E_{ikp}(t)$ 分别表示在 t 时期全国从事服务功能人员和生产人员的从业人数,m 和 p 分别表示从事服务功能和生产的人员。如果 $FS_i(t) > 1$ 表示服务部门在该该市相对比较集

中,如果 $FS_i(t) < 1$ 则表示生产部门在该城市相对比较集中。

表 7.4 2003 年、2008 年和 2014 年长三角二、三产业空间分布和空间非一体化演进

城市	制造业集聚程度			生产性服务业集聚程度			空间分工水平		
	2003 年	2008 年	2014 年	2003 年	2008 年	2014 年	2003 年	2008 年	2014 年
上海	1.3284	1.2824	1.0083	1.2248	1.2910	1.4791	0.9220	1.0056	1.4670
南京	1.2862	1.2400	0.8277	1.1863	1.1421	1.2018	0.9223	0.9201	1.4520
无锡	1.6297	1.8089	1.9592	0.9996	0.7797	0.6711	0.6133	0.4306	0.3425
常州	1.6590	1.5531	1.5462	0.8751	0.9380	0.7758	0.5275	0.6033	0.5018
苏州	2.0558	2.3301	2.3773	0.7408	0.4819	0.5111	0.3604	0.2066	0.2150
扬州	1.3409	1.2073	0.9346	0.9434	0.8230	0.5566	0.7036	0.6810	0.5955
镇江	1.3267	1.5911	1.7069	0.9987	0.8179	0.7894	0.7528	0.5135	0.4624
杭州	1.1131	1.3159	0.8228	1.2565	0.8928	1.048	1.1289	0.6777	1.2738
宁波	1.1344	1.5279	1.5227	0.9433	0.7041	0.7933	0.8316	0.4603	0.5210
嘉兴	1.3979	2.2231	2.0598	1.0703	0.5273	0.7486	0.7657	0.2370	0.3634
湖州	0.6583	1.7302	1.3128	1.2926	0.6884	0.7908	1.9636	0.3974	0.6024
绍兴	0.9733	1.4918	0.9095	0.8498	0.4135	0.3670	0.8731	0.2769	0.4036
舟山	0.8705	0.9685	0.7719	1.2035	1.0475	0.8525	1.3825	1.0805	1.1046
台州	0.6896	0.9725	1.1410	1.0834	0.7813	0.5961	1.5710	0.8026	0.5224

注:泰州和南通因数据可得性问题,没有统计在内。

表 7.4 给出了长三角地区二、三产业空间分工演化情况,总体上看,2003 年,上海的 FS 值高于江浙地区的平均水平,说明在长三角地区,上海表现出了以服务功能为主的空间布局现象。从动态演化看,随着地区间要素成本和交易成本差距不断扩大,上海与江浙地区的二、三产业空间分工趋势越发明显,到 2014 年,上海的 FS 值上升至 1.467,其余城市(除了杭州和南京)在 2003—2014 年间 FS 值均呈现下降态势,到 2014 年 FS 值均小于 1,说明长三角地区二、三产业空间分异已经成型,上海与周边城市的功能互补性在逐渐增强。除了上海,杭州和南京的分工指数也大于 1,说明长三角地区功能分工的空间结构已经从"单中心"向"多中心"转换,城市体系从高首位度向扁平化方向转换,其中,上海的分工指数(1.467)大于杭州(1.2738)和南京(1.452),说明上海的

服务功能要强于杭州和南京,表明这种"多中心"的空间结构具有等级差异。

表 7.5　生产功能与服务功能空间分工异质性情况

城市	ZZ-JT	ZZ-XX	ZZ-JR	ZZ-FC
主中心城市	上海(1.9247)	南京(4.1151)	上海(1.4975)	杭州(1.7605)
次中心城市	南京(1.7443) 杭州(1.0926)	杭州(2.3427) 上海(1.9302)	杭州(1.3198)	上海(1.7552) 南京(1.2532)

城市	ZZ-ZL	ZZ-KX	ZZ-JY	
主中心城市	上海(3.2243)	南京(1.7296)	无	
次中心城市	南京(1.7159) 杭州(1.5996)	杭州(1.6166) 上海(1.5428)	无	

　　注:ZZ 表示制造部门,JT 表示交通运输、仓储和邮政业,XX 表示信息传输、计算机服务和软件业,JR 表示金融业,FC 表示房地产业,ZL 表示租赁和商务服务业,KX 表示科学研究、技术服务和地质勘查业,JY 表示教育业。

　　从行业异质性角度看,尽管生产部门与交通运输、仓储和邮政业以及租赁和商务服务业的空间分工仍然表现为以上海为主中心、杭州和南京为次中心的分工格局,但生产部门与信息传输、计算机服务和软件业的空间分工表现为以南京为主中心、上海和杭州为次中心的分工格局;生产部门与金融业的空间分工则表现为以上海为主中心、杭州为次中心的双中心格局;从生产部门与房地产业的空间分工看,已经出现了以杭州为主中心、上海和南京为次中心的分工格局;但生产部门与科学研究、技术服务和地质勘查业的空间分工表现为以南京为主中心、杭州和上海为次中心的分工格局;而生产部门与教育业并没有表现出明显的空间分工。上述研究表明,并不是所有次区域的服务部门向中心城市迁移过程中都向上海集中,杭州和南京承担了上海主中心部分的服务功能,因此,在二、三产业空间布局时,需要考虑长三角各个中心城市服务功能的异质性,构建多维度的价值链网络结构。

7.4.3　长三角地区二、三产业空间网络化研究

　　随着二、三产业空间分工的不断深化,不仅上海与次区域的二、三产业互动在增强,次区域间也因产业分工的细化而形成了网络关联。本章借鉴了产业结构相似系数(S_{ij})和产业结构差异指数(K_{ij})分别从产业和产品两个角度

对此进行刻画,即:

$$S_{ij} = \sum_{k=1}^{n} (X_{ik} * X_{jk}) / \sqrt{\sum_{k=1}^{n} X_{ik}^2 \sum_{k=1}^{n} X_{jk}^2} \quad K_{ij} = \sum_{k=1}^{n} |X_{ik} - X_{jk}| / n$$

其中:i 和 j 表示两个相比较的地区,n 表示工业行业数,X_{ik} 表示地区 i 第 k 行业占整个工业的比重,X_{jk} 表示地区 j 第 k 行业占整个工业的比重,S_{ij} 越大或者 K_{ij} 越小说明地区间产业结构越相似、差异越小。研究发现,行业层面的 S_{ij} 呈上升趋势但小于产品层面,表明在次区域间形成了产业内分工现象。本章测算了 2003—2014 年长三角 13 个城市间 28 个两位数制造业的产业结构相似系数,由此构建了 13×13 时间序列的产业分工网络矩阵,研究表明:

(1)长三角地区制造业空间网络连接逐渐紧密,并表现出两种类型的网络结构。测算结果表明,2003 年,在 78 对城市组合中仅有 28 对城市间的产业同构系数小于 0.7①,占样本的 64.1%,说明较多的城市组合处于产业间分工状态,因此,在这一阶段,长三角地区次区域间主要表现为基于产业间分工的网络结构,但这种网络结构由于分工不够深入,稳定性较差。到 2014 年,城市间的产业同构系数大于 0.7 的组合上升至 35 对,而且 75.64% 的样本的产业结构相似系数趋于提高,表明目前长三角地区次区域间出现从基于产业间分工模式向基于产业链分工模式转换。

(2)长三角地区二、三产业空间分布形成了级差性的分层网络结构。这种网络结构主要表现为两个层次:一是上海分别与浙江和江苏形成局域网络结构;二是上海与长三角所有城市形成局域网络结构,而两个局域网络结构具有网络异质性特征。2014 年,江苏 6 个次区域 15 对组合中,有 10 对城市组合出现了产业内分工,而浙江 7 个次区域 21 对组合中只有 7 对城市组合出现了产业内分工,而且上海与江苏的二、三产业空间网络实现了次区域的全覆盖,而浙江与上海形成的空间网络只包含了杭州、嘉兴、宁波、湖州和绍兴,而舟山、台州与浙江其余次区域更多表现为产业间分工,因此,上海与江苏形成的二、三产业局域网络强度要高于上海与浙江形成的网络结构。

---

① 目前对于产业间分工的临界值没有明确的界定,从长三角背景看,该值越大,说明越有可能出现产业间分工状态,因此,本章仅以 0.7 为例进行说明,下文分析也如此。

（3）长三角地区二、三产业网络结构形成动力存在空间异质性。长三角二、三产业空间网络是由上海与各个次区域间相互关联形成的复杂的网络结构，但江苏和浙江在嵌入长三角全域网络方式上存在差异。江苏是圈层式嵌入，目前南京只与杭州和宁波形成了产业内分工，而其他城市至少与浙江 3 个城市形成了产业内分工，而且这一阶段南京与江苏其余城市的同构系数逐步提高，这说明江苏是通过南京与无锡、苏州、扬州等城市形成产业内分工的，再以此为中介与浙江形成网络化关联，而浙江则是全面融入方式，杭州、湖州、宁波至少与江苏 5 个城市形成了产业内分工。

7.5　实证分析

7.5.1　模型设定与数据来源

在实证研究上，本章以 1994—2014 年长三角地区 25 个城市的面板数据为研究对象，文章首先考察了互联网对二、三产业空间非一体化的驱动机制，模型设定为：

$$Ln(Ec_{it}) = \beta_0 + \beta_1 Ln(Wage_{it}) + \beta_2 Ln(Wage_{it}) * Ln(Internet_{it}) + \sum_m \beta_m Control_{it} + \varphi_{it}$$

$$Ln(Sc_{it}) = \gamma_0 + \gamma_1 Ln(Wage_{it}) + \gamma_2 Ln(Wage_{it}) * Ln(Internet_{it}) + \sum_m \gamma_m Control_{it} + \eta_{it}$$

其中：Ec 表示二产产值比重，Sc 表示三产产值比重，$Wage$ 表示要素成本对服务部门和生产部门空间区位选择的影响，本章用工资水平度量[①]，$Control$ 为控制变量，β_0、β_1、β_2、β_m 以及 γ_0、γ_1、γ_2、γ_m 为待估系数，φ_{it} 和 η_{it} 表示随机干扰项。

在明确互联网对二、三产业空间非一体化影响基础上，本章进一步考察在互联网驱动下，服务生态圈、制造生态圈和需求生态圈对二、三产业空间非一

---

① 实际上要素成本不仅包括人工成本，还包括土地成本和资本成本，本章在实证回归中都将做进一步的考察。

体化的作用机制,模型设定为:

$$Ln\left(\frac{FS_{jt}}{FS_{it}}\right) = \delta_0 + \delta_1 Ln(Bigcity_t) + \delta_2 Ln(Mp_{it}) + \delta_3 Ln(Manu_{it})$$

$$+ \delta_4 Ln(Bigcity_t) * Ln(Internet_{it})$$

$$+ \delta_5 Ln(Mp_{it}) * Ln(Internet_{it})$$

$$+ \delta_6 Ln(Manu_{it}) * Ln(Internet_{it}) + \sum_m \delta_m Control_{it} + \upsilon_{it}$$

其中,$\delta_0 - \delta_6$ 是回归系数,υ_{it} 是随机干扰项。

本章数据来源于1995—2015年《上海统计年鉴》《浙江统计年鉴》《江苏统计年鉴》《中国城市统计年鉴》以及2004—2015年长三角地区各个城市的统计年鉴。此外,本章对所有变量取对数以缓解异方差性,数值缺失部分采用插值法予以解决。

7.5.2 变量选择

(1)因变量(FS_{jt}/FS_{it}):由于二、三产业空间非一体化在空间关系上,表现为中心城市和次区域的城市功能分工问题,因此,本章用 FS_{jt}/FS_{it} 表示中心城市与次区域的二、三产业空间非一体化程度,其中,FS_{jt} 表示 j 城市(中心城市)的功能分工水平,FS_{it} 表示 i 城市(次区域)的功能分工水平,该比值越大,表明中心城市越倾向于定位服务功能,二、三产业空间非一体化越显著。

(2)核心变量:①Mp 表示需求生态圈,本章借鉴市场潜能函数对此进行度量,即 $Mp_{ct} = \frac{\sum_i E_{id}}{\delta_{cd}} + \frac{\sum_i E_{ic}}{\delta_{cc}}$,$c \neq d$,$E_{id}$ 为 i 地区的消费零售总额,δ_{cd} 表示 c、d 地区间的空间距离,δ_{cc} 表示地区内部距离,借鉴 Redding 和 Venables(2004)的方法,$\delta_{cc} = \frac{2}{3}\left(\frac{Area_c}{\pi}\right)^{1/2}$,$Area_c$ 表示 c 地区的行政区划面积;②$Manu$ 表示制造生态圈,互联网驱动下次区域间将形成基于模块互补的跨界、跨区域的制造生态圈,本章用企业的平均就业人数进行度量;③$Bigcity$ 表示服务生态圈,本章用上海三产就业比重进行度量,在稳健性检验中,本章进一步采用区位商指标进行度量;④$Internet$ 表示互联网发展水平,本章借鉴李坤望等人(2015)的方法,用人均国际互联网用户数进行度量,由于该指标在

2001 年之前缺乏统计数据,因此,在分阶段回归中用人均邮电业务进行替代。

(3)控制变量:①$Road$ 表示基础设施水平,本章用公路通车里程数表示;②Hy 表示地区间的贸易程度,贸易量越大说明地区间越有可能实现更为细化的价值链分工,本章用货运量进行度量;③$Spillover$ 表示知识外溢程度,本章用高校师生比进行度量;④Inv 表示投资规模,用固定资产存量与经济总量比值表示,1994 年的固定资产存量可以度量为:$Inv_{1994}^i = inv_{1994}^i/(\lambda + g^i)$,$inv_{1994}^i$ 和 g^i 分别表示 1994 年 i 城市的固定资产流量和人均 GDP 增长率,λ 采用 6% 作为折旧率,1994 年以后的固定资产存量采用永续盘存法计算得出:$Inv_i(t) = Inv_i(t-1) - \lambda Inv_i(t-1) + inv_i(t)$;⑤$Globalization$ 表示全球化对二、三产业空间非一体化的影响,本章用实际利用外商投资额表示。

7.5.3　实证结果分析

表 7.6 给出了长三角地区互联网与二、三产业空间非一体化形成的回归结果,根据 Hausman 检验,采用固定效应模型。模型 1~模型 4 分别以 Ec 和 Sc 为因变量,考察了互联网与要素成本对二、三产业空间分异的作用机制,在此基础上,模型 5—模型 7 以 FS_{jt}/FS_{it} 为因变量,考察了互联网以及服务生态圈、制造生态圈和需求生态圈的影响机制,研究表明,本章的理论命题初步得到印证。

(1)要素成本变量在模型 1 和模型 3 的系数分别显著为负和显著为正,说明要素成本的提高对工业存在市场竞争效应,在空间上对工业有"挤出效应",而对服务业有"促增效应"(杨亚平、周泳宏,2013),这可解释为服务部门和生产部门在区位选择上基于重叠性资源的争夺而形成竞争,而在要素成本的作用下,服务部门在竞争重叠性资源上形成了对生产部门的"挤出效应",使得服务部门和生产部门出现了空间分离态势。① 而两个模型中,要素成本与互联网变量的交互项系数分别显著为负和显著为正,表明要素成本在推进生产部门

---

① 本章在人工成本基础上,还进一步引入了土地成本和资本成本两个变量,回归结果发现,土地成本变量与 Ln(Ec)的回归结果系数显著为负,与 Ln(Sc)的回归结果系数显著为正。而资本成本变量与上述两个变量的回归结果系数没有通过显著性检验,因此,可以发现,在 3 种要素成本中,人工成本和土地成本对二、三产业空间分异具有显著的促进作用,而资本成本的效应不是很明显。

转移和促进服务部门空间集聚的过程中,互联网都起到加速器的作用,加快了二、三产业空间非一体化进程。此外,为避免内生性问题,模型 2 和模型 4 分别对两个方程所有自变量进行滞后 1 期处理,回归结果表明理论命题继续得到印证。[①]

(2)本章在模型 5 引入了核心变量互联网(Internet),研究发现,这一变量在 1‰水平上显著为正,这一结果表明随着互联网经济时代的到来,工业经济时代的二、三产业发展动力、互动模式以及空间分布特征都将出现转换,工业经济时代的二、三产业互动主要通过服务外包并通过面对面的交流方式实现产业融合发展,而在互联网经济时代,二、三产业可以通过网络平台实现空间的虚拟集聚,而且相较于工业经济时代的产业在实体空间集聚所形成的拥挤效应不同,互联网经济下的二、三产业虚拟集聚能够在零边际成本的情况下实现跨界、跨区域互动,解决了以往信息不对称下二、三产业互动所引致的空间有限性问题。

(3)从服务生态圈看,Ln(Bigciy)变量以及与 Ln(Internet)的交互项系数均为正并通过了 1‰水平的显著性检验,说明在长三角地区以上海为中心的服务生态圈有助于二、三产业空间非一体化的形成,这可解释为中心城市作为生产性服务业集聚中心,与次区域的制造业服务部门可以形成较好的知识外溢,而在互联网驱动下,加快了制造企业的服务部门向中心城市转移,进而形成了二、三产业空间非一体化。

表 7.6　长三角地区互联网与二、三产业空间非一体化形成回归结果(地级市层面)

解释变量	E_c 为因变量		S_c 为因变量		FS_{it}/FS_{it} 为因变量		
	模型 1	模型 2	模型 3	模型 4	模型 5	模型 6	模型 7
Constant	4.0296*** (24.3084)	4.3232*** (26.5866)	2.5538*** (16.0236)	2.5297*** (16.7737)	−2.3834*** (−3.5075)	−5.3482*** (−12.7695)	−11.3690*** (−10.0075)
Ln(Wage)	−0.1303*** (−5.8399)	−0.1323*** (−5.8495)	0.1246*** (5.8071)	0.1232*** (5.8754)			
Ln(Hy)	0.0318** (2.2205)	0.0152 (1.0540)	−0.0027 (−0.1967)	0.0059 (0.4405)	−0.0799 (−0.9583)	−0.0142 (−0.3631)	0.0364 (0.5554)

---

① 为进一步减缓内生性问题,本章先后对两个方程的变量做了滞后 1 期到滞后 3 期处理,研究结果表明,回归系数仍然通过显著性检验,受篇幅限制,模型 2 和模型 4 只报告了滞后 1 期的回归结果。

续表

解释变量	Ec 为因变量		Sc 为因变量		FS$_{it}$/FS$_{it}$ 为因变量		
	模型 1	模型 2	模型 3	模型 4	模型 5	模型 6	模型 7
Ln(Globalization)	0.0523*** (7.4706)	0.0441*** (6.3122)	−0.0180*** (−2.6809)	−0.0149** (−2.3028)	−0.0763* (−1.8201)	0.0497** (2.5834)	−0.0613* (−1.9064)
Ln(Inv)	0.0443* (1.8450)	0.0578** (2.4518)	0.0451* (1.9559)	0.0427* (1.9543)	0.3718*** (2.6189)	0.1415*** (3.2150)	−0.0234 (−0.2090)
Ln(Road)	0.0362*** (2.7268)	0.0383*** (2.9413)	−0.0064 (−0.4982)	−0.0149 (−1.2362)	0.3950*** (4.9859)	0.1071** (2.5514)	0.1268** (2.0768)
Ln(Internet)					0.1621*** (3.6921)		
Ln(Internet) * Ln(Wage)	−0.0013*① (−1.6039)	−0.0016** (−2.0263)	0.0018** (2.3789)	0.0024*** (3.3072)			
Ln(Spillover)	−0.0549*** (−3.3978)	−0.0428*** (−2.8092)	0.0207 (1.3347)	0.0329** (2.3264)	−0.0070 (−0.0704)	0.0412 (0.7042)	−0.0114 (−0.1593)
Ln(Bigciy)						1.0224*** (7.4851)	−0.2498 (−0.4247)
Ln(Mp)						0.1570*** (3.5056)	1.5107*** (7.0876)
Ln(Manu)						0.3853*** (13.3761)	1.8736*** (9.0115)
Ln(Internet) * Ln(Bigciy)						0.3606*** (4.4373)	
Ln(Bigciy) * Ln(Mp)							−0.1713*** (−7.0844)
Ln(Internet) * Ln(Manu)							−0.1970*** (−6.9251)
Ad-R²	0.7837	0.7990	0.8730	0.8951	0.6781	0.7622	0.8376
Hausman test	固定效应	固定效应	固定效应	固定效应	固定效应	固定效应	固定效应
Obs	25 * 14	25 * 14	25 * 14	25 * 14	25 * 14	25 * 21	25 * 14

注：***、**和*分别表示在 1%、5%和 10%水平上显著,括号内的表示 t 值。

(4)从需求生态圈看,该变量在 1%水平上显著为正,说明消费者社群规模越大,越有利于二、三产业空间非一体化的形成。这表明在互联网经济时代,需求导向是二、三产业新型互动模式的主要特点,社群规模的扩大使得个性化需求增强,提高了对企业产品研发设计的要求,由于制造企业从生产功能向服务功能转型过程中存在知识壁垒,因此,这迫使企业通过将服务部门嵌入至中

① 该变量实际上是在 10.97%水平上显著,本章近似认为其在 10%水平上显著。

心城市生产性服务业网络来提高企业研发设计能力。而该变量与 Ln(Internet)的交互项系数显著为负,表明在互联网驱动下,社群规模跨区域扩张并没有进一步促进二、三产业空间非一体化,部分原因可以归结为现阶段服务生态圈空间范围主要限于本地,尚未与拓展至全球服务生态圈、导致社群规模扩大引致的需求升级服务生态圈出现失配,抑制了二、三产业空间非一体化进程。

(5)从制造生态圈看,这一变量与 Ln(Internet)的交互项系数显著为负,说明互联网驱动下制造生态圈对二、三产业空间非一体化作用尚未体现出来,部分原因可以解释为在互联网推动下,次区域的生产部门将专注于模块功能生产,并通过互联网实现跨界、跨区域的模块功能组合,但目前次区域尚未完成向功能模块转换,限制了对二、三产业空间非一体化推进作用的发挥。

从行业异质性看,表7.7给出了互联网与不同生产性服务业行业和制造业空间非一体化形成的回归结果。模型9和模型12发现,Ln(Internet)变量显著为正,说明在互联网作用下,信息传输、计算机服务和软件业以及租赁和商务服务业与制造业会实现空间分离,表明这两种服务行业受交易成本影响较大,在互联网的驱动下加快实现二、三产业空间非一体化。而模型10、模型11和模型14表明互联网对二、三产业空间非一体化的影响并不显著,说明金融业、房地产业和教育业对交易成本并不敏感,互联网难以推动这些行业与制造业实现空间分离,这也反映出这些行业与制造业需要通过面对面交流实现一体化发展。模型8和模型13的研究表明,互联网对交通运输、仓储和邮政业与制造业以及科学研究、技术服务和地质勘查业与制造业的影响并不是简单的线性关系,而是呈现倒U形关系,即在初始阶段,随着互联网水平提高,推动了二、三产业的空间分离,随着互联网水平的进一步提高,使得二、三产业重新趋于一体化发展,而出现这一现象的原因在于在初始阶段,由于互联网水平不高,对推动二、三产业空间分离的驱动力较弱,而互联网水平较高时,对生产性服务业而言其区位选择出现离散化分布,从而使得二、三产业又趋于空间一体化发展。

表 7.7　行业异质性视角下互联网与二、三产业空间非一体化回归结果

解释变量	ZZ-JT	ZZ-XX	ZZ-JR	ZZ-FC	ZZ-ZL	ZZ-KX	ZZ-JY
	模型 8	模型 9	模型 10	模型 11	模型 12	模型 13	模型 14
Constant	−2.1333**	−1.7561	−2.9961***	0.7818	3.3073***	1.0361	−1.5630**
	(−2.2857)	(−1.4038)	(−4.2431)	(1.0221)	(2.7211)	(0.7081)	(−2.3188)
Ln(Hy)	−0.0168	−0.3258**	0.2127***	−0.0487	−0.1189	−0.0740	0.0600
	(−0.2158)	(−2.4983)	(2.8892)	(−0.6114)	(−0.9382)	(−0.6051)	(0.8546)
Ln(Globalization)	−0.0306	−0.0836	−0.0459	−0.0655	−0.0761	−0.0452	−0.0728*
	(−0.7163)	(−1.2001)	(−1.1670)	(−1.5376)	(−1.1242)	(−0.6746)	(−1.9382)
Ln(Inv)	0.5153***	1.4926***	0.5011***	0.8098***	0.5836*	1.1663**	0.4767***
	(2.7505)	(4.7772)	(2.8415)	(4.2395)	(1.9223)	(3.9710)	(2.8315)
Ln(Road)	0.0890	0.4330***	0.1221	0.0027	−0.2373*	−0.3712***	0.0423
	(1.0260)	(2.9621)	(1.4798)	(0.0301)	(−1.6711)	(−2.7284)	(0.5368)
Ln(Internet)	0.4371**	0.1633	0.0395	−0.0032	0.1432*①	0.6571*	0.0168
	(2.0137)	(1.8082)	(0.7754)	(−0.0586)	(1.6316)	(1.9311)	(0.3446)
[Ln(Internet)]²	−0.0241*					−0.0493**	
	(−1.6957)					(−2.2116)	
空间关系研判	先非一体化后一体化	空间非一体化	空间一体化	空间一体化	空间非一体化	先非一体化后一体化	空间一体化
Ln(Spillover)	−0.1833*	−0.1876	−0.0502	−0.2360**	−0.0069	−0.2992*	−0.1530*
	(−1.8367)	(−1.1195)	(−0.5304)	(−2.3039)	(−0.0424)	(−1.9126)	(−1.6949)
Ad-R²	0.8568	0.6685	0.7887	0.7659	0.6662	0.6814	0.8562
Hausman test	固定效应	固定效应	固定效应	固定效应	固定效应	固定效应	固定效应
Obs	25 * 12	25 * 12	25 * 12	25 * 12	25 * 12	25 * 12	25 * 12

注：***、**和*分别表示在 1%、5%和 10%水平上显著，括号内的表示 t 值。

7.5.4　二、三产业空间非一体化分阶段演化研究

在工业经济时代向互联网时代转变的背景下，二、三产业空间非一体化在演进过程中所形成的中心城市与次区域的空间关系也发生相应的转换。在工业经济时代，受历史、文化等多种因素的影响，中心城市与不同次区域形成空间分工存在时序差异，形成了强次区域和弱次区域之分，本章引入虚拟变量（Xn）对此进行刻画，由于本章的研究样本是广义的长三角范围，相比较而言，长三角狭义上的 16 个城市在经济发展水平等方面都要明显强于其他城市，因此，本章定义这 16 个城市为强次区域，赋值为 1，其余为弱次区域，赋值为 0。

① 该变量实际上是在 10.39% 水平上显著，本章近似认为其在 10% 水平上显著。

而在互联网时代,受非经济因素约束较弱,中心城市与次区域间的互动具有同步性,为了比较这两个时期二、三产业空间非一体化形成的空间结构差异性,本章根据中国加入WTO和2008年金融危机两个重大事件为时间节点,将样本划分成三个时段,即1994—2001年、2002—2008年和2009—2014年。

表7.8给出了不同时期长三角二、三产业空间非一体化演进的回归结果,在1994—2001年区间中,Ln(Bigciy)系数通过1%水平的显著性检验,并随着时间的推移,该变量系数在2002—2008年和2009—2014年两个区间逐渐变大,表明2002年以后上海作为长三角城市群服务中心地位在逐渐显现。从Ln(Bigciy)与Xn的交互项系数看,模型15发现1994—2001年区间这一系数没有通过显著性检验,但在2002—2008年该系数显著为正,这表明2002年以前,长三角强次区域和弱次区域由于经济差异较小使得与上海出现匀质性的互动,而2002年以后,强次区域才开始表现出了与上海较强的二、三产业互动性。但2008年以后这一变量的系数没有通过显著性检验,说明强次区域这种优势在逐步消失,本章认为这与互联网的深入发展具有较大关系,从Ln(Bigciy)与Ln(Internet)的交互项系数看,在1994—2001年和2002—2008年区间该变量没有通过显著性检验,表明在这两个阶段,互联网发展水平不高,作用尚未显现,中心城市与次区域的空间关系更多表现出工业经济时代的"中心—外围"结构。而模型20发现,Ln(Bigciy)与Ln(Internet)交互项系数显著为正,而与此同时,Ln(Bigciy)与Xn的系数不显著,说明2008年以后互联网驱动作用逐渐显现,上海基于信息网络通过远程控制等方式可以与远距离地区进行更好的产业分工,而且基于互联网的互动方式也避免了由非经济因素形成的二、三产业分工时间序列上的差异性。这一研究结论也表明,在互联网时代,信息技术的渗透使得空间结构从工业经济时代的"中心—外围"向互联网时代的空间匀质性转变。

表7.8 长三角地区二、三产业空间非一体化分阶段演进回归分析

解释变量	1994—2001年		2002—2008年		2009—2014年	
	模型15	模型16	模型17	模型18	模型19	模型20
Constant	−2.1475***	−2.5115**	−14.3184***	−13.9260***	−1.2433	−0.8721
	(−3.0830)	(−2.4402)	(−10.5496)	(−10.0540)	(−0.2814)	(−0.1993)

续表

解释变量	1994—2001 年		2002—2008 年		2009—2014 年	
	模型 15	模型 16	模型 17	模型 18	模型 19	模型 20
Ln(Hy)	−0.0214 (−0.8434)	−0.0227 (−0.8890)	0.1570* (1.7526)	0.1481* (1.6537)	−0.2693* (−1.8063)	−0.2539* (−1.7194)
Ln(Globalization)	0.0044 (0.3346)	0.0041 (0.3081)	0.0223 (0.7952)	0.0254 (0.9065)	−0.1593 (−1.5489)	−0.1715* (−1.6815)
Ln(Inv)	0.0021 (0.0631)	0.0031 (0.0933)	0.3168*** (3.6909)	0.3251*** (3.7886)	−1.1160* (−1.9000)	−1.0880* (−1.8720)
Ln(Road)	−0.0665 (−1.5182)	−0.0640 (−1.4491)	0.0484 (1.1015)	0.0418 (0.9471)	0.2051 (0.8097)	0.1309 (0.5159)
Ln(Spillover)	0.1434*** (2.6925)	0.1402** (2.6069)	0.0030 (0.0741)	−0.0064 (−0.1566)	0.2691 (0.7172)	0.4293 (1.1274)
Ln(Bigciy)	1.0593*** (5.1357)	1.0840*** (5.0879)	2.2023*** (5.0448)	2.1333*** (4.8658)	2.5356*** (4.6332)	2.4202*** (4.4429)
Ln(Bigciy) * Xn	−0.0791 (−0.4643)	−0.0775 (−0.4537)	0.9716*① (1.5905)	0.9790*② (1.6070)	0.7406 (1.1267)	0.6629 (1.0176)
Ln(Bigciy) * Ln(Internet)		−0.0041 (−0.4814)		0.0134 (1.3335)		0.0213* (1.8897)
Ln(Mp)	0.0205 (0.1989)	0.0474 (0.4034)	0.3651*** (5.6422)	0.3318*** (4.7952)	−0.1450 (−0.5118)	−0.1068 (−0.3800)
Ln(Manu)	0.2753*** (9.3246)	0.2743*** (9.2501)	0.7233*** (16.2077)	0.7166*** (16.0010)	0.6516*** (6.6993)	0.6327*** (6.5417)
Ad-R²	0.8415	0.8407	0.9500	0.9503	0.7575	0.7627
Hausman test	固定效应	固定效应	固定效应	固定效应	固定效应	固定效应
Obs	25 * 8	25 * 8	25 * 7	25 * 7	25 * 6	25 * 6

注:***,**和*分别表示在 1%,5%和 10%水平上显著,括号内的表示 t 值。

7.5.5 稳健性检验和模型的进一步讨论

为比较工业经济时代和互联网时代在二、三产业空间非一体化的空间边界演化的差异性,本章将研究对象细化至县市级,重点考察了 2005—2014 年上海与周边地区 111 个县市(区)二、三产业空间非一体化的区域边界问题。

---

① 该变量实际上是在 11.40%水平上显著,本章近似认为其在 10%水平上显著。
② 该变量实际上是在 11.03%水平上显著,本章近似认为其在 10%水平上显著。

本章将模型进一步设置为：

$$Ln(Efficiency_{it}) = \alpha_0 + \alpha_1 Ln(Bigcity_t) + \alpha_2 Ln(Bigcity_t) \times$$

$$Ln(Distance_{i \to Bigcity}) + \alpha_n Ln(Bigcity_t) \times Ln(Internet_{it}) \times$$

$$\sum_{n=3}^{5}[Ln(Distance_{i \to Bigcity})]^n + \sum_m \alpha_m Control_{it} + \xi_{it} \tag{4}$$

其中，Efficiency 表示制造业人均产值[①]，本章根据 Google Earth 测量了各个县市（区）到上海的空间距离（Distance$_{i \to Bigcity}$），Ln(Bigciy)与 Ln(Distance)交互项表示中心城市生产性服务业对周边地区的辐射作用存在距离衰减效应，本章在此交互项基础上，再引入互联网 Ln(Internet)变量三次交互项，以考察互联网背景下这种效应的变化情况。模型21考察了工业经济时代二、三产业空间非一体化的区域边界问题，回归结果发现，Ln（Bigciy）与 Ln(Distance)交互项一次项系数显著为负，二次项系数显著为正，说明上海生产性服务业对各个县市制造业的影响存在"U型"的变化过程，根据回归系数测算得拐点为140千米，相当于上海到浙江余姚、湖州市区以及上海到江苏江阴的距离，在这些空间范围内，距离上海越近，受上海生产性服务业辐射影响越大，140千米以后这种影响又开始上升，这可解释为140千米以后的县市更多受杭州、南京的生产性服务业辐射而产生间接影响，从侧面印证工业经济时代长三角地区已经出现了"多中心"结构。而模型22则考虑了互联网影响下二、三产业空间非一体化的区域边界演化结果，研究发现，Ln（Bigciy）× Ln(Distance) × Ln（Internet）变量以及 Ln（Bigciy）[Ln（Distance）]² × Ln(Internet)变量的系数分别显著为负和正，说明在互联网驱动下，上海生产性服务业对周边地区制造业的影响也仍然出现"U型"的变化轨迹，但根据回归系数测算发现，拐点只有不到10千米，表明相较于工业经济时代，上海生产性服务业对周边制造业的影响在140千米范围内存在衰减过程，但在互联网时代，这种衰减距离被极大地压缩，在虚拟网络中，空间距离的制约作用被极大

①　受数据所限，在县市（区）层面的研究上，由于缺乏各个区域生产性服务业分行业的数据，无法计算 FS$_{it}$/FS$_{it}$值，因此，在这一部分，本章的实证研究策略为：因变量采用各个县市的人均工业产值，核心变量为中心城市（上海）生产性服务业的区位商，若这一变量系数显著为正，则表明上海与次区域的二、三产业存在空间功能互动。

弱化(见表7.9)。

表7.9　长三角地区二、三产业空间非一体化区域边界比较研究(县市级层面)

解释变量	生产性服务业		交通运输、仓储和邮政业		信息传输、计算机服务和软件业		科学研究、技术服务和地质勘查业	
	模型21	模型22	模型23	模型24	模型25	模型26	模型27	模型28
Constant	−2.5355*** (−8.3621)	−2.4693*** (−9.0700)	−2.6996*** (−8.6827)	−2.3491*** (−8.9920)	−2.3410*** (−8.1350)	−2.3858*** (−8.2668)	−1.8167*** (−6.3036)	−1.6758*** (−6.4974)
Ln(Inv)	0.7115*** (16.1890)	0.5410*** (13.1821)	0.7297*** (16.7437)	0.4380*** (11.1379)	0.6046*** (13.9618)	0.6040*** (13.8552)	0.5948*** (13.9352)	0.4834*** (12.5040)
Ln(Globalization)	0.2395*** (9.3805)	0.1719*** (7.3069)	0.2429*** (9.4687)	0.0717*** (3.0664)	0.2141*** (8.7764)	0.2161*** (8.7896)	0.1980*** (8.2071)	0.0988*** (4.3904)
Ln(Road)	0.5432*** (14.7549)	0.5578*** (16.8929)	0.5409*** (14.5969)	0.5446*** (17.5614)	0.5176*** (14.7474)	0.5226*** (14.8473)	0.5178*** (15.0115)	0.5184*** (16.8185)
Ln(Hy)	0.0806*** (6.0242)	0.0577*** (4.7829)	0.0794*** (5.9074)	0.0408*** (3.5714)	0.0717*** (5.6465)	0.0727*** (5.7132)	0.0477*** (3.7326)	0.0237** (2.0654)
Ln(Bigciy)	12.1363* (1.8878)	10.8903*** (4.0680)	0.4379*** (3.5260)	−0.7447 (−0.6526)	6.8095*** (3.3412)	4.1186*** (2.9750)	39.0760** (2.2537)	1.0708 (1.1330)
Ln(Bigciy) * Ln(Distance)	−4.8976** (−1.9776)	−2.8039*** (−5.8407)		−0.3762* (−1.8511)	−2.7786*** (−3.5387)	−0.6966*** (−2.7728)	−24.9309** (−2.4114)	−0.6328*** (−3.7765)
Ln(Bigciy) * [Ln(Distance)]²	0.4975** (2.1022)				0.2879*** (3.8367)		5.2234** (2.5651)	
Ln(Bigciy) * [Ln(Distance)]³							−0.3623*** (−2.7330)	
Ln(Bigciy) * Ln(Distance) * Ln(Internet)		−0.5242*** (−4.2377)		−0.0916* (−1.8711)		−0.2319*** (−3.7097)		−0.3219** (−2.1794)
Ln(Bigciy) * Ln(Distance)² * Ln(Internet)		0.1333*** (6.0626)		0.0417*** (4.8556)		0.0422*** (3.7538)		0.1463*** (2.8397)
Ln(Bigciy) * Ln(Distance)³ * Ln(Internet)								−0.0128*** (−2.7844)
Ad-R²	0.8786	0.9028	0.8776	0.9148	0.8908	0.8902	0.8942	0.9154
Hausman test	固定效应	固定效应	固定效应	固定效应	固定效应	固定效应	固定效应	固定效应
Obs	111 * 10	111 * 10	111 * 10	111 * 10	111 * 10	111 * 10	111 * 10	111 * 10

注：***、** 和 * 分别表示在1%、5%和10%水平上显著,括号内的表示 t 值。

另外,本章以交通运输、仓储和邮政业、信息传输、计算机服务和软件业以及科学研究、技术服务和地质勘查业为例[①]探讨了行业异质性下,二、三产业空间非一体化在工业经济时代和互联网时代空间边界的演变差异。模型23、模型25和模型27的回归结果表明,在工业经济时代交通运输、仓储和邮政业与

---

①　受篇幅限制,表7.9只报告了3个生产性服务业分行业对制造业影响的结果。

制造业不存在空间边界,信息传输、计算机服务和软件业与制造业的空间边界为 125 千米,科学研究、技术服务和地质勘查业与制造业的空间边界大致为 80～200 千米,而模型 24、模型 26 和模型 28 的研究表明,在互联网驱动下,上述 3 个生产性服务业分行业对制造业的空间外溢衰减速度较弱,二、三产业空间非一体化的空间边界日益模糊,客观上论证了在互联网时代,去中心化效应较为明显。

7.6 小 结

近年来,西方国家和中国相继提出了"再工业化"战略和"中国制造 2025"战略,这对生产性服务业和制造业的互动发展提出了更高的要求,特别是当前"互联网＋"发展克服了物理时空的约束,使得二、三产业互动发展呈现出了与工业经济时代迥异的模式。本章将孤立、封闭的区域概念拓展至城市集聚区,构建了"互联网驱动—需求生态圈—制造生态圈—服务生态圈"累积循环机制这种新型的二、三产业互动理论分析框架,并基于 1994—2014 年长三角地级市和县级市两个空间维度的实证研究发现:在互联网驱动下,二、三产业基于争夺重叠性资源而出现"挤出效应",形成了空间非一体化发展,空间结构从工业经济时代的"中心—外围"向互联网时代的空间匀质性转变;总体上,互联网能促进二、三产业空间非一体化发展,特别是 2008 年以后作用尤为明显,但这种影响存在行业异质性,部分生产性服务业行业与制造业更适合空间一体化发展,而且二、三产业空间非一体化的空间边界范围从工业经济时代的 80～200 千米向互联网时代的边界模糊化转变;在地理租金、连接租金和网络租金 3 种力量的交替作用下,二、三产业空间非一体化先后经历了空间分异、空间自选择和空间网络化发展 3 个阶段,目前长三角地区正处于空间自选择向空间网络化发展过渡阶段。

8 双重集聚:互补效应还是挤出效应?

在研究了二、三产业协同集聚形成的内在机制后,本章将进一步分析生产性服务业集聚与制造业集聚的空间关系。以往关于这两者之间关系的研究在理论依据上第二章已经提到存在"需求遵从论""供给主导论""互动论"和"融合论"等,而且目前关于产业集聚间关系的研究也基本上从上述理论出发进行阐述,如 Porter(2003)在分析"钻石模型"时曾指出相关性产业对于产业集群的重要性,他指出竞争力强的产业如果存在相互关联的话,会有"提携"新产业的效果。金祥荣和朱希伟(2002)对专业区内产业间集聚的研究、马国霞等人(2007)借助投入产出表对制造业集聚间的测度以及 Kolko(2007)对服务业间集聚的考察等都在印证上述命题,但这些研究的一个不足之处在于它们都是基于同一类型产业间集聚的研究,而缺乏对异质性产业间集聚的探讨。在研究生产性服务业集聚与制造业集聚之间关系的问题上首先要承认原始的 4 个理论对本章研究的重要参考价值,但以往运用这些理论研究生产性服务业与制造业关系时都从产业层面进行研究,而上文指出二、三产业协同集聚既有产业属性也有空间属性,这就要求二、三产业协同集聚需要一定的空间载体作为支撑,但由于生产性服务业集聚和制造业集聚均对空间存在诉求,导致两者存在互动的同时,也存在对空间资源的争夺,从而出现挤出效应。据此本章提出了二、三产业协同集聚的互补效应和挤出效应两个概念,并从空间和产业链两个维度对此进行了解释。

8.1 双重效应:一个现实印象

目前,大多文献从集聚的角度分别对制造业和生产性服务业的形成和演化进行了研究,但很少有学者从集聚角度或者说是空间视角对两者的动态关系进行研究。其实,不少学者已经注意到集聚的空间变化,如产业集聚到一定程度由于城市的拥挤、环境污染等因素的存在使得在离心力的作用下产业从集聚走向分散,从而引发了拥挤程度与城市的适度规模问题的讨论(Sheshinski,1973)。但不足之处在于,在这些研究当中很多学者将制造业和生产性服务业合为一体,或者主要将目标锁定在制造业集聚,这也与当时所处的经济发展阶段不无关系。而新经济地理学理论通过将空间引入分析范式为研究产业的双重集聚提供了可能,如朱希伟和曾道智(2009)通过建立两国三部门三要素模型发现,旅游服务业发展会带来收入效应和转移效应,收入效应对工业发展具有正向促进作用,而资源转移效应对工业发展具有负向挤出效应,同时,他们还从理论上回答了旅游服务业是促工业化还是去工业化与外生参数有关。马国霞、石敏俊和李娜(2007)利用产业间集聚度指标分析了我国制造业两个产业之间的空间集聚度,同时结合投入产出法揭示了驱动中国制造业产业间集聚的机制在于纵向的投入产出关系和规模外部经济,同时,地理邻近有助于这种机制的强化。Kolko(2007)则从服务业之间的集聚角度研究了这一问题,他认为服务业存在协同集聚源于产业间知识的外溢和直接的贸易关系。Combes(2000)在研究产业间集聚时同时考虑了制造业和服务业,但他只是研究了当地经济结构(包括产业专业化、多样化、竞争、企业平均规模和总的就业密度)在制造业和服务业的不同表征。尽管以上研究都是同时基于制造业间或服务业间集聚的研究或者没有直接触及双重集聚,但这也为我们研究生产性服务业集聚和制造业集聚的空间关系提供了一个很好的参考价值。此外,邱灵(2008)注意到北京制造业和服务业在空间上的集聚性,指出了两者在空间分布上的差异性,但他并没有研究双重集聚下的两者之间产生差异的内在机制。

一般来说,城市经济的集聚不仅是制造业的集聚还是服务业特别是生产性服务业的集聚,但是一定的空间范围所能承受的经济能级是有限度的,这个空间范围能否同时容纳生产性服务业和制造业的双重集聚,不仅取决于空间范围的大小还受城市化水平高低等多方面因素的影响,而且,我们平时所观察到的制造业集聚和生产性服务业集聚实际上只是一个结果,并不是过程,而这个过程或内在机制就目前来说,仍然是个"黑箱",对于这个"黑箱"的破解我们认为可以将其归结为在不同条件的组合下,生产性服务业和制造业在同一城市集聚可能会产生互补效应和挤出效应①,而城市经济的集聚则是两种效应综合作用的结果,这种现象在产业视角上是不会产生的,这也是本研究的切入点。特别需要指出的是,互补效应和挤出效应是同时存在的,至于何种效应占主导,按照本章的研究结果很大程度上取决于有形空间的大小以及产业链的匹配性。

理论研究表明,生产性服务业集聚与制造业集聚存在一定程度的互动性,但集聚作为空间概念,双重集聚关系显然存在一个地理尺度的前缀条件。在以城市为研究样本的情况下,由于受空间限制,生产性服务业集聚与制造业集聚的关系并不表现出线性的一致性,按照理论逻辑推导,应该表现出"倒U"形的变化轨迹。以2015年中国286个地级以上城市(拉萨除外)为例,同时,我们简单假定在城市市辖区中服务业就业比重超过60%视为服务业集聚对制造业集聚的挤出效应较大,而比重低于40%视为制造业集聚对服务业集聚挤出效应较大,而比重介于40%~60%视为制造业集聚和服务业集聚存在较大的互补效应②,研究表明,有75个城市的市辖区服务业从业人员比重超过了60%,而有69个城市的市辖区服务业从业人员比重低于40%,其余142个城市介于40%~60%③,这表明在城市层面同时存在服务业集聚和制造业集聚的互补效应和挤出效应,在不同城市发展阶段,主导效应存在较大差异。

当然,上述只是一种较为粗略的划分方法,但至少可以传达一个信息,即在不同的城市规模下,由于存在挤出效应和互补效应,生产性服务业集聚与制造业集聚在空间上并不必然表现出相互促进关系。挤出效应实际上归结到产业层面就是生产性服务业集聚和制造业集聚共存的情况下,二、三产业不协调

---

① 这里讲的互补效应指的是生产性服务业和制造业集聚在同一空间范围内集聚从而形成的生产性服务业对制造业的带动作用,这也是从产业视角上理解的生产性服务业对制造业效率提升。而挤出效应指的是由于空间范围容量的有限性使得某一类型的产业在空间上的集聚与另一类型产业集聚产生的不协调发展,甚至排挤另一产业。

② 为了方便研究,本章在这个例子当中并没有将生产性服务业从服务业中分离出来,但这并不影响本章后续研究。

③ 数据来源:《2016中国城市统计年鉴》。

发展问题，而互补效应则是二、三产业协调发展问题。虽然目前尚未有具体指标衡量生产性服务业集聚和制造业集聚的挤出效应和互补效应[①]，但是已经有学者开始关注二、三产业协调发展的度量问题，如胡晓鹏和李庆科(2009)通过对苏、浙、沪1997和2002年的投入产出表进行动态比较，研究了生产性服务业与制造业的共生关系，而这种共生关系实际上就是两者协调发展的表征。借鉴这一思路，我们认为，生产性服务业集聚和制造业集聚在空间上必然存在一个协调度的问题，为正式量化两个效应，本章引入相对多样化指数[②]来予以描述，即：

$$RDI_i = 1/\sum |s_{ij} - s_j| \tag{1}$$

其中：s_{ij} 为部门 j 在城市 i 中的就业份额，s_j 是部门 j 产业在全国所占份额，同时，我们规定，该系数越高表明互补效应越大，该系数越低则表明挤出效应越大。另外，关于经济与环境耦合关系的研究为我们研究生产性服务业集聚与制造业集聚的双重效应提供了新的视角，即有些学者(张晓东、池天河，2001)将经济环境协调度[③]定义为：

$$C_{xy} = \frac{x + y}{\sqrt{x^2 + y^2}} \tag{2}$$

根据相关研究[④]，x 表示为综合经济实力提高速度，y 表示环境承载力的变化速率。本章借鉴这一指标，将 x 定义为生产性服务业集聚程度(生产性服务

---

①　生产性服务业和制造业协同集聚的比例可以在 Ellison 和 Glaeser(1997)的 E—G 指标基础上延伸出的产业间协同集聚度来表示，张卉等人(2007)曾用此来研究产业集聚对中国劳动生产率和经济增长的内在关系。但是该指标涉及的制造业数据较全，生产性服务业数据缺失，因此，本章不采用该指标，而且该指标实际上也是反映多样化程度对经济的影响，这与本章采用的相对多样化指标是一致的。此外，陈建军、黄洁和陈国亮(2009)曾基于该指标研究了长三角地区产业间集聚的分工问题。

②　由于目前没有直接度量双重集聚所形成的协调度，本章使用了相对多样化指数来刻画这一现象，尽管使用替代变量难以真实地描述双重集聚的协调度，但我们认为使用这一指标具有一定的合理性和解释力度。首先，相对多样化指数反映的是一个城市产业多样化性，如果一个城市内部产业越多，那么它的相对多样化指数就越高，而一个城市产业种类越多，说明在城市内部实现服务业和制造业的产业配对的概率就越大，那么生产性服务业与制造业的协调度也越高，因此，从这个意义上讲，用相对多样化指数来作为协调度的替代指标具有一定的合理性，在经济意义上也是吻合的。其次，虽然相对多样化指数不能准确反映协调度的大小，在现实描述上会存在一定的偏差，但本章更多的还是从空间和产业链两个维度来考察双重集聚的协调度，因此，从这个角度看，替代变量所反映的研究结论与真实变量从理论上看应该是一致的。上述都表明适用替代变量在这个问题的研究中是可行的。

③　本章借鉴这一指标有两个目的：一是从不同角度考察双重集聚下的协调度，二是为本章后续的实证研究提供一个稳健检验的依据。

④　关于 C_{xy} 指标原始含义以及具体应用见张晓东和池天河等人的文献。

业就业人数占所有行业就业总数的比重),y 则表示为制造业集聚程度(制造业就业人数占所有行业就业总数的比重)。

由于自 2003 年起,我们国家采用了新的行业划分标准,因此,为了保持统计口径的一致性,我们主要根据《中国城市统计年鉴》(2006—2016)286 个城市计算互补效应和挤出效应的协调指数,同时,在行业选择上,2003 年后统计年鉴上的行业数量由 15 个调整为 19 个,鉴于本章研究需要,我们选择了其中 9 个行业为研究对象,分别为:制造业,交通运输仓储及邮政业,信息传输计算机服务和软件业,金融业,房地产业,租赁和商业服务业,科学研究技术服务和地质勘查业,居民服务业和其他服务业,以及教育(部分计算结果见表 8.1)。

表 8.1　2005 年、2010 年和 2015 年 RDI 和 C_{XY} 排名前 10 位城市

RDI						C_{XY}					
2005 年		2010 年		2015 年		2005 年		2010 年		2015 年	
太原	6.0213	连云港	4.944	郑州	5.1668	济南	1.41421	武汉	1.41421	眉山	1.41421
镇江	5.1567	长春	4.5233	长春	4.9299	齐齐哈尔	1.41421	廊坊	1.41421	唐山	1.41421
沈阳	5.0878	洛阳	4.5207	天津	4.5309	九江	1.41421	娄底	1.4142	岳阳	1.4142
九江	4.9749	沈阳	4.4392	宜昌	4.5008	通化	1.41420	萍乡	1.4142	抚州	1.41416
杭州	4.8295	太原	4.4386	武汉	4.4906	牡丹江	1.41418	洛阳	1.41419	济宁	1.41414
重庆	4.7376	重庆	4.3992	西安	4.1482	随州	1.41418	东营	1.41418	金华	1.41413
天津	4.6576	哈尔滨	4.226	镇江	4.0430	南平	1.41416	长沙	1.41418	舟山	1.41412
石家庄	4.4189	西安	4.1078	德阳	3.8255	盐城	1.41416	随州	1.41413	抚顺	1.41411
南京	4.3051	南京	3.9328	洛阳	3.8244	临沂	1.41416	九江	1.41412	长沙	1.41406
武汉	4.0514	南阳	3.8841	泰安	3.8056	洛阳	1.41410	咸宁	1.4141	徐州	1.41404

数据来源:《中国城市统计年鉴》(2005—2016)。

表 8.1 列出了 RDI 和 C_{XY} 两个指标排名前 10 位的城市,也就是互补效应和挤出效应协调度最大的 10 个城市,这两个指标反映了一个共同的特点就是,2015 年在排名前 10 位的城市中有 6 个城市属于大城市范畴,而在 C_{XY} 指标中排名前 10 位的城市中有 5 个城市属于大城市。但是,表 8.1 反映出另一个特点就是中小城市的挤出效应和互补效应产生的协调度较高,而传统的大城市诸如北京、上海等直辖市或省会城市在生产性服务业集聚与制造业集聚上并未表现出很高的协调度,主要原因在于规模较大的城市,产业结构主要以生产性服务业为主,形成了生产性服务业集聚对制造业集聚的挤出效应。

以上研究表明,在相对固定的空间范围内同时存在生产性服务业集聚和制造业集聚的情况下,有可能形成挤出效应和互补效应,但这两种效应产生的内在机制是什么,有哪些因素可能会影响这两种效应? 如果说,空间因素是产生挤出效应和互补效应的主要因素,那么,多大的空间范围是合适的,或者说,中国城市未来的发展方向在哪里? 这些问题构成了下文研究的主要内容。

8.2 现象背后的故事:两个维度

不少关于产业集聚效应的研究集中在对劳动生产率的影响上,如 Ciccone(2002)将服务业和制造业就业人数合并,研究了非农产业集聚对法国、德国等几个欧洲国家劳动生产率的影响,范剑勇(2006)和胡霞(2009)则都借鉴了 Ciccone 和 Hall(1996)的模型分别研究了非农产业集聚和服务业集聚对劳动生产率的影响。我们认为,解释双重集聚下的双重效应可以从空间和产业链两个视角进行考察,空间视角主要基于城市内部的研究,包括有形空间和无形空间,而产业链的视角主要是基于制造业产业链和生产性服务业的匹配性角度,同时,存在城市等级体系的前提下,由于中心城市对次中心城市的辐射作用,从而形成城市内和城市间的联动关系,图 8.1 表明了本部分的理论分析框架。

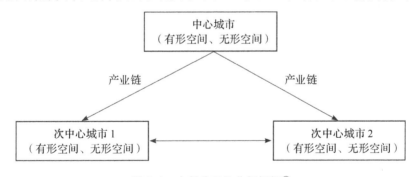

图 8.1 本部分理论分析框架①

————————

① 本章分析框架所延伸出的四个假说实际上就是主要考察国内城市内部和城市之间的互动情况,而这种互动关系笔者认为可以在一个开放经济的背景下加以考虑,从而形成一个从国际到国内再到具体城市内部的立体的研究框架,为使文章重点突出,本章没有考虑开放经济下的约束条件。本章在实证研究当中曾经将各个城市的货物进出口总额与 GDP 的比值作为一个变量考察了开放经济对双重集聚协调度的影响,研究表明这种影响是显著为正的。

8.2.1　空间的视角

上文已经指出,目前关于生产性服务业集聚与制造业集聚存在互动的研究所暗含的前提条件是在广域的空间范围内,目前还鲜有研究从城市角度对此进行研究,而这个城市视角既包括了城市的物理空间,也蕴含了城市的经济能级,正如王琦和陈才(2008)所指出的那样,经济活动发生的空间可以分为有形的空间和无形的空间,前者指诸如地域空间、物质生产过程等可观测的经济活动,后者指诸如市场容量等无形的经济活动,而且他们认为经济空间容量是给定且有限的,从而具有稀缺性和排他性的特征。

在谈论城市的有形空间前我们必须做个假定,就是城市的经济发展到了服务业和制造业都比较充分的阶段(也就是下文即将讨论的无形的空间问题),同时,我们这里还将中心城市与次中心城市之间的联系静态化(这部分将在产业链的视角部分进行讨论)。根据 Alonso 的投标租金模型(The Bid－Rent Model),服务业和制造业是与不同的土地租金水平相适应的,即越靠近市中心越适合服务业集聚,而不利于制造业继续发展,从而形成一个有规则的圈层式的产业分布格局,原因在于服务业所需要的土地较少,对土地租金的敏感度较低,这在目前很多城市都可以找到一定的佐证。但是 Alonso 在其模型中关于商业区的大小是根据 Thunen 模型中的土地租金对距离的斜率确定的,即

$$\frac{\partial r}{\partial d} = -\frac{t}{S_m} ①$$

其中:r 表示土地租金,d 表示距离,t 表示运输费用,S 表示所占用的土地面积。在该模型中,他们认为 $S_{商业} < S_{制造业}$,因此,制造业曲线斜率的绝对值要小于商业,而商业区的大小根据商业曲线和制造业曲线的交点到原点的距离来确定(见图 8.2)。但是由于 Thunen 和 Alonso 在研究租金曲线的时候只考虑了各个行业的占地面积,而没有对运输成本进行讨论,根据新经济地理学理论,运输费用对产业集聚的区位选择的影响是毋庸置疑的,特别是随着城市内

---

①　本文仅列出最后的推导结果,具体的推导过程见周伟林、严冀等人编著的《城市经济学》(复旦大学出版社 2004 年版,第 154-157 页)。

部的交通基础设施的改善,土地租金对距离的斜率的绝对值势必逐渐降低,根据 Thunen 和 Alonso 的模型,商业区将越来越大,如果按照这样的逻辑,整个城市都将成为商业的集聚区,而不存在制造业,也即挤出效应达到最大化,这显然是不合理的。

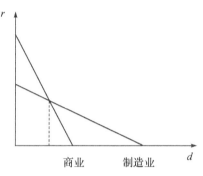

图 8.2　Thunen 模型的拓展

来源:周伟林、严冀(2004),有改动①。

我们认为,随着城市规模的扩大和产业结构的升级,生产性服务业和制造业特别是技术密集型制造业是完全有可能同时在城市内实现集聚的,而且 Thunen 和 Alonso 的模型只是认为商业更适应高租金,制造业适应低租金,但这并不是一种简单的线性关系,实际上,制造业与生产性服务业能否在一个空间内部实现双重集聚往往取决于两者的向心力和离心力的作用方向,而这两种力量都是关于租金的函数。参照新经济地理学理论中产业集聚与运输成本的非线性关系,可以推断,在租金水平较低的情况下(同时也意味着城市化水平较低),制造业集聚占据主导,生产性服务业发展不充分,这时更多的是挤出效应,当租金上升到一定水平时,两者的向心力②逐渐加强,双重集聚的互补效应逐渐显现,而租金过大时,离心力③超过向心力,特别是产业相互争夺重叠性

①　在标准的 Thunen 模型的拓展中,还应再考虑居民的居住情况,本章由于只考察产业关系,所以没有将这一因素纳入考虑范围。

②　本章中的向心力指的是由于生产性服务业作为中间投入能促进制造业发展,而制造业的需求也能带动生产性服务业发展,从而使得两者在空间上同时存在集聚成为可能,这个含义有别于促进单个产业集聚的力量。

③　同样地,本章中的离心力不是指由于集聚不经济而使得产业从集聚向分散转变,而是指的是由于制造业和生产性服务业对土地租金存在不同的需求弹性,从而当租金水平过高或过低时,双重集聚在空间的分布呈现分散的格局,从另一个角度讲,土地租金同时具有向心力和离心力的特征。

要素导致要素的获得受到限制(金祥荣、朱希伟,2002),从而使得双重集聚的挤出效应成为主要表现形式,因此,生产性服务业与制造业的具体某一产业形态存在一个租金水平的均衡点,在这个均衡点上,挤出效应和互补效应的协调度最高,换句话说,租金水平和生产性服务业集聚及制造业集聚的协调度是呈倒 U 形的,而不是传统理论上所认为的线性关系。

城市的无形空间正如前面提到的是相对市场容量而言的,毛科君和杨映霞(2002)认为,所谓的市场容量指的是在不考虑产品价格或供应商策略的前提下,市场在一定时期内能够吸纳某种产品或劳务的单位数目。言外之意,市场容量和市场需求是密切相关的,而市场需求则是工业化进程和经济发展阶段的真实体现。当经济发展处于工业化初期时,人均收入水平较低,市场容量较小,产业结构较为单一,也就不存在挤出效应和互补效应。而随着人均收入的增加,当工业化进入中期阶段时,特点是工业化带动城市化,这一阶段城市的主导产业是制造业,而且在这一时期,制造业的发展也带动了服务业的发展,市场容量相对较广,而由于这一阶段的制造业主要以劳动密集型为主,生产性服务业对其的拉动作用不明显,协调度相对较低,当工业化发展到后期时,城市的主导产业逐渐向服务业转变,正如洪银兴(2003)所指出的,城市需要通过服务业成为主导性产业还城市的本来面目,变工业型城市为贸易型、服务型和消费型城市。而且,随着城市化的推进,洪银兴认为,城市越大,市场容量越大,服务业规模越大、越经济,这使得生产性服务业集聚能充分与制造业集聚实现协调发展。所以说,从城市的无形空间来看,随着工业化和城市化逐渐走向成熟,生产性服务业集聚和制造业集聚所产生的挤出效应和互补效应也逐步从不协调到协调转变。

根据上文阐述,就此论证两个假说:

假说 1:存在均衡的土地租金水平使得双重效应的协调度达到最优。

假说 2:市场规模的扩大有利于协调度的提高。

8.2.2 产业链的视角

不管从有形空间来看,还是从无形空间来看,这都是相对于城市内部而言,而双重集聚下的双重效应的协调实际上还受中心城市和次中心城市之间关系的制约，具体归结到微观层面就是产业链的问题。

根据新经济地理学理论，规模收益递增有两个来源，其中一个就是对中间投入品的多样性需求，也就是说，如果最终产品生产使用多种中间投入品，那么在中间投入品的生产中扩大 1 个单位的要素投入，最终产品的产出将以大于 1 的比例增长。[①] 制造业的中间产品投入与最终品是存在某种产业配套性的，吴金明、张磐和赵曾琪（2005）认为，产业配套有省内配套、国内配套和国际配套三种类型，相对应地，形成了省内、国内和国际三类配套半径，他们指出，当制造某种产品无法在本省或本国获得关键零部件或者核心技术时，则认为其本地配套性差，出现了产业链中断，从而影响整个产业的发展。这里需要指出的是，他们认为的配套产业更多的还是基于制造业层面，实际上，作为制造业的中间投入，作为另外一种形式的配套产业，生产性服务业的作用是不可忽视的，特别是随着"迂回"生产方式的扩展，生产性服务业投入的比例和重要性不断上升。

上文曾详细分析了生产性服务业对制造业的促进作用实际上是基于生产性服务业与制造业产业链的互动视角，而且这种互动关系因制造业分行业形态的不同而存在一定的差异性，但是，这里有一个匹配性的问题，就是并不是任何的生产性服务业与制造业都是相融合的。一个产业可以分解为多个产业链环节，根据各个城市的比较优势实现跨区域分工，而每一个制造业的产业链环节上的资本密集度、技术含量都是不一样的，这就需要不同类型的生产性服务业与之相匹配，比较典型的例子就是计算机行业，在研发设计环节就需要比较高端的生产性服务业与之相匹配，而这些产业链往往都集中在中心城市，而在计算机组装环节则不需要太多的生产性服务业，而这种产业链一般位于次中心城市，虽然都被称为高新技术产业，但实际上由于所处的产业链环节不一样，对生产性服务业的需求存在很大的差异性，正如郑凯捷（2008）研究表明，制造业的跨区域分工的差异性将会通过中间需求力量来影响产业结构和服务业水平呈现不平衡的发展变化。郑才林（2008）通过对生产性服务不同要素的聚类分群和对生产性服务不同要素与不同阶段产业集群竞争力结构因素的差

---

① 安虎森.空间经济学原理[M].北京:经济科学出版社,2005:72.

异性分析,揭示了不同阶段中,不同服务生产要素对产业集群竞争力产生显著影响的结构因素。但是,制造业的产业链环节与生产性服务业之间并不一定存在合理的匹配度,如果这种匹配度较低的话,则挤出效应较为明显,在中国这样的大国背景下,由于存在诸多的城市,而每个城市的工业化所处阶段不尽相同①,相比较而言,东部地区城市所处的工业化阶段高于中西部地区,那么相配套的生产性服务业也相应地存在一定的差别,特别是制造业的产业链处于动态的变化之中,这就对生产性服务业提出了不同的要求,但是中国目前正处于工业化阶段,在过度强调制造业集聚的同时,往往容易忽视生产性服务业的配套发展,甚至生产性服务业作为一种单独的产业也有可能复制制造业原先的发展路径,即各个地区通过地方保护主义导致产业的同构,以此来促进当地的经济发展,随后,在此基础上实现地区间产业的分工。如果生产性服务业也仍然延续这样的轨迹,那么,基于中国服务业发展相对滞后的事实,结果就是生产性服务业与制造业在时间和空间上不是完全的契合,导致部分城市是相匹配的,而另外一部分是排斥的,互补效应和挤出效应则成为各自的表现形式,这也传达出一个信号,就是我们在提倡产业分工,实现差异化发展时,很大程度上是针对制造业而言的,实际上,这对生产性服务业也是适用的。因此,我们通常所说的生产性服务业与制造业协调发展,确切地说,应该是生产性服务业和制造业在产业链上的协调发展。

从城市规模来看②,大城市由于存在多个服务业特别是生产性服务业的协同集聚,使得制造业有更多的机会和相应的生产性服务业实现配对,从而充分发挥互补效应,徐康宁和陈健(2008)的研究表明,服务业发展水平对跨国公司

---

① 如果以人均 GDP 来衡量工业化阶段的话,我们按照 1:7 汇率大致测算,发现 2006 年中国地级以上城市中有 33 个城市的人均 GDP 在 1000 美元以下,有 181 个城市的人均 GDP 在 1000～3000 美元之间,有 38 个城市的人均 GDP 在 3000～5000 美元之间,还有 14 个城市的人均 GDP 在 5000 美元以上。

② 这里讲的城市规模有两层含义,第一层含义指的是城市人口,第二层含义指的是城市空间范围。如果是第一层含义的话,那么,城市规模和协调度之间则是一种非线性关系,即当城市人口增长到一定规模的时候,不管是制造业集聚还是生产性服务业集聚都会产生规模不经济现象,从而使得协调度下降;而在第二层含义,城市空间规模的扩大不存在"拐点"问题,即城市空间规模的延伸有助于双重集聚下协调度的进一步提升,本章图 8.3 的城市规模指的就是第二层含义,为了证明第一层含义城市人口规模和协调度的非线性命题,本章在后续的实证研究中也将简要地对这一命题进行论证。

营运环节的区位选择有显著的正向作用。而规模较小的城市由于处于相对低级的城市发展阶段,生产性服务业发展得不是很充分,使得协调度相对较低,而大城市由于城市规模较大,实现双重集聚的协调发展的难度也较大,使得中心城市暂时表现出低协调度的特征,但双重集聚的互补效应的最高值应该大于规模较小的城市,因此,从长远来看,城市规模与协调度的变化基本上是同步的。

在图8.3中,随着城市规模的扩大,挤出效应将逐步趋于递减,而互补效应则逐步提高,但是这种提高并不是无限制的,当城市规模扩大到一定程度之后,互补效应的增速会递减,也就是说,在城市到一定规模之后,互补效应会趋于平衡。

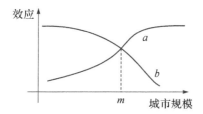

图 8.3　互补效应和挤出效应

注:a 曲线表示互补效应,b 曲线表示挤出效应。

另外,通过中心城市的辐射作用,也能提高次中心城市的协调度,所以说,城市规模与协调度是正向关系的。从这个角度看,次中心城市实现生产性服务业集聚和制造业集聚的协调发展有两个来源:一个是通过城市的当地化,如通过制造业的集聚所引致的需求来实现生产性服务业集聚与制造业集聚的匹配;另一个就是中心城市生产性服务业的集聚对周边城市的辐射作用而形成的互补效应。由于中国存在大量的城市,如果按照人均 GDP 来衡量的话,不同的城市处于工业化的不同阶段,那么,相对应的产业结构也是存在一定的差异,而有些城市由于处于制造业产业链的较高位置,需要高端的生产性服务业与之匹配,但由于生产性服务业作为知识密集型产业,需要相应的人力资本结构才能发展,而中心城市则具备了这个条件,这就决定了次中心城市需要借助中心城市的辐射,促进协调度的提高。从这个层面上说,中心城市对次中心城市的辐射作用实际上就是放大了城市范围,从而在一个广域的空间内实现双重集聚的互补效应,有效地缓解了单个城市的挤出效应所形成的影响。另外,高峰和刘志彪(2008)认为,影响生产性服务业和制造业的协同集聚既受到产业集聚的共性影响也受到一些特殊因素的影响,其中,中心城市的辐射是影响协同集聚的重要因素。

关于城市内部的产业链的匹配问题由于数据的缺乏我们在此不做假设,而对于城市间的产业链匹配关系,我们认为有以下假设。

假说3:区域中心城市能促进双重集聚协调度的提高[①]。

假说4:城市规模与协调度存在正向的关系。

综上所述,双重集聚下的双重效应的内在形成机制可以做如下表述:在较低的租金水平下,双重集聚在离心力的作用下,使得制造业集聚占据主导,随着租金水平的不断提高,向心力逐渐超过离心力,制造业集聚和生产性服务业集聚在空间上达到某种程度的均衡,但租金的继续提高使得双重效应的协调度水平呈现"倒U"形的非线性关系,无形空间的扩大强化了互补效应的提高。而中心城市与次中心城市在产业链上的匹配使得双重集聚在广域的空间范围内达到均衡,从而形成一种网络状的互补格局,使得双重效应的协调度进一步得到提高。

8.3 经验分析:理论假说的求证

8.3.1 方法与模型设定

为了验证本章第二部分提出的4个假说在中国的可行程度,本章分别根据4个假说定义4个基础变量对假说进行求证。在方法上,根据假说1的命题可知,模型应该是非线性的方程,在考虑4个基础变量的同时,我们还认为

---

① 区域性中心城市对双重集聚协调度的提高表现为对非区域性中心城市生产性服务业发展不足的弥补,当然,生产性服务业发展水平高的地区对欠发达地区的影响既可能存在正面影响,也有可能存在负面作用,而负面作用表现为对当地同行业的竞争。钟韵和闫小培(2006)曾研究了香港对广州的影响,她们的实证调查结果表明,香港的生产性服务业对广州生产性服务业同行业发展的负面影响不大。

另外 2 个控制变量分割程度(fg)和资本密度(k)也是重要的,引入分割程度变量主要是考虑到中国在分权的体制下,各个地方政府都有发展地方经济的激励,但这种激励容易被地方利益最大化所扭曲从而导致地方分割的形成,这在客观上不利于协调度的提高。另外,我们认为资本密度的提升其中一个结果就是商务成本的上升,相比较而言不利于制造业的集聚,因此,过高的资本密度与双重集聚的协调度是负相关的。杨永春等人(2009)曾对兰州 1949 年以来城市资本密度的空间变化进行了研究,并分析了其内在的机制,他们认为城市资本密度空间变化曲线大致存在较为明显的"雁行波动上升式"规律。同时,由于本章采取的是截面数据,为了避免因此而形成的异方差问题,本章对变量进行了对数化处理(Ln),而且我们分别将 RDI 和 C_{xy} 作为被解释变量。

根据 2006 年中国地级及以上城市截面数据分别求证各个因素在影响中国生产性服务业集聚和制造业集聚的协调度中所起的作用,本章选取了 286 个地级及以上城市作为研究样本,数据主要来自《2007 年中国城市统计年鉴》,另外,我们在研究过程中还引入了各个省会城市到各个城市的距离和三大都市带的中心城市(北京、上海和广州)到各个城市距离的变量,这部分数据来自 2008 版的《中国电子地图》[①](北京灵图软件技术公司和人民交通音像电子出版社)中相应的城市到各个城市的铁路距离[②],在模型设定上,上文也曾指出根据假说 1,我们的模型应该设置为非线性方程,具体模型设定为:

$$Ln(RDI_i) = \alpha_0 + \alpha_1 Ln(Rent_i) + \alpha_2 Ln(Rent_i)^2 + \alpha_3 Ln(Pgdp_i)$$
$$+ \alpha_4 Ln(Csgm_i) + \alpha_5 Ln(Capital)(Ln(Beijing_i),$$
$$Ln(Shanghai_i), Ln(Guangzhou_i)) + \alpha_6 Ln(K_i) + \alpha_7 Ln(Fg_i) + u_{1i}$$

$$Ln(C_{xyi}) = \beta_0 + \beta_1 Ln(Rent_i) + \beta_2 Ln(Rent_i)^2 + \beta_3 Ln(Pgdp_i)$$
$$+ \beta_4 Ln(Csgm_i) + \beta_5 Ln(Capital)(Ln(Beijing_i),$$
$$Ln(Shanghai_i), Ln(Guangzhou_i)) + \beta_6 Ln(K_i) + \beta_7 Ln(Fg_i) + u_{2i}$$

---

① 虽然本章主要数据是来自《2007 年城市统计年鉴》,只有在关于铁路距离上采用 2008 版的数据,在时间上略显不一致,但两者相差只有一两年时间,同时考虑到中国铁路通车里程数在短期不会有太大的变动,因此,这样的处理对研究结果不会有太大的影响。

② 在衡量这 3 个城市到各个城市距离时分为直达和一次中转两类,如果存在直达的线路,我们取其最小值而不考虑其他的中转方式,如果不存在直达线路而存在中转线路,我们只考虑一次中转所需的最短距离,而不考虑二次中转以及其他的线路。

其中：α_0、β_0 为常数项，而 α_1、α_2、α_3、α_4、α_5、α_6、α_7 为第一个模型的待估系数，β_1、β_2、β_3、β_4、β_5、β_6、β_7 为第二个模型的待估系数，u_{1i} 和 u_{2i} 分别为两个模型的误差项。

8.3.2 变量描述

（1）RDI_i 表示第 i 个城市的生产性服务业集聚和制造业集聚产生的挤出效应和互补效应的协调度，实际上这是相对多样化的计算公式，只是本章只选择了其中 9 个行业作为研究对象，该指标的具体计算公式及其意义，已在上一节做过详细介绍和说明，在此不作赘述。

（2）C_{xyi} 表示另一个用来衡量第 i 个城市双重集聚产生挤出效应和互补效应的协调度的指标，同样地，该指标在本章第二部分也已经做过详细的介绍，在此同样不作赘述。本章之所以设置另一个替代指标，一方面，是想从另一个角度来刻画协调度的变化情况；另一方面，设置第二个替代变量也正好可以考察本章实证研究结果的稳健性。

（3）$Rent_i$ 表示第 i 个城市的土地租金水平，实际上，由于土地租金的不可得性，我们往往将土地价格视作土地租金的替代变量，Kanemoto、Ohkawara 和 Suzuki(1996)在研究日本最优城市规模时曾估计过不同类型的城市土地类型的价格[①]，陈健和史修松(2008)用单位面积内的国民生产总值来表示价格，由于没有各个城市的国民生产总值数据，因此，我们用单位面积内的国内生产总值来替代，这实际上就是城市内的经济密度，按照经验判断，经济密度高的地区，土地租金往往也是比较高的，如北京、上海和广州等地的 CBD 地区的经济密度和租金水平是高度线性相关的，因此，用这一指标来替代土地租金是可行的。同时，我们在本章的第二部分论述过，土地租金和协调度不是简单的线性关系，而是存在一个均衡租金水平的"倒 U"形的关系，因此，考虑在模型中增加 $Ln(Rent_i)$ 的二次项，并且我们预计二次项的系数为负，一次项的系数为正。

[①] 该土地价格的估计方程为：$lnP = \alpha_0 + \sum_{i=1}^{7}\alpha_i D_i + bt$，其中，$P$ 表示土地价格，D 表示除了居民区外的城市土地类型的虚拟变量，t 表示到中心城市的距离。

(4)Pgdp$_i$ 表示市场规模变量,以此来显示城市无形空间对协调度的影响,这一指标可以用人口数量或人均 GDP 来量化,胡霞(2008)在研究中国城市服务业集聚时,曾用人均 GDP 表示生活性服务业的市场规模,而用工业企业数量和工业增加值来测度生产性服务业的市场规模。我们这里用人均 GDP 同时表示制造业和生产性服务业的市场规模,我们认为人均 GDP 的提高不仅意味着居民生活品质的提升,而且还包含着经济发展阶段的转变和产业结构的升级,比如说,制造业从原来的劳动密集型向资本密集型或技术密集型转变,同时,也带动了生产性服务业的发展,因此,预计该系数符号为正。

(5)Csgm$_i$ 表示第 i 个城市的规模,对于城市规模的衡量,出于研究的需要有不同的选择方法,本章在脚注中已经提到有两层含义,本章采用的是第二种含义城市的空间规模,当然,本章也会在模型中考虑第一种含义对命题显著程度的影响。我们认为用城市的面积来量化这一变量是比较合适的。城市规模的扩大一方面为生产性服务业和制造业同时在城市中集聚提供了可能,另一方面城市自身规模的扩大有利于提高对周边城市的辐射能力,从而促进次中心城市协调度的提高,因此,我们预计该系数为正。

(6)Capital 表示省会城市,以此来验证假说 3 的可行性,衡量中心城市对次中心城市的辐射能力有两种方法:一种是根据中心城市和次中心城市的贸易流量,贸易额越高,说明城市之间的经济联系越密切,中心城市的辐射作用越明显,反之,则不明显。另一种方法则是考虑地理因素,根据各个次中心城市到中心城市的空间距离来表示,一般来说,距离中心城市越近,受其影响就越大。目前,已经有学者做过类似的研究,如金煜等人(2006)将各地到香港和上海两个主要港口的距离作为工具变量来研究产业集聚问题。由于目前缺少省际间或城市间贸易流的数据,因此,本章采用了第二种方法,即用中心城市到次中心城市的铁路距离来衡量,距离越短,说明中心城市对次中心城市的带动效果越明显。在这个问题上,我们需要考虑两个空间维度,第一种情况就是区域性的中心城市对次区域性中心城市的辐射作用,在空间上主要表现为在一个省范围内省会城市的作用,我们用各个城市到所属省的省会城市的距离来表示,同时,基于有些城市尚未开通铁路等事实以及虽然有些地方已经开通铁路但数据库中未能体现,而且在这个变量上我们需要剔除省会城市和直辖市的样本,因此,样本为 212 个城市[①]。

第二种情况则是在第一种情况基础上进行的空间拓展,由于我们国家存在三大都市圈(长三角、珠三角和京津唐),从政策取向来看,目的是为了通过增长极的打造来带动中西部的发展,也就是说,三大都市圈的核心城市不仅仅是区域性的中心城市,更是全国性的中心城市,我们感兴趣的是这三大全国性的中心城市是否对协调度的提高发挥积极作用,因此,本章采用了三大都市圈的中心城市到各个城市的铁路距离[②]来进一步研究作为全国性的中心城市对协调度的影响,我们用 $Beijing_i$、$Shanghai_i$ 和 $Guangzhou_i$ 分别表示北京、上海和广州到各个城市的铁路里程。在样本选择上同样基于第一种情况,北京至各个城市的样本为 238 个,上海至各个城市的样本数量为 237 个以及广州至各个城市的样本为 236 个。按照逻辑推断,这两种情况所对应的变量系数的符号应为负。

(7)K_i 表示第 i 个城市的资本密度,关于资本有存量和增量的区别,本章采用了后者,我们用全社会固定资产投资总额和区域面积的比重加以衡量。上文已论述了过高的资本密度是有利于服务业集聚,而不利于制造业集聚的,从而使得挤出效应和互补效应此消彼长,预期其符号为负。

(8)Fg_i 表示第 i 个城市的分割程度,实际上,分割存在于两个或两个以上地区,如以 Naughton(1999)为代表的贸易法和以 Youung(2000)为代表的生产法等都提出了衡量分割的方法。本章基于数据的可得性,用政府的干预程度来衡量分割水平,而政府的干预程度由非公共财政支出占全部财政支出的比重来表示,非公共财政支出=地方财政一般预算内支出-科学支出-教育支出-抚恤和社会福利救济-社会保障补助支出,在度量上我们用非公共财

[①] 在剔除省会城市、直辖市以及尚未开通铁路的城市共有 215 个城市,另外,本章同时考察了在开放的条件下对协调度的影响(回归结果本章未报告),又剔除了 3 个样本。

[②] 衡量一个城市到另一个城市的距离有两种方法,一种是比较简单的根据地图比例来刻画两个城市间纯粹的自然空间距离,这种方法一个很大的缺陷在于没有考虑复杂的地理特征;另一种就是交通距离,如公路距离、铁路距离等。按照理论分析,不管是用公路距离还是用铁路距离,计量结果的经济意义应该是一致的,而与此相伴随的一个变量就是旅行时间,应该说,距离越短,所需的时间也应越少,因此,两者是高度线性相关的,本章只考虑了铁路的距离,而没有考虑公路距离和旅行时间,但根据理论逻辑的推断,结果应该是差不多的。黄玖立和李坤望(2006)曾以省城市之间最短的公路距离作为工具变量来研究出口开放、地区市场规模和经济增长的关系。

政支出/预算内支出来表示。我们认为市场分割对于双重集聚协调度作用的内在机理在于由于市场分割使得中心城市的生产性服务业难以进入次中心城市从而影响协调度的进一步提升，因此，以非公共财政支出代表的分割程度与双重效应的协调度是格格不入的。

8.3.3 结果分析

根据上文设定的模型和变量定义，回归结果见表 8.2、表 8.3，其中，模型 (1)～模型 (7) 是以 $Ln(RDI)$ 为被解释变量，而模型 (8)～模型 (14) 是以 $Ln(C_{xy})$ 为被解释变量。以模型 (1)～模型 (7) 为例，模型 (1) 是根据 4 个假说所定义的 4 个基础变量进行的回归，回归结果显示这 4 个基础变量（除了人均 GDP）都至少在 5% 的水平上显著，模型 (2) 和模型 (3) 分别考虑了两个控制变量之后，3 个基础变量仍然显著，而且符号也符合预期猜测，从而表明这 4 个假说中关于无形空间的假说值得商榷。

从各个变量来看，土地的租金水平表现出预期的"倒 U"形的性质，说明存在一个均衡值使得由挤出效应和互补效应产生的协调度达到最优水平，根据计算，当租金水平的替代变量经济密度达到 1460 万元/平方千米时可以实现最大化的协调度，当然，如果被解释变量不一样，结果也存在一定的差异，如我们将 C_{xy} 代替 RDI，可以计算得出当经济密度达到 13350 万元/平方千米时协调度实现最优，过了这个"拐点"之后，租金水平与协调度成反向关系。对于前者指标，共有 27 个城市达到该标准，且基本上集中在东部沿海地区，而对于后者指标，在样本城市当中只有广东的深圳市超过该指标（由于在该样本中剔除了各个省的省会城市和直辖市，因此，实际数量应该还会增加），虽然变量不一样，但至少可以证明一点，就是均衡值是客观存在的，而且在现阶段，继续提高土地租金水平有利于协调度的改善。但是，这里由于本章采用经济密度作为租金水平的替代变量，而经济密度将制造业和生产性服务业的加总作为整体进行研究，并没有考虑经济总量中产业结构的问题，因此，在继续提高经济密度的同时，也要注重产业结构的提升，这里由于数据限制，这个问题未能体现出来①。对于市场规模而言,计量模型表明城市无形空间的扩大对互补效应和挤出效应的协调度作用并不是很显著。

表 8.2　中国双重集聚下的双重效应协调度的回归结果 1

解释变量	以 Ln(RDI) 为被解释变量						
	(1)	(2)	(3)	(4)	(5)	(6)	(7)
Constant	−2.135*	−2.153*	−2.444*	−2.43*	−0.2.928	−4.214***	−3.553***
	(−1.84)	(−1.852)	(−1.955)	(−1.94)	(−2.337)	(−3.488)	(−3.155)
Ln(Rent)	0.769***	0.834***	0.757***	0.816***	0.789***	0.785***	0.836***
	(4.22)	(3.993)	(4.124)	(3.857)	(3.965)	(3.805)	(4.171)
Ln(Rent)²	−0.057***	−0.057***	−0.056***	−0.056***	−0.054***	−0.057***	−0.058***
	(−3.876)	(−3.89)	(−3.773)	(−3.789)	(−4.001)	(−4.035)	(−4.291)
Ln(Pgdp)	0.054	0.057	0.078	0.079	0.041	0.034	0.03
	(0.689)	(0.732)	(0.904)	(0.912)	(0.505)	(0.404)	(0.35)
Ln(Csgm)	0.144**	0.139**	0.141**	0.138**	0.187***	0.19***	0.193***
	(2.331)	(2.24)	(2.291)	(2.213)	(3.43)	(3.509)	(3.602)
Ln(Capital)	−0.125***	−0.125***	−0.12**	−0.121**			
	(−2.641)	(−2.647)	(−2.522)	(−2.535)			
Ln(K)		−0.067		−0.06	0.015	0.083	0.026
		(−0.64)		(−0.565)	(0.154)	(0.794)	(0.257)
Ln(Fg)			−0.338	−0.305	−0.362	−0.493	−0.275
			(−0.672)	(−0.6)	(−0.764)	(−1.025)	(−0.567)
Ln(Beijing)					−0.079*②		
					(−1.61)		
Ln(Shanghai)						0.07	
						(1.277)	
Ln(Guangzhou)							−0.007
							(−0.148)
Ad-R²	0.1059	0.1033	0.1036	0.1006	0.1225	0.1073	0.1047
obs	212	212	212	212	238	237	236

注:括号里的数值表示 t 值,*** 代表 1% 的显著性水平,** 代表 5% 的显著性水平,* 代表 10% 的显著性水平。

Ln(Capital)的系数为负(−0.121)说明,区域性中心城市有助于提升由生

---

① 由于本章采用的是《中国城市统计年鉴》中的数据,年鉴中并没有制造业分行业数据,因此,本章在研究过程中将制造业作为整体来进行考察,由于没有考虑制造业的行业异质性问题,这在结论上可能有点偏差,如果将制造业分行业进行研究的话,那么,这种"倒 U"形也仍然存在,只是不同行业图形会平行移动。

② 模型(5)中的 Ln(Beijing)系数实际上在 10.88% 水平上显著,我们近似地视作其在 10% 的水平上显著。

产性服务业集聚和制造业集聚产生的挤出效应和互补效应的协调度的提升,正如上文所说的,是通过协调自身双重效应和带动次中心城市协调度的提升来实现的,当然,也有学者对区域中心城市在现阶段是否能真正通过辐射作用带动次中心城市协调度的提高提出质疑,如钟韵(2007)利用珠三角制造业企业问卷调查和广州生产性服务业机构问卷调查发现,目前珠三角的制造业消费来自广州的生产性服务业确实很少,她从需求和供给角度进行了解释,其中,珠三角制造业对生产性服务业的专业化要求较低,成为制造业对生产性服务业的需求本地化和内部化的主要原因。尽管如此,她认为珠三角不同规模企业对广州服务需求存在一定的差异,大企业需求相对较高,而中小企业则较低。此外,从更大的空间范畴来看,对三大都市圈的中心城市至各个城市的距离的研究表明,除了上海表现出不符合预期的特征外,北京和广州的系数表明距离的缩短有利于全国双重集聚下双重效应协调度的提高,而广州和上海的系数不显著,北京的系数在 10% 的水平上显著,而且在以 $Ln(C_{xy})$ 为被解释变量的模型(12)中,北京的系数则在 5% 的水平上显著,从而表明,作为京津唐都市圈的中心城市,北京对协调度提高的作用在逐步显现,但由于系数较小,说明目前带动作用较为有限,而长三角和珠三角的中心城市尚未对全国双重效应协调度的提高发挥实质性的作用,这一方面可以解释为虽然北京、上海和广州作为中心城市承担着引领中国经济发展的重任,但由于产业的辐射半径有限,三大中心城市的经济发展所形成的外部性很难惠及偏远地区。徐现祥(2005)曾将长三角 14 个城市到上海的相对距离作为刻画上海对长三角其他城市协调发展的影响,结果表明,1996 年以后随着长三角城市经济协调会成立,上海的辐射作用能够带动长三角的协调发展,这也给我们一个启示,就是有必要在中西部地区组建更多的类似长三角、珠三角和京津唐等空间组织形式的城市集聚区,如武汉都市圈等,而且在都市圈内部成立统一的协调组织也是有必要的,并以此来带动中西部地区双重效应协调度的提高,这也从侧面说明,本章以虚拟变量衡量区域性中心城市对协调度的提高,并非来自上海等全国性的中心城市,反而更多的来自省会等相对较小规模的城市。因此,省会城市和中心城市对各个城市的影响的研究表明,缩短中心城市与次中心城市之间的距离对提高双重效应的协调度是有积极作用的,同时,这暗含的政策含义就是,强化地区之间的基础设施建设,缩短地区间的距离具有重要的现实意义。在关于城市规模对双重集聚的协调度的线性影响上,研究表明,城市规模增加1%,协调度将提高0.138%,这也就印证了本章关于城市空间规模与协调度的正相关假说,另外,本章还考虑了用城市人口来表示城市规模[①],研究结果也恰好与本章关于城市人口规模和协调度的非线性关系的推测相吻合。

本章设置的两个控制变量前的系数符号为负,说明资本密度的提高和以政府干预程度为代表的分割程度有碍于协调度的改善,但这两个变量均未通过显著性水平检验。值得一提的是,本章以非公共支出代表政府的干预程度,但政府的干预既有积极的一面,比如改善交通基础设施,提高信息化水平,促进产业集聚,也有消极的一面,如提高贸易壁垒,提高市场准入门槛等,但我们这里无法将这些数据区分开,暂且认为政府的干预导致的地方保护主义阻碍了协调度的进一步提升,如果能将政府"看得见的手"和"政府失灵"区分开的话,显著程度或许会得到改善。本章为了检验模型的可靠性,设置了另外一个因变量 C_{xy},模型(8)—模型(14)复制了模型(1)—模型(7)的检验过程,计量结果表明,更换新的被解释变量后,解释变量的系数仍然是显著的,4个假说中的3个假说得到计量结果的支持(见表8.3)。

表8.3　中国双重集聚下的双重效应协调度的回归结果2

解释变量	以 $Ln(C_{xy})$ 为被解释变量						
	(8)	(9)	(10)	(11)	(12)	(13)	(14)
Constant	−0.092 (−0.647)	−0.097 (−0.689)	−0.136 (−0.892)	0.131 (−0.864)	−0.098 (−0.667)	−0.3** (−2.144)	−0.224* (−1.691)
Ln(Rent)	0.078*** (3.496)	0.098*** (3.844)	0.076*** (3.394)	0.095*** (3.709)	0.083*** (3.554)	0.087*** (3.63)	0.089*** (3.762)
Ln(Rent)²	−0.005*** (−2.875)	−0.005*** (−2.939)	−0.005*** (−2.768)	−0.005*** (−2.845)	−0.004*** (−2.589)	−0.005*** (−2.969)	−0.005** (−2.983)
Ln(Pgdp)	0.0003 (0.035)	0.001 (0.148)	0.004 (0.356)	0.004 (0.383)	−0.001 (−0.07)	−0.001 (−0.119)	−0.001* (−0.064)
Ln(Csgm)	0.021*** (2.749)	0.019** (2.562)	0.02*** (2.703)	0.019** (2.533)	0.021*** (3.35)	0.023*** (3.572)	0.022*** (3.556)

①　关于城市规模第一层含义的回归结果,本章没有将具体回归结果罗列出来,结果表明,不管是城市规模的一次项还是两次项,其前面的系数均在1%水平上显著。

续表

解释变量	以 Ln(C_xy) 为被解释变量						
	(8)	(9)	(10)	(11)	(12)	(13)	(14)
Ln(Capital)	−0.016*** (−2.815)	−0.016*** (−2.851)	−0.016*** (−2.68)	−0.016*** (−2.736)			
Ln(K)		−0.02*① (−1.60)		−0.02 (−1.516)	−0.013 (−1.151)	−0.004 (−0.367)	−0.01 (−0.83)
Ln(Fg)			−0.048 (−0.788)	−0.038 (−0.61)	−0.031 (−0.558)	−0.046 (−0.83)	−0.036 (−0.623)
Ln(Beijing)					−0.012** (−2.059)		
Ln(Shanghai)						0.009* (1.396)	
Ln(Guangzhou)							−3.7E-05 (−0.007)
Ad-R²	0.1017	0.1085	0.1	0.1058	0.1124	0.0962	0.0896
obs	212	212	212	212	238	237	236

注:括号里的数值表示 t 值,***代表 1% 的显著性水平,**代表 5% 的显著性水平,*代表 10% 的显著性水平。

此外,基于中国这样大国的现实和中国复杂的地理特征以及目前不平衡发展的事实,世界上其他国家所形成的区域特征实际上可以在中国找到缩影,这也就使得世界银行发展报告(2009)中用来表征世界各个国家的地理特征的"密度—距离—分割"的分析范式,在中国内部也同样具有一定的可行性和参照价值,而且本章的研究结论也支持了这一分析框架的合理性。因此,本章认为,生产性服务业集聚和制造业集聚所形成的挤出效应和互补效应的协调度最大化的实现路径应该遵循:继续提高城市的经济密度,缩短中心城市与次中心城市之间的距离,这个距离主要在于缩短经济距离,提高中心城市对周边城市的辐射和带动作用,同时,鼓励制度创新,促进以合作为主线的竞争,减少地方保护主义,降低因市场分割造成效率的损失。

---

① 模型(9)中的 Ln(K) 的系数实际上是在 11.12% 的水平上显著,我们近似地视作其在 10% 水平上显著。

8.4 双重效应的进一步讨论：城市规模的分组

本章从空间和产业两个视角研究了双重集聚下挤出效应和互补效应的协调问题，由于以往从产业角度对生产性服务业集聚和制造业集聚做了相对比较多的研究，而缺乏对空间概念的关注，本部分进一步研究空间与双重效应的协调问题。

上文也曾指出过，空间包括有形空间和无形空间，而这两种空间都和城市规模高度相关，因此，本部分的研究就可以归结为一个问题，即多大的城市规模才能与双重效应的协调度相吻合，又或者说，是不是城市越大越好，还是存在一个区间值呢？金相郁（2006）曾利用 Carlino 模型研究了 1990—2001 年间中国城市规模效率问题，并得出了中国特大城市和超大城市的城市规模效率并不明显，而大中小城市的城市规模效率较明显，同时，这种效率在不同区域表现出不同的特点。李郇、徐现祥和陈浩辉（2005）认为，由于规模效率在 1990—2000 年的下降抵消了利用效率和纯技术效率上升所带来的影响，从而造成中国目前城市效率普遍较低。Segal（1976）运用 C-D 生产函数估计了城市规模对劳动生产率的影响，形式如下：

$$Q_i = AS^r C_i^\delta K_i^a L_i^{\sum_k \beta_k q_{ik}}$$

其中：Q 表示实际产出，S 代表规模的虚拟变量，C 表示诸如气候、自然资源等城市特征的向量，K 为城市的资本存量，L 代表就业，q 代表诸如教育、性别、年龄等劳动力质量的向量。而陈迅和童华建（2006）比较了 Carlino 模型[1]和 Segal 方法后认为，前者只能表示工业集聚效应的大小，而后者不仅能研究城市工业集聚效应存在与否，还能反映城市扩张潜力的大小，因此，他们综合运用了 Carlino 模型和 Segal 模型对中国西部地区的集聚效应大小进行了测度。吉昱华、蔡跃洲和杨克泉（2004）在借鉴 Segal 的基础之上研究了中国城市集聚效益问题。

---

[1] Mark R. Montgomery（1988）指出，Carlino 模型更适合于产业层面或城市层面的研究，而更少用于企业层面的研究。

240

可以看出来的是，以往关于适度城市规模确定的核心思想就是最大化净集聚效应，当然，不同的研究方法得出的结论还是存在一定的差异。王小鲁和夏小林(1999)通过分析城市规模收益和城市政府负担以及居民负担的外部成本[①]来研究城市的适度规模问题，他们认为，当城市人口规模处于 10 万～1000 万时存在正的净规模收益，特别是在 100 万～400 万人之间净规模收益最大，在此之前，Henderson(1974)也研究了最优城市规模与外部不经济问题。高鸿鹰和武康平(2007)的研究表明，中国 100 万人口规模以上的城市具有相对较高的城市集聚效应。这些学者对中国适度规模的研究只是给出了一个区间选择范围，而金相郁(2004)借助 Alonso 的二次函数形式得出了三大直辖市的最佳规模，从集聚角度看，北京市为 1251.714 万人，上海市为 1795.516 万人，天津市为 951.311 万人，而从最小成本来看，这三大直辖市的最佳规模分别为：801.452 万人、2123.078 万人和 1126.208 万人。俞勇军和陆玉麒(2005)同样基于成本收益分析认为，目前江苏地级市的最佳人口规模为 280 万人，最佳空间规模为 2030 万平方千米。Zheng(2007)基于 surplus function 方法研究了日本都市的适度规模，研究结果表明，2000 年日本都市的最佳城市人口是 1800 万，进而指出东京的城市规模过大，但是，Kanemoto、Ohkawara 和 Suzuki (1996)则指出没有证据支持东京存在城市规模过大的假说。

本章在对 Segal(1976)模型和吉昱华等人(2004)模型进行适当的修正的基础上，研究不同城市规模条件下挤出效应和互补效应的协调度对劳动生产率的影响程度，即

$$Q_i = A(RDI_i)^\gamma K_i^\alpha L_i^\beta D^\delta$$

$$Q_i = A(C_{xyi})^\gamma K_i^\alpha L_i^\beta D^\delta$$

其中：Q 和 L 意义同上，RDI 和 C_{xy} 的意义前文也已阐述，A 表示常数系数，由于本章着重考察 RDI 和 C_{xy} 对生产率的影响，因此，为了简化，K 的意义本章采用了当年的固定资产投资，而不是资本的存量水平，D 代表地理特征的虚拟变量。本章假设当城市处于沿海时赋值 e，反之，则为 1，而 γ、α、β、δ 表示

---

① 李培(2007)则对财政开支是否全部是消除城市外部负效应的一种支出提出质疑，他认为用财政支出作为政府负担城市外部成本的代理变量有可能会使得预测结果大大失真。

各自变量的产出弹性,同时,我们假设内部技术规模报酬不变,即 $\alpha+\beta=1$,对上述两个方程进行对数化处理得:

$$Ln(Q/L)=LnA+\gamma \times Ln(RDI)+\alpha \times Ln(K/L)+\delta \times Ln(D)$$

$$Ln(Q/L)=LnA+\gamma \times Ln(C_{xy})+\alpha \times Ln(K/L)+\delta \times Ln(D)$$

从有关 RDI 和 C_{xy} 对劳动生产率影响的 12 组数据回归中,我们可以看出,在所有的分组当中,所有的系数均为正,以 RDI 为代表的协调度对劳动生产率影响的 6 个模型中有 3 个模型的系数都至少在 10％的水平上显著,而以 C_{xy} 为代表的协调度对劳动生产率影响的 6 个模型中有 5 个模型的系数都至少在 10％的水平上显著,因此,我们可以认为双重集聚的协调度对劳动生产率的提高具有较为明显的促进作用。以 C_{xy} 为例,在全国范围内,C_{xy} 提高 1 个百分点,将使得劳动生产率因此而提升 0.448％,略高于吉昱华等人(2004)将二产和三产合为一个整体得出的二产和三产的集聚弹性为 0.432％的数字结论(见表 8.4)。根据表 8.4,$Ln(RDI)$ 和 $Ln(C_{xy})$ 对劳动生产率的影响因城市规模大小不同而表现出不同的特征,总的来说,双重效应的协调度的两个指标在城市规模分组中对劳动生产率影响的显著性上存在一定的差异,但一个共同点就是协调度对生产率的影响随着城市规模的扩大表现出先上升再下降的"倒 U"形的变化趋势。

表 8.4　不同城市规模背景下 RDI 和 C_{xy} 对劳动生产率的影响

城市规模	Constant	Ln(RDI)	Ln(C_{xy})	Ln(K/L)	Ln(D)	Ad-R²	观测值
0~20 万(1)	5.068*** (6.233)	0.107 (1.076)		0.598*** (8.086)		0.6521	42
0~20 万(2)	5.006*** (6.259)		0.645 (1.288)	0.6003*** (8.342)		0.6564	42
0~50 万(1)	5.001*** (11.568)	0.061 (1.512)		0.612*** (16.088)	0.101** (2.192)	0.6850	152
0~50 万(2)	4.947*** (11.32)		0.442* (1.657)	0.613*** (16.134)	0.102** (2.214)	0.6859	152
0~100 万(1)	4.867*** (13.846)	0.076** (2.301)		0.624*** (19.896)	0.103*** (2.848)	0.6874	230
0~100 万(2)	4.753*** (13.258)		0.621** (2.447)	0.628*** (20.069)	0.101*** (2.808)	0.6883	230
0~150 万(1)	5.092*** (15.372)	0.069** (2.198)		0.604*** (20.393)	0.124*** (3.699)	0.6879	250

城市规模	Constant	Ln(RDI)	Ln(C$_{xy}$)	Ln(K/L)	Ln(D)	Ad-R^2	观测值
0～150万(2)	4.984*** (14.772)		0.575** (2.326)	0.608*** (20.593)	0.123*** (3.651)	0.6885	250
0～200万(1)	5.159*** (15.742)	0.054* (1.781)		0.5999*** (20.448)	0.152*** (4.64)	0.6840	264
0～200万(2)	5.064*** (15.164)		0.465* (1.906)	0.604*** (20.648)	0.151*** (4.607)	0.6846	264
200万以上(1)	5.173*** (16.241)	0.042 (1.468)		0.5997*** (21.024)	0.175*** (5.618)	0.690	286
200万以上(2)	5.079*** (15.698)		0.448* (1.882)	0.602*** (21.233)	0.172*** (5.548)	0.6915	286

注：括号里的数值表示 t 值，***代表1%的显著性水平，**代表5%的显著性水平，*代表10%的显著性水平。由于在0～20万区间只有丽水、三明和宁德3个城市是位于东部地区，其余均在中西部地区，因此在区位的虚拟变量上不作考虑。

8.5 空间范围的拓展：中国城市未来的发展方向在哪里？

表8.4研究表明，协调度对生产率的提高在市辖区人口0～100万区间达到最大值，如果按照城市人口规模继续扩大则会使得这种影响降低这个标准，目前已经有56个城市已经跨越这个临界点，但问题是在城市规模继续扩大的同时，有没有可能保持这种效应的最大化呢？答案是肯定的，我们在研究这个问题的时候往往将城市空间规模静态化，但只要激活这一变量，通过空间范围的拓展，城市最优人口规模是可以往后延伸的，实际上这就涉及中国未来城市如何发展的问题。

美国经济学家斯蒂格利茨曾经在一次世界银行会议上表示，21世纪对世界影响最大的两件事情，一件是美国的科学技术发展，另一件则是中国的城市化。可见，中国的城市未来发展方向显得尤为重要，而摆在中国城市面前的有两条发展道路：第一条道路发生在农村地域，是由地方政府和群众共同推动的一种自下而上的城市化过程（崔功豪、马润潮，1999），也就是说，考虑在城乡分割的情况下，通过农村工业化来实现城市化。第二条道路则是相对应的自上而下的城市发展道路，即原有的城市通过产业结构调整沿着公路等交通基础设施呈星状的自我膨胀,这条道路的内在逻辑就是大量的农村剩余劳动力向城市转移。这两条道路的好处在于都可以解决目前中国城市规模过小的问题,但这不能解决中国城市发展的深层次问题,其中一个问题就是简单的空间范围的拓展无助于协调生产性服务业集聚和制造业集聚所产生的挤出效应和互补效应,换句话说,这两条道路都难以协调城市内部二、三产业发展的问题,我们认为中国城市未来发展还存在"第三条道路"①,那就是城市集聚区。

要指出的是,这个"第三条道路"也不是完全独立于前两条道路,它的前提条件仍然需要借助前两条道路实现单个城市规模的扩张,从这个角度讲,"第三条道路"是前两条道路的高级阶段。城市集聚区之所以是中国城市未来发展较为理想的模式,是因为它除了能提供单个城市在一定范围内规模扩大所能形成的帕累托改进之外,还能缓解"两个诅咒":一个是"资源诅咒"。大量的文献(Sachs&Warner,1997;Papyrakis &Gerlagh,2004)表明,自然资源的丰裕所形成的"自然红利"不仅成为不了国家的"福祉",反而羁绊了经济的增长,从而陷入资源沼泽的困境,国内的经验研究也支持了这个假说②(徐康宁、王剑,2006),并且作为区域差距的另外一种解释(徐康宁、韩剑,2005)。从这个假说延伸出的一个问题就是资源型城市如何发展? 又或者说,资源型城市能否和其他类型的城市在一个相对稳定的框架内协同发展? 根据相关学者的研究,"资源诅咒"的内在机制基本上可归结为荷兰病效应、波动性影响、制度弱化和资金误配等(徐康宁、王剑,2006),因此,从理论上讲,破解"资源诅咒"的节点在于提高资源型城市的多样化水平和延伸产业链。对于已经成为资源型的城市而言,由于存在严重的"路径依赖"和"技术锁定",从而使得资源型城市要通过实现多元化的产业结构来摆脱"资源诅咒"面临诸多现实问题,包括产业结构的转型、多元化产业结构所需的要素流动问题、原有产业与新产业间产业结构的衔接以及其他诸多的衍生问题等。而城市集聚区一方面通过经济一体化实现要素在局部空间范围内的自由流动,从而使得产业的多元化成为可

---

① 陆铭和陈钊(2008)也曾提出了类似的"第三条道路",只是他们指的是中国城乡和区域发展道路,我们这里指的是中国城市发展道路,本章借鉴了他们的提法。

② 丁菊红、王永钦和邓可斌(2007)的研究表明,在控制住海港距离、政府干预等因素后,"资源诅咒"在中国并不明显。

能，对于以自然资源为主的城市而言，多元化的产业结构是规避单一的产业结构风险的一种较为理想的选择，至少可以延缓甚至避免资源型城市的衰退，但不足之处在于转换成本较高。

此外，我们认为资源型城市的发展转型关键在于产业链的延伸，资源型城市发展之所以缺乏后劲很大一部分原因在于短小的产业链造成产品的低附加值，而增加适当的"迂回"生产程度有利于资源产品附加值的提升，而生产环节的增多意味着中间产品投入的增加，对于单一产业结构的资源型城市而言，实现自给自足的中间投入是不可能的，而城市集聚区由于具备了比较完整的产业体系，可以在避免地区分割的前提下最大限度地满足资源型城市的各种需求。因此，以城市集聚区为平台，以产业链延伸为重点，以产业多样化为辅助，实现在禀赋升级、价值链升级和空间结构优化三个维度的协同，从而构建现代产业体系（刘明宇、芮明杰，2009），是可以摆脱自然禀赋比较优势陷阱的。

另外一个"诅咒"则是"专业化诅咒"。按照分工，可以将城市分为专业化城市和多样化城市，许多实证研究结果表明，专业化与经济发展成负相关关系，多样化则有利于经济的增长[①]（Batisse，2002；Gao，2004；薄文广，2007）。按照专业化内容不同，又可以将专业化城市分为专业化于资源利用的城市（上文已做分析），专业化于制造业的城市和专业化于服务业的城市，而根据集聚经济理论，专业化的城市由于产业集聚应该是能够带来溢出效应，从而促进经济增长的，而许多经验研究却对此提出质疑，我们权且称之为"专业化诅咒"。其实，持专业化促进经济增长观点的往往隐含着一个前提就是，专业化的制造业或服务业是和相应的制造业或服务业相匹配的，而对此表示质疑的则单纯从专业化的角度来分析这个问题，而且在中国存在地方保护主义而导致区域分割的现实环境下，这种质疑显得更加合乎逻辑，也就是说，在区域经济一体化不充分的情况下，纯粹的专业化所导致的单一产业结构是不利于经济增长的。

实际上，一个城市是同时存在专业化和多样化的，根据专业化与多样化的组合，有些城市同时表现为高专业化和高多样化（Ⅰ）（见图 8.4），也有些城市

[①] 也有学者（Lucioa，2002）认为专业化对经济增长并非一直是负相关，而是表现为非线性关系。

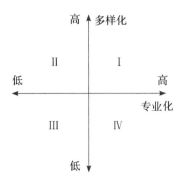

图 8.4　专业化与多样化组合矩阵

表现为高专业化和低多样化(Ⅳ),对于高专业化与高多样化的城市而言,多样性的产业结构弥补了单纯专业化产业结构的不足,而在高专业化和低多样化城市中,由于产业结构过于单一,缺少相应的配套产业支撑,从而使得"专业化诅咒"成为可能,最典型的例子就是资源型城市。也就是说,"专业化诅咒"与我们一般提倡的专业化发展并不矛盾,只是存在的约束条件就是专业化的城市需要多样化的产业结构作为配套,而这种配套产业实际上就是专业化于制造业城市提供服务保障,为专业化于服务业的城市提供制造业的需求保障,这实质上就是二、三产业协调发展的问题,外在表现就是由于专业化的过度发展使二、三产业不协调发展,从而导致了生产性服务业集聚与制造业集聚的挤出效应,换而言之,要实现城市多样化前提条件不是以损失专业化程度为代价的,也就是图 8.4 中第一象限是城市产业结构理想的模式。韩绍凤、向国成和汪金成(2007)在分析农业多样化与小农经济效率改进时以新古典模型为基础,揭示了多样化只有在不使生产者的专业化水平降低或减少生产者固定学习费用的基础上才能促进经济的发展。虽然这种产业结构只存在规模较大的中心城市,而中小城市基本上是高专业化和低多样化的(Ⅳ),但这种多样化的缺失可以通过城市集聚区的构建以中心城市实现对中小城市的弥补,从而推动中小城市进入"两高"的产业结构,因此,我们认为通过打造城市集聚区是可以缓解"专业化诅咒"的。由于集聚区内不同规模的城市存在不同程度的挤出效应和互补效应,而且上文也指出城市规模与双重效应存在密切关系,因此,本着最大化互补效应和最小化挤出效应的原则,扩大城市空间规模成为题中之义,换句话说,通过城市集聚区的构筑,搭建广域的城市空间,将"专业化诅咒"内部化,实现"专业化诅咒"向"多样化福利"转变。而这一转型的关键在于提升城市集聚区中心城市对专业化城市的辐射能力,而这又涉及地区之间的市场分割问题,由于城市集聚区由具有相似的文化、经济背景的城市单元所组成,因此,相对建立全国的统一市场而言,通过打破市场分割,构建局部的区域性的统一市场所需要的努力和付出的代价要小得多。也就是说,通过打造城市集聚区,提升中心城市对专业化城市的投放能力,实现广域空间上的二、三产业协调发展,可以改变专业化城市单一的产业结构,从而化挤出效应为互补效应,缓解甚至避免"专业化诅咒"对该城市带来的负面影响。

接下来的问题便是,在明确城市集聚区的发展方向后,我们应该怎么做,也就是城市集聚区的发展模式问题。究竟是政府主导还是市场调节?正如上文指出的,城市集聚区类似于区域经济一体化,因此,城市集聚区的发展模式我们可以借鉴陈建军(2008)在研究长三角区域经济一体化时提出的"政府推动、市场导向和企业主导"的模式,而这种模式的前提就是回到世界银行研究报告中(2009)所指出的"密度—距离—分割"的地理限制,也就是说,我们在构建城市集聚区时必须将以上三个地理变量纳入研究框架。首先,城市集聚区要真正发挥超乎一般城市的功能和作用,单个城市一定的经济密度门槛是必要的,正如上文研究时指出的,存在一个均衡值使得挤出效应和互补效应的协调度最优,同时,在考虑城市集聚区的构成时必须考虑距离问题,这个距离既有空间的概念同时也包括经济距离的含义,城市集聚区必须是在空间上紧邻的,过大的空间距离不利于中心城市的辐射作用,有研究表明,距离越大,效率损失往往越严重。另一个距离概念则是和分割特征紧密联系,分割意味着区际之间贸易壁垒的提高,而城市集聚区至少意味着在经济上是向着一体化方向发展的,因此,城市集聚区的形成与我们一直所提倡的跨区域合作是一脉相通的,而相似的文化习俗则是一种天然的选择基准,而且可以预见的是,通过打破分割而形成的城市集聚区不仅是以经济一体化为基础的空间上的一体化,同时它还是体制一体化和社会一体化等多维一体化的基础,图8.5即表示这三者的关系。

总的来说,在国内存在严重的地方分割导致巨大的效率损失(郑毓盛、李

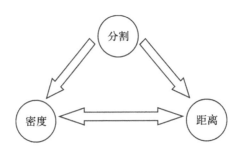

图 8.5 分割、密度和距离三角关系

注:本图根据《2009 年世界发展报告:重塑世界经济地理》(清华大学出版社)制作
而成。

崇高,2003),以及国内统一市场短期内难以形成的情况下,通过构建在文化、
经济等方面具有相似性的城市集聚区,从而打造国内局部的统一市场是可能
的,而这种由城市集聚区形成的局部的统一市场正是充分发挥生产性服务业
集聚和制造业集聚互补效应、最大限度地避免挤出效应的有效载体。

8.6 小   结

本章的一个创新点在于从空间视角探讨了制造业集聚与生产性服务业集
聚形成的互补效应和挤出效应,从而弥补了以往从产业维度去分析的不足。
在逻辑上,我们认为生产性服务业集聚与制造业集聚存在一种投入产出的上
下游关系,而且这种关系表现为生产性服务业与不同形态的制造业不同产业
链形成一种网络状的格局,另外,制造业不同产业链的动态演进也对生产性服
务业产生了一种逆向传导作用。但是,不同形态的制造业具有长短不一的产
业链,这是导致双重集聚的互动性上存在一定的差别,正是这种差别在空间上
表现为双重集聚同时存在互补效应和挤出效应,只不过不同形态的制造业集
聚与生产性服务业集聚存在不同程度的双重效应。

在诠释双重效应的过程中,研究表明,有形空间以及产业链的匹配性成为
形成双重效应的内在机制。有两个经验研究结果值得关注:一是在控制其他
变量的情况下,存在一个均衡土地租金水平值使得双重效应的协调度达到最
大;二是在产业链匹配性的问题上,省会城市对该省其他城市的影响是显著

的,这可以从空间距离和省会城市的经济能级所实现的辐射面来解释,而全国中心城市对全国范围的影响只有北京在 10% 的水平上是显著的,换句话说,虽然目前我们一直在努力扩大城市规模,积极打造经济增长极,但仍需努力,或者说,我们国家的大城市还不够大,在继续推进城市扩容的前提下,还需要在城市发展的空间组织形式上有所创新。

本章基于不同城市规模的分析表明,协调度的提高对劳动生产率的提高具有重要的促进作用。在此基础上,本章点明了打造城市集聚区是中国城市未来的发展方向和目标,在必要性的提炼上,我们认为城市集聚区的形成在一定程度上有助于缓解"资源诅咒"和"专业化诅咒"等阻碍经济发展的现象。

9 空间连续性、地理距离与二、三产业协同效应

9.1 引　言

随着中国经济发展进入新的阶段,土地、劳动力等资源要素瓶颈日益突出,使得中国特别是沿海地区过去的依靠资源要素投入而形成的产业结构面临着转型升级的困境,特别是自 2008 年金融危机以来,这一问题显得尤为突出。因此,在产业转型升级的倒逼机制下,加快生产性服务业发展,实现二、三产业互动是解决这一难题的有效路径。但是目前对于如何实现二、三产业协调发展,充分发挥二、三产业的协同效应还存在较大争论,现有研究主要从静态的空间视角讨论这一问题,而忽略了空间互动对于实现二、三产业协同效应的重要作用,特别是随着产业链空间分布网络化,地区之间的产业发展存在明显的互动性和外溢效应,从而形成了产业发展的空间连续性,因此,在这样的背景下,从空间互动角度探讨二、三产业协调发展具有极强的现实意义。

从第 2 章的文献综述看,当前研究的一个共同的特点是学者们的着眼点主要还是检验生产性服务业与制造业互动的存在性,但这些研究更多的只是基于产业层面的考察,而忽略了对空间维度的关注,尽管有学者已经关注了空间的角度,但这种空间更多是静态空间层面,而缺乏空间互动的视角。特别是随着产业垂直分工的深化,地区之间存在密切的产业链关联,这使得地区之间的二、三产业互动不是孤立存在的,而是彼此间存在空间依赖性和空间自相关性。而传统的面板数据更多强调空间异质性,而忽略了空间相关性,这在一定程度上会影响模型估计的稳健性和可信度。概括地说,以往研究存在两个缺陷:一个是集中在相对广域的空间(省级层面),另一个是将空间匀质化,正是

基于这两个不足,使得以往研究二、三产业互动时更多关注两者的互补效应,而没有关注到因空间异质性而产生的挤出效应。因此,针对以往研究的不足,本章拟在以下两个方面取得突破:在以往只考虑单个地区二、三产业协同效应的基础上,将空间互动纳入理论分析框架,探讨二、三产业协同效应空间连续性的形成机制,同时,进一步研究这种空间连续性的空间边界问题,从而在理论和实证上证明将一个城市与周边城市作为一个整体进行研究是可行的。

另外,本章之所以选取地级城市作为研究对象,主要原因在于,一般来说,从空间外溢角度来讲,研究对象中涉及的空间单元越小,空间单元之间靠得越近,越有可能在空间上保持紧密联系,因此,从城市层面来研究这一问题比从省级层面研究这一问题得出的结论更有意义。[①] 从研究方法来看,当前关于二、三产业互动的实证研究主要以省级数据为主,普遍存在地理单元选择过大的问题。[②] 同时,由于省级数据的样本量太小,而空间计量方法需要 100 个以上的观测值才能做到较有效估计(Florax & Nijkamp,2003),而城市层面的样本则可以满足这一要求。

本章结构安排如下:第 2 部分对二、三产业协同效应的空间外溢进行特征性描述,第 3 部分则是从空间互动角度构建了本章的理论分析框架,第 4 部分对本章理论假说命题进行验证,第 5 部分则是实证研究的延续,最后对本章内容进行了小结。

9.2　二、三产业协同效应:一个空间外溢事实

关于二、三产业协同效应有两个层面的含义,一个是产业层面,另一个是

---

① 当然,按照这一逻辑,本章还可以选取县级市作为研究对象,但是在现有的县级市的公开数据中,很多变量的数据存在不可得性,因此,本章采用了相对比较微观的地级市作为研究对象。

② 地理单元选择过大导致的其中一个问题就是关于生产性服务业和制造业在空间上是否是可分的争论。以 Sassen(1991)、Daniels(1985)和邱灵等人(2008)为代表的学者认为生产性服务业与制造业具有空间可分性,而以 Andersson(2004)、Raff & Ruhr(2001)为代表的学者则持相反的观点。而事实上,之所以存在这两种截然相反的观点,主要原因在于研究样本的地理单元大小不一样,一般来说,较大的地理单元往往倾向于得出二、三产业在空间上的协同定位,而较小的地理单元更容易出现二、三产业空间分布上的不一致,因此,本章用地级城市的数据更能反映二、三产业协同效应在空间上的变化情况。

区域层面。产业层面关于二、三产业的协同效应更多是从广域空间视角来考察,而忽视了区域之间的界限,本章基于邱灵等人(2008)的地理联系率指标来考察产业层面的二、三产业协同效应,具体表示为:

$$G = 100 - \frac{1}{2} \sum_{i=1}^{n} \mid S_i - P_i \mid$$

其中:G 为地理联系率,n 为城市数量,在本章中为 286 个城市,S 和 P 分别表示各个城市产业就业的占比,该值越大,表示制造业与生产性服务业的互动效应越显著,反之,则越小。

表 9.1 给出了计算结果,从中可以看出,2015 年,制造业—教育业的协同效应最为显著(77.25),其次是制造业—交通运输、仓储—邮政业(69.54),最小的是制造业—信息传输、计算机服务和软件业(66.29),而且从发展趋势来看,2006—2015 年间,制造业与大部分的生产性服务业的协同效应存在递增的趋势(制造业与教育业的协同效应有微小的下降),这与大部分的研究结论基本上是一致的。

表 9.1 2006—2015 年制造业与生产性服务业的协同效应

行业配对	2006 年	2009 年	2013 年	2015 年
制造业—交通运输、仓储及邮政业	69.28	69.8	68.78	69.54
制造业—信息传输、计算机服务和软件业	65.15	66.33	65.72	66.29
制造业—金融业	68.325	69.84	68	69.21
制造业—房地产业	65.05	66.24	65.91	66.94
制造业—租赁和商务服务业	65.585	66.82	65.81	66.84
制造业—科学研究、技术服务和地质勘查业	65.775	66.96	65.58	66.76
制造业—教育业	77.64	77.96	76.8	77.25

数据来源:2007—2016 年《中国城市统计年鉴》。

另外,从区域层面来看,本章借鉴 Peter(1969)的研究思路,将二、三产业协同效应在区域层面上的度量表示为:

$$L_{imn} = s_{im}/s_i/s_m/s * s_{in}/s_i/s_n/s = LQ_{im} * LQ_{in}$$

其中:s_{im} 表示部门 j 在城市 i 中的就业份额,s_m 则表示部门 j 在全国所占份额,同时,我们规定,该指数越高表明协同效应越大,该指数越低,表明协同效应越小。

在本章中我们不仅关注单个区域的二、三产业协同效应,而且更关注这种协同效应的空间连续性问题,而这种连续性主要通过空间自相关性来体现。实际上,由于"地理学第一定律"的存在(Tobler,1979),大多数空间数据都具有或弱或强的空间自相关性或空间依赖性,对于二、三产业互动效应,本章假设其与周边城市存在空间关联性,或者说,二、三产业互动的空间相互作用可以通过空间邻近而相互传递。在实际应用中,检验某一变量是否存在空间自相关性,目前通常用 Moran's I 指数和 Gearyc 指数来表示,但相比较而言,Moran's I 指数不易受偏离正态分布的影响,因此,多数学者(吴玉鸣,2006;李婧等,2010;韩兆洲等,2012)普遍倾向于使用 Moran's I 指数,该指数的计算公式如下:

$$ I = \frac{n\sum_{i=1}^{n}\sum_{j=1}^{n}w_{ij}(L_{imn}-\bar{L})(L_{jmn}-\bar{L})}{\sum_{i=1}^{n}\sum_{j=1}^{n}w_{ij}\sum_{i=1}^{n}(L_{imn}-\bar{L})^2} = \frac{n\sum_{i=1}^{n}\sum_{i\neq j}^{n}w_{ij}(L_{imn}-\bar{L})(L_{jmn}-\bar{L})}{S^2\sum_{i=1}^{n}\sum_{i\neq j}^{n}w_{ij}} $$

上文中,x_i 为观测值,$S^2=\frac{1}{n}\sum_{i=1}^{n}(L_i-\bar{L})^2$,$\bar{L}=\frac{1}{n}\sum_{i=1}^{n}L_i$,$W$ 为空间权重矩阵,通常定义一个二元对称空间权重矩阵[①]W 来表达 n 个位置的空间区域的邻近关系[②]。可以用 $Z(d)=\frac{MoranI-E(I)}{\sqrt{VAR(I)}}$ 检验是否存在空间自相关关系,其中:

$$ E(I) = -\frac{1}{n-1}, VAR(I) = \frac{n^2\omega_1+n\omega_2+3\omega_0^2}{\omega_0^2(n^2-1)}, \omega_0=\sum_{i=1}^{n}\sum_{j=1}^{n}W_{ij}, $$

$$ \omega_1 = \frac{1}{2}\sum_{i=1}^{n}\sum_{j=1}^{n}(W_{ij}+W_{ji})^2, \omega_2=\sum_{i=1}^{n}(W_{i\cdot}+W_{\cdot j})^2, W_{i\cdot}, W_{\cdot j} $$ 分别为空间权重矩阵 i 行和 j 列之和。

Moran's I 指数的取值范围为 $-1\leqslant I\leqslant 1$,当 I 越靠近 1,说明地区之间呈现空间正相关,当 I 越靠近 -1,说明地区之间呈现空间负相关,而靠近 0 时,说

---

①　一般来说,二元空间权重矩阵表示为如果两个地区相邻就设为 1,不相邻就设为 0。

②　在空间计量里核心要素是空间权重的设置,不同的空间权重表示不同的含义,本章限于篇幅限制,只给出了空间邻近下的 Moran's I 指数。

明地区之间不存在空间自相关性。

虽然之前的研究都表明制造业与生产性服务业存在较为明显的互动效应,但是较少人关注到地区之间在二、三产业之间协同效应上存在互动性。表9.2 给出了 2006—2010 年的 Moran's I 指数的计算值及检验结果,这些结果显示,中国城市之间确实存在二、三产业互动的空间正相关性,除了制造业与科学研究、技术服务和地质勘查业,制造业与其他生产性服务业的空间自相关性都通过了 1% 水平的检验,或者说,二、三产业协同效应存在较强的空间外溢性。

表 9.2　　2006—2010 年制造业与生产性服务业协同效应的 Moran's I 指数

行业	2006 年		2007 年		2008 年		2009 年		2010 年	
	Rook	250KM	Rook	250KM	Rook	250KM	Rook	250KM	Rook	250KM
制造业与交通运输、仓储及邮政业	0.16	0.039	0.1802	0.052	0.1718	0.049	0.1713	0.053	0.1857	0.056
制造业与信息传输、计算机服务和软件业	0.3978	0.213	0.36	0.183	0.3301	0.165	0.2977	0.137	0.2672	0.131
制造业与金融业	0.3785	0.179	0.3931	0.198	0.4131	0.206	0.3979	0.213	0.3882	0.211
制造业与房地产业	0.2962	0.106	0.2809	0.098	0.2908	0.113	0.2994	0.101	0.3569	0.121
制造业与租赁和商务服务业	0.2875	0.15	0.2527	0.136	0.2661	0.17	0.3338	0.155	0.3293	0.143
制造业与科学研究、技术服务和地质勘查业	0.0083	−0.007	0.0297	−0.003	0.0355	−0.011	0.0586	−0.009	−0.0035	0.0032**
制造业与教育	0.2611	0.191	0.2591	0.191	0.2602	0.187	0.2466	0.197	0.265	0.208

注:Moran's I 指数的显著性水平根据蒙特卡罗模拟方法来检验(999 次),除了制造业与科学研究、技术服务和地质勘查业的 Moran's I 指数未通过显著性检验之外,其余二、三产业的协同效应均通过显著性检验(10%)。

我们发现,2010 年,在 6 对产业配对中,制造业与金融业的协同效应的外溢性最强,Moran's I 指数达到 0.3882,而最低的则是制造业与科学研究、技术服务和地质勘查业,并没有通过显著性检验。表 9.2 显示,从时间维度来看,随着时间的推移,二、三产业协同效应的空间相关性在逐渐增强,如 2006 年,制造业与交通运输、仓储及邮政业协同效应的 Moran's I 指数为 0.16,到 2010年该指数上升到 0.1857,制造业与金融业从 0.3785 上升至 0.3882,仅有制造业与信息传输、计算机服务和软件业协同效应的外溢性存在下降,这说明制造业同大部分生产性服务业的协同效应存在越来越明显的空间外溢特征。另外,从空间现象来看,我们可以发现的是,二、三产业协同效应比较高的地区大部分集中在东部沿海地区,少部分分布在中部地区,而且根据颜色深浅可以清晰发现,二、三产业协同效应存在明显的地带特征,协同效应高的地区集中在一起,从而形成了空间上的连片地带,也即所谓的空间连续性。

因此,本章需要关注的问题是,二、三产业协同效应的空间连续性是如何形成的,这种空间连续性形成的内在机制是如何的,以及这种空间外溢性最后会形成什么样的空间结构,这些都是下文所要研究的。

9.3　理论分析框架的构建

目前,对于单个地区的二、三产业协同效应的研究已经形成了相对比较成熟的研究范式和理论分析框架,但对于如何推动地区间二、三产业互动则缺乏研究,过去关于集聚效应研究主要集中在制造业的集聚效应,对生产性服务业集聚效应研究相对较少,但随着近几年对生产性服务业集聚的研究逐渐增多,使得关于生产性服务业集聚效应的研究也纳入学者的研究视野,但较少学者将二、三产业协同集聚效应纳入研究视角,特别是从空间角度研究这一问题,因此,本章试图将单个地区的二、三产业互动发展分析框架拓展至多个地区,从而构建广域空间视角下的二、三产业协调发展的分析范式。本章具体的分析框架如图 9.1 所示。

9.3.1　静态空间视角

探讨多区域的二、三产业互动,首先需要从单个地区出发,从单个地区来看,不存在运输成本问题,本章仅从产业关联性和空间邻近性两个方面进行分析。以往单个地区内二、三产业互动发展主要基于产业间协同集聚展开研究,这种产业间协同集聚主要表现为马歇尔外部性:投入产出关系,知识外溢和协同的劳动力市场。虽然 Marshall(1890)认为这三个方面是用来解释单个产业集聚的,但是 Ellison 等人(2010)以及 Kolko(2007)分别论证了马歇尔外部性在制造业间集聚和服务业间集聚的适用性,因此,这三个方面来表征二、三产业协同集聚也是合适的。但基于数据可得性,本章对知识外溢和协同的劳动

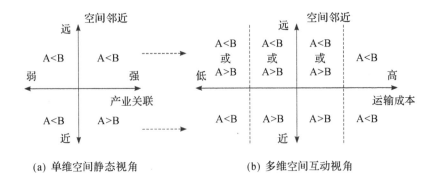

图 9.1　本章理论分析框架

注:A 表示生产性服务业与制造业形成的互补效应;B 表示生产性服务业与制造业形成的挤出效应。在 9.1(a)地区内视角中,由于不存在运输费用问题,因此,本章只考虑了空间邻近性和产业关联性两个维度;在 9.1(b)地区内视角中,由于地区间的产业关联通过运输成本来得以体现,因此在这一视角中,本章只考虑了空间邻近性和运输成本两个维度。

力市场不作解释,主要从投入产出关系来解释单个地区内二、三产业互动形成机理。

　　从二、三产业关系来看,两者应该存在纵向关联性,生产性服务业作为知识密集型产业,为制造业的发展提供了高级生产要素的投入,提高了制造业企业的"迂回"程度,使生产更加专业化,从而提升了产品附加值,增强了企业成长的内生动力,进而推进了产业结构逐步由劳动密集型向技术密集型和知识密集型的演变。正如刘书瀚等人(2010)基于中国 1997—2007 年的投入产出表研究得出的,制造业对生产性服务业的中间需求结构以及生产性服务业对制造业的中间投入结构均呈现不断升级趋势。但是需要注意的是,二、三产业之间这种关联性更多地表现为产业链的互动性,一般来说,产业链可以分为上游(如研发、设计)、下游(如市场营销等)的服务环节和中游的制造环节,在产业链的互动机制上,魏江和周丹(2010)发现制造环节企业采取归核化、服务化、剥离三种策略,增加了自身价值,并通过服务外包、另立服务公司两种方式,刺激并推动了生产性服务业的发展;生产性服务环节企业采取服务工业化、协作联盟两种策略,提高了自身专业化水平,并通过制造设备投资、另立制造公司两种方式,刺激并推动了制造业的发展。此外,由于制造环节还存在多个生产环节,每个生产环节对应于不同的生产性服务业,因此,从互动形式上看,生产性服务业与制造业应该存在网络状的格局,生产性服务业与制造业各个生产环节匹配性越强,关联性就越大,二、三产业的互补效应就越高。

假说1:产业关联有助于二、三产业协同效应的提高

由于空间是个相对概念,在城市内部,空间邻近性更多指的是生产性服务业与制造业之间的距离,而且地区内部的空间邻近本质在于推动二、三产业的耦合发展,从而实现二、三产业的互动,但受商务成本的制约,这种互动性因城市规模差异而不同。

一般来说,特定产业的集聚往往需要与之相适应的资源要素,如人力资本、土地等,而产业对这种资源要素的需求则受到商务成本的制约。在城市规模较小阶段,要素成本较低、交易成本较高,适合于制造业发展,在这一阶段,制造业逐渐形成集聚,而生产性服务业由于发展条件不够成熟,从而导致制造业集聚对生产性服务业集聚的挤出效应。随着城市规模的扩大,商务成本中的要素成本趋于上升和交易成本的下降,阻碍了对要素成本敏感性较强的制造业的发展,许多制造业企业被迫从大城市退出,只能选择成本较低的周边中小城市。相对应的,生产性服务业大部分是知识密集型产业,对于要素成本敏感性较差,而对交易成本的高低有着非常明显的反应,因此,在这一阶段,生产性服务业集聚度逐渐提高,从而使得制造业集聚和生产性服务业集聚的互补效应逐渐增强,挤出效应趋于下降,谷彬(2008)认为,工业发展速度更快而相对挤压了服务业比重,而且这种挤压效应随地区工业化水平的提高而逐渐减弱。

当城市规模进一步扩大时,制造业和生产性服务业对于重叠性要素的争夺更加激烈,由于在这一阶段,商务成本中的要素成本较高、交易成本较低,从而有利于生产性服务业集聚度的进一步提高,形成了生产性服务业集聚对制造业集聚的挤出效应变大,互补效应开始趋于下降,Desmet 和 Fafchamps (2005)也指出,由于土地价格的作用,制造业和生产性服务业之间存在挤出效应。根据这一逻辑演绎,我们可以发现,存在一个均衡城市规模水平使得生产性服务业集聚与制造业集聚的互补效应达到最优,换句话说,城市规模与生产性服务业集聚和制造业集聚的互补效应是呈"倒 U"形的,而不是线性关系。

假说2：二、三产业互补效应和挤出效应同时存在，但效应大小因城市规模而异。

9.3.2　多维空间视角的拓展

假说1和假说2是基于单个城市而言的，但是产业互动不仅存在单个区域内，还存在区域间，因此，需要我们突破静态的空间视角，将研究视角从单维的空间拓展至多维空间，而这个中介变量就是运输成本。如果运输成本过高将阻碍地区间的要素流动，阻滞产业分工的形成，从而导致地区间产业互动性不足，如在中西部地区，虽然这些地区具备了空间邻近性的要求，但是由于地区之间诸如交通等基础设施发展的滞后使得地区间协作程度较低。

空间邻近性只是实现区域间产业互动的其中一个条件，而根据新经济地理学理论，区域间的运输成本是实现产业发展的重要参数，Venables(1996)也认为运输成本过高或过低都将使得上下游产业分散于两个地区，当运输成本处于中间水平时，上下游产业将集聚于某一个地区。如果将这一研究视角扩展到国家间，结论也是成立的。Amiti(2005)研究表明，较低的贸易成本有助于上下游的产业都集中在一个国家，即便这些产业要素密度存在差异性。对于生产性服务业与制造业而言，运输成本较高时，由于要素流动成本较高，生产性服务业和制造业集聚趋势不是很明显，互动性较弱，两者在空间上表现为分离的态势，挤出效应大于互补效应；当运输成本下降到一定程度后，生产性服务业与制造业将在空间上实现双重集聚，有助于生产性服务业与制造业实现产业链上的匹配，从而有助于二、三产业从挤出效应向互补效应转变；当运输成本进一步下降，或者说，随着区域经济一体化的推进，区域性中心城市将更多的制造业转移至周边城市，提高了周边城市制造业的集聚程度，从而在空间上形成区域性中心城市以生产性服务业集聚为主，周边城市以制造业集聚为主的产业分布格局，因此，对于单个城市而言，在这一阶段，主要表现为挤出效应，但对于广域空间而言，表现为互补效应。

假说3：运输成本与二、三产业协同效应存在非线性关系。

假说3提出了运输成本与单个地区二、三产业协同效应的非线性关系的命题，而事实上，运输成本对于地区间二、三产业协同效应的互动性也起着至关重要的作用。在运输成本较高阶段,企业的各种生产环节基本上集中在单个区域,随着要素成本和外部环境的变化,企业出现了跨区域发展的动力,特别是随着运输成本的降低,推动了产业链在空间分布上的离散化,从而形成了空间上的互动[①]。较低的运输成本则可以实现产业从垂直一体化到垂直专业化转型,而这种转型暗藏的含义是通过产业链上的分工实现产业链在空间上的分异,也就是说,不同产业链上的企业根据自身的比较优势通过企业的跨区域转移来实现产业集群间的分工。根据新经济地理学理论,企业在通过转移实现产业集群间的分工当中运输成本是一个重要的参数,只有在较低的运输成本下企业的垂直专业化生产所产生的收益才能弥补垂直一体化生产所导致各种费用的增加,因此,低运输成本是促进企业垂直专业化生产的动力,也是实现产业空间互动的条件之一。

产业链空间分布的离散化使得地区之间的产业互动成为可能,虽然同一产业的不同产业链分布在不同地区,但是这些地区在空间上往往是邻近的,王德利和方创琳(2010)的研究也指出跨区域产业联动具有明显的邻域空间指向性,这就使得依托产业链形成的二、三产业互动在空间上具有空间依赖性,在空间分布上表现为二、三产业协同效应的空间连续性。特别是在当前随着交通基础设施的改进,地区之间的运输成本快速下降,使得各个产业链环节根据各自的比较优势分布在不同的经济区域,空间离散的产业链环节由于产业之间存在的耦合关联,迫使要素和价值跨区域流动和传递,从而进一步促进了区域间的互动。Ke(2010)和陈建军等人(2011)的研究表明中国城市产业集聚在邻近地域上有明显的连续性。需要指出的是,由于运输成本下降导致的产业链空间离散化并不意味着这些产业链在空间分布上是无规则的,恰恰相反,由于这些产业链环节之间存在合作性和互补性,使得产业链在多个地区的离散化分布形成了网络化,产业链所在地区成为网络化的节点,从而使得二、三产业互动形成了网络效应。

二、三产业协同效应存在空间连续性,又表现为生产性服务业集聚存在空

---

① 长期以来,主流经济学或明或暗地假定空间是均质的,地区之间的经济活动是没有相互联系的。而事实上,随着运输成本的降低,地区之间的经济联系变得日益密切。

间外溢性,而这种外溢性通过与周边地区制造业的互动进一步增强了地区之间空间连续性的可能。宣烨(2012)的研究也表明,生产性服务业空间集聚不仅能够提升本地区制造业效率,还能够通过空间外溢效应提升周边地区制造业效率,从而进一步证明了二、三产业互动是存在空间关联性的。

假说4:二、三产业协同效应存在空间依赖性和空间连续性。

尽管 Andersson(2004)指出,生产性服务业分布是制造业分布的函数,制造业分布也是生产性服务业分布的函数,这表明了生产性服务业与制造业在空间区位上具有一致性的特征,但是这并不意味着这种由区位分布一致性引起的空间连续性是无限制的蔓延,而事实上,城市之间二、三产业的空间连续性受城市之间距离影响较大,或者说,这种空间连续性是存在区域边界的。正如张浩然(2012)研究所指出的,邻近城市的经济绩效不但存在明显的空间依赖性,而且城市间的溢出效应在170千米范围内表现得最为显著,此后明显减弱,至280千米以外几乎消失。

这种空间边界一方面表现为,从产业链空间分布来看,受低运输成本影响,产业链在空间上呈现网络化分布态势,上文也指出,地区之间的产业互动是以空间邻近为导向的,这就使得制造业产业链在空间分布存在网络边界问题,距离较远会导致产业链之间互动存在较高的交易费用和运输成本(狭义),因此,尽管运输成本降低带来产业链空间离散化,但这种离散化并不是无限制地往外扩散,由于产业链之间仍然存在密切的产业关联,因此,产业链空间分布的界限就是产业链异地发展所获取的边际收益与地区间产业链边际交易费用相等。空间边界另一方面表现为,生产性服务业空间溢出的局域性。顾乃华(2011)研究了生产性服务业能够对多大范围内的工业施加正的影响,他发现,生产性服务业集聚对工业的外溢效应存在区域边界。Krmenec、Esparza(1999)和 Harrington、Macpherson 和 Lombard(1991)研究发现,很多生产性服务业不仅服务本地企业,还能够在长距离范围内扩散,如研究与测试和管理与公共关系行业的最远贸易距离是547千米。[1] 此外,产业间为了追求知识溢

---

[1] 此外,Krmenec 和 Esparza(1999)研究发现会计业的辐射半径是426千米,而计算机服务业、广告业、工程和建筑服务业的最远贸易距离分别为389千米、303千米和279千米。

出效应,也往往会集聚在一定范围内,一般而言,地理上邻近的地区之间,知识溢出更容易发生(Coe & Helpman,1995;Anselin et al.,1997;Almeida & Kogut,1999),这种知识溢出效应尤其是非编码知识的传播和扩散往往局限在有限的地理空间范围内。

假说5:二、三产业协同效应形成的空间连续性存在空间边界。

9.4 二、三产业空间分布连续性的演化轨迹分析

二、三产业空间分布连续体是一个不断演化的动态系统,根据区域间空间板块的衔接程度可以将二、三产业协同集聚的空间演化过程分为弱空间连续性、中度空间连续性和强空间连续性3个阶段,因此,空间连续体的演化可以概括为空间上的多层级性和过程上的多阶段性(见表9.3)。

表9.3 基于空间连续性的二、三产业协同集聚演化机制与阶段特征

演化阶段	推进模式	中心城市与次区域间竞合系数	次区域间竞合系数	演化机制与演化动力	演化内容
弱空间连续性	竞争互动型	0.5~1(竞争系数);0~0.5(合作系数)	0~0.2(竞争系数);0~0.2(合作系数)	聚散效应;空间租金	空间连续体初步形成,但空间板块衔接较为松散
中度空间连续性	合作互动型	0~0.5(竞争系数);0.5~1(合作系数)	0.5~1(竞争系数);0~0.5(合作系数)	耦合效应;组织租金	空间连续体剧烈扩张,空间板块互动存在空间异质性
强空间连续性	竞合互动型	0~0.3(竞争系数);0.7~1(合作系数)	0~0.5(竞争系数);0.4~0.7(合作系数)	网络效应;网络租金	空间板块耦合程度趋于同质,空间连续体产业不断更新

9.4.1 弱空间连续性阶段

空间具有非匀质性,特定的空间往往具有相应的要素禀赋、社会资本等优势,生产要素通过接近特定空间获得红利形成了空间租金(臧旭恒、何青松,2007)。从二、三产业协同集聚演化看,受商务成本结构变化影响,中心区与次区域分别基于交易成本和要素成本优势形成了空间租金,原先定位于中心区的制造业不再和中心区的比较优势相匹配,使得二、三产业基于比较优势的异质性存在空间分离趋势,但是,制造业为获取生产性服务业的供给邻近倾向于

在中心区布局,使得中心区和次区域对制造业的区位选择存在相互博弈。因此,在这一阶段,二、三产业空间连续体的演化表现为中心区与次区域间的竞争型互动模式,地区间竞争系数大于合作系数。区域间竞争的均衡结果则是出现了二、三产业基于地理邻近的空间分异,区域间实现了精细的专业化分工,虽然二、三产业空间分布表现出了空间邻近指向性,但这一阶段主要表现为中心区对次区域单向的产业扩散,缺乏空间关联性,区域间空间板块衔接较为松散。

9.4.2 中度空间连续性阶段

由于制造业的发展需要生产性服务业供给邻近为前提,而制造业又是生产性服务业的需求来源,因此,由二、三产业互补性资源组合而成的系统表现出特质性,进而构建了组织有序的空间结构,形成了新的租金,称之为组织租金(Colbert,2004)。在这一阶段,地区间互动层级从原先的单向产业扩散向中心区与次区域间基于产业关联形成的空间耦合转变,各次区域的比较优势重新整合和有效组织,将中心区和次区域整合为具有较强竞争力的连续体,使得空间连续性演化主要表现为中心区与次区域合作互动模式,合作系数大于竞争系数。由于次区域间要素禀赋、区位条件等存在空间异质性,因此,中心区与不同次区域形成空间连续体存在时间上的差异,具有要素优势的次区域存在与中心区互动的先发优势,从而率先与中心区形成连续体,成为强次区域,而后融入连续体的次区域成为弱次区域,随着工业化进程、政策环境的变化,连续体内强次区域与弱次区域间的比较优势和地位也可能会发生转化。在交通和通信技术不断创新的情况下,生产性服务业具备了向远距离辐射的条件,出现了二、三产业空间重组特征,体现为空间连续体的区域边界动态调整,使得连续体内非相邻的次区域间合作成为可能,而次区域比较优势的空间非均衡分布使得连续体出现了向经济邻近方向拓展的趋势。因此,这一阶段,空间连续体变动较为剧烈,空间边界调整相对频繁,协同集聚的稳定性较差。

9.4.3 强空间连续性阶段

强空间连续性是二、三产业协同集聚演进的高级阶段,随着二、三产业协同集聚的深化,中心区与次区域间从二、三产业空间分异向职能分工转换,而弱次区域也在强次区域的带动下出现了协同发展,使得两者的经济差距出现了俱乐部收敛。因此,连续体内部区域间职能分工的出现,以及生产部门不受知识溢出空间约束能在广域范围实现前后联系和劳动力共享,为空间连续体网络化的形成提供了基础,使得二、三产业空间分布出现了网络式的协同集聚,由此获取了网络租金。空间演化动力的转变促使空间连续体的演进向竞合互动模式转换,中心区与次区域主要为合作关系,而次区域间同时具有竞争和合作关系,互动层级也从中心区与次区域的空间耦合扩展至多区域的空间网络耦合。随着连续体内各个区域工业化进程的推进,区域间基于网络租金形成的知识外溢推动了技术创新,从而实现了产业协同升级,促进了空间连续体的产业更新和功能外溢。空间连续体的扩张规模和方向取决于连续体内区域间基于网络效应形成的向心力和以二、三产业间交易成本为代表的离心力的合力,特别是运输成本下降引致的产业链网络向外扩张,提高了二、三产业的交易成本,存在二、三产业网络效应租金耗散机制,阻碍了网络边界扩张。因此,在强空间连续性阶段,二、三产业协同集聚的空间连续体对外拓展速度趋缓甚至停滞,次区域间发展差异较小,协同集聚的稳定性较强。

9.5 二、三产业空间分布连续性的空间效应分析

9.5.1 中心区内部空间重构与城市功能重塑

从微观层面看,中心城市与周边城市形成二、三产业空间分布连续体的同时,中心城市地域结构也随之发生变迁。随着二、三产业从以互补效应为主向以挤出效应为主转变,中心城市内部产业空间分布也从块状向圈层结构转换,二、三产业分别集聚在市中心和郊区,表现出了一定程度的空间可分性。卢明华等人(2011)研究发现,城市中心区专业化于生产服务、公共与消费服务功能,近郊区内沿的地区专业化于复合功能、科教服务功能,近郊区外围和远郊区专业化于建筑运输与制造功能。总体上看,二、三产业协同集聚的演化使得中心城市内部表现出"单中心"圈空间结构,但二、三产业集聚模式存在交替影

响,其中,核心圈 CBD 带动次内圈制造业布局,而制造业又带动外圈交通运输、仓储和邮政中心布局(孙平军等,2014)。城市内部产业结构的空间重构往往会引起城市功能的空间再配置,在初始阶段,二、三产业空间分异并不明显,但随着要素成本提高和交易成本下降,出现了生产性服务业对制造业的挤出效应,生产性服务业和制造业在中心城区和郊区分别形成"多中心"功能格局。

9.5.2　产业链重组与"多中心"网络结构形成

在内外部双重因素驱动下,二、三产业在中心区和外围区出现了空间分异,这种空间分异进程对空间连续体内部的空间结构产生了阶段性影响。在弱空间连续性阶段,中心区与周边地区的空间关系表现为"中心—外围"结构,这种空间结构特征是一核独大、单核引领,节点城市被动发展的单向网络模式,节点城市之间基本上不发生直接联系。在中度和强空间连续性阶段,地区间出现了产业链空间分布离散化趋势,中心区的生产性服务业空间外溢具有显著的距离衰减效应,使得中心区的生产性服务业与周边地区的制造业的交易成本与距离呈反向关系,当二、三产业间的交易成本超过因二、三产业互动形成的规模经济时,将会在集聚阴影之外产生一个新的服务业集聚区,即次中心城市(洪银兴、吴俊,2012)。因此,在距离中心城市一定阈值之外,会集聚不同级别的企业总部、不同层次的生产性服务业行业,为周边地区的制造业提供专业性服务,从而形成围绕每个中心城市,构建多个具有上下游关联的产业体系,进而在空间上形成"多中心"的网络结构。

9.5.3　产业转移与多空间连续体雁阵式互动

受空间外部经济性和不经济性的约束,单个空间连续体难以吸收所有产业,由于地区间存在资源禀赋、区位条件等差异会形成多个空间连续体,不同连续体间基于产业分工形成空间联动,使得空间连续体间具有明显的空间依赖性。这种空间依赖性源于两个方面:一是连续体间处于相似的发展阶段,存在类似的产业结构,并基于产业内分工而形成空间关联;二是不同连续体处于不同的演化阶段,使得连续体间分别表现出强连续性、中度连续性和弱连续性,从而出现梯度式互动,强空间连续体内部分制造业集群转移至弱空间连续体区域,特别是原连续体中处于网络中心位置的企业,在新集群中更倾向于形成与本地企业的网络关系(黄晓,2015),使得通过"集聚—扩散—升级—再集聚—再扩散"实现具有雁形模式的空间连续体间互动成为可能,从而推动不同"圈层"经济间的产业结构协同升级(张亚斌等,2006)。

9.6 假说验证及讨论

9.6.1 方法与模型设定

为了验证上文提出的 5 个理论假说的可行性,本章根据理论假说定义 5 个核心变量进行求证,在研究思路上,本章采用逐步回归方法以检验系数估计的稳健性。在研究方法选择上,由于本章的"空间连续性"实质上考察的是空间自相关问题,这种空间自相关性主要由要素流动、信息外溢等使得邻近地区之间在二、三产业协同效应上存在互动,因此,本章主要采用空间计量方法进行回归。

根据 Anselin(1988)等人的研究方法,空间计量模型可以划分为空间滞后模型(Spatial Lag Model,SLM)和空间误差模型(Spatial Error Model,SEM),空间滞后模型可以表示为:

$$y_{it} = \rho \sum_{j=1}^{N} w_{ij} y_{jt} + x_{it}^{'} \beta + \mu_i + \lambda_t + \varepsilon_{it}$$

$$\varepsilon \sim N(0, \sigma^2 I)$$

其中:$\sum_j w_{ij} y_{jt}$ 表示相邻区域的内生变量 y_{jt} 对 y_{it} 的作用,ρ 为空间回归系数,是度量空间相邻地区相互影响程度,其取值范围为 $(1/r_{\min}, 1)$,$r_{\min}$ 等于行正规化之后的矩阵 w 的最小纯实数根(LeSage & Pace,2009)。W 为非负空间权重矩阵,在截面数据中,W 是 $n \times n$ 阶矩阵,在面板数据中,$W = I_T \otimes W$ 是一个 $NT \times NT$ 的分块矩阵,矩阵对角线上的每个子块都是一个 209×209 的方块矩阵,非对角子块全部为 0,而空间误差模型可以设置为:

$$y_{it} = x_{it}'\beta + \mu_i + \lambda_t + \varepsilon_{it} \varepsilon_{it} = \lambda \sum_{j=1}^{N} w_{ij} \varepsilon_{jt} + \mu_{it}$$

$$\mu \sim N(0, \sigma^2 I)$$

其中,λ表示$n \times 1$的截面因变量向量的空间误差系数,说明 SEM 模型的空间依赖性存在于扰动误差项中,该参数反映了样本观测值中空间相互依赖作用。

另外,x_{it}表示自变量,在考虑产业关联(Link)、城市规模(City)、运输成本(Transport)等核心变量的同时,本章还引入了信息技术水平(Information)、产业结构变量,这包括产业专业化指数(Rzi)和多样化指数(Rdi),同时,考虑到区域性中心城市对周边城市的辐射作用,引入了城市流变量(Csl)。基于空间距离衰减定律,本章还加入了这一变量与区域性中心城市到周边城市的空间距离(Distance)的交互项,自变量的表达形式可以表示为:

$$x_{it} = \alpha_1 Ln(link_{it}) + \alpha_m \sum_{m=2}^{3} [Ln(City_{it})]^{m-1} + \alpha_n \sum_{n=4}^{5} [Ln(Transport_{it})]^{n-3}$$

$$+ \alpha_6 Ln(Rzi_{it}) + \alpha_7 Ln(Rzi_{it}) + \alpha_8 Ln(Information_{it})$$

$$+ \underbrace{\alpha_9 Ln(Csl_{it}) + \alpha_{10} Ln(Csl_{it}) * Ln(Distance_{j \to i})}_{diffusion}$$

其中:下标i和t分别表示城市和年份,α_0为常数项,而$\alpha_1 \sim \alpha_{10}$为模型的待估系数。

对于模型究竟采用空间滞后模型还是空间误差模型,可以根据 LM-SAR 和 LM-SEM 的结果(包括稳健的检验)作为判断依据(Debarsy & Ertur,2010)。一般来说,如果 LM-Error 和 LM-Lag 都不能拒绝 0 假设,则坚持 OLS 结果;如果 LM-Error 拒绝了 0 假设,而 LM-Lag 没有,则选择空间误差模型,反之亦然。而如果两者都拒绝了 0 假设,那么需要考虑统计量的 Robust 形式,在 Robust 检验情况下,哪个模型通过显著性检验,就采用哪个模型。

9.6.2 数据说明与变量描述

在数据来源上,本章选取了 2006—2010 年 286 个地级及以上城市作为研究样本,数据主要来自 2007—2011 年的《中国城市统计年鉴》《中国交通年鉴》和《中国区域经济统计年鉴》,另外,为了考察区域性中心城市对周边城市存在辐射空间距离衰减定律,我们在研究过程中还引入了各个省会城市到本省其他城市的距离,这部分数据来自 2008 版的《中国电子地图》(北京灵图软件技术公司和人民交通音像电子出版社)中相应的城市到各个城市的最短铁路距离[①],另外,我们之所以取两地之间的最短铁路距离而不是直线距离主要是考虑到不同地方的地形和地貌(如高山、江河、湖泊等)的差异性。同时,基于有些城市尚未开通铁路等事实以及虽然有些地方已经开通铁路但数据库中未能体现,而且在这个变量上我们需要剔除省会城市和直辖市的样本,因此,样本为 209 个城市。模型中各变量的含义如下:

(1)$Link_{it}$:表示 i 城市 t 年的产业关联性,一般来说产业关联包括前向关联和后向关联,鉴于数据所限本章只考察前向关联,即 $Link_i = \delta_i \times \dfrac{P}{M}$($P$ 表示生产性服务业增加值[②],M 表示制造业增加值,δ_i 表示各个城市用于制造业生产的生产性服务业份额),但是本章无法获取各个城市的投入产出表,因此,我们假设各个城市的 δ_i 等于全国值,根据《中国统计年鉴》的投入产出表可计算得该值为 0.547(程大中,2008)。

(2)$City_{it}$:表示 i 城市 t 年的城市规模大小,本章用城市人口规模度量。根据理论分析,在城市规模较小阶段,制造业集聚对生产性服务业集聚存在较大的挤出效应,而在城市规模较大阶段,生产性服务业集聚对制造业集聚存在较大的挤出效应,只有在城市处于中等规模水平的时候,二、三产业的互补效应达到最优,因此,根据这一逻辑,城市规模与二、三产业的互补效应存在"倒 U"形的发展轨迹。

(3)$Transport_{it}$:表示第 i 城市 t 年的运输成本。该变量衡量的是 i 城市与周边城市之间的运输成本,该变量越大,区域一体化程度越高,运输成本越低,反之,则运输成本越高。在该变量的度量上,本章采用两种思路,一种是以各个城市所在的省份与周边省份铁路货运的加权为度量依据,这种度量存在的

[①] 在衡量这 3 个城市到各个城市距离时分为直达和一次中转两类,如果存在直达的线路,我们取其最小值而不考虑其他的中转方式,如果不存在直达线路,而存在中转线路,我们只考虑一次中转所需的最短距离,而不考虑二次中转以及其他的线路。

[②] 由于在城市统计年鉴中,没有生产性服务业的增加值数据,因此,我们用整个服务业增加值来近似表示,但这并不影响最后的研究结果。

一个问题就是假设省内各个城市之间不存在运输成本,省级之间存在运输成本。

$$Transport_{it} = \sum_{j=1}^{n} Commod\,ity_{i \to j} \times Weight_{i,j,t}$$

$$Weight_{j,t} = GDP_{j,t} / \sum_{j=1}^{n} GDP_{j,t}$$

另一种思路则是直接以该城市的货运量来表示,这个变量实际上是一个综合指标,但没有明确指出该城市与周边城市具体的经济往来方向,而在实际经济中,某城市与不同城市之间的运输成本是不一样的,因此,本章同时采纳这两种指标以检验这一结论的稳健性。

(4)Information:表示信息技术水平,随着通信技术的发展,生产性服务业与制造业之间的边界越来越模糊,甚至两者出现了融合的趋势。特别是陈建军等人(2009)指出,信息技术是可以促进生产性服务业集聚的,因此,在运输成本一定的情况下,信息技术的发展是可以实现制造业与生产性服务业在空间上的协同集聚的。从现有数据来看,能够体现某个城市信息技术水平的变量有本地电话年末用户数、移动电话年末用户数和国际互联网用户数。如果把这3个变量同时放入模型中有可能存在多重共线性问题,而且这3个变量两两之间的相关系数介于0.51~0.92,因此,为避免这一问题,本章采用主成分法测算这3个变量的主成分得分。依据累积方差贡献率可知,第一主成分的方差贡献率将近80%,因此,仅需要选择第一个主成分即可。

(5)Csl$_{it}$:表示中心城市对周边城市的辐射效应。根据克里斯塔勒(Christaller W)中心地理论[1],中心城市通过生产性服务业输出方式影响周边城市的制造业发展[2],基于城市间空间邻近性要求,我们选择省会城市作为区域性中心城市。而且陈国亮和陈建军(2012)的研究表明,由于存在制度因素,导致生产性服务业在单个城市范围内发展受阻,影响了二、三产业的协同集聚。因此,区域性中心城市对周边城市的二、三产业协同效应有着促进作用。

---

[1] 受当时年代产业发展限制,克里斯塔勒中心地理论主要研究货物输出和消费性服务业,但是这一理论对生产性服务业仍然存在一定的借鉴价值。

[2] 王海江和苗长虹(2009)的研究表明,全国70%以上的城市流是由100万人规模以上城市所创造的。

在度量上,本章引入了服务强度来表示中心城市的服务能级,具体可表示为:

$$E_{ij} = G_{ij}(1 - 1/Lq_{ij})$$

同时,由于中心城市存在辐射半径问题,随着空间距离的增大,这种辐射效应逐渐减弱,存在空间距离衰减性。因此,本章通过引入中心城市的服务强度与周边城市距离的交互性来刻画这一特征。[①]

(6)RZI:表示某城市的产业专业化程度。考察某个城市的二、三产业协同效应还应将这个城市的产业结构变量纳入考虑范畴,从城市的产业结构来看,如果某个城市的产业专业化程度越高,意味着某一产业的份额较高,将会挤出其他产业的发展空间,因此,我们可以预判产业专业化程度与二、三产业协同效应表现出负相关关系,本章借鉴 Duranton 和 Puga(2000)的方法,将专业化指数表示为:

$$RZI_i = \max_j(s_{ij}/s_j)$$

(7)RDI:表示某城市的产业多样化程度。与产业专业化相对应的是产业多样化,产业多样化程度越高,说明越有利于多个产业在某个地区协同集聚,促进产业之间的技术交流和知识创新,从而越有利于二、三产业协同效应的发挥,因此,我们认为产业多样化程度与二、三产业协同效应表现出正相关关系,本章同样借鉴 Duranton 和 Puga 的方法,将产业多样化指数表示为:

$$RDI_i = 1/\sum |s_{ij} - s_j|$$

9.6.3 结果分析

在进行空间计量分析时,设定适当的空间结构权重矩阵至关重要,这种空间权重矩阵表示空间单元之间相互依赖的关联程度,而这种空间结构的设置和选择则取决于研究对象。从研究对象来看,本章力图论证二、三产业协同效应存在空间连续性特征,这就要求研究对象之间是连续的、相互接壤的,因此,

---

① 一般来说,衡量中心城市的生产性服务业对次中心城市的辐射能力有两种方法:第一种是根据中心城市和次中心城市的贸易流量,第二种通常采用公路或铁路距离来估计城市之间的空间关系(Brülhart & Koenig, 2006;Partridge et al., 2009),但前者受数据限制,难以获取,而后者仅仅表明了地区之间距离越短,经济来往越密切,这实际上是双向的经济关系,但难以真实刻画出中心城市对周边城市的辐射影响,而这正是中心城市对周边城市单向的经济关系。

本章首先采用了地理邻近权重,即若地区 i 与地区 j 地理相邻,则 $w_{ij}=1$,若地区 i 与地区 j 地理不相邻,则 $w_{ij}=0$,在此基础上,对 W 矩阵做行归一化处理,得到 W',即 $w_{ij}'=w_{ij}/\sum_{i,j=1}^{j=n}W_{ij}$。另外,本章在空间计量回归分析上结合采用了Geoda 软件、R 软件和 Matlab 等软件。

表 9.4 给出了基于全国地级及以上城市样本的回归结果。根据上文设定的模型和变量定义,本章根据 4 个假说将 4 个核心变量逐步放入模型进行回归分析,模型(4.1)和(4.2)基于普通的面板数据进行回归,同时,根据Hausman 检验结果,本章拒绝了随机效应的原假设,模型回归结果表明,在控制其他因素之后,除了城市规模变量未能满足预期之外,其余核心变量均在5% 水平上显著,而且也符合理论预期。模型(4.3)是基于制造业与整体生产性服务业的空间计量回归结果,模型(4.4)~(4.8)则是考虑了分行业情况下,生产性服务业与制造业协同效应的回归结果。

表 9.4 生产性服务业与制造业协同效应回归结果(ROOK1)

解释变量	(4.1) OLS	(4.2) OLS	(4.3) SEM ZZSC	(4.4) SEM ZZJT	(4.5) SEM ZZXX	(4.6) SEM ZZJR	(4.7) SEM ZZFC	(4.8) SEM ZZKY
Constant	5.76 (4.901)	5.373 (4.826)						
Ln(Link)	0.092 (0.041)	0.083** (0.041)	0.083** (2.254)	0.081* (1.779)	0.045 (0.667)	0.041 (0.939)	0.072 (0.908)	0.21*** (3.39)
Ln(City)	1.80 (1.256)	1.648 (1.236)	1.906* (1.713)	−3.562*** (−2.625)	0.545 (0.277)	1.77 (1.338)	−1.416 (−0.601)	3.517* (1.832)
Ln(City)²	−0.213 (0.113)	−0.186* (0.112)	−0.203** (−2.006)	0.207* (1.687)	−0.186 (−1.037)	−0.183 (−1.524)	0.204 (0.952)	−0.495*** (−2.849)
Ln(Transport)	−4.066** (1.632)	−4.005** (1.606)	−3.929*** (−2.65)	−2.314 (−1.295)	−4.188* (−1.618)	−5.374*** (−3.013)	−7.471** (−2.347)	−8.691*** (−3.367)
Ln(Transport)²	0.591** (0.242)	0.58** (0.238)	0.568** (2.593)	0.351 (1.333)	0.504 (1.317)	0.784*** (2.979)	1.146** (2.44)	1.263*** (3.338)
Ln(Transport)³	−0.028** (0.012)	−0.0278** (0.012)	−0.027** (−2.558)	−0.017 (−1.345)	−0.02 (−1.071)	−0.037** (−2.923)	−0.058** (−2.517)	−0.061*** (−3.311)
Ln(Csl)		0.298*** (0.116)	0.291*** (2.772)	0.068 (0.412)	0.674*** (2.996)	0.424*** (2.963)	0.334 (0.671)	0.389 (0.897)
Ln(Csl) * Ln(Distance)		−0.061*** (0.021)	−0.059*** (−3.071)	−0.007 (−0.226)	−0.12*** (−2.844)	−0.084*** (−3.298)	−0.073 (−0.79)	−0.094 (−1.199)

续表

解释变量	(4.1)	(4.2)	(4.3)	(4.4)	(4.5)	(4.6)	(4.7)	(4.8)
	OLS	OLS	SEM	SEM	SEM	SEM	SEM	SEM
			ZZSC	ZZJT	ZZXX	ZZJR	ZZFC	ZZKY
Ln(Rzi)		0.027	0.03	−0.096***	−0.115**	−0.122***	0.07	0.232***
		(0.033)	(0.992)	(−2.665)	(−2.22)	(−3.522)	(1.139)	(4.554)
Ln(Rdi)		0.271***	0.276***	0.461***	0.5***	0.529***	0.752***	0.181**
		(0.057)	(5.483)	(7.523)	(5.605)	(9.012)	(7.177)	(2.091)
Ln(Information)		0.089	0.105	0.204**	0.112	0.07	0.14	−0.093
		(0.08)	(1.473)	(2.335)	(0.898)	(0.84)	(0.948)	(−0.762)
Spat. auto			0.064*	0.03*	0.04	0.108***	0.1079***	0.009
			(1.6)	(1.741)	(0.991)	(2.745)	(2.7442)	(0.22)
Hausman test	固定效应	固定效应	固定效应	固定效应	固定效应	固定效应	固定效应	固定效应
log-likelihood			671.99	460.51	74.46	504.46	−97.24	99.97
空间连续性	—	—	存在	存在	不存在	存在	存在	不存在
Ad-R2	0.946	0.9478	0.9484	0.9435	0.8911	0.9503	0.9365	0.9333
obs	209*5	209*5	209*5	209*5	209*5	209*5	209*5	209*5

注：***代表1%的显著性水平，**代表5%的显著性水平，*代表10%的显著性水平。模型(4.1)和(4.2)括号里的数据表示方差标准值，模型(4.3)～(4.8)括号里的数值表示 t 值，由于表格篇幅限制，部分分行业的生产性服务业与制造业协同效应的回归结果没有报告出来。

由于本章采用空间计量方法，因此，需要对采用空间滞后模型(SLM)还是空间误差模型(SEM)进行判断，根据 LM 检验，我们发现在固定效应情况下，LM-Error 在10%水平上显著，而 LM-Lag 未能通过显著性检验，另外，在同时控制了地区和时点固定效应情况下，robust LM-Error 也高于 robust LM-Lag，因此，本章采用空间误差模型进行分析。需要指出的是，模型(4.3)～(4.8)以及接下来的研究均采用了空间计量方法，如果仍采用普通最小二乘法(OLS)会导致系数估计值有偏或无效，因此，本章根据 Anselin(1988)建议，采用极大似然法(ML)进行估计。此外，根据 Hausman 检验，模型(4.3)～(4.8)仍然采用固定效应，而且事实上，当样本回归分析局限于一些特定的个体时，固定效应模型应该是更好的选择(Baltagi,2001)。

(1)在模型(4.3)中，产业关联系数通过了5%水平的显著性检验，说明产业关联度提高1个百分点，二、三产业协同效应提高0.083%，这一研究结果印证了新经济地理学所指出的产业关联促使上下游产业集聚的结论，这主要可以解释为生产性服务业与制造业之间不仅存在上下游的投入产出关系,而且两者的需求还存在互为传导。从分行业来看,产业关联促进二、三产业协同效应的作用还存在明显的行业异质性,其中,产业关联对制造业与交通运输、仓储及邮政业协同效应有较大的促进作用。

(2)与普通面板数据回归结果不同的是,在引入了空间计量方法后,城市规模这一变量符合理论预期。城市规模变量不管是一次项系数还是二次项系数均在10%水平上显著,说明城市规模变量与二、三产业的协同效应表现出"倒U"形特征。随着城市规模的变化,在城市规模较小阶段二、三产业协同效应在演变的轨迹上表现为制造业对生产性服务业的挤出效应,而在大城市主要表现为生产性服务业对制造业产生挤出效应,只有在中等规模城市二、三产业表现出较高的互补效应。因此,当城市规模超过这一阈值时,二、三产业开始从以互补效应为主向以挤出效应为主转变,上述研究数据表明双重集聚下互补效应和挤出效应在空间上表现出以下变化规律:挤出效应为主(小城市)——→互补效应为主(中等规模城市)——→挤出效应为主(大城市)——→互补效应为主(广域的空间,如都市圈等)。

(3)在验证假说3的过程中,本章发现运输成本与二、三产业协同效应存在三次项关系,即先下降,后上升,再下降,但通过计算,发现本章大部分样本处于右边的"倒U"形区域,说明在一定范围内,随着运输成本的降低,二、三产业互补效应逐渐增强,挤出效应逐渐减弱,但是在突破某一个阈值之后,运输成本的降低则会导致二、三产业互补效应的降低和挤出效应的增强,本章这一研究结论也进一步论证了Venables(1996)和Amiti(2005)的研究结论。但是需要指出的是,运输费用过高和运输费用过低造成的二、三产业挤出效应的背后故事是不一样的,前者主要是由于运输费用过高导致要素流动受阻而使得二、三产业互动性不强,而后者实际上表明在区域经济一体化背景下,要素充分流动,使得各个城市实现了完全专业化生产,如果从都市圈角度来看,将实现区域性中心城市为生产性服务业集聚中心,而周边城市为制造业集聚中心,因此,从单个城市来看,二、三产业形成挤出效应,但从广域空间来看,则形成了集聚经济圈内的互补效应。

(4)本章关心的另一个变量则是空间自相关回归系数,在模型(4.3)中,该系数为 0.064,在 10% 水平上显著,说明周边地区的二、三产业协同效应有助于本地区该效应的发挥,这一系数从侧面印证了周边地区与本地区在二、三产业协同效应上存在紧密联系,也正是由于这种关系使得本地区与周边地区在广域空间上成为一个整体,从而使得这种空间连续性成为可能,在经济学解释上,正如上文所指出的,由于运输成本下降,使得部分产业链扩散至周边地区,从而形成产业链空间分布的网络化,这种网络化的形成就是空间连续性产生的基础。因此,尽管运输成本的下降会导致单个地区二、三产业协同效应水平的降低,但它基于比较优势,通过与周边地区形成关联,从而在广域空间上提高了二、三产业的协同效应,这也说明二、三产业协同效应的空间整体性、连续性在客观上是成立的,而且有着坚实的经济学意义。另外,我们还关心这种空间连续性是否会受行政边界影响,本章将空间权重设置为:

$$W_{ij} = \begin{cases} \text{如果 } i \text{ 城市和 } j \text{ 城市地区接壤且不属于同一省份则为 1} \\ \text{其他为 0} \end{cases}$$

在同样基于 LM 检验方法后,本章发现这一变量并不显著,说明跨省行政边界并不影响二、三产业协同效应在空间上的蔓延。从几个控制变量来看,不仅区域性中心城市的辐射作用显著为正,而且其与空间距离的交互项也显著为负,表示为 0.291~0.059distance,这说明区域性中心城市对周边城市的辐射作用存在空间距离衰减效应,此外,信息技术的发展对二、三产业协同效应的促进作用也存在行业异质性。

9.7 空间连续性的边界考察

9.7.1 全国层面的研究

上文只是从全域性角度对二、三产业互动的空间外溢效应进行了分析,是中国各个城市空间外溢效应的平均状况,而且上文已经指出,我们所关注的二、三产业互动的空间外溢效应很可能与不同城市间的空间距离有较强的关系,即空间距离越近,空间外溢效应越明显,而且理论分析部分也指出,由于二、三产业协同效应的空间外溢性使得二、三产业协同效应存在空间连续性,但这种连续性在空间上不是无限制的蔓延,而是在一定的空间范围内蔓延,因此,本章以空间距离的倒数为权重对这一空间范围做进一步的分析。首先本章根据各个城市的中心坐标和距离公式 $\Theta \times \arccos[\cos(\alpha_i - \alpha_j)\cos\beta_i\cos\beta_j + \sin\beta_i\sin\beta_j]$ 计算出了 209 个城市两两之间的距离,从而构建了 209×209 的空间距离矩阵,其中 α_i、α_j 为两个城市中心点的经度,b_i、b_j 表示两个城市中心点的维度,为便于处理,本章将城市自身内部距离设为 0。[①] 在此基础上本章将空间权重设置为:

$$\begin{cases} 1/d_{ij}^\alpha & 若 d_{ij} < d(i \neq j) \\ 0 & 若 d_{ij} > d \end{cases}$$,其中,α 表示空间衰减参数,α 越大说明二、三产业协同效应的空间外溢性随着空间距离增大衰减越快(见表 9.5)。

根据产业关联特征和城市之间的实际距离,我们使用 0~200 千米,200~250 千米、250~300 千米、300~350 千米、350~400 千米、400~450 千米、450~500 千米、500~1000 千米、1000~1500 千米、1500~2000 千米、2000~3000 千米以及 3000 千米以上几个距离区间内的数据对模型进行了回归分析,表 9.5 给出了衰减参数为 1 时不同距离范围内二、三产业分距离的空间连续性回归结果,研究发现在 0~200 千米、350~400 千米、400~450 千米以及 450~500 千米范围内,空间自相关系数均显著为正,特别是 500 千米以后的空间范围中,城市之间二、三产业协同效应基本上不存在太多的关联性,因此,综合各个自变量系数,我们认为从总体来看,在 500 千米范围内,二、三产业协同效应存在较为明显的空间连续性。

表 9.5　制造业与生产性服务业分距离的空间连续性回归结果

解释变量	(5.1)	(5.2)	(5.3)	(5.4)	(5.5)	(5.6)	(5.7)	(5.8)
	0~200km	200~250km	250~300km	300~350km	350~400km	400~450km	450~500km	500~1000km
Ln(Link)	0.081**	0.084**	0.085**	0.0847**	0.088**	0.096***	0.084**	0.078**
	(2.169)	(2.311)	(2.335)	(2.341)	(2.434)	(2.648)	(2.309)	(2.123)
Ln(City)	2.094*	1.628	1.702	1.677	1.659	1.65	1.743	1.794**
	(1.879)	(1.475)	(1.542)	(1.522)	(1.506)	(1.504)	(1.578)	(1.611)

① 韩峰和柯善咨(2012)曾将城市内部距离表示为 $(2/3) \times R_{ii}$,本章为了简化将其视为 0,但这不影响本章最后的研究结论。

续表

解释变量	(5.1) 0~200km	(5.2) 200~250km	(5.3) 250~300km	(5.4) 300~350km	(5.5) 350~400km	(5.6) 400~450km	(5.7) 450~500km	(5.8) 500~1000km
Ln(City)²	−0.221** (−2.186)	−0.183* (−1.827)	−0.19* (−1.897)	−0.187* (−1.884)	−0.185* (−1.853)	−0.184* (−1.839)	−0.189* (−1.893)	−0.192* (−1.901)
Ln(Transport)	−4.042*** (−2.705)	−3.894*** (−2.702)	−3.927*** (−2.746)	−4.003*** (−2.816)	−3.896*** (−2.735)	−3.823*** (−2.693)	−4.07*** (−2.86)	−4.203*** (−2.968)
Ln(Transport)²	0.586*** (2.657)	0.563*** (2.64)	0.567*** (2.681)	0.579*** (2.752)	0.561*** (2.662)	0.556*** (2.651)	0.585*** (2.781)	0.607*** (2.9)
Ln(Transport)³	−0.028*** (−2.628)	−0.027*** (−2.594)	−0.027*** (−2.631)	−0.028*** (−2.704)	−0.027*** (−2.605)	−0.027*** (−2.631)	−0.028*** (−2.718)	−0.029*** (−2.842)
Ln(Csl)	0.287*** (2.72)	0.293*** (2.843)	0.298*** (2.912)	0.3*** (2.92)	0.301*** (2.952)	0.292*** (2.896)	0.286*** (2.822)	0.313*** (3.063)
Ln(Csl) * Ln(Distance)	−0.058*** (−3.029)	−0.06 (−3.169)	−0.06*** (−3.216)	−0.061*** (−3.231)	−0.062*** (−3.272)	−0.06*** (−3.206)	−0.059*** (−3.155)	−0.064*** (−3.399)
Ln(Rzi)	0.029 (0.973)	0.028 (0.94)	0.0282 (0.945)	0.027 (0.922)	0.032 (1.066)	0.032 (1.073)	0.029 (0.972)	0.035 (1.158)
Ln(Rdi)	0.276*** (5.485)	0.27*** (5.366)	0.273*** (5.416)	0.272*** (5.416)	0.274*** (5.446)	0.265*** (5.318)	0.277*** (5.523)	0.275*** (5.43)
Ln(Information)	0.105 (1.477)	0.089 (1.257)	0.097 (1.363)	0.09 (1.264)	0.093 (1.31)	0.107 (1.516)	0.091 (1.285)	0.084 (1.185)
Spat. auto	0.085** (1.952)	0.041 (1.098)	0.038 (1.024)	−0.004 (−0.104)	0.037* (1.947)	0.123*** (2.939)	0.075* (1.701)	0.18 (1.288)
Hausman test	固定效应	固定效应	固定效应	固定效应	固定效应	固定效应	固定效应	固定效应
log-likelihood	672.41	671.34	671.26	670.76	671.26	674.41	671.85	671.51
Ad-R2	0.9485	0.9483	0.9592	0.9591	0.9591	0.9595	0.9592	0.9592
obs	209 * 5	209 * 5	209 * 5	209 * 5	209 * 5	209 * 5	209 * 5	209 * 5

注：***代表 1%的显著性水平，**代表 5%的显著性水平，*代表 10%的显著性水平。括号里的数值表示 t 值，由于表格篇幅限制，1000 千米以后的回归结果没有表示出来。

另外，基于行业异质性研究，表 9.6 报告了分行业情况下，衰减参数为 1 时不同距离范围内二、三产业分距离的空间连续性回归结果[①]，研究表明，制造业与交通运输、仓储及邮政业（ZZJT）协同效应的空间范围为 200~250 千米，制造业与金融业（ZZJR）的协同效应的空间范围为 400~450 千米，制造业与房地产（ZZFC）协同效应的空间范围为 450~500 千米，制造业与租赁和商务服务业（ZZZL）协同效应的空间范围为 450~500 千米，以及制造业与教育（ZZJY）协同效应的空间范围为 450~500 千米。

---

① 由于本章将距离分为 12 个类别和 7 个分行业，一共有 84 个回归模型，因此，受篇幅限制，本章只报告了分行业最后的距离区间选择结果。

表 9.6　分行业情况下制造业与生产性服务业分距离的空间连续性回归结果

解释变量	(6.1) ZZJT 200～250km	(6.2) ZZJR 400～450km	(6.3) ZZFC 450～500km	(6.4) ZZZL 450～500km	(6.5) ZZJY 450～500km
Ln(Link)	0.077* (1.693)	0.042 (0.994)	0.097 (1.268)	−0.118* (−1.342)	0.024 (0.741)
Ln(City)	−3.686*** (−2.726)	1.507 (1.155)	−3.991* (−1.716)	−4.995* (−1.838)	4.33*** (4.205)
Ln(City)^2	0.219* (1.785)	−0.168 (−1.417)	0.414** (1.963)	0.307 (1.24)	−0.305*** (−3.265)
Ln(Transport)	−1.902 (−1.056)	−5.422*** (−3.252)	−6.812** (−2.295)	1.441 (0.412)	−4.459*** (−3.14)
Ln(Transport)^2	0.291 (1.096)	0.789*** (3.203)	1.044** (2.379)	−0.161 (−0.312)	0.648*** (3.106)
Ln(Transport)^3	−0.014 (−1.113)	−0.037*** (−3.122)	−0.052** (−2.446)	0.005 (0.189)	−0.03*** (−3.073)
Ln(Csl)	0.082 (0.497)	0.409*** (3.002)	−0.408 (1.269)	1.203** (2.466)	0.431** (2.51)
Ln(Csl) * Ln(Distance)	−0.011 (−0.355)	−0.081*** (−3.334)	−0.408 (0.942)	−0.24*** (−2.71)	−0.091*** (−2.777)
Ln(Rzi)	−0.094*** (−2.588)	−0.131** (−3.796)	0.051*** (0.83)	0.063 (0.871)	−0.161*** (−5.925)
Ln(Rdi)	0.463*** (7.536)	0.513*** (8.758)	0.741*** (7.065)	0.624*** (5.051)	0.417*** (9.02)
Ln(Information)	0.193** (2.232)	0.065 (0.784)	0.124 (0.845)	0.406** (2.345)	0.126* (1.928)
Spat. auto	0.086** (2.318)	0.083** (1.972)	0.101** (2.298)	0.158*** (3.649)	0.118*** (2.69)
Hausman test	固定效应	固定效应	固定效应	固定效应	固定效应
log-likelihood	462.39	503.18	−98.11	−266.84	753.2
Ad-R^2	0.9556	0.9606	0.9363	0.9226	0.9681
Obs	209 * 5	209 * 5	209 * 5	209 * 5	209 * 5

注：***代表 1% 的显著性水平，**代表 5% 的显著性水平，*代表 10% 的显著性水平。括号里的数值表示 t 值，由于表格篇幅限制，1000 千米以后的回归结果没有表示出来。

9.7.2 区域层面的研究

为进一步验证二、三产业空间分布连续体空间边界，本章以长三角城市群、珠三角城市群和京津冀城市群三大城市群为区域性样本来讨论中心城市与周边地区形成的二、三产业空间连续体的空间边界问题。在研究思路上，为刻画这一问题，本章引入了 Ln(Supply) 与空间距离一次项、二次项和三次项的交互项，以考察空间连续体的空间边界问题，模型设置为：

$$Ln(Efficiency_{it}) = \alpha_0 + \alpha_1 Ln(Supply_t)$$
$$+ \alpha_m Ln(Supply_t) * \sum_{m=2}^{4} [Ln(Distance_{i \to Bigcity})]^{m-1}$$
$$+ \sum_{n} \alpha_n Control_{it} + \xi_{it}$$

Efficiency 表示制造业效率，用制造业人均产值表示，Supply 表示供给邻近，用中心城市（上海、广州和北京）三产产值比重[①]和区位商度量，如果这一变量显著为正，说明中心城市与周边城市形成了二、三产业互动，可以形成基于产业关联的空间连续体。控制变量为：①Fdi 表示实际利用外商投资额。② Inv 表示投资规模，用固定资产存量与经济总量的比值表示，本章以 1994—2014 年为限，1994 年的固定资产存量为：$Inv_{1994}^i = inv_{1994}^i / (\lambda + g^i)$，$inv_{1994}^i$、$\lambda$ 和 g^i 分别表示 1994 年 i 城市的固定资产流量、折旧率（采用 6%）和人均 GDP 增长率，1994 年以后的固定资产存量采用永续盘存法计算得出：$Inv_i(t) = Inv_i(t-1) - \lambda Inv_i(t-1) + inv_i(t)$。③Dxs 表示知识外溢，用每万人高校大学生数量度量。数据来源于 1995—2015 年《中国城市统计年鉴》和 2004—2015 年《浙江统计年鉴》《江苏统计年鉴》《上海统计年鉴》《广东统计年鉴》《北京统计年鉴》《天津统计年鉴》和《河北经济年鉴》。

表 9.7 分行业给出了回归结果，研究发现，模型(7.1)中的 Ln(Supply) 系数显著为正，但该变量与距离的一次项、二次项和三次项系数不显著，表明中心城市的交通运输、仓储和邮政业与周边城市的制造业互动性较强，而且空间边界较为模糊。从模型(7.2)、(7.3)和(7.7)的回归结果发现，Ln(Supply) 系

---

① 由于 2003 年之前没有服务业的细分行业数据，因此，本章用三产产值比重近似表示。

数并没有通过显著性检验,说明中心城市的信息传输、计算机服务和软件业、金融业和教育业与周边城市的制造业互动性不明显,说明这3个生产性服务业行业与制造业并未形成空间连续性分布。模型(7.4)的研究结果表明,租赁和商务服务业与 Ln(Distance)一次项系数为负、二次项系数为正、三次项系数为负,且均在5%以上水平显著,说明中心城市的租赁和商务服务业对周边城市制造业的带动作用存在新经济地理学上所说的"∽"型关系。根据回归系数计算发现,在距离中心城市大致40千米处,距离中心城市越近,租赁和商务服务业的辐射作用越强,但是在距离40千米以外,随着距离的增加这种影响又出现新的提高,并大致在200千米处达到新的峰值,这可以解释为在距离中心城市210千米处,这些地区距离各个城市群的次中心城市(长三角的南京和杭州,珠三角的深圳和京津唐的天津)更近,受次中心城市的辐射作用更明显,从侧面印证二、三产业空间连续体内部已经出现了多中心结构。从模型(7.5)和(7.6)的回归结果发现,中心城市的房地产业、科学研究、技术服务和地质勘查业对周边城市的制造业的影响也表现出了类似的影响过程,其中,房地产业与制造业在40～200千米范围内形成了空间连续体,而科学研究、技术服务和地质勘查业与制造业在40～215千米范围内形成了空间连续体。

表9.7　行业异质性下二、三产业空间分布连续性区域边界回归结果

解释变量	JT	XX	JR	ZL	FC	KX	JY
	(7.1)	(7.2)	(7.3)	(7.4)	(7.5)	(7.6)	(7.7)
Constant	-2.5267^{***} (-5.7408)	-2.5467^{***} (-5.7160)	-2.4297^{***} (-5.3518)	-2.7364^{***} (-6.0239)	-3.3921^{***} (-7.1464)	-2.5971^{***} (-5.8449)	-2.4462^{***} (-5.2642)
Ln(Fdi)	0.4084^{***} (8.8762)	0.4308^{***} (9.3152)	0.4200^{***} (8.9719)	0.4393^{***} (9.5847)	0.4423^{***} (9.7901)	0.4341^{***} (9.4425)	0.4287^{***} (9.2995)
Ln(Inv)	0.6680^{***} (5.1383)	0.7604^{***} (5.6596)	0.6948^{***} (5.0262)	0.7587^{***} (5.9232)	0.9096^{***} (6.9957)	0.7109^{***} (5.4821)	0.7344^{***} (5.5695)
Ln(Dxs)	0.1969^{***} (4.9002)	0.2262^{***} (5.6896)	0.2309^{***} (5.77843)	0.2275^{***} (5.6915)	0.2045^{***} (5.1528)	0.2149^{***} (5.3273)	0.2265^{***} (5.6985)
Ln(Supply)	0.6489^{***} (3.6065)	-0.0152 (-0.1963)	0.1438 (1.1750)	39.4217^{**} (2.1818)	87.3373^{**} (2.5614)	$22.6610^{*①}$ (1.5383)	0.1175 (0.6958)
Ln(Supply) * Ln(Distance)				-28.7372^{**} (-2.3932)	-62.7938^{***} (-2.7870)	-16.2055^{*} (-1.6662)	

---

① 该变量系数实际上在12.45%水平上显著,本章近似认为其在10%水平上显著。

解释变量	JT	XX	JR	ZL	FC	KX	JY
	(7.1)	(7.2)	(7.3)	(7.4)	(7.5)	(7.6)	(7.7)
Ln(Supply) * $[$Ln(Distance)$]^2$				6.6598**	14.5854***	3.7182*	
				(2.5559)	(2.9948)	(1.7724)	
Ln(Supply) * $[$Ln(Distance)$]^3$				−0.4951***	−1.0915***	−0.2744*	
				(−2.6760)	(−3.1638)	(−1.8530)	
空间连续性研判	是	否	否	是	是	是	否
Ad-R²	0.6221	0.6145	0.6153	0.6213	0.6345	0.6182	0.6148
Hausman test	固定效应	固定效应	固定效应	固定效应	固定效应	固定效应	固定效应
Obs	59 * 12	59 * 12	59 * 12	59 * 12	59 * 12	59 * 12	59 * 12

注:***、**和*分别表示在1%、5%和10%水平上显著,括号内的表示 t 值。JT 表示交通运输、仓储和邮政业,XX 表示信息传输、计算机服务和软件业,JR 表示金融业,ZL 表示租赁和商务服务业,KX 表示科学研究、技术服务和地质勘查业,JY 表示教育业。

从各个城市群看,本章刻画 2005—2013 年各个县市距离中心城市每 20 千米环层的制造业和服务业的平均经济密度的演化过程。研究发现,2005 年长三角城市群的制造业经济密度从距离上海 150～170 千米的 1970 万元/km² 下降至 170～190 千米的 56 万元/km²,而服务业的经济密度从距离上海 90 千米以后就出现了急剧下降趋势。2013 年,制造业经济密度从距离上海 150～170 千米的 5100 万元/km² 下降至 190～210 千米的 1740 万元/km²,再下降至 210～230 千米的 91 万元/km²,服务业经济密度也有类似趋势。这表明长三角地区的二、三产业空间分布连续体范围已经从原先的 170 千米逐步向 210 千米范围拓展。同样地,珠三角的制造业经济密度从 2005 年 90～110 千米的 2390 万元/km² 变化到 2013 年的 110～130 千米的 1060 万元/km²,服务业的经济密度也从 2005 年的 90～110 千米的 2080 万元/km² 增加至 2013 年的 7170 万元/km²,说明珠三角的二、三产业空间分布的连续体区域边界基本上稳定在 130 千米范围内,而京津唐城市群也有类似的特点。

表 9.8　2013 年三大城市群距离中心城市的制造业和服务业经济密度

单位:亿元/平方千米

制造业经济密度									
距离(km)	小于50	50～70	70～90	90～110	110～130	130～150	150～170	170～190	190～210	210～230
长三角	0.647	0.946	0.552	0.392	0.5	0.563	0.51	0.166	0.174	0.091

续表

制造业经济密度										
珠三角	0.75	0.322	0.419	0.583	0.106	0.019	0.027	0.022	0.035	0.032
京津唐	—	0.154	0.097	0.025	0.328	0.099	0.028	0.041	0.061	0.05
服务业经济密度										
长三角	0.526	0.683	0.434	0.291	0.373	0.409	0.536	0.135	0.134	0.072
珠三角	0.432	0.315	0.343	0.717	0.064	0.021	0.025	0.017	0.028	0.025
京津唐	—	0.114	0.046	0.018	0.305	0.052	0.019	0.031	0.036	0.032

9.8 进一步讨论

上文从陆域经济视角论证了二、三产业协同集聚存在空间连续性,这部分将从海洋经济视角进一步论证这一结论。海洋产业协同集聚的外部性会对内陆地区的经济发展产生空间外溢效应,从而形成"港口—腹地"的空间结构,这种"腹地"主要表现为海洋产业集聚的空间辐射范围,而不同港口的"腹地"存在显著的空间异质性特征,特别是中国加入 WTO 后,中国贸易量、海运量的增加大大促进了我国港口发展,给"港口—腹地"空间结构演变带来较大影响。因此,本章将考察中国三大港口所在地区的长三角、珠三角和京津唐的海洋产业协同集聚对内陆地区劳动生产率的影响,进一步探明三大港口经济区的影响范围。研究模型设定为:

$$Ln(Productivity_{it}) = \beta_0 + \beta_1 Ln(Bigport_{it})(Bigport$$
$$= Shanghai, Tianjin, Guangzhou)$$
$$+ \beta_2 Ln(Bigport_{it}) * Ln(Distance_{i \to j}) + \beta X + \xi_{it}$$

其中:β_0—β_2 为回归系数,ξ_{it} 为残差项,作为表征空间外溢效应大小和空间边界的变量,β_1 和 β_2 是本章重点考察的系数,X 为控制变量。本章选取了 281 个地级及以上城市作为研究样本,数据主要来自 2008—2012 年的《中国城市统计年鉴》和《中国海洋统计年鉴》。

表 9.9 和表 9.10 报告了长三角地区海洋二、三产业协同集聚空间外溢效应的回归结果,模型(10.2)回归结果表明,长三角海洋产业协同集聚对周边地区具有显著的空间外溢效应,而且存在空间距离衰减定律。在模型(10.3)中,

本章引入了距离的二次项和三次项变量试图去捕捉新经济地理学理论中的"中心—外围"空间结构,但回归结果并不支持这一设想。模型(10.4)~(10.7)对空间外溢的区域边界进行了初步的探讨,为探讨这一问题,本章对城市间空间距离进行了划分,我们假设两个城市之间的地理距离区间为$[d_{\min},d_{\max}]$,同时,令κ表示从$d_{\min}$到$d_{\max}$的步进距离。

$$\{W_d \mid d=d_{\min},d_{\min}+\kappa,d_{\min}+2\kappa,\ldots,d_{\max}\}$$

在步进距离的选择上设$\kappa=100$km,因此,将距离区间划分为$d_{\min}\sim100$千米、$100\sim200$千米、$200\sim300$千米、$300\sim400$千米、$400\sim500$千米、$500\sim600$千米以及大于500千米等七种类型对模型进行了连续回归。模型(10.4)表明在500千米范围内,长三角海洋产业协同集聚对周边地区的空间外溢效应是存在的,当空间边界进一步拓展至600千米时(见模型10.5),虽然海洋产业协同集聚变量显著为正,但与距离的交互项没有通过显著性水平检验,当本章将距离区间进一步拓展至800千米甚至更远的距离时(见模型10.6),这一变量仍然没能通过显著性检验,因此,可以确定长三角海洋产业协同集聚空间外溢范围大致在500千米。本章在模型(10.7)中将大于500千米的样本纳入研究视野来检验这一结论的稳健性,发现海洋产业协同集聚变量通过1%的显著性水平检验,但其与空间距离的交互项显著性水平相对较弱,因此,可以判断长三角的海洋产业协同集聚空间外溢范围大致是500千米,这一空间范围涵盖了部分安徽地区,说明长三角的海洋产业协同集聚的影响腹地已经延伸至内陆地区。

表 9.9　海洋二、三产业协同集聚空间外溢效应的变量说明

解释变量	变量含义	度量方式
Productivity	劳动生产率	经济总量与从业人员的比重
Bigport	以上海、天津和广州为代表的长三角、珠三角和京津唐的海洋二、三产业协同集聚程度	见上文
Distance	各个城市分别到上海、天津和广州的空间距离	空间直线距离,根据 Google Earth 获取各个城市的地理中心坐标(经度和维度),构建空间距离矩阵。
Mp	市场潜能	$Mp_i=\sum_{i\neq j}Y_j/d_{ij}+Y_i/d_{ii}$,$Y$表示社会消费总额,$d_{ij}$表示$i$城市到$j$城市的距离

续表

解释变量	变量含义	度量方式
Information	信息技术水平	能够体现这一变量有本地电话年末用户数、移动电话年末用户数和国际互联网用户数,为避免多重共线性问题,采用主成分法予以解决,依据累积方差贡献率可知,第一主成分的方差贡献率为86.85%,因此,选择第一个主成分即可
Hy	衡量该城市贸易程度	货运量
Rzi	产业专业化程度	$RZI_i = \max\limits_j(s_{ij}/s_j)$,$s_{ij}$ 是产业 j 在城市 i 中的就业份额,s_j 为产业 j 在全国所占的份额
Rdi	产业多样化程度	$RDI_i = 1/\sum|s_{ij}-s_j|$,$s_{ij}$,$s_j$ 含义同上

表 9.10　长三角地区海洋产业协同集聚的空间外溢效应

解释变量	(10.1) 全样本	(10.2) 全样本	(10.3) 全样本	(10.4) 0—500km	(10.5) 0—600km	(10.6) 0—800km	(10.7) 500km 以后
Constant	−2.591*** (−23.16)	−6.456*** (−11.226)	−6.188*** (−10.921)	−8.504*** (−7.082)	−9.116*** (−8.078)	−8.226*** (−9.625)	−8.608*** (−12.152)
Mp	0.87*** (100.397)	1.143*** (27.459)	1.123*** (27.379)	1.259*** (14.761)	1.309*** (16.419)	1.252*** (20.804)	1.307*** (25.426)
Information	0.051* (1.715)	0.077*** (2.876)	0.083*** (3.127)	0.196*** (3.311)	0.172*** (2.956)	0.013 (0.35)	0.026 (0.853)
Hy	0.013** (2.077)	0.02*** (3.215)	0.02*** (3.18)	0.039*** (2.39)	0.022 (1.421)	0.03*** (3.157)	0.013* (1.875)
Rzi	−0.0043 (−0.32)	0.005 (0.369)	0.008 (0.596)	−0.005 (−0.146)	−0.003 (−0.162)	−0.052*** (−2.889)	−0.009 (−0.602)
Rdi	−0.031 (−1.35)	−0.029 (−1.314)	−0.026 (−1.185)	−0.023 (−0.61)	−0.037 (−1.019)	−0.031 (−1.062)	−0.036 (−1.428)
Shanghai		1.163*** (5.111)	−3.954 (−1.045)	1.894*** (4.574)	1.655*** (4.242)	1.16*** (4.038)	1.896*** (4.322)
Shanghai * Distance		−0.056* (−1.945)	2.735 (1.418)	−0.138** (−2.129)	−0.07 (−1.15)	−0.002 (−0.045)	−0.098* (−1.659)
Shanghai * Distance²			−0.494 (−1.526)				
Shanghai * Distance³			0.028 (1.586)				
Hausman test	固定效应	随机效应	随机效应	随机效应	随机效应	随机效应	随机效应
Ad-R²	0.992	0.911	0.908	0.958	0.952	0.996	0.992
Obs	281 * 5	281 * 5	281 * 5	39 * 5	48 * 5	87 * 5	242 * 5

注:***代表1%的显著性水平,**代表5%的显著性水平,*代表10%的显著性水平,括号里的数值表示 t 值。由于篇幅所限本章没有给出所有的空间距离区间的回归结果,只给出了空间临界值的回归结果。

表 9.11 给出了珠三角地区和京津唐地区海洋产业协同集聚的空间外溢效应的回归结果。我们发现,珠三角地区的海洋产业协同集聚与周边城市的劳动生产率都没有表现出预期的正相关和"倒 S"形的"中心—外围"空间结构特征,在距离分区间中,不管在 500 千米范围内还是在更小的空间范围内,都没有表现出符合实际情况的特征,但本章考虑到珠三角地区与长三角地区和京津唐地区不同的是,珠三角地区基本上属于广东省,而长三角地区和京津唐地区都是跨区域存在的,因此,本章在模型(11.3)中将广东省内所有样本作为研究对象,研究发现,不管是海洋产业协同集聚系数还是该变量与空间距离的交互项都符合预期,这说明目前珠三角的海洋产业协同集聚空间外溢效应主要还是局限于广东省内,还没有实现跨区域渗透,这可解释为目前泛珠三角扩容进程相对缓慢,限制了空间外溢效应的发挥。

表 9.11　珠三角和京津唐地区海洋产业协同集聚的空间外溢效应

解释变量	(11.1)	(11.2)	(11.3)	(11.4)	(11.5)	(11.6)	(11.7)
	珠三角地区			京津唐地区			
	全样本	0~500km	广东省内	全样本	0~800km	0~500km	0~400km
Constant	−2.351*** (−11.908)	−1.361*** (−2.902)	0.485 (0.68)	−3.321*** (−22.224)	−3.428*** (−12.11)	−2.472*** (−6.794)	−2.346*** (−4.933)
Mp	0.853*** (60.952)	0.78*** (25.678)	0.701*** (16.17)	0.908*** (89.557)	0.935*** (45.646)	0.863*** (35.137)	0.862*** (26.262)
Information	0.047 (1.586)	0.114** (2.508)	0.113 (1.327)	0.089*** (3.367)	0.141** (2.185)	0.209*** (3.297)	0.238*** (3.461)
Hy	0.014** (2.215)	0.011 (1.127)	−0.05** (−2.119)	0.015** (2.535)	−0.026** (−1.985)	−0.003 (−0.16)	−0.027 (−1.146)
Rzi	−0.009 (−0.628)	−0.011 (−0.26)	0.192** (2.214)	0.003 (0.223)	0.028 (1.164)	0.003 (0.09)	0.042 (0.988)
Rdi	−0.033 (−1.423)	−0.045 (−0.7)	−0.163 (−1.426)	−0.021 (−0.951)	−0.004 (−0.098)	−0.107* (−1.69)	−0.124 (−1.596)
Guangzhou	1.755 (0.408)	−0.96* (−1.842)	1.303* (1.965)				
Guangzhou * Distance	−1.227 (−0.549)	0.182* (1.9)	−0.224* (−1.694)				
Guangzhou * Distance2	0.223 (0.59)						
Guangzhou * Distance3	−0.012 (−0.559)						
Tianjin				50.853*** (5.755)	−2.789*** (−3.535)	−1.163 (−1.356)	−1.113 (−1.099)

续表

解释变量	(11.1)	(11.2)	(11.3)	(11.4)	(11.5)	(11.6)	(11.7)
	珠三角地区			京津唐地区			
	全样本	0~500km	广东省内	全样本	0~800km	0~500km	0~400km
Tianjin * Distance				−28.308*** (−6.3)	0.402*** (3.114)	0.132 (0.887)	0.12 (0.648)
TianJin * Distance2				5.033*** (6.713)			
Tjianjin * Distance3				−0.29*** (−7.054)			
Hausman test	固定效应	随机效应	固定效应	随机效应	固定效应	随机效应	随机效应
Ad-R2	0.992	0.891	0.998	0.915	0.987	0.911	0.908
obs	281 * 5	39 * 5	21 * 5	281 * 5	97 * 5	49 * 5	29 * 5

注：***代表1%的显著性水平，**代表5%的显著性水平，*代表10%的显著性水平，括号里的数值表示t值。

而京津唐海洋产业协同集聚的空间外溢也同样没有表现出预期的特征，因此，本章分距离区间进行了研究，在800千米范围内，不管是海洋产业协同集聚还是该变量与空间距离的交互项系数与预期符号相反，在将研究距离进一步缩小至500和400千米（模型11.6和模型11.7）时，这两者系数仍然没有表现出预期设想，因此，在模型(11.4)中，本章考虑了"中心—外围"结构，结果发现不仅是京津唐的海洋产业协同集聚变量系数表现出预期的正相关，而且其分别与空间距离的一次项系数、二次项系数和三次项系数表现出了新经济地理学理论所描述的"倒S"形变化趋势，根据回归系数的计算发现，在75千米范围内，距离京津唐地区越近，受京津唐海洋产业协同集聚影响越显著。这一结果说明，如果以天津为中心港口，京津唐的海洋产业协同集聚空间外溢距离还没有突破京津唐的空间范围，这主要可以归结为京津唐及附近地区港口较多，比如青岛、大连、天津纷纷争夺国际航运中心的位置，都对周边地区形成了争夺效应，弱化了京津唐海洋产业协同集聚的空间外溢效应。

从控制变量来看，市场潜力变量在这三大都市圈都表现出明显的正向显著性，这可解释为市场潜力大的地区更容易吸引高技术产业，从而提高劳动生产率，信息技术和货运量也同样表现出正相关性，说明两者对劳动生产率的提高有明显的促进作用，而专业化水平和多样化水平并没有表现出预期的相关性。

9.9 小 结

本章在空间耦合视角下在对二、三产业协同集聚的"产业—空间"范式概括的基础上,延伸了二、三产业协同集聚的研究。上文研究一个不足之处在于,将二、三产业协同集聚集中在一个相对固定的空间范围内,而没有考虑周边地区的影响,因此,本章的一个创新点在于通过引入产业关联性、空间邻近性和运输成本变量,从理论层面分析了制造业和生产性服务业集聚不仅能产生互补效应,而且在空间上还会形成挤出效应,基于全国面板数据的实证研究表明,产业关联性是促进二、三产业产生互补效应的重要原因,而且这种效应存在区域差异性;城市规模对二、三产业互动性存在交替影响,一般来说,从单个城市来看,小城市和大城市的挤出效应较为明显,而中等城市的互补效应较为显著;区域性中心城市通过辐射作用能促进周边城市二、三产业互补效应的提高,而且越靠近区域性中心城市,这种效应越明显;运输成本对二、三产业互动性存在非线性关系,过高和过低的运输成本将使得二、三产业形成挤出效应,而适度的运输成本则会形成互补效应。

更重要的是,本章从理论层面分析了二、三产业协同效应的空间连续性形成机制和空间边界问题,弥补了以往研究集聚缺乏空间依赖性的不足。研究发现,产业关联有助于二、三产业协同效应的提高,运输成本是推动二、三产业协同效应空间连续性的重要力量。实证研究结果进一步表明,这种空间连续性是存在空间边界的,空间范围大致在 500 千米。从分行业来看,制造业与交通运输、仓储及邮政业协同效应的空间范围为 200~250 千米,制造业与金融业的协同效应的空间范围为 400~450 千米,制造业与房地产协同效应的空间范围为 450~500 千米,制造业与租赁和商务服务业协同效应的空间范围为 450~500 千米,以及制造业与教育协同效应的空间范围为 450~500 千米。从海洋二、三产业协同集聚看,海洋二、三产业协同集聚也存在空间外溢效应,并受区域边界约束,其中,长三角海洋产业协同集聚在 500 千米范围内存在溢出效应,珠三角的作用范围限于广东省内,而京津唐的辐射范围只有 75 千米。

10 城市规模,二、三产业协同集聚与企业成长

10.1 引 言

在经历了改革开放以来40多年的经济高速增长之后,随着外部环境和内生条件的变化,中国经济开始步入新常态,而2008年以来的全球经济深度调整,更使得中国依靠出口贸易增长模式面临重大压力。近年来沿海地区面临着资源约束、劳动力成本上涨等多重压力,而越南等东南亚国家逐渐形成了对中国要素成本的比较优势,使得中国在尚未完成产业转型升级时便陷入了外资提前撤离的产业"空心化"窘境,这就迫使中国加快经济方式转变,形成新的比较优势来参与全球经济竞争。因此,2014年中国各部门相继出台了一系列促进创业创新的规划纲要和政策文件,并在"十三五"规划中明确提出"大众创业、万众创新"战略,以此作为加快培育经济发展新动能的重要抓手。在这一制度驱动下,诸如众创小镇等旨在促进企业发展的空间载体纷纷涌现,然而,张萃(2018)的研究发现,创业活动存在地理分布的不均匀,中心城市的创业活跃度明显高于其他城市,导致企业发展绩效在不同城市间存在较大差异,由此引申出本章所关心的问题:企业发展绩效与城市规模有什么关系? 什么样的城市有利于企业成长? 在企业成长过程中,二、三产业协同集聚起什么作用?

从企业成长的环境看,城市经济学认为,城市规模扩大形成的集聚经济对企业发展存在重要影响。本地市场效应认为产业集聚会导致企业数量的增加,但它并没有指出伴随着这个过程,企业规模是变大还是变小,Holmes(1999)注意到了新经济地理学理论的缺陷,他在对模型修正的基础上研究了服务业企业规模与城市规模的关系,他的研究结果表明,这两者之间是具有一

致性的。Campbell 和 Hopenhayn(2002)则关注了市场规模大小对企业规模分布的影响，他们考察了美国 225 个城市 13 个零售贸易行业的情况，发现几乎在每一个行业，城市规模越大越能促进企业成长。同样地，Dinlersoz(2004)也注意到了 NEG 理论的缺陷，不过与 Holmes(1999)不同的是，Dinlersoz 研究的是美国制造业，而且他得出了相反的结论。他发现，制造业企业的就业规模变化与城市规模变化相一致，而城市规模与企业平均规模存在负相关关系。其他研究虽然没有直接涉及城市规模与企业成长关系的辨析，但都在一定程度上点明了这个问题。Kumar、Rajan 和 Zingales(1999)在分析哪些因素决定企业规模时，他们指出，企业所面对的市场越大，其平均规模也往往越大，从产业层面来看，资本密集型、高工资以及拥有较高 R&D 产业的企业规模也较大。Holmes 和 Stevens(2002)的研究结果表明，相较于产业集聚区外的企业规模，集聚区内的企业平均规模较大，而且这种差异性在制造业领域更加显著。Barrios 等人(2006)在延续了 Holmes 和 Stevens 研究的同时，指出对于一个刚刚成立的企业而言，集聚与企业规模之间的联系是比较微弱的，但在长期随着企业的不断成长，这种联系的强度不断增强。Li 和 Lu(2009)使用 1998—2005 年中国制造业年度调查数据研究表明，产业集聚与企业规模之间存在正相关关系，而且企业更多受益于与许多大企业邻近而不是与大量企业邻近。Capello(2002)则认为，地方化经济对小企业发展较为有利，而城市化经济对大企业则更为有利。与 Capello 不同的是，傅十和与洪俊杰(2008)认为，不同企业规模在不同大小的城市中受不同外部经济的影响，如小企业在中等城市和大城市中显著得益于马歇尔外部经济，在超大和特大城市中显著得益于雅各布斯外部经济，而大型企业即使在特大和超大城市中也很少得益于雅各布斯外部经济。随着新经济地理学理论的兴起，有些学者开始从企业异质性角度探讨这一问题，Berry 和 Glaeser(2005)研究发现，由于大城市拥有丰富的高质素的人力资本，高效率企业转移到大城市更容易获取集聚经济优势，使得大城市通过选择效应出现了大城市生产率溢出效应，而 Baldwin 和 Okubo(2006)则认为大城市竞争激烈，迫使低生产效率企业向小城市转移，从而产生分类效应，此后，不同学者就集聚效应、选择效应和分类效应何者占优势展开了讨论，Saito 和 Gopinath(2009)基于智利的研究发现，选择效应更为重要，而

Combes 等人(2012)基于法国的研究表明,大城市的高生产率来自于集聚效应,选择效应作用较弱,而陈强远等人(2016)指出,城市的企业生产率溢价是集聚效应、选择效应、分类效应和竞争效应共同作用的结果,不同行业中这4种作用力的溢价贡献不同。

可以发现的是,目前的研究存在以下几个方面的不足:一是尽管有学者已经注意到城市规模变化对企业规模的影响,并基于不同理论视角对企业成长影响机制进行了解释,但不管是何种理论,他们都将不同规模的城市视为一个外生因素,但较少有学者注意到,随着城市规模的扩大,城市内部产业结构经历了一系列的演变,包括制造业和生产性服务业在内都因城市规模的变化而呈现交替占据主导趋势,使得制造业集聚和生产性服务业集聚在空间上形成互补效应和挤出效应,从微观层面对企业成长产生了深远影响,而这是以往研究所欠缺的。二是以往研究城市规模对企业成长的影响,主要探讨城市规模的变化对企业的影响,但事实上,随着产业链空间离散化分布和区域经济一体化的深入,企业跨区域发展成为当前城市经济发展的一个重要特征,这使得企业的发展已经不局限于受所在区域的资源要素禀赋的影响,同时,还受到周边地区的影响,因此,在这一背景下,需要将空间因素纳入分析框架,探讨城市间空间联动对企业成长的影响。因此,本章的贡献就在于对这上述两种缺陷做了一定的弥补,提出了"城市规模—双重集聚—空间地理—企业成长"的理论分析框架,文章的研究结论对企业区位选择具有一定的参考意义。

10.2　城市规模与企业成长内在机理研究

10.2.1　理论模型

本章借鉴 Dinlersoz(2004)的思想,假设每个企业由一个管理者经营,令经营者的能力为 z,且这种能力没有显著差异,企业在规模为 City 的城市中使用劳动力和资本以追求利润最大化:

$$\pi(z;City)=zH(City)\left[n^{\alpha}k^{1-\alpha}\right]^{\delta}-w(City).n-rk$$

其中: α、δ 介于 0~1,r 是资本的价格,w 表示工资水平,H 表示集聚的外

部性,通过对劳动力和资本的一阶求导,可以得出:

$$\delta z H(City)\alpha\left[n^{\alpha}k^{1-\alpha}\right]^{\delta}=wn$$

$$\delta z H(City)(1-\alpha)\left[n^{\alpha}k^{1-\alpha}\right]^{\delta}=rk$$

由此可以得出企业雇佣劳动力的最优规模为:

$$n^{*}(z)=\left(\frac{\varphi z H(city)}{w(City)^{1-\delta(1-\alpha)}}\right)^{1/1-\delta}$$

其中:φ 表示包括 α、δ、r 的系数。

对于每一个劳动者而言,其效用函数为:

$$U=x^{1-\beta}l^{\beta}$$

预算约束为:$x+p(D).l=w(City)$

其中:x 表示产品的消费量,l 表示住房的土地面积,$p(D)$ 表示土地价格,产品价格为计价单位。因此,在均衡的情况下,企业和劳动不存在流动情况,对企业而言,企业利润和成本是相等的,即

$$E[\pi(z;City)]=f(City)$$

其中:$f(.)$ 表示随着城市规模而变化的固定成本,综合上式,可得:

$$H(City)^{1/1-\delta}=\frac{1}{\psi}f(City).w(City)^{\alpha/1-\delta}$$

其中:ψ 表示由 α、δ 组成的常数,最后可得出城市规模与企业规模的关系:

$$n^{*}(z)=\theta z^{1/1-\delta}\frac{f(City)}{w(City)}$$

θ 表示常数,Dinlersoz(2004)分别就 $f(City)$ 等于资本成本、企业家收入和土地成本等情况进行了讨论,而这些成本我们认为都可以归结为与企业发展相关的商务成本。

推论:城市规模对企业成长存在较大影响,而商务成本具有一定的调节作用。

因此,考察城市规模对企业成长的影响,突出商务成本在其中的作用,具体而言,随着城市规模的扩大,商务成本中的要素成本和交易成本发生相应的变化,从而对制造业集聚和生产性服务业集聚的关系产生影响,主要表现为双重集聚的互补效应和挤出效应发生动态变化,而城市规模扩大是否促进企业的成长则取决于这两种效应的相互作用。

10.2.2 二、三产业的"互补效应"与企业成长

从单个产业集聚而言,城市规模扩大的一个变化就是包括交通等基础设施的不断完善,根据新经济地理学理论,运输费用的降低,使得城市范围内产业集聚程度提高,从而促进企业成长。王珺和王峥(2004)认为,企业规模大小不仅取决于集群而且还受市场范围大小的限制,他们指出,如果集群的市场范围超出集群,扩展到更广域的空间,企业集群这时就仅仅作为降低企业费用的生产环境而存在不再是企业的市场范围,集群企业进而具备了成长的条件。因此,随着城市规模的扩大,市场规模也将进一步扩大,根据 Campbell 和 Hopenhayn(2002)等人的研究,这势必引起企业规模的扩大。而且随着城市规模的扩大,商务成本中交易成本逐渐降低,生产性服务业得到快速发展,并在空间上形成集聚,作为制造业的关联产业,生产性服务业与制造业在空间上形成的协同集聚大大降低了制造业企业的交易成本和生产成本,加快了企业之间交流与互动的速度。双重集聚的"互补效应"对企业的促进作用主要表现为两个方面:一是由于生产性服务业和制造业存在上下游的投入产出关系,生产性服务业提高了制造业企业的"迂回"程度,提升了产品附加值,增强了企业成长的内生动力,从而形成二、三产业良性互动。二是二、三产业协同集聚水平的提高加速了二、三产业之间的知识外溢速度,从而促进了制造业企业的创新和发展,特别是由于生产性服务业原先隶属于制造业的某个部门或环节,这种技术关联在生产性服务业从制造业产业链分离后仍然存在,这也成为两者实现协同创新的基础。因此,在城市规模扩大过程中,一方面,制造业自身集聚程度的提高有助于企业规模的扩大;另一方面,制造业与生产性服务业的双重集聚所形成的互补效应又进一步促进了企业的成长。

子命题 1:在二、三产业互补效应作用下,城市规模的扩大有助于制造业企业的成长。

10.2.3 二、三产业的"挤出效应"与企业成长

从产业层面看,制造业集聚与生产性服务业集聚因互补效应可以促进企业成长,但是如果将空间因素考虑进来的话,我们还不应忽视双重集聚的挤出

效应对企业成长的影响。由于集聚不仅是一个产业概念,同时也是一个空间概念,因此,不同产业集聚同时集聚在一个地区,势必会存在空间的排斥性问题。

随着城市规模的扩大,生产性服务业比重的提高,会导致产业相互争夺重叠性资源导致要素的获得受到限制,从而使得双重集聚在获得互补效应的同时,也表现出挤出效应,而制造业与生产性服务业因在特定性要素上的区别而产生的挤出效应使得城市规模扩大与企业成长之间表现出负相关。一般来说,不同产业的发展是与其所在空间的资源配置相适应的,林民盾、杜曙光(2006)也指出,同时具有自然资源和高级资源都占优势的空间不可能存在,通常是两个资源的优势分别在两个不同的空间,不管是对于共性要素的争夺还是对于特定性要素的需求,在商务成本的作用下,都表现为生产性服务业集聚与制造业集聚存在挤出效应,从而影响企业成长。双重集聚的挤出效应对企业的影响机理主要表现为:因城市规模的扩大,商务成本中的要素成本趋于上升,阻碍了对于要素成本敏感性较强的制造业的发展,出于寻求低生产成本的要求,许多制造业企业被迫从大城市退出,只能选择成本较低的周边中小城市。相对应的,生产性服务业大部分是知识密集型产业,对于要素成本敏感性较差,而对交易成本的高低有着非常明显的反应,城市规模的扩大恰好降低了交易成本,从而适应了生产性服务业发展的要求。因此,随着城市规模的扩大,生产性服务业集聚对制造业集聚的空间挤出效应逐渐变大,从而阻碍了制造业企业的发展,而最后的产业均衡布局就是大城市往往形成以生产性服务业集聚为主,周边的中小城市则以制造业集聚为主,从而形成广域上的双重集聚。因此:

子命题2:在二、三产业挤出效应作用下,城市规模的扩大有碍于制造业企业成长。

根据上述两个命题的阐述,可得:

命题1:城市规模的扩大与制造业企业成长之间存在非线性关系。

不仅当地城市规模对企业成长产生影响,而且周边城市特别是中心城市也对企业成长产生影响,企业成长主要受两种力量的影响,一种是要素成本,另一种是企业发展所需要的诸如生产性服务业等中间投入品,由于制造业和生产性服务业存在空间竞争关系,在不同规模的城市,两者存在不同程度的挤出效应,规模越小的城市获取生产性服务业等中间品的成本也越高。而中心城市作为生产性服务业的集聚中心,这种集聚效应会对周边城市产生空间外溢效应,可以较好地弥补周边城市生产性服务业的不足,因此,与中心城市的距离在一定程度上决定了外围城市企业成长的空间。中心城市基于规模优势成为生产性服务业的集聚地,但随着城市化进程的推进,中心城市资源的过度集聚导致拥挤效应大于集聚效应,生产性服务业集聚的边际效应出现递减,在城市序贯增长的"接力赛"机制的作用下,存在资源向周边城市空间外溢的内在驱动力,从而与中小城市形成了功能互补的空间分工格局。特别是在城市群背景下,中心城市基于经济、技术和信息优势,通过专业技术人员的流动、生产过程中的投入产出关联、知识和技术的传播与扩散等途径会产生跨越区域边界的外溢效应,使得中心城市与次区域的企业发展基于资源配置的地域多元化而形成跨区域的生产网络,从而使得企业成长不再局限于单个区域,而是城市网络共同作用的结果。

命题 2:靠近大城市有助于企业成长。

10.3 模型设定、数据来源与变量选择

10.3.1 计量模型与数据说明

为验证上述命题,本章的计量模型设定为:

$$\ln(Y) = \alpha + \beta * \ln(City) + \lambda \ln(Capital) + x\delta + \xi \tag{1}$$

其中:Y 表示企业成长,$City$ 表示城市规模,x 表征影响企业规模的其他控制变量,α 表示常数项,β、λ、δ 为待估参数,ξ 表示残差项。模型中的 $City$ 和 $Capital$ 是本章重点考察对象,在引入控制变量后,本章的模型可以具体化为:

$$\ln(Y_{it}) = \alpha + \beta_i \sum_{i=1}^{2} \ln(City_{it})^i + \lambda \ln(Capital_{it}) + \gamma_1 \ln(Dy_{it}) + \gamma_2 \ln(Fg_{it})$$
$$+ \gamma_3 \ln(Road_{it}) + \gamma_4 \ln(Ss_{it}) + \xi_{it} \tag{2}$$

其中:Y、α、β、λ 和 ξ 的意义如上所述,而 γ_1、γ_2、γ_3、γ_4 为模型控制变量的待

估参数。同时,由于相同的城市规模内部的制造业集聚和生产性服务业集聚程度存在较大差异,因此,本章分别引入制造业集聚与城市规模的交互项以及生产性服务业集聚与城市规模的交互项来考察制造业集聚和生产性服务业集聚在随着城市规模扩大过程中分别对企业成长有什么影响,模型可以进一步设置为:

$$\ln(Y_{it}) = \alpha + \beta_i \sum_{i=1}^{2} \ln(City_{it})^i + \beta_3 \ln(Zz_{it}) * \ln(City_{it})$$
$$+ \beta_4 \ln(Sc_{it}) * \ln(City_{it}) + \lambda \ln(Capital_{it}) + \gamma_1 \ln(Dy_{it})$$
$$+ \gamma_2 \ln(Fg_{it}) + \gamma_3 \ln(Road_{it}) + \gamma_4 \ln(Ss_{it}) + \xi_{it} \qquad (3)$$

本章研究的数据主要来自于 2007—2016 年的《中国城市统计年鉴》,为避免异方差问题,在数据处理上,对主要变量做了对数化处理。在样本的选择和处理上,本章研究的样本为中国地级及以上城市共 286 个(拉萨除外),考虑到有些样本数据缺失和样本数值出现异常波动,本章对此进行了剔除,因此,实际样本量为 2710 个(271×10)。

10.3.2　变量选择

(1)企业成长(Y):用企业平均规模来度量,计算公式为:$Y_{ij} = M_{ij} / N_{ij}$,M_{ij} 表示 i 年 j 城市的从业人员年平均人数,N_{ij} 表示 i 年 j 城市的工业企业数。虽然产值规模指标反应较快且较敏感,而从业规模指标则反应慢一些,敏感程度也弱一些(周黎安、罗凯,2005),但使用从业人员数量指标的一个好处在于它既包括了横向规模的从业人数也涵盖了纵向规模的人数,在一定程度上,它是企业规模两个维度的综合。

(2)City:表示城市规模,用人口数量来表示。本章主要考察城市规模变化与企业成长是否一致,因此,这两个变量的关系是本章所要重点考察的对象,从统计性描述来看,以 2015 年为例,规模较大的城市与企业成长并没有表现出完全一一对应的关系,如企业平均规模较大的城市主要有汕尾(557 人)、太原(476 人)、西安(395 人)、珠海(385 人)、深圳(378 人)、克拉玛依(347 人)、海口(329 人)、成都(322 人)、北京(260 人)等,这些城市中有些规模比较大,城市总人口超过了 1000 万人,有些城市规模并不是很大,其人口规模在 300 万人以内,因此,可以发现城市规模与企业成长大致上具有"U"形关系。

(3)Central City:表示中心城市对企业成长的影响,从空间经济学角度看,企业成长不仅与企业所在城市的各种影响因素相关,也与周边地区城市相关,特别是企业成长与生产性服务业存在紧密联系,而中心城市往往是生产性服务业集聚中心,因此,本章用企业所在省份的省会城市的生产性服务业的区位商表示中心城市的空间外溢效应。区位商指标可以表示为:

$$LQ_{ij} = \frac{L_{ij}/\sum_{j=1}^{m}L_{ij}}{\sum_{i=1}^{n}L_{ij}/\sum_{i=1}^{n}\sum_{j=1}^{m}L_{ij}}$$

其中,L_{ij} 表示 i 地区(本章表示省会城市)j 产业(本章表示生产性服务业)的从业人数,m 表示产业类别,n 表示地区数量。该指标越大,表示省会城市生产性服务业集聚度越高,对其他地区企业成长的影响也越大。

(4)Dy:表示城市的产业多样化程度,以此来研究是多样化的产业结构还是专业化的产业结构有助于企业成长,在度量上,本章借鉴 Duranton 和 Puga(2000) 的相对多样化指数来予以描述,即:

$$Dy_i = 1/\sum |s_{ij} - s_j|$$

其中:s_{ij} 表示部门 j 在城市 i 中的就业份额,s_j 则表示部门 j 在全国所占份额。

(5)Fg:表示制度因素,企业成长与所在的制度环境密不可分,一般来说,政府规模越大,其对市场的干预能力也越强,往往容易导致地方保护主义。实际上,分割存在于两个或两个以上地区,如以 Naughton(1999)为代表的贸易法学者和以 Youung(2000)为代表的生产法学者等都提出了衡量分割的方法,本章基于数据的可得性,用政府的干预程度来衡量分割水平,用(预算内支出—科学支出—教育支出)/预算内支出进行度量。

(6)Road:表示道路密度,该指标越大说明当地交通基础设施越先进,运输成本也相应的较低,根据空间经济学原理,运输成本的降低有助于企业集聚,从而通过发挥马歇尔外部性方式促进企业发展,本章用当地道路面积与土地面积的比值表示。

(7)Wage:表示工资水平对企业成长的影响,这一变量对企业成长存在两个方面的影响:一方面,以工资水平为代表的要素成本较高会蚕食企业利润,导致企业规模扩大受阻;另一方面,该地区工资水平较高,会吸引更多劳动者进入,产生共享劳动力市场、构建上下游产业链以及知识外溢等马歇尔外部性,从而促进企业成长。具体变量描述见表10.1。

表 10.1 主要变量统计性描述

变量	观测值	均值	标准差	最小值	最大值
Y	2710	126.395	85.288	2.564	616.811
City	2710	446.625	310.205	29.970	3375.200
Central-city	2710	1.122	0.189	0.687	2.025
Dy	2710	1.603	0.791	0.134	13.277
Fg	2710	0.789	0.051	0.526	0.984
Road	2710	0.219	0.492	0.000	6.450
Wage	2710	0.059	0.021	0.012	0.424

10.4 实证结果分析

10.4.1 回归结果分析

在回归分析之前,从各个变量的相关性看(见表10.2),变量间的相关性较弱,相关性最强的两个变量是产业多样化变量(Dy)与工资水平(Wage),相关系数仅为-0.3045,其他变量间的相关系数更小,说明各个变量间不存在多重共线性问题。

表 10.2　主要变量间相关系数

Variable	City	Central-city	Dy	Fg	Road	Wage
City	1					
Central-city	−0.0947	1				
Dy	−0.0940	−0.0112	1			
Fg	−0.0698	0.0858	−0.0513	1		
Road	0.0239	0.0767	−0.2174	0.0025	1	
Wage	0.0910	0.1745	−0.3045	0.0206	0.2894	1

　　根据模型设定和变量定义,表 10.3 给出了模型的回归结果,其中模型(1)～(7)是以企业成长为因变量的估计结果,经过 Hausman 检验,本章拒绝采用随机效应模型的假设,采用固定效应。模型(1)～(3)考察了本章所关注的城市规模与企业成长的关系,此外,为考察城市规模对企业成长过程中存在的阶段性影响,模型(4)和模型(5)把研究样本划分为 2006—2010 年和 2011—2015 年两个区间分别进行回归分析。

表 10.3　城市规模与企业成长关系回归结果

变量	以企业成长为因变量(Y)					分区域讨论	
	(1)	(2)	(3)	(4)	(5)	(6)	(7)
	全样本	全样本	全样本	2006—2010 年	2011—2015 年	东部地区	中西部地区
Constant	15.2039*** (4.1155)	7.9412*** (2.6471)	8.6455*** (2.6174)	12.7628*** (7.7366)	0.0261 (0.0099)	−2.9843 (−1.1139)	20.0121*** (5.2923)
Ln(City)	−4.6531*** (−1.2859)	−1.7923* (−1.7153)	−2.1564* (−1.8744)	−0.5024* (−1.666)	0.748* (1.6646)	1.0208** (2.1358)	−5.7447*** (−4.3384)
$[Ln(City)]^2$	0.4494*** (3.9621)	0.1865** (2.0232)	0.2109** (2.0774)				0.5156*** (4.3992)
Ln(Zz) * Ln(City)		0.1645*** (35.5909)					
Ln(Sc) * Ln(City)			−0.1917*** (−25.1067)				
Ln(Central-city)	0.1107** (1.996)	0.2547*** (5.6486)	0.2872*** (5.7508)	−0.087 (−1.3589)	0.2624** (2.7295)	0.445*** (3.51)	−0.1592** (−2.5296)
Ln(Dy)	−0.1514*** (−4.7507)	−0.1758*** (−6.8093)	−0.1538*** (−5.4152)	0.0594** (2.3306)	−0.128** (−2.0824)	−0.2171*** (−3.3153)	−0.0865** (−2.4638)

变量	以企业成长为因变量(Y)					分区域讨论	
	(1)	(2)	(3)	(4)	(5)	(6)	(7)
	全样本	全样本	全样本	2006—2010 年	2011—2015 年	东部地区	中西部地区
Ln(Fg)	−2.0504***	−1.9613***	−2.0486***	−0.9184***	0.1163	−1.9191***	−1.8568***
	(−14.0667)	(−16.6129)	(−15.7689)	(−8.1312)	(0.3323)	(−6.8689)	(−11.1496)
Ln(Road)	0.0789***	0.0583***	0.0622***	−0.0095	0.0252	0.1414**	0.0692**
	(2.9283)	(2.6693)	(2.5877)	(−0.3854)	(0.5843)	(2.2584)	(2.4351)
Ln(Wage)	0.0758***	0.0667***	0.0883***	−0.5524***	0.0327	0.1063*	0.0228
	(2.7332)	(2.9701)	(3.5737)	(−15.8198)	(0.5559)	(1.7516)	(0.7605)
Hausman test	固定效应	固定效应	固定效应	固定效应	固定效应	固定效应	固定效应
Ad-R2	0.7755	0.8527	0.8217	0.9285	0.8129	0.7514	0.7969
Obs	2710	2710	2710	1355	1355	1000	1710

注:括号里的数值表示 t 值,*** 代表 1% 的显著性水平,** 代表 5% 的显著性水平,* 代表 10% 的显著性水平。

根据回归结果,各个解释变量大多通过了显著性检验,表明各个解释变量对企业成长具有较强的解释力。模型(1)的回归结果发现,变量 ln(City) 与 [ln(City)]² 都通过了 1% 水平的显著性检验,其中变量 [ln(City)]² 系数显著为正,说明城市规模与企业成长之间并不是简单的线性关系,而是呈现"U 形"关系,即在初始阶段城市规模的扩大不利于企业成长,但随着城市规模继续扩大反而有利于企业成长,或者说大城市和小城市最有利于企业成长,而中等规模城市对企业成长的促进作用最小。根据计算可知,在保持其他变量不变的情况下,当城市规模等于 180 万人口时成为企业成长的"拐点",如果根据这一标准来衡量,在 2710 个样本观测点中,有 379 个观测点位于"U"形曲线的左边,占样本的 13.98%,剩下的 86.02% 的观测点位于曲线的右边,也就是说,目前大部分的城市已经处于随着城市规模的扩大有利于企业成长阶段。之所以会出现这种现象,我们认为,从城市规模与双重集聚互动关系来看,在小城市尽管生产性服务业中间投入相对发展不足,而诸如土地、劳动力等要素成本较低,存在制造业对生产性服务业的挤出效应,但要素成本优势足以抵销中间品投入不足的影响,从而有助于企业成长。在大城市,要素成本较高,而生产性服务业发展较为充分,中间品获取相对容易,存在生产性服务业对制造业的挤出效应,但中间品获取优势足以抵消要素成本上升带来的不利影响,也有助于企业成长，特别是有助于高新技术企业的发展。而在中等规模城市，由于城市规模扩大导致要素成本上升，同时，在中等规模城市，生产性服务业等中间投入品发展不是很充分，使得这一阶段的城市发展缺乏比较优势，对企业成长促进作用最小。为进一步验证这一观点，本章在模型（2）引入了制造业集聚[①]与城市规模的交互项，研究发现，这一变量系数显著为正（0.1645），这一结果表明在"U"形曲线的左边，随着城市规模的扩大，制造业集聚将加剧城市规模对企业成长的不利影响，而在"U"形曲线的右边，制造业集聚将进一步促进城市规模扩大对企业成长的影响。本章在模型（3）引入了生产性服务业集聚[②]与城市规模的交互项，研究发现，这一变量系数显著为负（-0.1917），这一结果表明在"U"形曲线的左边，随着城市规模的扩大，生产性服务业集聚将减缓城市规模对企业成长的不利影响，而在"U"形曲线的右边，生产性服务业集聚将阻碍城市规模扩大对企业成长的影响。

从中心城市对企业成长的影响看，该变量通过了5%水平的显著性检验，说明企业成长受省会城市的空间外溢影响，而且越靠近省会城市，这种空间辐射效应越明显，这一结果表明，尽管在小城市获取生产性服务业等中间投入品难度较高，但如果该城市靠近大城市的话，就可以获取中心城市的空间外溢效应，能有效弥补中间品投入的不足，从而在发挥自身要素成本比较优势的情况下，能更好地促进企业成长。而对于中等规模城市而言，由于这一阶段的城市规模在要素成本和中间品投入方面都不具备比较优势，而通过靠近中心城市可以在促进企业成长方面形成优势，从这个意义上讲，企业成长所需要的资源不是单独一个区域能提供的，而是多元地域资源共同作用的结果，因此，需要把企业发展视角放在城市群范围内进行讨论。另外，有些地区距离省会城市较远，而距离邻省大城市更近，可能受这些城市的影响更大，因此，本章引入了各个城市到最近大城市变量来替代省会城市，研究表明这一变量显著为正[③]，说明企业成长还受最近大城市的溢出效应影响，表明企业成长是多个空间维度共同作用的结果，从而使得企业发展网络效应初步显现。

---

① 制造业集聚度指标用区位商表示。
② 生产性服务业集聚度指标也用区位商表示。
③ 受文章篇幅限制，本章没有把这一回归结果报告出来。

从控制变量来看，变量 Ln(Dy) 在 1% 显著性水平上为负（−0.1514），说明产业多样化不利于企业成长，这从侧面表明产业专业化有利于企业成长，而变量 Ln(Fg) 显著为负，说明政府过多的行政干预导致的地方保护主义不利于企业成长，这种地方保护主义有可能通过阻止外来同类企业进入在短期内使得企业避免外来企业的竞争，但从长期看，由于缺乏竞争机制，导致本地企业缺乏创新动力，最终不利于企业成长。而变量 Ln(Road) 则是通过了 1% 水平的显著性检验，说明随着当地交通基础设施的改善，企业运输成本下降，有助于同类型企业在空间上形成集聚，在集聚经济马歇尔外部性作用下，促进了企业成长。

10.4.2　基于分位数回归结果的讨论

为进一步检验研究结论的稳健性，本章采用了分位数回归方法进行研究，以考察在条件分布不同位置中城市规模、空间地理与企业成长关系的差异性。传统的普通最小二乘法（OLS）主要考察解释变量对被解释变量条件期望的影响，本质上是均值回归，亦即只有在被解释变量服从均匀（正态）分布时才是最佳无偏有效估计。然而，当被解释变量的条件分布非均匀（正态）分布时，被解释变量的条件期望很难反映整个条件分布的全貌。从图 10.1 的企业规模核密度分布曲线演化过程看，企业规模不服从正态分布，采用以对称分布为前提的普通最小二乘法的回归结果存在一定的偏误。

而分位数回归是均值回归（OLS）的拓展，可在不同分位数水平上通过最小化残差绝对值的加权平均来拟合被解释变量与解释变量的线性函数，其优点是不易受极端值的影响而得到更稳健的结果。对于分位数回归而言，设随机变量 Y 的分布函数为 $F(y) = P(Y \leqslant y)$，则 Y 的第 θ 分位数可定义为：

$$Q(\tau) = \inf\{y : F(y) \geqslant \theta\}$$

其中，$0 < \theta < 1$ 代表在回归线以下数据占全体数据的百分比，分位函数的特点是，变量 y 的分布中存在比例为 θ 的部分小于分位数 $Q(\theta)$，而比例在 $(1 - \theta)$ 的部分大于分位数 $Q(\theta)$，y 的整个分布被 θ 分为两个部分。对于任意的 $0 < \theta < 1$，定义"检验函数" $\rho_\theta(v)$ 为：$\rho_\theta(v) = \theta_v, y \geqslant x\beta$，或者 $\rho_\theta(v) = (\theta - 1)v, y < x\beta$。其中，$v$ 反映概率密度函数的参数，而 $\rho_\theta(v)$ 表示被解释变量 y 的样本点处

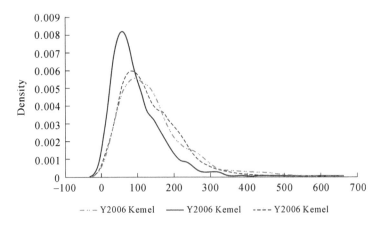

图 10.1　2006—2015 年企业规模核密度分布曲线演化过程

于 θ 分位以下和以上时的概率密度函数关系,结合本章研究对象,我们将分位数回归模型设定为:

$$Q_{j\theta}(\ln W_j \mid X_j) = X_j\beta_{j\theta} + u_{j\theta}$$

其中,$Q_{j\theta}(\ln W_j \mid X_j)$ 表示给定解释变量 X 的情况下第 j 个企业规模的被解释变量 $\ln W$ 在第 θ 个分位数水平上的值,分位数回归可选取任意特定分位数进行参数估计,本章选择了分位数为 0.1、0.3、0.5、0.7 和 0.9 进行回归分析,并通过最小化下列方程得到系数估计值。

$$\beta_{j\theta} = \arg\min\Big\{\sum_{j:\ln W_j \geqslant X_j\beta(\theta)} \theta \mid \ln W_j - X_j\beta(\theta) \mid$$
$$+ \sum_{j:\ln W_j < X_j\beta(\theta)} (1-\theta) \mid \ln W_j - X_j\beta(\theta) \mid\Big\}$$

表 10.4 给出了基于分位数方法的城市规模与企业成长的回归结果,模型(8)~(12)分别显示了 0.1、0.3、0.5、0.7 和 0.9 分位数的回归结果,研究发现:城市规模与企业成长不管在哪个分位数水平上均呈"U"形曲线关系,其中,当分位数为 0.1 时,该"U"形曲线的拐点是 270 万人,即意味着当企业规模较小时,城市规模超过 270 万人时,城市规模的扩大有助于企业成长,随着分位数不断地增加,该"U"形曲线的拐点所对应的城市规模也不断提高,当分位数为 0.9 时,该"U"形曲线拐点为 100 万人。而中心城市变量在 5 个分位数上也均通过了 1% 水平的显著性检验,且显著为正,但通过观察各分位数水平上中心城市变量系数的变化趋势,不难发现,该变量系数呈下降过程,中心城市

的外溢效应从 0.1 分位的 0.53％ 下降至 0.9 分位的 0.25％。就不同条件分位数水平而言,在已控制的城市条件水平下,对于企业规模较小的城市而言,中心城市的空间外溢效应对企业成长具有更强的促进作用,究其原因,我们认为,较小规模的企业往往只注重产品的某一环节的生产,而在生产性服务业等中间品投入方面自身难以实现自给,主要借助外力实现,而随着企业规模的扩大,企业发展过程中所需要的生产性服务业等中间品在一定程度上有能力自我满足,使得中心城市的空间外溢效应在减弱。

在其他控制变量中,产业多样化变量对企业成长的弱化作用随着企业规模的扩大而逐渐加强,原因在于相比较而言,规模较小的企业,市场竞争压力较大,多样化的产业结构使得小企业相较于大企业而言能获取多元化资源,从而具有相对较好的发展环境。而政府干预作用在 0.7 分位数之前都不显著,这说明政府干预对企业成长的阻碍作用在企业规模较小阶段并不明显,主要原因在于当企业规模较小时,企业主要在本地发展,政府干预形成的地方保护主义对企业成长影响尚未显现,随着企业规模的扩大,企业有可能出现跨区域发展,有可能导致当地税收减少,而政府的干预则有可能影响企业这一战略的实现。而基础设施的改善对企业成长的促进作用也在逐渐递减,这可以解释为在企业规模较小阶段,基础设施改善有助于降低企业的运输成本,也有助于企业能便捷获取外部资源,从而较快促进企业发展,而随着企业规模的扩大,企业生产网络逐步扩大,企业获取资源能力显著提升,使得基础设施对企业成长的边际提升作用在减弱。而工资水平对企业成长的阻碍作用也在逐步弱化,这可以解释为在企业规模较小阶段,以工资为代表的要素成本的增加对企业成长造成了较大压力,而随着企业规模扩大,企业有能力为员工提供更高的工资水平,从而能够吸引更优秀的劳动力进入企业,从而促进企业成长。

表 10.4　城市规模与企业成长的分位数回归结果

变量	以企业成长为因变量（Y）				
	(8)	(9)	(10)	(11)	(12)
	q10	q30	q50	q70	q90
Constant	−41.6591 (−1.5398)	−42.6418* (−1.6012)	−42.1666* (−1.6203)	−41.9296* (−1.6069)	−40.7669 (−1.5656)
Ln(City)	−1.3658*** (−4.3863)	−0.6836** (−2.5723)	−0.6755*** (−2.7377)	−0.8559*** (−2.6692)	−1.0363*** (−4.4764)
[Ln(City)]^2	0.1221*** (4.788)	0.0553** (2.5182)	0.0547** (2.5009)	0.063** (2.304)	0.0751*** (3.6489)
Ln(Central-city)	0.5312*** (3.7518)	0.4915*** (3.2178)	0.286** (2.5934)	0.2215* (1.89)	0.2513** (2.6524)
Ln(Dy)	−0.2095*** (−2.7027)	−0.2837*** (−6.1826)	−0.3274*** (−14.2521)	−0.331*** (−10.1355)	−0.3014*** (−12.5759)
Ln(Fg)	0.3757 (0.7322)	−0.1939 (−0.4253)	−0,2183 (−0.4378)	−0.6306* (−1.891)	−0.4612 (−1.5472)
Ln(Road)	0.0787*** (2.9186)	0.0743*** (5.6787)	0.0776*** (6.1069)	0.0606*** (3.6877)	0.0294* (1.8965)
Ln(Wage)	−0.2209* (−1.6376)	−0.2447*** (−3.023)	−0.2539*** (−3.7667)	−0.1826*** (−3.6792)	−0.1971** (−2.5744)
Hausman test	固定效应	固定效应	固定效应	固定效应	固定效应
Obs	271	813	1355	1897	2439

注：括号里的数值表示 t 值，***代表 1％的显著性水平，**代表 5％的显著性水平，*代表 10％的显著性水平。

10.4.3　分阶段与分区域讨论

以上变量对企业成长的影响存在时序的异质性，2006—2010 年和 2011—2015 年，城市规模对企业成长的影响并不存在"U"形关系，而是线性关系，其中，2006—2010 年，城市规模扩大不利于企业成长，而在 2011—2015 年，城市规模扩大有助于企业成长，表明城市规模对企业成长的作用不仅有规模异质性的影响，而且还存在时序性的影响。而中心城市对企业成长的作用在2006—2010 年并不显著，在 2011—2015 年则显著性为正，说明在第一阶段中心城市与周边城市的互动性不足,基于企业发展资源形成的城市网络尚未形成,而在第二阶段,该城市网络初步形成。

此外,分区域看,研究发现,在东部沿海地区,城市规模与企业成长的关系并不是"U"形关系,而是呈线性正相关关系,而在内陆地区,城市规模与企业成长之间仍然表现出了"U"形关系,之所以会出现这种差异,研究发现,在模型(1)研究结果中,东部地区的大部分样本都已经处于"U"形曲线的右边,而"U"形左边的样本大部分分布在内陆地区。而中心城市的空间外溢效应在东部沿海地区较为明显,而在内陆地区则不显著,原因在于东部地区的中心城市生产性服务业集聚度较高,对周边城市的空间辐射作用较强,而内陆地区中心城市发展能级不高,难以对周边城市起到辐射作用,这也可以解释为什么东部地区企业成长性不管在速度性还是强度上都要高于内陆地区,这也从侧面表明当前在东部沿海地区,企业发展所需要资源来自于城市群,基于企业资源网络形成的城市网络较为明显,而内陆地区的企业成长所需资源主要来自当地,资源渠道较为单一,从而限制了内陆地区企业规模做大做强。

10.4.4 基于空间维度讨论

根据新经济地理学理论,Fujita 和 Mori(1996),Fujita 等人(1999)发现,在单中心的城市体系中,呈现出到中心城市距离和当地市场潜力之间"倒∽"形的曲线关系,因此,借鉴这一研究思路,本章试图探究中心城市与企业成长是否也存在这种地理联系,以此来探索中国经济空间中心扩展与外围倾斜的经验证据,因此,为刻画这一现象,本章参照 Dobkins 和 Ioannides(2001)捕捉距离非线性影响的建模做法,在模型中引入了各个城市到中心城市的空间距离一次项、二次项和三次项的交互项,以考察中心城市空间外溢效应的区域边界问题,模型设置为:

$$\text{Ln}(Y_{it}) = \alpha_0 + \alpha_m \sum_{i=1}^{2} \left[\ln(City_{it})\right]^i + \alpha_n \sum_{n=1}^{3} \ln(Central$$
$$- city_{it}) * \left[Ln(Distance_{i \to Capital})\right]^n + \sum_{p} \alpha_p Control_{it} + \xi_{it}$$

本章根据 Google Earth 测量了各个城市到中心城市的空间距离($Distance_{i \to Capital}$),而对于省会城市到自身的距离则采用城市内部距离来表示,度量方式借鉴 Redding 和 Venables(2004) 的方法,令 $\delta_{cc} = \frac{2}{3}\left(\frac{Area_c}{\pi}\right)^{1/2}$ 获得,$Area_c$ 表示 c 地区的行政区划面积。

表 10.5 给出了回归结果,研究发现,Ln(Ciy) 与 Ln(Distance) 交互项一次项系数显著为负,二次项系数显著为正,说明中心城市生产性服务业对周边城市企业成长的影响存在"U"形的变化过程,根据回归系数测算得拐点为 130 千米,在这一空间范围内,距离中心城市越近,受中心城市的生产性服务业的辐射影响越大,130 千米以后这种影响又开始上升,这可解释为 130 千米以后的地区更多受其他大城市的生产性服务业辐射而产生间接影响,从侧面印证企业成长受到多个地区的共同影响,进一步说明当前企业生产网络不仅仅局限于当地企业,已经出现了企业跨区域发展态势。

表 10.5 企业成长与空间地理关系的回归结果

变量	以企业成长为因变量(Y)				
	(8)	(9)	(10)	(11)	(12)
	全样本	全样本	全样本	2011—2015 年	东部地区
Constant	15.2806*** (4.1342)	15.9655*** (4.3112)	15.8278*** (4.2726)	−0.1999 (−0.0763)	−3.4449 (−1.2932)
Ln(City)	−4.6812*** (−3.6384)	−4.9237*** (−3.8191)	−4.8719*** (−3.7774)	0.8003* (1.7826)	1.1151** (2.3394)
Ln(City)2	0.4517*** (3.0903)	0.4747*** (4.173)	0.4698*** (4.1279)		
Ln(Central-city)	0.3894 (1.0157)	5.0162*** (2.5749)	15.1233* (1.8035)	8.1534*** (2.7858)	15.6283*** (4.5414)
Ln(Central-city) * Ln(Distance)	−0.056 (−0.7347)	−2.0416** (−2.4799)	−8.6901* (−1.601)	−3.4445*** (−2.7353)	−6.2824*** (−4.2384)
Ln(Central-city) * [Ln(Distance)]²		0.2079** (2.4223)	1.6323 (1.4162)	0.365*** (2.7451)	0.6347*** (4.0425)
Ln(Central-city) * [Ln(Distance)]³			−0.0997 (−1.2392)		
Ln(Dy)	−0.1516*** (−4.7588)	−0.1509*** (−4.7416)	−0.1499*** (−4.7087)	−0.1167 (−1.894)	−0.2285*** (−3.5246)

变量	以企业成长为因变量(Y)				
	(8)	(9)	(10)	(11)	(12)
	全样本	全样本	全样本	2011—2015 年	东部地区
Ln(Fg)	−2.0496*** (−14.0596)	−2.0464*** (−14.0509)	−2.0514*** (−14.0817)	0.1491 (0.4263)	−1.876*** (−6.7833)
Ln(Road)	0.0788*** (2.9247)	0.0769*** (2.8552)	0.079*** (2.9269)	0.0278 (0.6452)	0.1424** (2.2926)
Ln(Wage)	0.0766*** (2.7618)	0.0693** (2.4839)	0.0703** (2.52)	0.0249 (0.4242)	0.0972* (1.6041)
Hausman test	固定效应	固定效应	固定效应	固定效应	固定效应
Ad-R2	0.7755	0.7759	0.776	0.8139	0.7567
Obs	2710	2710	2710	1355	1000

注：括号里的数值表示 t 值，*** 代表 1% 的显著性水平，** 代表 5% 的显著性水平，* 代表 10% 的显著性水平。

上文用省会城市表征中心城市探讨了对企业成长的空间影响，研究并未发现中心城市对企业成长存在诸如空间经济学理论所发现的"倒∽"形曲线的空间距离关系，我们认为可能在于省会城市与省内其他城市的空间距离相对有限，使得这种"倒∽"形的空间特征尚未表现出来。而在企业成长过程中，不仅受到省会城市的空间外溢影响，同时也会到全国性中心城市的影响，因此，本章以北京、上海和广州为全国性中心城市，以此研究全国性中心城市对企业成长的空间影响。研究结果表明，以北京为中心城市对企业成长的影响并未表现出理论上的"倒∽"形距离关系，表明北京对全国企业成长尚未形成稳定的空间结构关系，而以上海和广州为中心城市的回归结果发现 Ln(Capital) 与 Ln(Distance) 交互项的一次项系数显著为负，二次项系数显著为正，三次项系数显著为负，说明以这两个城市为中心城市对企业成长的空间外溢影响确实形成了"倒∽"形曲线关系，但不同的是，根据回归系数测算表明，以上海为中心城市对其他地区企业成长形成的"倒∽"形曲线的最低点在距离上海 170 千米处，最高点在距离上海 800 千米处，而距离上海 170 千米范围内，相当于上海到浙江宁波、湖州以及上海到江苏江阴的距离，在这空间范围内，距离上海越近,受上海生产性服务业辐射影响越大,170千米以后这种影响又开始上升,直到距离上海800千米处(相当于河南、湖北的位置),这种影响开始消退,这可解释为170千米以后的地区更多受杭州、南京、郑州和武汉等省会城市辐射而产生间接影响,这从侧面表明以上海为全国中心城市、其他省会城市为次中心的企业成长生态圈逐步形成。从以广州为中心城市与其他地区企业成长的空间关系看,尽管 Ln(Capital) 与 Ln(Distance) 交互项的一次项系数显著为负,二次项系数显著为正,三次项系数显著为负,出现了理论上的"倒∽"形空间距离关系,但根据回归系数的测算发现,广州与其他地区企业成长的距离关系形成的三次函数是一种单调减函数[1],即广州对其他地区企业成长的空间影响并不存在区域边界,部分原因在于以广州为中心在较大距离范围内没有强有力的省会城市与广州形成生产性服务业的分工,导致以广州为中心城市的多中心格局尚未形成(见表 10.6)。

表 10.6 三大中心城市与企业成长地理关系

变量	以企业成长为因变量(Y)								
	以北京为中心城市			以上海为中心城市			以广州为中心城市		
Constant	20.9515*** (5.8367)	20.7256*** (5.7699)	20.5959*** (5.7266)	15.2487*** (4.1508)	15.2437*** (4.1489)	15.1371*** (4.1233)	17.5319*** (4.9328)	17.729*** (5.0048)	17.4382*** (4.926)
Ln(City)	−5.1655*** (−4.1541)	−5.0647*** (−4.0679)	−5.0203*** (−4.0273)	−4.611*** (−3.6058)	−4.6063*** (−3.6016)	−4.5664*** (−3.5734)	−4.5431*** (−3.6762)	−4.6954*** (−3.8107)	−4.5752*** (−3.7148)
[Ln(City)]2	0.4644*** (4.2404)	0.4534*** (4.1314)	0.4499*** (4.0951)	0.4443*** (3.9396)	0.4437*** (3.9333)	0.44*** (3.9044)	0.4088*** (3.7515)	0.4281*** (3.9386)	0.416*** (3.8282)
Ln(Capital)	1.2531 (1.3355)	9.407* (1.6796)	28.2237 (1.096)	0.8319* (1.6553)	−0.6745 (−0.2719)	20.77*** (2.1744)	3.9746*** (10.906)	9.5394*** (6.9267)	22.7069*** (3.3043)
Ln(Capital) * Ln(Distance)	0.2813** (2.101)	−2.2526 (−1.3089)	−11.7198 (−0.9183)	−0.0788 (−1.0728)	0.4089 (0.5176)	−10.8266*** (−2.2108)	−0.4674*** (−9.0277)	−2.3206*** (−5.2103)	−9.422*** (−3.3862)
Ln(Capital) * [Ln(Distance)]2		0.1945 (1.4768)	1.7521 (0.8404)		−0.0388 (−0.6201)	1.8714** (2.2709)		0.1495*** (4.189)	1.3739** (2.893)
Ln(Capital) * [Ln(Distance)]3			−0.084 (−0.7486)			−0.1059** (−2.3247)			−0.0682*** (−2.5854)
Ln(Dy)	−0.0638** (−2.0472)	−0.0615** (−1.969)	−0.0633** (−2.021)	−0.1284*** (−4.0037)	−0.1292*** (−4.0232)	−0.1317*** (−4.1041)	−0.0463 (−1.4321)	−0.0348 (−1.0761)	−0.042 (−1.2955)
Ln(Fg)	−2.0307*** (−14.5147)	−2.0155*** (−14.3703)	−2.0202*** (−14.3881)	−2.0641*** (−14.2425)	−2.0666*** (−14.2523)	−2.0748*** (−14.3179)	−1.7327*** (−12.2145)	−1.7533*** (−12.3942)	−1.74*** (−12.3066)
Ln(Road)	0.0302 (1.1548)	0.0298 (1.1392)	0.0304 (1.1639)	0.0774*** (2.8875)	0.0776*** (2.8941)	0.0781*** (2.9165)	0.0475* (1.8257)	0.0488* (1.8815)	0.0477* (1.8433)
Ln(Wage)	−0.4377*** (−9.7737)	−0.4357*** (−9.7258)	−0.4363 (−9.737)	0.0562** (2.0245)	0.0562** (2.0236)	0.0562** (2.0244)	−0.0918*** (−2.9433)	−0.0904*** (−2.9063)	−0.0892*** (−2.8719)

---

[1] 本章根据 Ln(Capital)×Ln(Distance)、Ln(Capital)×[Ln(Distance)]2 和 Ln(Capital)×[Ln(Distance)]3 交互项回归系数形成数学上的一元三次函数进行一阶求导,并令其等于0,发现并无实根,由此推断该一元三次函数是单调递减函数。

续表

变量	以企业成长为因变量(Y)								
	以北京为中心城市			以上海为中心城市			以广州为中心城市		
Hausman test	固定效应	固定效应	固定效应	固定效应	固定效应	固定效应	固定效应	固定效应	固定效应
Ad-R2	0.7931	0.7932	0.7932	0.778	0.7779	0.7784	0.7927	0.7941	0.7946
Obs	2710	2710	2710	2710	2710	2710	2710	2710	2710

注：括号里的数值表示 t 值，＊＊＊代表1％的显著性水平，＊＊代表5％的显著性水平，＊代表10％的显著性水平。

10.5 结论及政策含义

本章通过构建"城市规模—双重集聚—空间地理—企业成长"的分析框架，从制造业和生产性服务业双重集聚角度对城市规模与企业成长关系进行了探讨，从而发现在不同规模的城市中企业成长的动力存在较大的差别。特别是本章将空间地理因素纳入企业成长的研究框架，分析了不同层级的中心城市对其他地区企业成长的空间外溢效应，表明企业成长受到多个地区的共同影响，从而将企业成长的研究视角从单个区域拓展至多边区域。研究结果表明：

（1）受商务成本因素影响，制造业和生产性服务业协同集聚形成互补效应和挤出效应，从而使城市规模与企业成长之间呈现出显著的"U"形关系，这说明我们在追求城市规模扩大的过程中，还应适时地注意产业结构调整，随着商务成本的上升，大城市应更多地发展与商务成本敏感性较低的生产性服务业，而将不具有比较优势的制造业转移至周边中小城市，这也表明，应努力构建分工明确的都市圈，各个城市发展与自身规模相应的制造业和生产性服务业，从而形成分工有序的城市群。

（2）在城市发展过程当中，应根据城市规模和城市发展所处的阶段注重不同产业的特性和影响因素，有选择地发展与之相对应的产业，围绕主导产业推进产业集聚和产业链延伸，促进企业成长和加快企业跨区域发展，加快构建以企业生产网络为核心的城市网络。对于中小城市而言，应发展较为成熟的劳动密集型产业，而对于大城市而言，充分发挥多样性强的优势，着重发展技术密集型制造业和生产性服务业,要注意政策的空间边界性,防止政策泛化和地区间产业同构。

(3)本章研究显示,由于大城市在发展生产性服务业和技术密集型制造业上具有优势,而这种优势通过辐射作用,促进了周边中小城市制造业企业的发展,这对于城市发展政策的制定也有参考价值,特别是我国长期以来采取了控制大城市规模的政策,而这为大城市的存在和发展提供了理由和依据。

11 从产业链离散化到二、三产业协调发展：空间组织的视角

对于尚处于工业化阶段的中国而言，提高制造业集聚程度以此形成经济增长极已经成为共识，但这并不意味着中国工业化的进程可以忽视生产性服务业的发展，但中国近两年服务业统计数据显示，生产性服务业发展明显滞后于工业。根据发达国家工业化进程研究表明，越到工业化后期，生产性服务业作用愈加显著，因此，随着工业化进程的深入，生产性服务业的重要性也日益突出。现在问题是，发展生产性服务业，能否采取类似制造业集聚的方式，积极推进生产性服务业集聚？如果答案是肯定的，在有限的资源约束下，制造业集聚和生产性服务业集聚能否共存，会不会产生资源的"挤出效应"？如果两者可以共存，其中的内在机制又是如何？第7章从双重集聚下的双重效应出发提出了打造中国城市集聚区的观点，而这个观点实际上就是着眼于最大化互补效应从而促进二、三产业协调发展。

迄今为止，关于如何实现二、三产业协调发展的大部分研究主要局限在诸如"大力发展现代服务业"等方向性的问题上，在制造业发展相对充分而生产性服务业发展不足的情况下，大力发展生产性服务业是实现二、三产业协调发展的必然举措，但现有的文献并未深入研究实现二、三产业协调发展的内在机制和形成路径，基于这一不足，本章从空间视角提出了"产业链离散化—空间结构调整—二、三产业协调发展"的实现机制。我们认为，通过空间结构的调整，推进区域都市化和城市集聚区的整合，在全国打造若干个都市圈，提高生产性服务业集聚和制造业集聚的整合程度，是实现二、三产业协调发展的有效路径。需要强调的是，提高生产性服务业集聚水平并不意味着放弃或放松制造业集聚，在中国制造业集聚同国外相比还不够充分的情况下（路江涌、陶志

刚,2006),继续促进制造业集聚的同时要推动生产性服务业的集聚,整合这两者的载体就是构建分工有序的都市圈。此外,二、三产业协调发展并不意味着两者在数量比例上达到某种均衡,更多的是制造业和生产性服务业在发展速度上达到某种程度上的耦合性,一方的发展不但不会阻碍另一方的发展而且会促进彼此协同发展。

11.1 区域协调发展与二、三产业协调发展

陆铭、陈钊(2008)指出,在经济向东部沿海地区集聚的过程中,只要促进劳动力跨地区的流动和土地开发指标的跨地区交易,经济集聚与区域平衡不矛盾,城乡融合与城市发展不矛盾,社会和谐与经济增长也是不矛盾的,从而提出了从集聚走向平衡是城乡和区域协调发展的"第三条道路"。在这里需要说明的是"区域协调发展"与"二、三产业协调发展"的关系,"区域协调发展"强调的是区域之间发展差距的缩小,以最终实现平衡,这个区域概念对中国而言既可以是大区域如东中西部也可以是小区域如某个省市,但是不管是大区域还是小区域,他们共同的特点就是研究发达地区与欠发达地区之间的协调发展问题,而"二、三产业协调发展"更多强调的是基于产业分工形成的协调发展,虽然我们在研究中国二、三产业协调发展在区域上看似以中国大区域为研究范围,但实际上,我们在研究二、三产业协调发展时往往将其分解至次区域范围进行研究,如长三角地区、珠三角地区等,因此,二、三产业协调发展更多的还是研究局部范围内的制造业和生产性服务业基于比较优势在空间上的再配置,不仅发达地区存在二、三产业协调发展问题,欠发达地区也存在同样的问题。

从实现的途径来看,陆铭和陈钊认为摆在中国城乡和区域面前的有三条道路:第一种是通过倾向农村和内地的政策来实现平衡发展;第二种是继续推进经济向沿海地区集聚;第三种则是上文所说的"第三条道路"。其实,关于前两条道路的争论在国内存在已久,从区域协调发展角度看,第一条道路和第三条道路都在追求某种程度上的公平,只不过他们认为后者是在更高效率上的公平,而对于第二条道路,如果只是简单地强化在东部沿海集聚的话,那可能

就是拉大区域差距,但如果说通过提升东部的集聚水平来增强东部地区反哺中西部地区能力的话,这也可以理解成另一种区域协调发展的战略,只是这样需要的时间较长。另外,茶洪旺(2008)基于市场调节、政府宏观调控和法律制度保障3个方面提出了区域经济发展的第三种理论即非均衡协调发展,因此,总的来说,在中国存在4种实现区域协调发展的可能。而二、三产业协调发展由于是基于产业分工上的空间再布局,因此,它更多的还是追求效率优先的发展战略,而且在区域内部通过二、三产业的协调发展发挥各自的比较优势,在追求效率的同时,也有可能达到某种程度上的相对平衡,这或许也是实现次区域协调发展的另一种思路。而在二、三产业协调发展上也有两条实现路径:一是优先发展制造业,等制造业发展到一定程度再来弥补生产性服务业发展的不足;二是制造业和生产性服务业齐头并进。显然,中国选择的是第一条道路,而且前者可以使制造业在前期缺少生产性服务业专业化的支撑下获得快速发展,在最短时间内建立比较完整的工业体系,而后者则可以避免工业化后期形成的瓶颈制约,实现工业社会向服务社会的平稳过渡。

第三个问题则是关于两者的研究视角。一般来说,研究区域经济问题可以从产业和空间两个维度进行剖析,"区域协调发展"侧重空间概念,而"二、三产业协调发展"侧重产业概念,但区域协调发展不管在空间上(包括地带间和地带内)还是在产业上都得到了相对比较充分的研究,如前者集中在经济发展收敛问题上,而后者主要集中在产业转移等方面。由于"二、三产业协调发展"本身是一个产业概念,因此,目前更多的研究还是集中在生产性服务业对制造业的提升以及制造业对生产性服务业的需求带动作用,但在空间选择上往往局限于一个静态的空间范围,将制造业与生产性服务业集中在同一城市或同一区域,这极有可能形成资源争夺上的"挤出效应"(见下文分析),最后的结果往往就是二、三产业不协调发展,但是,这也并不意味着在单个区域内实现不了二、三产业的协调发展,只是在相对狭小的空间范围内处理两者的关系所能够依赖的可操作资源较为有限,而如果将研究空间扩展至城市集聚区范围,从理论上讲,二、三产业协调发展战略是可以实现的。当然,区域协调发展和二、三产业协调发展在研究视角上的差异性部分源于区域协调发展研究早于二、三产业协调发展研究,而且从研究视角看,作为空间概念的区域协调发展的研究经历了从空间到产业的转变,因此,作为产业概念的二、三产业协调发展也完全可以实现从产业到空间的转变。

11.2 二、三产业协调发展新视角:产业链离散化分布

以往我们研究生产性服务业与制造业的关系,基本上都是从产业往整体上去分析,但随着运输成本下降,由于企业跨区域发展形成的产业链空间离散化分布成为新的研究对象,这迫使我们从产业链更加微观的角度去研究二、三产业协调发展的实现路径。而且在现实中,不同的生产性服务业所服务的制造业往往处于不同的产业链环节①,这也使得与生产性服务业集聚共存的制造业集聚实际上是制造业产业间集聚而不是单个产业集聚,正如郑凯捷(2008)所指出的那样,不同的环节和产品对中间服务投入是有着不同的需求的,所要求的服务性投入的含量也是不同的,因而就形成了产业链中的高服务化环节和低服务化环节。

但是由于生产性服务业存在众多产业,因此,与制造业产业链之间不是单向的一一配对关系,而更多的是网络状关系,具体可以根据制造业的不同形态,将这种关系分为3种:生产性服务业分别与劳动密集型制造业、资本密集型制造业和技术密集型制造业的关系(见图11.1)。假设生产性服务业与劳动密集型制造业产业链的配对如下:生产性服务业中的产业1与劳动密集型制造业的产业链3配对、生产性服务业中的产业2与劳动密集型制造业产业链2配对以及生产性服务业中的产业3与劳动密集型制造业产业链1配对。而在现实经济当中,生产性服务业中的产业1不仅仅为劳动密集型制造业产业链3服务,它还可能与资本密集型中的产业链2和技术密集型产业链1结合,同样的,产业2也可能存在与资本密集型制造业产业链1和技术密集型制造业产业链3配对,产业3则与资本密集型产业链3和技术密集型产业链2相对应,

---

① 郁义鸿(2005)指出可以将产业链分为两类:一类是上游产业与下游产业之间的纵向关系所构成,另一类则由两个并行的产业之间的横向关系所构成。而且他根据产品A是否为中间产品这一属性将纵向关系又分为产业链类型Ⅰ、产业类型Ⅱ和产业类型Ⅲ,本章在研究产业链时主要考虑生产性服务业与制造业纵向的产业链关系。

也就是说,不同的生产性服务业与不同形态的制造业产业链在空间上形成网络状的配对。另外,关于生产性服务业与制造业产业链的网络关系图有两个问题需要注意,一个就是不同制造业行业对生产性服务业的需求是不一样的,比如,劳动密集型制造业的产业链较短,技术含量较低,因此,它所对应的生产性服务业规模也较小,而资本密集型和技术密集型则表现出相反的情况,也就是说,不同地区由于主导产业的技术含量存在差异性,使得生产性服务业与制造业产业链关系图所反映出的行业联系紧密度是不一样的。另外一个问题是,随着工业化进程的推进,在产业链存在动态升级过程中,制造业的产业链在区域间存在梯度式更替演进的趋势,原先地区可能从产业链的低端向产业链的高端演进[①],这就使得与之相互补的生产性服务业也处于动态的变化中,这也意味着生产性服务业与制造业产业链关系图不是静态的,而是始终处于不断调整中的。

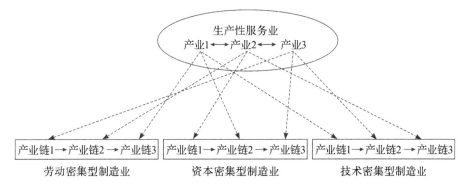

图 11.1 生产性服务业与制造业产业链网络关系

注:单箭头表示投入产出关系,双箭头表示知识外溢关系。图中从左边的劳动密集型制造业到右边的技术密集型制造业都用 3 条产业链表示,但这并不表示 3 种形态的制造业存在长短相同的产业链,实际上,技术密集型制造业的产业链最长,劳动密集型制造业的产业链最短,出于分析的方便,本研究将这三种形态的制造业产业链数量标为一样。

---

① 唐浩和蒋永穆(2008)总结了产业链从初级向高级动态演进的趋势,他们认为产业链的动态演进模式可分为初期的纵向生产链、中期的配套协作链、发展期的循环生产链、成熟期的供应关系链和蜕变期的文化价值链。同时,他们认为,这 5 种模式之间不完全存在按顺序从"纵向生产链"向"文化价值链"动态演进的必然逻辑关系,可能是一种模式向另一种模式不断演进,也可能是几种产业模式同时存在。

对可能影响产业区域布局及其演化的因素,当前学界总体上形成了微观企业区位选择、中观集群网络分析、产业分布宏观系统等 3 个层面的研究(Krugman,1991)。[①]但这些研究或局限于各理论范式自说自话,或局限于某一层次闭门造车,对各种机制及其相互联系的洞察既不全面,也不深刻(Storper,2011)。比如:依据传统产业转移理论,在我国东中西部形成发展梯度的背景下,沿海地区产业应该向内陆转移;实际上,2004 年以来沿海和内陆的产业份额差距确实在缩小(何龙斌,2012)。看似理论得到实践的支持,但进一步观察发现,按照比较优势应该向内陆转移的部分劳动密集型产业非但没有转移,反而呈现集聚强化的趋势(陈秀山、徐瑛,2008);且如果按照价值链划分,沿海地区低附加值环节份额下降的同时,沿海设备制造等高端产业或环节集聚优势进一步增强(刘红光等,2011)。

面临相似的外部环境,为什么产业空间分布演化具有产业差异化特征?为什么同一个产业的不同环节出现了区域间的空间分异?是否忽略了什么重要因素?这些问题无法从既有研究中得到答案,因此,有必要突破传统的"就产业论产业"或"就企业论企业"的狭隘模式,从企业层面探寻产业空间演化的内在微观机制,从产业层面捕捉企业行为的外部影响因素。必须指出,国际前沿研究已经为我们提供了可借鉴的理论基础(见表 11.1)。解释产业中心在国际或区域间转移现象的思路有三:一是强调产业关联的新经济地理学;二是强调地理嵌入性的传统经济地理学;三是强调跨国企业主导的需求和价值追逐的全球价值链理论。但这些文献都忽视了企业异质性对企业和产业分布的可能影响。企业异质性可能引致基于竞争的选择与分类,进而形成市场份额和生产效率的双重"中心—外围"结构(Baldwin & Okubo,2006)。生产效率成为微观企业和宏观产业互动联系的关键节点:企业的生产效率(边际成本)通过其市场和空间行为决定了产业空间分布模式;而产业间联系或环境则通过技术或货币外部性影响作用于企业生产效率,进而决定企业行为。本章沿着这一思路,基于"新"新经济地理学(NNEG)框架,构建了一个两区域、两阶段

---

① 如果进一步细分还应该包括:新古典学派、行为学派、制度学派、企业网络学派、竞争优势学派等。

决策模型,试图引入企业异质性分析不同效率水平企业区位模式,并在此基础上进一步分析企业效率分布对企业间竞争行为和产业空间结构的影响,得出一些有价值的新结论。

表 11.1 企业区位选择或产业空间分布演化动力

同质性企业			异质性企业		
学派	代表学者	核心观点	学派	代表学者	核心观点
区位选择论	Thunen, Weber, Isard	基于生产成本(自然禀赋)和运输成本(地理距离)的比较优势	全球价值链	Porter, Gereffi, Humphrey	基于全球分工(企业能力)及需求和成本(国家或地区间禀赋)的价值创造与全球流动
产业集群论	Storper, Saxenian	基于外部性优势(地理嵌入性)的"产业空气"	"新"新经济地理学	Ottaviano, Okubo, Baldwin	基于生产效率差异(地区禀赋、外部性和产业关联)、运输成本(地理距离)和竞争策略(企业间博弈)的报酬递增和企业行为
新经济地理学	Krugman, Fujita	基于产业关联(本地市场效应和价格指数)的报酬递增			

11.2.1 企业性质和行为:基于文献的讨论

(1)企业同质性视角

产业空间分布演化动力长期以来一直是经济学、地理学、企业管理学等多个学科研究的焦点,并已形成广泛成果;但其中不管是企业区位选择与变迁,还是产业集群分布,或是产业整体空间演化,基本都以企业同质性为前提,并以代表性企业加总作为产业度量(Storper,2011)。在微观层面,市场规模及需求分布外生给定时,企业的利润函数包括生产成本和运输成本两部分,前者包括劳动、原材料、资源等要素投入,后者包括空间距离等经济地理因素和贸易壁垒等制度政策因素(Okubo,2009),二者都是各地区资源禀赋外生决定的,说明企业区位空间布局决定于地区间的比较优势(Venables,2005)。在中观层面,以最终产出为标准,如果企业内部能力短期内突变性异化(同质性),则企业绩效差异可用所在外部环境节约交易和创新成本来解释(Thrift & Olds,1996)。也即,既有特定地理区域具有不同的制度、文化、社会网络环境等静态差异(Amin,1999),也包括集群网络特有的动态溢出效应(Porter,1998)。前者源于特定区域地理特征,后者源于"新产业区"效应,因而(企业)产业空间分布决定于静态或动态的地理嵌入性"产业空气"(Scott & Storper,2009)。如果进一步考虑,比较优势和地理嵌入性都是基于一定自然和地理空间及其文化制度环境之上的,则二者都是外生的非产业技术关联因素(见图11.2)。在宏观层面,生产发展到产业内分工阶段,中间投入品而非原始材料是生产主要投入要素,且分工专业化要求每种产品存在最优生产规模水平及其与市场需求匹配隐含着地理运输成本的作用。因而,决定企业(产品)成本或市场定价的包括:原材料投入、最优市场规模的边际成本、产出品需求市场运输成本。如果考虑从原材料投入到最终消费的整个技术链,则每个环节企业以上游企业产出为投入,而自身产出成为下游企业投入,进而基于产业技术联系的报酬递增决定了产业(企业)空间选择模式,通过集聚力(本地市场效应、价格指数效应)和分散力(拥挤效应)平衡引致产业在空间上的分布和变迁。

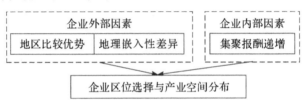

图 11.2　企业同质性视角下产业空间分布演化动力

　　故此,决定产业空间分布的因素主要包括:基于资源分布的地区比较优势、基于地理嵌入性的区域"产业空气"和基于产业技术关联的报酬递增。这些研究都依赖于企业同质性假设前提,不考虑企业内部能力和行为差异,也失去对任何因素都需要通过企业行为主体实现其作用的本质认知。

　　(2)企业异质性视角

　　可从两方面理解:一是企业内部特征,包括生产效率、企业规模、所有制、劳动技能构成等方面差异;二是外部环境差异,包括市场需求或偏好、政策环境、贸易条件、城市结构、外部竞争环境等因素。现有研究从企业能力异质性与企业行为(杨瑞龙、冯建,2004)等角度探讨了其对广义产业空间分布的影响,但主要考虑的仍是基于企业数等"数量"属性空间的静态特征,由此进行理论拓展的可能性和时间价值有待考证。近年来，"新"新经济地理学提供了从生产效率异质性角度考察企业空间行为与产业空间格局的新视角，结合了企业特征与外部环境特征，将空间属性深入到生产效率等"性质"层面，从而提供了更全面洞察问题本质规律的理论平台(见图 11.3)。

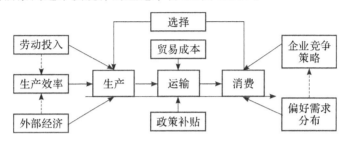

图 11.3　企业异质性视角下产业空间分布演化动力

企业进入和退出存在生命周期(Luttmer,2010)。企业总具有追求市场存在和最大利润的动力，但其边际成本或效率(投入—产出比)异质性决定了在市场竞争环境下空间模式的差别性。一般的，异质性企业改进效用水平的路径包括提高生产效率、优化竞争策略。哪些因素影响了企业成本(效率)差异？现有研究包括：①生产。异质性的劳动分布和技能投入影响企业的劳动生产率(Eriksson & Villeval,2008)、组织整合等能力影响企业以产出衡量的综合生产率差异(Okubo et al.,2010;Saito & Gopinath,2009)、区域或城市外部性通过技术溢出和选择机制影响企业生产率(Combes et al.,2012)。②运输。政策补贴直接改变企业利润函数(Okubo & Tomuiura,2010)、区域间政府一体化制度安排通过降低运输成本影响企业区位选择行为(Melitz & Ottaviano,2008;Pflüger & Südenkum,2008)。③消费。参与市场竞争的企业数量越多，则其越倾向于选择差异化市场和空间竞争策略(Behrens & Murata,2012;Vogel,2008);市场行为和空间行为是耦合的，竞争通过企业对需求分布和价值创造的追逐(Gereffi,1999),影响产业空间分布(Behrens & Picard,2007),消费者异质性偏好或需求差异化分布对企业或产业分布影响可能是模糊的(Picard & Okubo,2012),可能促进集聚(Zeng,2008),也可能导致分散(Tabuchi & Thisse,2002)。

不管从哪个层面，企业性质都会影响产业空间分布，但具体作用路径有别。NEG 以企业同质性为强假定,直接忽略其个体特征以及由此引致的行为差异,则区位决策因素只能来自于外部,比如自然资源等要素禀赋、企业间知识溢出等技术外部性、企业间上下游技术关联等金融外部性。NNEG 突破了同质性假定,将企业生产效率异质性引入 NEG 框架,揭示现实世界的多样性、异质性特征,一方面使空间研究从代表性企业(产业)宏观层面拓展到微观个体性企业层面,另一方面引入了传统经济学范式所忽视的其他学科分析工具和方法。但 NNEG 目前仍然侧重于研究企业出口选择等贸易行为(Bernard et al.,2007);关于产业空间分布的文献也仅停留在效率层面的企业行为,比如分解效率中的集聚作用(Ottaviano,2012),而少有企业异质性视角的文献。代表性企业(产业)范式下空间异质性表现在企业数量、生产产值等"数量"维度上;而异质性企业视角下则可进一步以生产效率维度进行"性质"定义。本章通过构建一个两区域的 NNEG 模型,进一步分析企业效率异质性的不同类型及其分布对企业竞争行为和产业空间分布的影响机制,研究发现:企业基于竞争的选择效应是产业空间分布的"第四个"动力来源,效率的不同分布直接通过竞争机制影响企业选址决策,而效率的连续分布导致企业行为的非同一性,从而使得产业空间分布的集聚或分散都不是突变的,而是渐进的。

11.2.2　基本模型及分析

(1)模型假设

①经济系统

在 $2 \times 2 \times 2$ 的经济系统中,存在初始特征完全同质的两区域(1,2)和不能自由流动的低技能工人(下称工人)L 单位,可自由流动的高技能工人(下称工程师)M 单位。工人平均分布在两区域,则每区数量L/2。工程师首先选择效用高的区域定居,若选择定居 1 区工程师份额 s^1 为 λ,则:$s^1 M = \lambda M$;2 区工程师份额 s^2 为 $(1-\lambda)$,则:$s^2 M = (1-\lambda)M, \lambda \in (0,1)$。所有劳动者(包括工人和工程师)都提供 1 单位无弹性劳动。

两个生产部门中,同质性产品部门以工人为唯一投入、完全竞争、报酬不变且区域间自由贸易;1 单位同质产品成本为 1 单位工人劳动,则边际成本定价意味着该部门产品价格 p 等于工资 w;若同质性产品为计价单位,则在两区域中均有:$w=p=1$。差异化产品部门同时投入工人和工程师,垄断竞争的市场结构中,进入市场的企业雇佣 f_E 单位工程师和规模生产要求的工人进行生产。进一步的,进入企业的资本需求通过向当地消费者借贷实现,借贷交易关系在同一期内完成,不产生利率(Ottaviano & Thisse,2002)。同时假定所有消费者采用相同投资组合(避免风险),从而自由进入时,企业零利润(Ottaviano,2012)。即在工人成本不变的条件下,企业进入利润为工程师分享,企业事前预期利润等于生产企业平均利润与其占比之积,故 1 区工程师工资: $w^1=\rho_D^1\ \overline{\pi^1}/f_E$,其中 ρ_D^1 为成功进入者(雇佣工程师并生产产品)比例; f_E 为进入企业雇佣工程师数量,后文具体描述。

区域间异质性产品运输成本为冰山成本,运出 $\tau>1$ 单位只有 1 单位到达。

②消费者效用

工程师和工人具有相同拟线性消费偏好为

$$U = q_0 + \alpha\int_0^N q(\omega)\,\mathrm{d}\omega - \frac{\gamma}{2}\int_0^N \left[q(\omega)\right]^2\mathrm{d}\omega - \frac{\eta}{2}\left[\int_0^N q(\omega)\,\mathrm{d}\omega\right]^2 \tag{1}$$

其中, q_0 为同质性产品消费量,可视为外生给定禀赋。 $q(\omega)$ 为差异化产品 ω 消费量、 N 为差异化产品种类数量、 γ 为产品差异化程度。

③生产者技术与决策程序

由于工程师投入成本直接影响生产率,则存在"工程师流动—企业区位重置"的循环互动关系。因而,第一步,工程师决策居住区位。第二步,企业进入决策(给定工程师流动已经停止或居住区位已选定),进入则需雇用 f_E 单位当地工程师专门进行研发,且其研发设计结果导致的生产效率是随机不确定的;若 1 区有 N_E^1 个企业成功进入,则 $N_E^1=s^1M/f_E$。第三步,企业依据观察到的生产效率(现有研发成果决定的)进行生产决策;生产活动期末,研发结果完全退化,因而不存在研发积累。由于 Baldwin 和 Okubo(2006)首先发现了选择和分类机制,尽管二者具有一定耦合性,可以认为选择效应是行为过程,而分类效应是行为结果,二者可能存在循环机制:个体基于当前结果最优化选择行为,而选择的结果(分类)又将影响下一阶段选择。以上的假定首先给定了工程师的空间分类,企业选择时将工程师分布视为给定情境,则在期内排除了分类效应的作用,因而,只考虑当前阶段的最优决策。

依据上述决策程序,首先,若企业进入并研发,则一旦研发完成,其他条件不变时,企业生产效率或成本水平就可确定,即企业单位产品劳动投入("单位产品成本",c),服从$(0,c_M)$的连续可微的随机分布$G(c)$。其次,企业根据观察到的c的特征决定是否生产。令ρ_D^1为进入1区并在两区生产的企业比例(进入成功率),N^1为1区市场上进入生产的企业数量(除1区进入者外,还包括2区进入企业),则N^1也是市场上差异化产品种类数。

④生产效率(企业异质性)的处理

与新经济地理学以企业同质性为基本假定不同,"新"新经济地理学引入了企业异质性,处理方法借鉴 Melitz(2003),假定工人边际产品ϕ服从区间$(1/c_M,\infty)$且形状指数为k的帕累托分布,则$c=1/\phi$的分布函数可表示为:

$$G(c)=(c/c_M)^k,c\in(0,c_M) \tag{2}$$

式(2)捕捉了企业在市场竞争中两个关键因素:内部成本(c_M)和异质性外部竞争程度($k,k\geqslant 1$),这是 NEG 模型无法实现的。前者度量了"成本容量",即水平方向上成本分布层次的"多样性"或"丰富性"(richness),数值越大则市场边际成本门槛越低,可生存的效率异质性企业的数量越多,从而成本个体数越"丰富";实际上,后者度量了某一成本水平上"企业数量分布",即异质性程度或企业间成本相同程度(sameness)[均等程度(evenness)]的反向度量,该值越大,企业间成本相似性越小,反之,亦然。则当$k=1$时,所有企业处于完全异质性状态(效率完全不同),即单位产品成本为$(0,c_M)$的一致分布;随着k增加,成本均等性随之下降,最后集中在c_M附近的高成本区域分布;k趋近无穷大时,所有企业成本分布退化为极值点。

(2)模型结果与分析

由于初始对称的区域特征,不妨首先考虑1区,则可知2区情形。

①消费者行为

工人和工程师分别在以下消费预算下最大化:

$$q_0+\int_0^{N^1}p^1(\omega)q(\omega)d\omega=1+\bar{q}_0;$$

$$q_0 + \int_0^{N^1} p^1(\omega) q(\omega) d\omega = \rho_D^1 \overline{\pi^1} / f_E + q_0 \tag{3}$$

其中，$\overline{\pi^1}$ 为 1 区进入且生产企业的利润。工人和工程师存在收入差距，但表现在同质性产品的消费数量上。则总需求为：

$$q'(\omega) = q(\omega)(L/2 + s^1 M) = \frac{p *^1 - p^1(\omega)}{\gamma}(L/2 + s^1 M) \tag{4}$$

其中，$p *^1$ 为允许进入且生产企业的产品门槛价格。

结论 1：区域对差异化产品的需求决定于 3 个因素：与差异化产品价格门槛价格差和区域人口规模成正比，与产品差异化程度成反比。

必须说明，一般认为，总需求与产品价格成反比，而市场价格与需求成正比，考虑到本章的假设，可以给出如下解释：由于价格决定于边际成本（生产率），则产品价格越高，生产效率越高，进而劳动收入越高（劳动为唯一投入），从而需求总量越大。

② 企业行为及选择

企业决策取决于两方面：一是内部最优规模经济（即门槛产量）决定的生产价格，此时等于其边际成本（$p *^1 = c *$）；二是外部市场价格（一般视为给定，$p^1(\omega) \leqslant p *^1$ 时生产，相等时，$q = 0$）。区域 1 企业在本地销售企业产品产量和价格：

$$q_D^1(c) = \frac{L/2 + s^1 M}{2\gamma}(c_D^1 - c) \tag{5}$$

$$p_D^1(c) = \frac{1}{2}(c_D^1 + c) \tag{6}$$

其中，c_D^1 为 1 区企业边际成本（见图 11.4）。

结论 2：市场竞争中，存在企业"选择效应"（即对 1 区企业而言，只有 $c \leqslant c_D^1$ 时才会选择生产）。

显然，对企业而言，给定市场价格条件下，由于各个企业边际成本（生产率）不同，则其行为也有差异：企业 1 会在区间 CD 生产，而企业 2 会在区间 AB 生产（见图 11.4）。可见，企业异质性决定了两个企业行为的差异性。

③ 区域均衡

由于存在区域间贸易和分工，1 区企业在占领本地市场的同时，也面临着

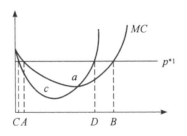

图 11.4　异质性企业边际成本

出口决策(平衡边际成本和运输成本的综合竞争力)。地理和市场的双重要求塑造了两个门槛成本:出口和市场进入。

$c\in(0,c_X^1)$ 的企业可以在两个市场销售,而 $c\in(c_X^1,c_D^1)$ 的企业则只能在本地销售,成本高于 c_D^1 的企业则退出市场(见图 11.5)。就单个企业而言决策同然:成本小到足够涵盖运输成本时,则在两个区域销售;在中间水平时,则只在本地销售;而高于自身边际成本时则停止生产。由对称性得到 1 区企业在 2 区销售时的产量和价格,并由此得到 1 区本地企业在两个市场的利润和工程师收入。

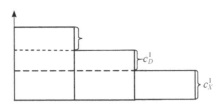

图 11.5　异质性企业边际成本

如果将 $s^1=\lambda,s^2=1-\lambda$ 带入,得到两个关于生产临界点和一个工程区域分布的效用函数组。若给定两区域正进入者数量,存在一种组合,使得 $G(c_D^1)N_E^1+G(c_X^1)N_E^2=N^1$,$G(c_D^2)N_E^2+N_E^1G(c_X^1)=N^2$ 成立。则由 $c_X^1=c_D^2/\tau$ 等进一步求得两区域企业数量分布:

$$N^1=\frac{2\gamma(k+1)}{\eta}\frac{\alpha-c_D^1}{c_D^1}\ ;\ N^2=\frac{2\gamma(k+1)}{\eta}\frac{\alpha-c_D^2}{c_D^2}\qquad(7)$$

以上方程组定义了一个由 4 个未知数、4 个方程构成的经济系统。而事实上,c_D^1、c_D^2 都与 λ 有内生关系,因而企业数量也是 λ 的函数,显然系统存在唯一解,虽然无法得到解析结果,但仍可进一步分析产业空间分布。

由式(7)容易得到,$\frac{\partial N^1}{\partial c_D^1}<0$ 和 $\frac{\partial N^2}{\partial c_D^2}<0$,则

结论3:企业数量(或)与边际成本(或)单调负相关(生产效率单调正相关),也即产业集聚(以企业数量份额定义)与生产效率构成空间上的耦合。

文中"企业—工程师"区位决策时序涵括了事前竞争效应对企业选择的可能影响:企业事前可以观察到哪些地区生产效率更高(工程师技术水平越高,单位产品边际成本越低,生产效率越高)进而做出区位决策。同样,如果某些地区工程师更多,即人力资本分布更丰裕,该地区也相对具有更高吸引力。(由上述关系可见,某个企业边际成本往往是企业内部信息,对其他企业而言可以通过可观察的地区内企业数量来进行成本判断,进而进行区位选择。)

同样,由式(7)容易得到,$\frac{\partial N^1}{\partial k}>0$ 和 $\frac{\partial N^2}{\partial k}>0$,则

结论4:企业数量与企业异质性程度(企业间边际成本相似度)呈正相关关系,也即产业集聚(以企业数量份额定义)与企业在某一效率水平数量分布呈负相关关系。

企业进入决策的灵活性将企业数量与企业区位决策的关系内生化,但分析已进入的企业在地区间分布时,仍可以某一截点为例说明。在进入的企业中,如果企业间异质性程度较小,则企业之间边际成本越接近,意味着市场定价或竞争程度越大,进而进入企业区位决策函数。

11.2.3 选择与竞争:产业空间分布动力的拓展性分析

(1)企业异质性与产业空间分布

综上,除区域人口规模、差异化程度外,对特定企业或差异化产品而言,市场价格是外生给定的,即外部竞争环境为内部产品定价提供了强制"门槛条件"(如,对1区企业,只有 $c\leq c_D^1$ 时才会选择生产);存在区域差异时,企业必然根据门槛进行"选择",通过区域调整实现市场存续或利润提升。企业行为引致的产业空间分布(企业数量,N^1、N^2)变化的动力来自于:企业内部特征(边际成本,c_D^1、c_D^2 或生产效率)和外部竞争(企业数量分布或异质性程度,k)。在内部,产业空间分布(企业数量)与边际成本或企业生产效率之间单调负(或正)相关;在外部,产业空间分布(企业数量)与生产效率异质性程度(边际成本

相似度)之间为负(或正)相关关系。企业区位决策并非同时做出,形成的"中心—外围"空间结构中,不仅是企业数量(产品种类数)意义上的,也是生产效率(平均成本或产品价格加成)意义上的(Ottaviano,2012)。基于产业关联的"中心—外围"结构是产业份额意义上的,而产业关联包括产业内和产业间的技术联系,若从技术联系角度定义企业生产效率,则可进一步验证产业份额分布和效率分布空间分布非均衡性的耦合性(见图11.6)。

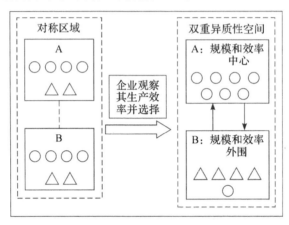

图 11.6　基于异质性企业的产业空间分布演化

这意味着,除了 NEG 框架的"集聚力"或者"分散力"等基本动力外,企业基于效率异质性的竞争与选择也是导致产业空间分布差异的主要动力之一。观察发现,产业在空间上很难实现完全集聚,且这一过程也并非 NEG 框架下所揭示的"完全分散—完全集聚"的突变式演化,而是存在渐进性和局部均衡性中间状态(Baldwin & Okubo,2006)。这就是说,产业空间分布存在时间差异,从而导致"中心""外围"两个过程转变具有连续性,而非企业的整体变迁和同时决策。究其根源,则是其边际成本(生产效率)不同决定了其空间调整过程存在策略性互动的影响,即对竞争程度的考量。

(2)基于选择与竞争的产业空间分布新动力:拓展性分析

企业异质性引致了产业空间分布演化。生产效率异质性是某一产品的投入与产出关系的表征,企业是产品生产活动的组织载体,所以一般对生产效率的理解是从微观企业出发的。要解释宏观层面产业空间分布有必要认识"产业链—企业—生产效率"间的关系。从图11.6可见,在一个包含了若干环节的产业链上，企业数量分布可能是非均衡的，某些产业环节上可能分布着大量企业，而某些产业环节上可能只有极少数几个企业甚至 1 个企业。以汽车产业为例，掌握发动机等核心技术的企业只有上海汽车、一汽大众等少数几家企业，而各种配件企业多达万家。从技术差别角度看，企业是产业链环节的微观物质流载体，所以产业空间分布集中既可能是同一产品的"企业集聚"，也可能是不同产业的"企业扎堆"；那么，企业异质性可以分为两个层面：产业（品）内技术链和产业（品）间技术链。因此，产业空间和效率两个维度集聚可能是沿产业链企业的集中分布，也可能是产业间产品企业集聚。企业效率差异到底是促进集聚还是分散？结论 3 和结论 4 提供了影响企业区位决策进而产业空间分布的两个因素：地区企业生产效率门槛值和分布状况。二者作用的关键机制即为企业基于市场竞争的选择。

在前者的情况下，从生产效率角度，企业会选择进入效率高的地区生产并向生产效率低的地区出口，以最大化规模经济效应，原因是高效率地区成本更低，可以覆盖运输成本，相反，低效率地区则只能在本地销售，形成市场效率的"中心—外围"的集聚分布；其中最为根本的原因是两区域一体化情况下，产品市场定价在均衡条件下是一致的，否则就会存在企业流动，直至达到均衡为止（见图 11.7）。由于企业基于自身效率的选择与市场竞争之间存在正循环关系：一方面，一个地区生产效率高会形成高效率企业的集聚力，促进产业在空间上集中分布，导致竞争加剧；另一方面，竞争加剧促进低效率企业退出，进而提高地区效率水平，构成新的集聚力来源。同时，从 CM 角度看，因为进入门槛降低，竞争弱化，容纳了更多低效率企业，从而导致选择效应弱化，边际成本边界值增加会导致聚集力主导均衡，进而导致企业数量上的集聚。

在后者情况下，从不同方向上，k 值对不同初始分布形态的企业分布结构构成不同维度相反的动力。当 k 值较大（企业效率差异较大）时，k 值的边际缩小（市场竞争程度边际变化）对企业进入决策的影响大于对其利润的影响，从而整体上促进企业分散或迁移；相反，当 k 值较小（企业效率差异较小）时，k 值的边际增加对企业进入决策的影响小于对其利润的影响，从而整体上促进企业集聚。这与既有结论是一致的，如果考虑市场多个企业，企业趋向于考虑强化品牌管理（Tabuchi，2012），这说明企业数量增加和竞争可能导致企业采取

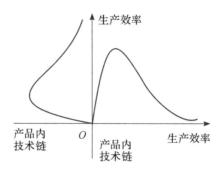

图 11.7　产品内(间)技术链与生产效率分布关系

差异化策略。由此可见,企业异质性是企业区位选择和产业空间分布新动力来源,而基于效率差异的选择和竞争策略是新作用机制。

11.3　二、三产业协调发展分析框架的构建

当前,西方国家的"再工业化""工业 4.0"和中国的"制造 2025"战略都表明,一个国家的核心竞争力在于先进制造业。而中国制造业通过嵌入全球产业价值链方式使得国际竞争力有了较大程度的提升,但是这种融入经济全球化的方式也造成了中国制造业面临着长期被锁定在产业链低端环节的风险,导致产业升级受到严重阻滞,抑制了中国发展现代产业体系的可能性,这也是中国制造业在国际金融危机爆发时陷入危机的基本原因(贾根良、刘书瀚,2012)。而越南等东南亚和南亚国家逐渐形成了对中国要素成本的比较优势,进一步加剧了中国沿海地区制造业发展的困境,使得中国制造业在尚未完成转型升级时便陷入制造业撤离的窘境,因此,当前中国制造业面临着如何在传统要素成本优势逐渐丧失的情况下塑造新的产业发展优势,从而实现比较优势的有序转换,避免比较优势的断层。我们认为,基于中国大国空间优势,通过重塑空间经济地理,重构国内产业价值链,进而深度参与全球价值链争夺(刘志彪、张杰,2009),从而打造新型的二、三产业互动模式是一条可行的路径,而产业链空间离散化分布则是实现这一目标的重要抓手。特别是产业转型升级并不是简单的产业替代,并非直线式地向产业链两端攀升,而是通过二、三产业协同集聚,推进产业融合,实现现代服务业和先进制造业的"双轮驱

动",因此,如何将产业链空间分布离散化与二、三产业协同集聚结合起来成为当前产业转型的关键。

对于不同属性的产业而言,由于地区间在经济发展阶段、区位条件和资源结构等方面存在"异质性"的比较优势,二、三产业在空间上存在不同的区位选择动力机制,特别是在空间资源有限性的约束下,二、三产业在同一区域内存在重叠性要素的争夺,从而出现了空间分异的趋势,同时,两者存在上下游的产业关联性,使得他们的区位选择并不是独立的过程,因此,从跨区域角度研究二、三产业协调发展已经成为当前城市经济发展不可回避的重要命题,而以往研究恰好忽略了这一因素。此外,随着交通基础设施和信息技术水平的发展,"互联网+"应用领域的不断拓展和延伸,提高了交易效率,推动了要素组合方式和企业生产方式都发生重大变革,使得企业总部与生产部门空间非一体化现象不断涌现,因此,需要从产业链更加微观视角探讨二、三产业在空间上的互动关系。基于这一不足,本章突破传统的研究思路,从空间异质性视角入手,突破静态的空间概念,将孤立、封闭的区域和城市概念拓展至城市集聚区,探讨产业链空间分布离散化对二、三产业协调发展的影响,寻求以促进产业转型升级推动区域产业结构升级的新思路。尽管有学者(魏江、周丹,2010)已经注意到从产业链分工视角去考察二、三产业互动的重要性,但是他们的研究仅限于单个集群与生产性服务业互动,并没有将研究视角扩展至生产性服务业与集群间互动,从而忽略了由集群网络空间扩张引起的二、三产业空间结构的变化。特别是在当前一些企业为了提升竞争优势,或为了拓展市场,突破原有的行政区域限制,进行企业空间布局重组和产业转移,将产业链的不同功能环节迁移至原驻地以外地区,充分利用不同地区的区位优势和资源优势,以实现企业外部经济最大化,这就使得从企业微观行为来分析二、三产业空间区位选择问题显得更有现实价值。因此,需要将企业跨区域发展、集群网络空间扩张、多元产业协同集聚和产业升级纳入统一的分析框架。本章据此构建了"动力—行为—结构—模式"新的理论分析框架,试图弥补上述研究的不足(见图11.8)。

11.3.1 动力:地理尺度效应

所谓"动力"问题指的是什么力量推动二、三产业协调发展,我们认为二、

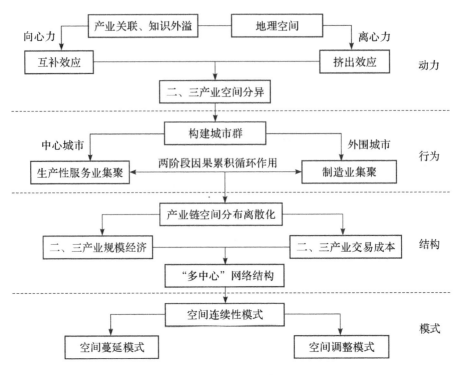

图 11.8 空间异质性视角下二、三产业协调发展的理论分析框架

三产业协调发展的动力来源于在广域的空间内生产性服务业集聚和制造业集聚共存所产生的互补效应。

11.3.1.1 空间因素驱动

从分工角度看,生产性服务业是内生于制造业的,因此,两者从分工上存在互补关系,在产业链上则是上下游的衔接关系,而且上文也指出,生产性服务业与不同形态的制造业分行业存在不同程度的互动关系,即表现出一定的互补效应。但是,在承认两者存在互补效应的同时,我们应该注意到这种互补效应最大化存在的前提条件是在一个广域的空间范围内,换句话说,以往的经验研究所依赖的样本是以省份为基准的,本身在空间选择上是一个广域的范畴,而且本章研究的是生产性服务业集聚与制造业集聚共存问题,这与传统的生产性服务业与制造业的关系还不一样。集聚从某种程度上说是一个空间的概念,因此,生产性服务业集聚和制造业集聚对空间要求更高,虽然目前关于生产性服务业集聚与制造业集聚共存的文献较少,但可以肯定的是,在一定范围内①,研究样本的空间范围越大,两者的正向关系越显著,另外,我们必须要正视生产性服务业集聚区位选择问题,即生产性服务业集聚必须在城市才能实现集聚,因此,我们必须在城市经济的框架下分析生产性服务业集聚与制造业集聚的共存问题。如果两者能实现和谐统一,则互补效应显露无遗,但对于空间相对有限的城市而言,则要同时考虑基于空间制约引起的互补效应和挤出效应,或者说,在单个城市范围内,生产性服务业集聚与制造业集聚的挤出效应很可能是大于互补效应的。研究生产性服务业和制造业能否在单个城市实现互补型的集聚,一个很重要的条件就是集聚本身所依赖的有限的要素资源,特别是空间要素资源如土地等是否会构成瓶颈。事实上,随着城市化进程的推进,要素和产业不断集聚,城市的土地日益稀缺导致价格也水涨船高,对于土地价格不敏感的生产性服务业而言,更能在空间上实现扩张,而需要规模化生产的制造业显然无法承受这样的压力,只能选择离开大城市转而在土地价格相对低廉的中小城市集聚。

除了土地因素外,另一个影响因素就是人力资本结构,相较于制造业的人力资本,生产性服务业对人力资本要求更高,由于生产性服务业的人力资本所创造的附加值高于制造业,从而使得生产性服务业产品的高附加值所产生的高工资相较于制造业低附加值所产生的低工资,会在城市内部形成生产性服务业集聚和制造业集聚的"二元结构",这直接导致的结果就是生产性服务业通过"袭夺效应"吸引部分制造业生产要素进入生产性服务业,使得制造业逐步退出大城市,进而在次中心城市形成集聚,从而使得生产性服务业集聚与制造业集聚最终还是表现出挤出效应。因此,从空间上说,在单个封闭性城市经济分析的框架下,生产性服务业集聚和制造业集聚的共存是存在挤出效应的。

11.3.1.2 "互联网＋"驱动

信息技术的发展缩短了企业与企业、区域与区域之间的空间距离,减少服务中心与各个产业链环节的交易费用,从而带来了产业分工的纵深化,使得产业链空间离散化分布成为可能。中心城市与次区域基于二、三产业空间互动

---

① 这个一定的范围是根据本章第三章空间互动3个条件中的空间邻近性提出的,在跨区域的情况下,过大的空间距离使得双重集聚的辐射没有交集。

的半径取决于信息技术的发展,在信息技术和通讯方式较为落后阶段,只能实现短距离的互动,而以"互联网＋"为核心的信息技术的进步从根本上改变了服务产品生产和消费同时性等传统属性,使得服务部门和生产部门远距离互动和交流成为可能,使得各个产业链环节表现出了显著的空间性,正如 Fujita 和 Gokan(2004)指出的,信息技术的发展使得企业远程管理成本下降,促使企业管理部门和生产性服务业集中在中心城市,生产部门迁出大城市在专业区集聚以获得生产成本优势。在互联网时代,企业从全产业链生产向专注于优势环节生产转变,促使企业边界向纵向缩短、横向伸展趋势转型(杨蕙馨等,2008),特别是"互联网＋"发展克服了物理时空的约束,促使二、三产业围绕"需求生态圈—制造生态圈—服务生态圈"累积循环机制进行互动,使得二、三产业互动发展呈现出了与工业经济时代迥异的模式(陈国亮、唐根年,2016)。在互联网驱动下,服务部门基于服务生态圈知识交融形成新的产品设计,功能模块形成方案通过虚拟网络传导至企业生产部门,在互联网驱动下焦点企业与不同行业的节点模块企业进行基于功能互补的网络合作,使得网络集聚的外部性替代地理集聚的外部性,使得基于产业链空间离散化的二、三产业互动模式从原先的单一产业链上下游互动向多维产业链同时联动转变。

11.3.1.3 新一轮经济全球化驱动

在经济全球化影响下,大量外资企业倒逼本土企业试图通过向制造业两端攀升来减缓外资企业带来的挤压效应,但相比较而言,本土企业不管在企业规模、企业品牌影响力和产品质量方面都存在较大的差距,从而遏制了本土制造业向价值链高端演进。特别是近年来要素成本不断上升,使得中国制造业所依赖的成本优势面临严峻的考验,企业利润空间被大幅压缩,同时还要面对东南亚国家的挑战,而传统的生产模式还面临着巨大的资源环境约束,这些都迫使制造业企业通过提供技术咨询、产品研发、在线诊断等服务化方式获得差异化竞争优势(Gebauer & Fleisch,2007),同时,跨国公司向客户提供一体化解决方案的服务化战略也进一步加剧了本土企业的竞争压力。另外,2008 年经济危机后,全球化竞争出现一个新特征,即西方国家通过"再工业化"战略,试图凭借其原本发达的生产性服务业,发展先进制造业,通过借助二、三产业交互发展的外部性(黄永春等,2013),再创发展新优势,试图再次形成对主要竞争对手的技术和产业锁定,进一步巩固其在全球产业链高端地位,这在客观上加剧了中国制造企业通过产业链空间离散化分布,打造国内价值链的行为激励。因此,新形势下的全球化竞争压力诱使本土企业在顺应"去工业化"基础上,通过专业化生产,产生对生产性服务业的需求,从而为产业链空间离散化发展提供了外在动力。

11.3.2　行为:空间组织重构

"行为"问题是"动力"问题的延续,也就是解决如何协调二、三产业发展问题,我们的主要观点是以空间结构调整为手段,以区域都市化为途径,以城市集聚区为平台,以此来实现二、三产业协调发展。

11.3.2.1　"互联网+"驱动下产业链空间分布离散化与空间组织重构

基于上文动力因素分析,研究发现生产性服务业和不同产业链环节在内外部因素驱动下在单个区域范围内表现出不相兼容的"互补效应"和"挤出效应",进而形成了产业链空间离散化分布。特别是生产链条诸多功能环节散落在各地,各自集聚成群,由此形成了一个按附加值尺度具有典型等级特征的空间等级体系(张辉,2006),这就需要将二、三产业互动置于一个广域的空间,通过空间结构调整,将若干个城市协同打造成城市集聚区。产业链空间离散化分布对空间组织的影响表现为两个方面:一是提升城市空间价值,使得传统城市空间价值被再发现,而这种空间价值往往与该城市所处的产业链环节密切相关,并基于"集聚—扩散—升级—再集聚—再扩散"方式提升城市空间价值(李程骅,2008)。二是构建以产业链为纽带的都市圈,并通过次区域产业链环节与中心城市生产性服务业的互动来推动创新型城市体系构建,同时,伴随着产业链的空间演化,产业链环节在不同区位间的再定位,使得以产业链为枢纽的都市圈空间结构发生动态组合,促进都市圈空间重组和重构,使得以"价值区段"为特征的空间经济结构正在取代以"行业类型"为特征的空间经济结构(唐子来、赵渺希,2010)。在传统驱动力量作用下,产业链环节技术密集度越高越靠近中心城市,从而形成了环状式的具有空间连续性特征的产业链空间分布结构,但在当前"互联网+"等新型力量驱动下,企业出现了边界向纵向缩短、横向伸展趋势转型(杨蕙馨等,2008),各个企业的功能模块加快知识跨界、跨区域流动速度,使得区域间形成基于功能模块组合的空间结构,而且这种功能模块的组合基于市场需求变化使得节点连接状况不断改变,从而使得区域间从传统的上下游产业链关联形成强联系向基于模块化组合的弱联系转变,由此使得区域间的空间结构也从传统的"中心—外围"向具有匀质化的空间虚拟组织结构转型。因此,互联网驱动下的产业链空间离散化对空间组织的影响实质上是实体产业价值链环节解构并与互联网价值链"跨链"重组的共生现象(赵振,2015),而这种空间组织重构的转变也尽可能地缓解了单个区域的空间有限性而对二、三产业互补效应形成冲击的风险,使得在都市圈范围内寻求均衡的、稳健的互补效应在理论上成为可能。

11.3.2.2 空间结构调整与空间组织构建

空间结构调整的目标取向就是通过资源整合,将若干个城市打造成城市集聚区,而且城市集聚区的空间范围也足以消除挤出效应对互补效应的冲击。当然,城市集聚区中的成员并不是随机组合的,作为城市集聚区的组织形式之一,构建大都市圈①是相对有益的尝试,比如,在东中西部地区,考虑形成若干个区域都市化地区,如东部的长三角地区、珠三角地区和环渤海地区,中部的大武汉地区、长株潭地区,东北地区,西部的成渝地区、西安—关中—天水地区等,这实际上是扩大了城市规模,为实现净效应的最大化提供了更广泛的空间,而且空间结构调整是在推进区域都市化的同时,将若干个城市实现制度上的统一,包括产业规划的统一、政府行为的统一以及利益分配上的统一,从理论上来讲这也是完全可行的。

首先,文化上的共性。区域都市化所形成的大都市圈根据文化习俗的相似性形成一个文化共同体,而且由于这些都市圈内的次区域在空间上的邻近性,根据历史的传承,这些地区在文化上有着一定的历史延续性,如以上海、江苏和浙江形成的长三角地区自古以来受吴越文化的影响,这对于减少在都市圈中产业转移而形成的行政壁垒具有深远的影响。

---

① 本章对都市圈的概念和范围做一个界定:所谓的都市圈指的是以一个大城市为中心、若干个在文化、经济等方面存在密切联系的中小城市为辅助的经济体,从而形成类似"中心—外围"的空间结构,都市圈代表的更多的是一种经济意义而非政治意义。

其次,产业结构上的层次性。在都市圈中肯定存在一个中心城市,周边存在规模相对较小的城市,根据 Alonso(1964)的企业投标租金模型解释为相较于制造业,服务业更能够承受中心城市高昂的土地租金而实现集聚。如果说,服务业在中心城市集聚的话,那么中心城市原来的制造业受商务成本①等因素影响(刘志彪,2006),势必面临着产业转移,理想的选择就是转移至周边城市,同时,通过必要的协作机制,实现转移地和移入地的双赢,在都市圈内形成有层次的产业结构,从而形成一个"麻雀虽小,五脏俱全"的完整的产业体系和产业配套体系。

最后,交易成本的降低。都市圈的另一个重要特点就是发达的交通体系,这对于产业集聚的形成具有重要的作用。根据新经济地理学理论,在一定范围内,运输费用的降低可以促进产业集聚,而不同的产业对于运输费用存在不同的需求,因此,这也使得不同形态的产业在不同地方集聚,从而形成都市圈产业集聚的层次性,而这种层次性归结起来就是下文所要分析的制造业集聚和生产性服务业集聚的双重集聚下的二、三产业协调发展问题,所以说,发达的交通体系的存在使得空间结构调整存在可能。

11.3.2.3 空间结构调整与二、三产业协调发展

由于中心城市要素成本提高、交易成本下降,在离心力作用下,中心城市的二、三产业开始出现空间上的分离,制造业开始向周边中小城市转移,使得中心城市的制造业份额下降,正如 Venables(1996)指出的,过低的运输成本将会使上下游的产业从协同集聚开始向空间分离转换。与此同时,根据克里斯塔勒(Christaller)中心地理论②,中心城市的生产性服务业集聚度不断提高,会对周边城市产生空间外溢效应,这将作为次区域制造业发展的外在扰动促进该区域的制造业集聚,而次区域的制造业集聚将进一步提升对中心城市生产性服务业的需求,这种需求将作为外在扰动又促进中心城市生产性服务业集聚,而中心城市的生产性服务业集聚水平的提高又将促进周边城市制造业实

---

① 刘志彪(2006)认为,这里的商务成本包括要素成本和交易成本,前者包括不动产成本、劳动力成本,后者包括制度、文化等给企业经营所带来的成本。

② 受当时产业发展限制,克里斯塔勒中心地理论主要研究货物输出和消费性服务业,但是这一理论对生产性服务业仍然存在一定的借鉴价值。

现更高层次的集聚,从而形成了一种新的因果累积循环关系,这种累积循环将实现从城市集聚到区域集聚再到都市圈广域空间上的二、三产业协同集聚,从而大大提升二、三产业的互补效应①。

相较于第一阶段的产业内的累积循环关系,第二阶段主要表现为产业间的累积循环关系,第一阶段的累积循环关系强化的是某个地区的极化作用,而第二阶段的累积循环关系则是强调不同产业在多个地区的协同集聚。在第一阶段因果累积循环中,随着区域经济一体化推进到一定程度,制造业集聚度开始下降,这也意味着这一累积循环作用开始消散,在第二阶段中,这种因果累积循环是否会延续之前的特征呢? 我们认为,随着区域经济一体化从中级阶段向高级阶段过渡,第二阶段的因果累积循环并不会由于一体化程度的提高而消散,反而在自增强机制的作用下,实现部分地区产业集聚向广域空间集聚的转变,从而形成大型的二、三产业协同集聚区。

11.3.2.4 产业链空间离散化分布与二、三产业协调发展的经济性

产业链离散化分布之所以能有效地应对环境变化,回避城市产业结构调整带来的挤出效应,推动二、三产业在更大范围内的协调发展,主要是因为产业链空间离散化分布在区域间形成的分工带来的经济性。

①要素空间配置效率的经济性。制造业在与生产性服务业的互动过程中存在产业链纵向延伸的趋势,但受制于空间资源的有限性,产业链延伸态势被遏制,导致要素边际收益偏离完全竞争状态下的边际产出,造成制造业和生产性服务业失衡发展。而通过产业链空间离散化分布使得产业链各个环节与各自适宜的空间资源相匹配,从而实现了产业链结构与空间结构的适配。另外,产业链不同环节对生产性服务业的需求存在异质性,不同分工地位、环节和层次将影响其产生不同的中间需要推动力量,这就要求产业链在延伸过程中需要大量的服务资源为依托,而当地区域本身拥有的服务资源相当有限,限制了

---

① 需要指出的是,在因果累积循环的第二阶段,中心城市和周边城市内部同时也在进行第一阶段的累积循环,当周边城市的制造业集聚到一定程度也会实现制造业向都市圈外转移,进而实现技术密集度更高的制造业集聚,从而在广域空间上仍然呈现不间断的累积循环关系。因此,从这个意义上来看,广域空间内的第二阶段累积循环和单个区域内的第一阶段的累积循环是交叉进行的。

企业从外部获取服务资源的机会,而通过产业链空间离散化的分布则实现了不同产业链环节与服务资源的有效配对,特别是企业总部与生产性服务业之所以能形成协同定位,关键在于可以充分享受生产性服务业等中间产品多样化形成的规模经济(Strauss-Kahn & Vives,2009)。

②企业行为的经济性。通过产业链空间离散化分布,可以实现单个产业链环节更好地与服务中心进行互动,从而实现规模经济,但单一产业链状态下的企业边际收益递减,使得单个产业链空间离散化逐步趋于稳定,这就促使各个产业链环节企业向与原先产业链具有业务关联的不同产业链延伸,形成不同产业链的共生关系,推动企业进入新的产业领域,从单一产品经营向多元化发展方向转变,拓展企业发展空间,进而实现范围经济。

③多元化地域资源的经济性。特定的产业链环节往往与特定的空间资源是相匹配的,不同产业链所属空间并不是孤立存在的,而是具有很强的空间关联性。特别是在知识经济全面兴起的时代,仅仅从单个区域内部获得的创新源已经在时间和数量上远远不能满足需求,需要从区际甚至国际上同类企业或者相关组织获得知识源(冯梅、杨建文,2009),而通过产业链跨区域发展,将产业发展网络从单个区域拓展至多个区域,通过接通分散在不同区域的产业链功能环节,促进地区间要素流动和整合,形成地域间基于产业链分工而获取多元化地域资源的经济性,拓展企业业务的市场空间和纵向边界。而企业通过产业链纵向扩张可以大幅提高市场控制能力,提高企业研发、设计能力,从而进一步激发产业链纵向扩张的内在动力,进而推动二、三产业在更广域空间范围内的协同发展。

11.3.3 结构:"多中心"空间网络

"结构"问题包括"产业"结构和"空间"结构,"空间"结构是"产业"结构的传导,是"产业"结构演变的结果,它本质上表现为产业结构调整后形成的主中心城市、次中心城市的"多中心"空间网络关系。特别是随着产业链在区域间梯度式更替演进,使得这种"多中心"结构是一个不断演化的动态系统,根据中心城市间空间板块衔接程度可以将"多中心"结构演化过程分为"多中心"结构形成阶段、空间耦合阶段和空间网络成型阶段。因此,"多中心"空间结构的演化可以概括为空间上的多层级性和过程上的多阶段性。而"产业"结构问题仍然是"行为"问题的延续,即通过空间结构调整实现生产性服务业在大城市集聚而制造业在中小城市集聚,从而在城市集聚区内形成双重集聚。

11.3.3.1 空间结构调整与生产性服务业集聚

通过空间结构调整所形成的都市圈不是一个匀质体,而是圈内各个城市的城市化水平是存在差异性的,在城市发展的初期阶段,制造业是城市化的主要动力,但随着城市化水平的进一步提高,城市化的主要内容已经发生实质性的变化,正如洪银兴(2000)所指出的,现阶段我们国家的城市化内容已经从过去的突出人口流动向功能提升,这就使得服务业在城市中的地位明显上升,这也意味着空间结构的调整实质上是促进了生产性服务业在中心城市的集聚,区位选择理论也表明生产性服务业在城市集聚有利于利用全球网络资源,同时,由于周边中小城市的发展仍然以制造业为动力,无形中就形成了生产性服务业集聚和制造业集聚在空间上的分离。在空间结构调整促进生产性服务业集聚的同时,有几个问题需要进行说明:

(1)空间结构调整伴随的是产业转移和产业结构的演进

空间结构调整所引起的区域都市化不仅表现为都市圈内各个城市的城市化水平的提高,更重要的是表现为各个城市的产业转移和产业结构的演进。由于都市圈内各个城市不管在城市规模还是城市化水平上都存在一定的梯度差异,而不同城市规模有相对应的产业结构,因此,空间结构的调整实质上是通过不同城市规模之间产业转移和产业结构的调整来达到为生产性服务业创造更大的集聚空间,根据都市圈产业结构的层次性,通过空间结构调整带动的产业转移,将在都市圈内形成生产性服务业、技术密集型制造业、资本密集型制造业和劳动密集型制造业的圈层分布。[①]

(2)不是任何一个城市都适于生产性服务业集聚

按照生产性服务业集聚的区位选择理论,生产性服务业更倾向集聚于城市当中,如 Coffey 和 Bailly (1992)、O'Farrell (1995)认为,在地区之间区位变

[①] 根据李慧中和王海文(2007)的研究,空间组织架构是服务业发展的重要依托,目前,长三角服务业结构层次表现出以上海为龙头或增长极,省会城市和中心经济城市紧随其后的态势,在空间上则呈现出不同层次都市圈构成的雁阵、点线布局。

得更加灵活的同时,在区域内部,商业服务业之间在城市中心存在更广泛的空间集聚趋势。但这并不意味着任何一个城市都适于生产性服务业集聚,城市发展演进的动力是有着一定的产业背景的,正如洪银兴(2003)认为的,从产业与城市发展的关系看,制造业发展对城市发展的影响基本上表现在量的方面,即影响城市规模的扩大和数量的增加以及城市人口的持续集聚,而服务业特别是知识密集型现代服务业的发展对城市的影响则基本上是质的影响,即强化城市的功能、提升城市的形象。按照这一观点,中国很多城市仍然处于以工业化带动城市化阶段,生产性服务业的比重虽然有所上升,但对城市的带动作用还不如制造业明显,但中国也有不少大城市目前已经处于服务业主导城市发展的阶段,虽然这些城市存在不同程度的服务业"成本病"问题(程大中,2008),但这还是产业发展层面的问题。另外,生产性服务业在城市集聚很大程度上取决于制造业的产业结构优化升级,在以劳动密集型为主的时代,制造业的发展往往是以粗放型投入为代价,生产性服务业的作用难以体现,而在资本密集型或技术密集型制造业中,生产性服务业的作用尤为明显(江静等,2007),因此,在制造业发展水平参差不齐的情况下,一个城市是否适合于生产性服务业集聚所需要考虑的因素还有很多。

(3)空间结构调整形成的二、三产业协调发展与区域协调发展矛盾吗?

通过空间结构调整所形成的产业结构在都市圈内有层次的再布局是否会拉大圈内的差距呢?特别是与低附加值的制造业产品相比,较高附加值的生产性服务业产品往往会给当地劳动者带来较高的收入,那么问题便随之产生,通过空间结构调整实现的二、三产业协调发展会不会影响区域协调发展呢?或者说,二、三产业协调发展与区域协调发展是一对统一体还是一对矛盾体呢?

如果仅仅从制造业和生产性服务业所创造的附加值来衡量的话的确存在区域差距扩大的倾向,得出这个结论的前提是割裂两者之间内在的互动关系,但本章将二、三产业协调发展空间设定在都市圈范围内,而且都市圈内的生产性服务业与制造业存在互动的过程,而不是孤立存在的,因此,虽然与生产性服务业相比,制造业的附加值较低,但通过生产性服务业对制造业的改造,实现制造业产业结构的优化升级,使得制造业的生产模式从传统的高投入、低附加值向低投入、高附加值转变，从而实现都市圈内部的区域协调发展，因此，通过空间结构调整形成的生产性服务业集聚所形成的二、三产业协调发展与区域协调发展在本质上是一致的，都有助于通过发挥地区间的比较优势实现协调发展。

11.3.3.2 双重集聚与二、三产业协调发展

通过空间结构的调整所实现的生产性服务业在中心城市集聚同时伴随的是制造业在中小城市的集聚，从而在空间上形成双重集聚，而双重集聚和二、三产业协调发展又存在怎样的关联呢？我们认为，通过生产性服务业和制造业在中心城市和周边城市的分别集聚，二、三产业协调发展映射到都市圈就是中心城市与周边城市在城市功能上的互补，或者说，就是城市功能上的分工。一般来说，一个城市的城市功能与其产业结构密切相关，在城市演进的不同阶段，往往对应于不同的产业结构，正如洪银兴（2003）关于制造业和服务业在城市发展的不同阶段所起的量变和质变作用，虽然这一观点没有明确界定城市发展到什么阶段应该开始从以制造业为主向以服务业为主转变，但对于一个大都市圈而言，我们可以做一个基本判断，中心城市不管在城市化水平还是在城市规模上都远远高于周边城市，因此，已经到了通过生产性服务业集聚来提升城市功能的阶段，而周边的城市主要是中小城市目前基本上还是处于通过制造业的扩张来实现城市规模扩大的目的，因此，中心城市通过生产性服务业的集聚承担着服务功能，同时担负着为周边城市提供服务外延的责任，而周边城市通过制造业的不断集聚，承担起为中心城市提供产品的功能，从而通过制造业和生产性服务业在中心和外围的集聚实现"服务—生产"的城市功能分工模式，这也就表现出二、三产业的协调发展。

都市圈"中心—外围"的双重集聚所形成的"服务—生产"的城市功能分异又可以表现为城市间专业化与多样化的关系，按照城市发展经验，大城市往往容易实现多样化（Jacobs，1969），而中等城市更适合专业化（Henderson，1997）。从城市集聚经济的专业化和多样化的来源来看，城市集聚经济的专业化源自 Marshall 的"产业区观点"，特定产业地方化的外部性导致城市集聚，而且 Marshall 的外部性理论存在一个重要假定就是技术在同类产业中扩散，而不能跨产业进行扩散，这也就大大限制了城市多样化的形成，而多样化源自于

Jacobs(1969)的外部性,Jacobs的外部性不同于Marshall的外部性,在于前者认为技术和知识可以在互补的而非相同的产业间扩散。对于生产性服务业集聚而言,由于生产性服务业在许多地方存在共享的知识,或者说,生产性服务业之间的知识可以实现跨行业外溢,从而实现生产性服务业的协同集聚,Kolko(2007)认为,以往的关于生产性服务业集聚都集中在单个产业上并且都或多或少以制造业集聚为参照,但他认为传统的用于解释制造业集聚的诸如自然资源投入和劳动力市场等因素不能解释生产性服务业集聚,因此,Jed Kolko从多个服务业协同集聚的角度解释了服务业集聚的原因。而且不同生产性服务业集聚在城市中,它们之间更多的是一种互补或竞争关系,而不是上下游的关系(蒋三庚,2007),这就解释了都市圈的中心城市更适合多样化发展,同时,中心城市的居民收入水平较高,恩格尔系数较低,这使得他们的消费结构从原来的物质追求向精神享受转变,而生产性服务业的协同集聚恰好适应了这种多样化的消费偏好,反过来,消费者的多样化偏好又反向强化了中心城市的"服务"功能。

相较于中心城市,相对低廉的租金水平,使得中小城市成为制造业集聚的理想选择,但是由于制造业内的各个行业的专业技术性较强,技术只存在着行业内的外溢,结果形成中小城市较强的集聚经济的专业化,同时,由于不同的中小城市存在不同的比较优势,因此,存在着具有不同的"生产"的城市功能。对于具有多样化偏好的劳动者而言,在劳动力流动相对比较畅通的都市圈内,会不会存在中小城市的劳动者因此而流向中心城市呢？这种可能性是存在的,只是劳动者的专业技能决定了其在专业化城市中得到的效用大于在中心城市中能实现的效用。虽然有些学者(Batisse,2002;Gao,2004;薄文广,2007)认为专业化与经济增长呈负相关关系,而多样化与经济增长呈正相关关系,但也有人(Lucio,2002)认为专业化对经济增长并非一直是负相关,而是表现为非线性关系。另外,需要强调的是,中小城市专注于专业化,承担"生产"的城市功能并非意味着服务业对这些城市不重要,作为产业集聚的配套产业,生产性服务业发展对中小城市的发展具有重要作用,只是生产性服务业的比重视城市规模大小而定。

11.3.3.3 二、三产业协同集聚与"多中心"空间结构演化

(1)"多中心"空间结构形成阶段

空间具有非匀质性,特定的空间往往具有相应的要素禀赋、社会资本等优势,生产要素通过接近特定空间获得红利形成了空间租金(臧旭恒、何青松,2007)。从产业链角度看,随着中心城市产业集聚引致的要素成本不断提高,使得中心城市与外围城市之间的要素成本差异逐渐变大,特别是地区间交通基础设施的改善促进了产业链分工日趋深化,而不同产业链的最优经济规模是由各自的技术和成本属性决定的,单个区域难以满足所有产业链发展需求,因此,随着中心城市要素成本的上升,地区间出现了产业链空间分布离散化。不同的产业链环节对生产性服务业存在异质性需求,其中,技术密集度越高的产业链环节越靠近中心城市以便获取中心城市生产性服务业的知识外溢,但由于这种知识外溢具有显著的地理有界性和距离衰减效应,使得中心城市的生产性服务业与周边城市的制造业的交易成本与距离呈反向关系,特别是生产性服务业与制造业面对面的接触需求增加了产业间的交易成本,当二、三产业间的交易成本超过因二、三产业互动形成的规模经济时,将会在集聚阴影之外产生一个新的服务业集聚区,即次中心城市(洪银兴、吴俊,2012)。因此,在距离中心城市一定阈值之外,会集聚不同级别的企业总部、不同层次的生产性服务业行业,为周边地区的制造业提供专业性服务,从而形成围绕每个次中心城市,形成多个具有上下游关联的产业体系。次中心城市的生产性服务业由于满足其周边地区的产业链发展需求,从而逐渐形成以次中心城市为核心的城市集聚区,使得外围地区对主中心城市的技术依赖性在减弱,次中心城市的作用和地位逐渐显现。但这一时期,主中心城市和次中心城市在空间上主要表现为形态学上的多中心,但这一阶段主要表现为中心城市对次中心城市单向的产业链转移,缺乏空间关联性,区域间空间板块衔接较为松散。

(2)"多中心"空间耦合发展阶段

主中心城市和次中心城市基于比较优势形成了空间分异,从而构建了组织有序的具有一定层级的空间结构,并由此获取了新的租金,称之为组织租金。在这一阶段,地区间互动层级从原先的单向产业链扩散向主中心城市与次中心城市间基于服务功能分工形成的空间耦合转变,各次中心城市的比较

优势重新整合和有效组织，将主中心城市和次中心城市整合为具有较强竞争力的都市圈，使得二、三产业空间演化主要表现为主中心城市与次中心城市合作互动模式，合作系数大于竞争系数。主中心城市与次中心城市的互动主要表现为城市功能的分工，由于产业链出现了空间离散化分布，使得主中心城市的部分生产性服务业也相应转移至次中心城市以适应产业链对生产性服务业的需求，从而在空间上与主中心城市形成了功能分工，而且主中心城市的服务能级要高于次中心城市，对次中心城市服务功能的提升具有一定的带动作用。从次中心城市的关系看，随着信息技术的发展，次中心城市的辐射范围不断拓展，使得次中心城市间的经济腹地存在重合交叉，形成共域空间的竞争，从而中心城市间出现纵向嵌套、横向竞争的发展模式。此外，受历史、文化因素影响，部分地区承接的产业链技术含量较高，由此对次中心城市的生产性服务业产生较大需求，使得次中心城市的服务能级较高，能与主中心城市形成较好的互动，而部分地区承接的产业链环节技术含量较低，对次中心城市的生产性服务业需求较少，使得次中心城市与主中心城市的互动性较弱，由于上述原因导致主中心城市与不同次中心城市在空间耦合程度上存在异质性，形成了强次中心城市和弱次中心城市之分。随着工业化进程、政策环境的变化，都市圈内强次中心城市与弱次中心城市间的比较优势和地位也可能会发生转化。

（3）"多中心"空间网络成型阶段

空间网络成型阶段是"多中心"结构演化的高级阶段，在这一阶段，主中心城市和次中心城市以及次中心城市之间形成了网络式的互动关系，由此获取了网络租金。而空间演化动力的转变促使"多中心"结构演进向竞合互动模式转换，主中心城市与次中心城市主要为合作关系，而次中心城市间同时具有竞争和合作关系，互动层级也从主中心城市与次中心城市的空间耦合扩展至多中心的空间网络耦合。从中心城市与次中心城市的关系看，尽管两者都是生产性服务业中心，但两者在功能定位上并不冲突，中心城市主要定位于包括金融、商务服务等高端服务业，而次中心城市主要定位于研究与开发功能，特别是在中心城市土地成本不断提高的驱动下，高等级生产性服务业内部功能较低部门会向次中心城市转移，从而与主中心城市形成了生产性服务业的功能互补。从次中心城市的关系看，在这一阶段次中心城市间的合作主要表现为部分服务功能存在差异化,具有各自的特色和比较优势的服务功能,竞争表现为部分产业链环节对生产性服务业存在同质性需求,使得次中心城市间在部分服务功能上仍然存在同质竞争。从产业链演进看,随着次中心城市所在的都市圈产业链逐渐向技术密集型产业链环节攀升,使得次中心城市腹地区域的产业链具备了更强的迂回式分工拓展特征和行业间波及效应,从而促进次中心城市的生产性服务业也相对应出现升级,缩小了与主中心城市生产性服务业的发展差异。中心城市的经济腹地的扩张规模和方向取决于中心城市基于网络效应形成的向心力和以二、三产业间交易成本为代表的离心力的合力,特别是运输成本下降引致的产业链网络向外扩张,提高了二、三产业的交易成本,存在二、三产业网络效应租金耗散机制,阻碍了网络边界扩张。因此,在空间网络成型阶段,以中心城市为核心的产业链网络对外拓展速度趋缓甚至停滞,次中心城市间发展差异出现俱乐部收敛趋势。

表 11.2 都市圈"多中心"结构空间演化过程

演化阶段	推进模式	次中心城市间竞合系数	主中心城市——次中心城市竞合系数	演化机制与演化动力
"多中心"结构形成阶段	竞争互动型	0~0.2(竞争系数);0~0.2(合作系数)	0.5~1(竞争系数);0~0.5(合作系数)	扩散效应
"多中心"耦合发展阶段	竞争互动型	0.5~1(竞争系数);0~0.5(合作系数)	0~0.5(竞争系数);0.5~1(合作系数)	耦合效应
"多中心"网络成型阶段	竞合互动型	0~0.5(竞争系数);0.4~0.7(合作系数)	0~0.3(竞争系数);0.7~1(合作系数)	网络效应

11.3.4 模式:政府主导还是市场规律

"模式"问题是指二、三产业之间的协作模式问题,二、三产业基于产业链比较优势的空间异质性而实现空间分异,因此,在发展模式上表现为二、三产业分属不同区域的空间板块互动。根据产业链在空间转移方式和方向上的不同,这种空间互动大致可以表现为以下几种模式。

(1)模式一:自上而下的互动模式

这种模式表现为发达地区为适应外部环境变化,通过跨区域发展将不具有比较优势的产业链环节转移至欠发达地区,以此带动欠发达地区产业转型升级，从而表现出自上而下的互动模式。从产业链角度看，企业总部对生产性服务业需求较为敏感，而制造环节对生产性服务业的需求则较少，在要素成本和运输成本共同驱动下，中心城市的制造业会选择将企业总部继续留在原地，而企业的制造环节或边际效益处于下降的产品通过跨区域转移方式扩散至具有要素成本优势的欠发达地区。这一模式的特点在于，中心城市将制造业生产环节转移至欠发达地区，嵌入当地的制造业集群网络，而企业总部与中心城市的生产性服务业形成协同集聚，从而构建起中心城市与欠发达地区间的产业关联。中心城市的生产性服务业通过与企业总部的互动，提升企业产品研发设计能力，促进该企业转型升级，并以此为焦点，企业通过示范作用和知识外溢效应促进中心城市与欠发达地区的生产性服务业要素流动，进而带动欠发达地区集群转型升级。

（2）模式二：自下而上的互动模式

这一模式表现为欠发达地区在产业链分工中处于低端环节，受资源禀赋条件限制，在当地难以实现向产业链高端延伸，因此，就需要寻求区域间产业链整合来突破自身资源的不足，从而表现出了自下而上的互动模式。随着次区域的某些大型企业快速扩张，次区域的发展空间、区位条件和信息资源突破大企业发展面临的瓶颈问题，特别是企业发展到一定阶段，企业组织形式、管理模式都面临变革，在这一背景下，次区域的大企业主动将企业总部搬迁至中心城市，而生产基地仍然留在原地，以寻求企业更大的发展空间。这一模式的特点表现为次区域的大企业将总部迁移至中心城市，通过嵌入中心城市的生产性服务业网络，通过主动寻求与中心城市生产性服务业的互动，较为方便地获取金融、信息等资源，可以有效提升企业研发、管理绩效，同时，通过与其他企业总部协同定位而获得学习效应，以此推动次区域企业发展。此外，次区域大企业这种跨区域发展引起的企业绩效提升很容易变成集群企业的集体行为，部分有实力的企业通过模仿行为使得更多的次区域企业嵌入中心城市生产性服务业网络，从而带动次区域整个集群网络的转型升级，从而产生企业同型化效应。因此，这种自下而上的互动模式将拓展欠发达地区产业的深度和广度，是破解产业链被锁定在低端环节的有效策略。比如，宁波杉杉集团在1999年将总部搬到上海、服装生产基地留在宁波，通过利用上海的信息、人才、市场等资源优势以及上海高科技产业的集群资源优势反哺宁波,在宁波设立了宁波杉杉新材料科技有限公司、宁波杉杉环保发展有限公司等高科技产业企业,经营模式从一个以服装为核心业务的模式转变成一个集服装、科技、投资三大板块为一体的多元化模式,为宁波的产业集群的转型注入了活力。

(3)模式三:跨都市圈互动模式

相较于前两种都是基于产业链空间分布离散化形成的都市圈内的空间互动模式,第三种表现为企业整体跨都市圈转移形成的二、三产业空间互动模式。在之前阶段,中心城市的生产性服务业与次区域的制造业企业形成了空间互动,但在内外部因素驱动作用下,部分企业将出现群体性跨都市圈迁移,从高位发展的都市圈转移至低位发展的都市圈,与低位发展的都市圈的中心城市形成空间互动。这一模式的特点是企业通过跨都市圈转移,不仅企业迁移过去,相关的配套企业也随之迁移,因此,以整个集群方式嵌入低位发展的都市圈中,在企业群体转移之前,低位发展都市圈的二、三产业互动性较弱,而通过企业群体性转移,不仅推动当地集群网络的成型,而且也促进了中心城市生产性服务业的发展。比如,2003年,奥克斯集团正式启动南昌工业园,此后,浙江民企杭州达峰电子有限公司、余姚市和盛电器有限公司、宁波江北方圆塑料制品厂等10家年产数亿元以上的企业紧跟奥克斯在当地投资,西进南昌,很快在当地形成了一个以奥克斯为龙头的超百亿规模的空调产业链,并以此倒逼南昌生产性服务业发展,从而提升了低位都市圈二、三产业的互动性。

但不管是哪一种模式,首先需要处理好政府与市场的关系,在市场经济条件下,政府的作用是弥补"市场失灵"的,二、三产业协调发展归结到微观层面就是要素的流动和企业迁移,而这都是以价格信号为基础的市场行为,因此,关于二、三产业协调发展的主导思想就是采取"政府推动+市场导向+企业主导"的模式,但是由于二、三产业协调发展还处于初期阶段,空间结构调整尚未理顺,因此,在这一阶段,政府的作用尤为突出,因此,我们必须强调政府在撤除区域行政壁垒、提供区域无差异的公共产品等方面的作用。

关于二、三产业协调发展,我们要突破原有的静态空间概念,站在更加广域的空间角度进行分析,而且我们必须要强调生产性服务业集聚在二、三产业协调发展中的作用。以往关于生产性服务业与制造业的关系的研究,其前提都是在制造业集聚基础上的研究,生产性服务业只是作为一个辅助性的产业出现,而随着产业结构的优化升级和软化,以及国外"工业经济"向"服务经济"的转变,我们必须提高对生产性服务业的关注程度,因此,必须站在生产性服务业和制造业双重集聚的视角来研究空间结构调整对二、三产业协调发展带来的影响,因此,相应的政府行为在这方面也应该有所创新。

①要实现生产性服务业的充分集聚关键是要处理好"工业经济"与"服务经济"的两种不同经济形态的评价体系。在"工业经济"时代对政府的考核主要是以 GDP 为纲,在制造业为主的城市发展时期,这是极其容易统计的,但在"服务经济"时代,对于生产性服务业的统计问题长期以来得不到解决,这就为制造业的转移和生产性服务业的集聚造成无形的制度壁垒,因此,强化跨地区合作机制,发展"飞地经济"①是比较现实的选择,简而言之,就是通过制造业价值链的分离,实现地区间的利益共享。

②空间结构调整形成的利益分配问题是实现二、三产业协调发展的核心问题,也是形成都市圈产业双重集聚的前提。通过区域都市化,打造都市圈,促进生产性服务业集聚,实现二、三产业协调发展本身具有比较浓厚的行政色彩,一旦涉及政府部门,必然涉及利益问题,正如上文提到的"飞地经济",实质上是中心城市将制造业转移至周边具有比较优势的中小城市,通过政府的利益重新分配所形成的一种经济发展模式。也只有在完善地区利益分配机制的前提下,才能引导生产性服务业在主要城市集聚,推动制造业在相应的中小城市集聚,从而形成双重集聚。

③由于通过空间结构调整促进二、三产业协调发展更多的是跨地区的政府行为,这使得政府间的协调机制的存在是必要的。上文已指出,空间结构的调整不是简单的空间结构的重新组合,更多的还是产业转移以及将来的因地制宜的产业规划,因此,必须存在一个协调各地区产业发展和规划的中间机

---

①　所谓"飞地经济"是指一个地区将产业链中某些自身不具有比较优势的环节转移至其他地区的工业园区,但是在具体的操作上产业迁入的开发区的行政隶属归属当地政府,但产值计入产业转移方地区的考核指标,其管理模式也可协商采取产业转移方惯行的管理模式,由双方政府协商利益分配机制。比如产业转移方也可依据各地要素禀赋的差异,或将企业的制造中心进行搬迁,而将销售中心、核算中心、控制中心、研发中心继续留在原地,实现企业内的地域分工。

构,或者是建立创新的都市圈管理机构和权威决策协调机构,从而构建合理的产业分工体系,这种协调机构并不是超越各个城市的行政机构,它主要发挥指导功能,包括推动都市圈内制造业和生产性服务业的互动,从而避免二、三产业协调发展与区域协调发展的矛盾。

11.4 小 结

以往关于二、三产业协调发展的研究更多基于空间同质性从产业层面进行探讨,而忽略了在空间有限性的约束下,二、三产业发展存在空间冲突。本章突破静态的空间概念,将孤立封闭的区域和城市概念拓展至开放的都市圈空间,基于产业链空间分布离散化视角构建了"动力—行为—结构—模式"新型的二、三产业互动理论分析框架,开拓了利用企业微观行为探讨二、三产业协调发展的新视角。这一研究有助于破解当前中国产业转型升级尚未完成的情况下就出现了产业向东南亚和南亚国家撤离的困境,从而实现比较优势的有序转化,防止比较优势断层。关于二、三产业协调发展我们可以遵循"动力—行为—结构—模式"这样的具有内在逻辑的分析框架,以此来揭示"产业链空间离散化—空间结构调整—二、三产业协调发展"这么一个实现机制。本章主要围绕这么几个问题展开研究:生产性服务业集聚与制造业集聚在空间和产业上是怎样的关系;如何推动二、三产业协调发展以及二、三产业协调发展由谁推动,回答了这些问题也就是回答了产业协调发展的动力、行为、结构和模式问题。

首先,研究表明,生产性服务业和制造业是相互促进的,这也成为二、三产业协调发展的理论依据,但在集聚视角下,静态的空间范围会不会阻碍产业协调发展,如果实证经验研究能对此做肯定的回答,那么这也就能在相当程度上回答二、三产业协调发展的动力问题。

其次,二、三产业协调发展如何实现,这就回到第一个动力问题,正是因为在静态的空间范围内有可能存在挤出效应,那产业协调发展的突破口就是产业发展的空间问题,显然,通过空间结构的调整,推进区域都市化进程,最终的目的就是实现生产性服务业在大城市集聚,制造业在中小城市的集聚。在过去制造业集聚关注相对充分的情况下，我们必须强调生产性服务业集聚，实际上，二、三产业协调发展也就是生产性服务业集聚和制造业集聚相互促进的结果。

再次，把握城市集聚区内中心城市和周边城市的特征关系，我们很容易将两者的关系走向两个极端：一个是"大城市中心论"，另一个是"集聚区整体论"。事实上，中心城市和周边城市更多的还是基于第二个问题，即生产性服务业在大城市集聚、制造业在中小城市集聚所形成的"服务—生产"的城市功能分工关系，实际上也可归结为产业的分工关系。

最后，二、三产业协调发展由谁主导，政府还是市场？必须肯定主导思想是"政府推动、市场导向、企业主导"这么一种模式，但在现阶段，在产业协调发展的制度壁垒等非经济因素尚未解除的情况下，政府的作用尤为重要。

12　结论与研究展望

12.1　主要结论

本书的研究焦点不仅仅集中在单个产业集聚上,还将研究对象拓展到多元产业协同集聚上,另外,本书还从空间连续性视角研究二、三产业协同集聚,将过去静态的空间视角拓展至动态空间视角,弥补了过去研究焦点只集中在单一区域的不足。本书主要从以下几个方面系统性地研究了二、三产业协同集聚的形成机制,并提供了相应的证据:一是对现有理论和实证研究的归纳和总结。二是基于改进后的 E-G 系数来分析二、三产业协同集聚特征,事实证明,二、三产业协同集聚具有存在性和行业异质性,而且二、三产业协同集聚空间演化具有显著的地理尺度效应。在此基础上,本书基于 NEG 理论研究了二、三产业协同集聚的形成机制和演化机理,并将互联网因素引入分析框架,探索了互联网时代二、三产业协同集聚与工业经济时代二、三产业协同集聚形成机制的差异性。三是将研究视角拓展至空间邻近范围,从空间耦合视角研究了二、三产业协同集聚的空间连续性,并探索其形成的内在机制和空间连续性的空间边界问题。四是从空间地理视角探讨了二、三产业协同集聚对企业成长的微观效应。基于上述研究,本书的主要结论可以概括为以下几个方面。

(1)构建生产性服务业集聚理论分析框架

越来越多的学者对制造业集聚的理论分析范式适用于服务业集聚的合理性提出了诸多的质疑,而且从这两种产业产品的形态来看,这些质疑声是不无道理的,因此,本书基于两者有形产品和无形产品的实质性差异,在新经济地理学理论修正的基础上尝试性地提出了"要素—城市—空间—制度"的四维分析范式。本书认为,正是由于生产性服务业产品的无形性,使得 NEG 理论中的运输成本因素在分析生产性服务业集聚中产生无效性,因此,本书引入了信息技术作为空间因素运输成本的替代变量,而本章的理论模型也证明生产性服务业集聚与以上 4 个因素密切相关,不管是全国样本还是分地区的实证研究也同样证实了这一结果。另外,本书基于产业集聚的空间限制性对中国生产性服务业集聚影响因素的非线性命题进行了讨论,在分地区讨论的情况下,城市规模和生产性服务业集聚的非线性命题在中国中西部地区是成立的,而在东部地区更多的还是表现为线性关系。

(2)基于产业和空间维度解释二、三产业协同集聚形成机制

本书基于 E-G 协同集聚系数对每年 152 个行业配对的协同集聚程度进行了测算,研究表明,中国生产性服务业与资本密集型和技术密集型制造业表现出越来越高的协同集聚趋势。在此基础上,本研究从产业关联和空间地理两个方面从理论上解释了二、三产业协同集聚形成的内在机制,从产业关联来看,产业关联通过制造业和生产性服务业上下游关系促进了二、三产业的协同集聚,知识密集度则通过行业间的知识外溢有助于二、三产业协同集聚的实现。从空间地理来看,由于要素成本和交易成本对制造业和生产性服务业存在交错作用,因此,存在均衡的商务成本水平使得二、三产业协同集聚度达到最优,而区域性中心城市对此则有进一步的带动作用。而在实证研究上,本书构建了从区域层面反映二、三产业协同集聚指标,进而分别从多维视角验证了二、三产业协同集聚形成机制的有效性,而且上述研究结论还存在地区差异性和行业异质性。

(3)探索互联网驱动下二、三产业空间关系演化机理

近年来,随着互联网在各个领域的广泛应用,使得传统研究领域都受到不同程度的影响,甚至研究范式和研究方法都产生了革命性的变革,特别是西方国家和中国相继提出了"再工业化"战略和"中国制造 2025"战略,这对生产性服务业和制造业的互动发展提出了更高的要求,特别是当前"互联网+"发展克服了物理时空的约束,使得二、三产业互动发展呈现出了与工业经济时代迥异的模式。本书将孤立、封闭的区域概念拓展至城市集聚区,构建了"互联网驱动—需求生态圈—制造生态圈—服务生态圈"累积循环机制这种新型的二、

三产业互动理论分析框架,并基于1994—2014年长三角地级市和县级市两个空间维度的实证研究发现:在互联网驱动下,二、三产业基于争夺重叠性资源而出现"挤出效应",形成了空间非一体化发展,空间结构从工业经济时代的"中心—外围"向互联网时代的空间匀质性转变;总体上,互联网能促进二、三产业空间非一体化发展,特别是2008年以后作用尤为明显,但这种影响存在行业异质性,部分生产性服务业行业与制造业更适合空间一体化发展,而且二、三产业空间非一体化的空间边界范围从工业经济时代的80~200千米向互联网时代的边界模糊化转变;在地理租金、连接租金和网络租金3种力量的交替作用下,二、三产业空间非一体化先后经历了空间分异、空间自选择和空间网络化发展3个阶段,目前长三角地区正处于空间自选择向空间网络化发展过渡阶段。

(4)二、三产业协同集聚存在由互补效应向挤出效应演化机理

二、三产业协同集聚形成后,还面临着集聚演化问题,二、三产业协同集聚的演化实际上表现为制造业集聚和生产性服务业集聚在空间上的互动过程。从产业层面来看,二、三产业之间由于存在上下游的互补关系和知识外溢,使得二、三产业主要表现为互补效应,但是从空间来看,生产性服务业集聚和制造业集聚之间既存在上下游的互补关系又因资源的稀缺性而存在挤出效应,这表现为城市规模不一样,制造业和生产性服务业发展所面临的要素成本和交易成本是不一样的。本书研究表明,在不同城市规模下,要素成本和交易成本对二、三产业协同集聚作用存在不同的方向,当要素成本和交易成本所形成的商务成本达到"拐点"44.93时,可以实现最大化的产业协同集聚度;当商务成本小于44.93时,二、三产业协同集聚的互补效应大于挤出效应,当商务成本大于44.93时,二、三产业协同集聚的互补效应大于挤出效应,二、三产业协同集聚度开始下降,在空间上表现为二、三产业趋于分离,二、三产业从以互补效应为主向挤出效应为主转变。从行业异质性来看,商务成本对制造业与租赁和商务服务业的协同集聚的影响存在最大的均衡值为49.75,均衡商务成本最小出现在制造业与教育业的协同集聚中,数值为44.87,也就是说,制造业和生产性服务业分行业协同集聚在空间上的分离存在时序上的差异,最先分离的是制造业与教育业,最后分离的是制造业与租赁和商务服务业。

（5）二、三产业协同集聚具有空间连续性，且具有空间边界

在揭示二、三产业协同集聚形成和演化的基础上，我们发现，二、三产业协同集聚不仅在单个区域存在，而且周边邻近区域都存在二、三产业协同集聚现象，从而在空间上形成了连片特征，而且这种空间之间存在密切联系。对此，本书基于空间耦合视角对二、三产业协同集聚的空间连续性现象进行了解释，在研究思路上，本书延续上文的研究，首先从产业关联和城市规模角度研究了在静态空间视野下二、三产业的协同效应，然后，借助运输成本中介变量探讨了在运输成本变化情况下二、三产业协同集聚的空间连续性问题，研究发现，随着运输成本的降低，制造业产业链出现了空间分布的离散化趋势，使得地区之间基于产业链合作与互补而形成空间耦合，从而使得二、三产业协同集聚表现出空间互动态势。在研究方法上，本书采用了空间计量方法对此进行了验证，结果也进一步证实了二、三产业协同集聚的空间连续性是存在的。但这种空间连续性并不是无限制地蔓延，而是存在空间边界的，这种空间边界主要取决于产业链在空间分布的范围和生产性服务业的空间外溢范围。本书最后研究发现，从总体上看，生产性服务业与制造业的协同集聚的空间边界大致为500千米，从分行业来看，基于行业异质性研究表明，制造业与交通运输、仓储及邮政业协同效应的空间范围为200～250千米，制造业与金融业的协同效应的空间范围为400～450千米，制造业与房地产协同效应的空间范围为450～500千米，制造业与租赁和商务服务业协同效应的空间范围为450～500千米，以及制造业与教育协同效应的空间范围为450～500千米。

（6）从企业成长视角探讨二、三产业协同集聚的微观效应

以往关于城市规模对企业成长影响的研究主要从集聚经济的外部性角度进行考察，而忽略了制造业集聚和生产性服务业集聚之间存在的空间竞争关系对企业成长的影响，因此，本书通过构建"城市规模—双重集聚—空间地理—企业成长"的分析框架，梳理了城市规模与企业成长关系的内在机理。研究结果表明：城市规模对制造业企业成长的影响存在门槛效应，两者存在"U"形关系，大城市和小城市最有利于企业成长，中等规模城市对企业成长的促进作用最小。中心城市对企业成长具有空间外溢效应，基于企业生产网络形成的城市网络初步形成，而且这种效应具有空间异质性和时序差异性。企业成

长具有空间地理性,中心城市对企业成长的辐射半径是 130 千米左右,而且这种空间地理特征主要表现在东部沿海地区,内陆地区尚未形成这一互动模式。

(7)提出从产业链空间离散化视角构建二、三产业协调发展新框架

基于 NEG 理论的修正提出的生产性服务业集聚的四维分析理论提供了研究生产性服务业集聚的理论依据和渊源,而生产性服务业集聚与制造业集聚的 3 个互动的差异性反映了双重集聚下挤出效应和互补效应两个效应的客观存在,这也为本书提出从产业链空间离散化视角提出二、三产业协调发展的框架奠定了理论基础。我们认为,二、三产业协调发展的框架可以遵循这么一条路径:"产业链空间离散化—空间结构调整—二、三产业协调发展",具体而言,突破静态的空间概念,将孤立封闭的区域和城市概念拓展至开放的都市圈空间,由此提供了探索二、三产业协调发展的新视角。都市圈作为城市集聚区的一种空间组织,为二、三产业的协调发展创造了空间平台,通过空间结构调整,促进都市圈框架内的双重集聚,即服务业在都市圈中心区域集聚和制造业在外围节点城市集聚,进而形成"服务—生产"的都市圈城市功能分工,将有助于二、三产业的协调发展,从而避免了在单个区域内可能出现的诸如资源"挤出效应"等现象,另外,研究表明,二、三产业协调发展和城市的专业化与多样化密切相关,因此,关于二、三产业协调发展政策建议的取向应在空间的视角上有所创新。

12.2 政策启示

从政策含义上来看,本书根据上述研究结论具有如下的政策启示:

(1)积极推动二、三产业在广域空间上协同集聚,促进区域间产业协同升级。从研究结论来看,二、三产业协同集聚是存在空间连续性的,这就表明地区间的产业协同集聚是存在互动性的,因此,要充分发挥区域中心城市的辐射作用,要突破静态的空间概念,将孤立封闭的区域和城市概念拓展至开放的都市圈空间,我们认为,基于产业升级目的,一条可行的路径是,在战略上,通过空间结构的调整,推进区域都市化和城市集聚区的整合,在全国打造若干个都市圈,提高服务业集聚和制造业集聚的整合程度,实现生产性服务业在中心城

市集聚,制造业在周边城市集聚,在空间上形成广域上的二、三产业协同集聚,进而形成"服务—生产"的都市圈城市功能分工,同时,在都市圈内要以产业链分布网络化为切入点,以实现地区间协同升级。另外,鉴于东部地区和内陆地区区域性中心城市辐射能力的差异,要特别注重在中西部培养有影响力的都市圈,提高带动能力。同时,在空间结构调整过程中,在制度上,要破除地方保护主义,进一步推进行政体制的改革,精简政府机构,加强地方合作,加快区域经济一体化进程,促进要素自由流动,从而为二、三产业协调发展提供良好的体制环境。另外,由于制造业和生产性服务业分行业协同集聚实现机制存在行业异质性上的差异,因此,在政策制定上也要相应的有所区别,针对行业的差异性,要分门别类地出台相应的措施促进各种生产性服务业与制造业的有机结合。

(2)基于二、三产业协同集聚空间连续性的空间边界研究,我们认为,在积极推进区域城市化过程中,要与二、三产业空间分布相匹配。从目前中国都市圈发展来看,尽管国内已经形成了多个都市圈,但是这些都市圈在规划布局上存在一定问题,比如,都市圈往往都存在向外扩容的冲动,但是这种扩容并不一定是有效率的,这要取决于都市圈内的中心城市的生产性服务业的辐射半径。一般来说,中心城市辐射半径大的城市,以其为中心所组成的都市圈在空间范围往往比较大,从目前都市圈发展来看,东部地区的中心城市经济能级较大,其都市圈范围也相对较大,有研究(王海江、苗长虹,2009)表明,东部地区的对外服务总量远高于中部、西部和东北地区,东部三大城市群集中了我国城市流强度将近一半的份额,上海、北京—天津和广州—深圳组成了全国性的三大对外服务中心,因此,这就要求我们在规划都市圈的时候要因地制宜,不能照搬其他都市圈的发展模式,实现都市圈规模的合理扩张。

(3)要实现二、三产业在都市圈范围内的合理布局。上文阐述了在政策层面上推进区域城市化的必要性和空间范围的政策依据,但还有一个问题就是如何在都市圈内部实现二、三产业在空间上的有效分布。都市圈范围内区域间之所以能够实现产业协同升级,关键在于地区间基于比较优势,实现产业链在都市圈内的有效分工和分布,而这种产业链分布要更多依靠市场行为,不能过多依赖政府干涉。过去产业升级进展和成效之所以缓慢,很大程度上在于政府在产业发展上给予了过多的干预,比如,各地纷纷出台产业发展规划和指导目录,导致地区之间的产业发展出现高度同构现象。我们认为,在都市圈范围,政府应该注重制度上的顶层设计,通过加强政府间协作,加快地区间基础设施建设,降低运输成本;通过市场价格信号引导企业跨区域发展,从而实现产业链在空间上的网络化分布,进而实现产业协同升级。当然,这里也会存在利益分配机制调整等问题,这就需要政府间通过协作机制来加以完善和解决,比如,地区间的企业迁移有可能会对当地税收造成损失和影响,这可以通过联合开发区等形式来加以解决,从而实现都市圈范围内产业分工的深化。

(4)实施服务增强战略,发展服务型制造业,推动企业积极应对全球产业价值链重构。在第一轮全球产业价值链分工过程中,发达国家通过将生产加工环节转移至中国,严重扭曲了中国高端要素的需求市场,使得中国陷入长期被锁定在低端环节的风险,建议将国内基础较好并且有可能形成国际竞争优势的企业作为重点扶持对象,鼓励这些大型企业率先向服务化转型,培育生产性服务业供给主体,充分利用中国庞大的消费群体和广阔的内陆腹地,构建由大型企业主导的国内产业价值链。抓住发展新一代信息技术契机,拓宽"互联网+"的应用领域,促进二、三产业融合发展。随着"互联网+"在各个领域的应用,制造业发展模式出现了一系列新的特点,要不断变革、创新制造方式和服务业态,促进"两化"深度融合,发展数字化设计、个性化定制、在线检测、远程诊断、维护等基于互联网的服务功能创新。同时,要选择能够发挥中国人口和技能优势的技术路线,通过智能制造与大规模生产的有效结合,形成中国独特的智能制造能力(黄群慧、贺俊,2015)。另外,中心城市和次区域基于比较优势的空间异质性形成了二、三产业空间分工,这为价值链网络重构提供了可能,因此,要加强信息化等基础设施建设,降低生产性服务业跨区域的传递成本,提高中心城市与次区域生产部门的互动,打造具有全球影响力的服务中心城市,提升整合全球优质要素能力。围绕新一轮全球产业价值链分工,重塑国内经济地理,打造新型产业价值链网络分工体系。从空间组织形式上看,城市集聚区是二、三产业空间分工较为理想的依托载体,构建以产业链空间分布离散化为主导的城市网络体系,积极协调城市集聚区内城市功能分工,合理安排不同规模城市的产业发展优先顺序,中心城市应注重生产性服务业发展,实现由要素驱动向创新驱动转变,中小城市则要发挥其在生产制造方面的成本优势,充分利用中心城市生产性服务业的空间外溢效应提升制造效率。积极推进以产业链分工为基础的城市群间互动,在充分发挥长三角、珠三角和京津唐龙头作用的同时,在中西部地区打造以西安、成都、重庆、武汉为中心的若干个基于二、三产业空间分工的城市集聚区,促进东部城市集聚区与中西部城市集聚区构建互补性分工产业体系,形成雁阵模式的东中西部城市集聚区互动的战略格局。鼓励不同层级城市进行生产性服务业分工,打造生产性服务业空间分工网络体系。根据各地制造业发展水平差异制定不同的生产性服务业发展策略,明确不同层级城市的生产性服务业的发展定位,实现中心城市与次区域在服务功能上的有效衔接。对于中心城市而言,可以依托产业基础致力于发展金融、商务及研发咨询等高端服务业,要深度参与全球产业价值链的高端分工,使得服务功能定位逐步从区域性到全国性再向全球性转变,对于次区域而言,积极推进服务业集聚区建设,提升为当地制造业发展的服务能力,从而构建多层次的生产性服务业空间结构。

(5)现有研究提供了三个思路:一是新经济地理视角,强调产业关联等有形因素的空间塑造动力;二是经济地理视角[①],强调制度文化等非经济因素的空间塑造动力;三是(全球)价值链视角,强调"生产—需求"关系中需求和外部竞争的空间塑造作用。上述思路仍然局限于各自独立范式,尤其是新经济地理视角成为近 20 年来经济学研究的热点。本书构建了一个两区域的"新"新经济地理模型,分析发现:①除了 NEG 模型所强调的地理距离(贸易成本)对集聚和分散的调节外,异质性企业基于自身特征和外部环境的选择效应是产业空间分布的"第四种力量";②外部竞争环境给定条件下,生产效率差异直接决定了企业空间行为,"选择"是现实存在的;③企业特征角度,存在产业份额和市场效率双重"中心—外围"结构:如果市场生产效率门槛值较高(边际成本容纳值较低),则对外围高生产效率企业向中心集聚构成"向心力",而对中心低生产效率企业向外围迁移构成"分散力";④外部特征角度,企业异质性程度

---

　　①　尤其是从 20 世纪 70 年代末开始,经济地理学开始分异,区位研究与主流经济学方法和一般均衡范式结合形成了新经济地理学;而强调地理空间嵌入性的传统与社会网络、交易成本等研究范式结合,进一步转向特定区域的制度、文化、网络等非经济因素的研究,形成新产业空间派(新产业区)。

初始程度和边际变化的作用方向是有差异的,既可能是集聚力,也可能是向心力。

上述结论对认识和反思产业实践提供了新的思维框架。现实中,产业国际转移是跨国公司主导下的全球空间生产网络再分布,不仅是国家或地区间产业份额的变化(例如,全球制造业中心的不断演化),也表现为产业结构或附加值能力的变化(例如,美国等发达国家第三产业产值较高,而其他发展中国家制造业或原材料产业占国家产值较高);这说明产业转移过程中,低附加值环节产业成为主要力量。2004年前后,我国就开始出现沿海地区部分产业向中西部扩散趋势,但是进一步从投入产出份额进行分析发现,纺织服装等劳动或资源密集型产业(一般认为生产率较低)向中西部转移的同时,电子通信等效率较高产业则出现进一步向沿海集聚的趋势(刘红光等,2011)。以浙江为例,大部分劳动密集型制造业份额停止扩张的同时,"浙商回归"工程吸引了中西部大量高端设备制造、生物医药等高附加环节产业投资回归(陈建军、袁凯,2012)。

这说明,制定区域和产业政策必须重视企业多样性及其行为对空间塑造的作用,过于宏观或"一刀切"的政策可能难以达到预期效果。如Baldwin等人的预测那样,当前我国中央和中西部落后地区地方政府为缩小区域间产业发展差异而采取补贴政策鼓励沿海地区产业向内陆转移,比较符合新经济地理学结论,但其结果可能是沿海的低效率企业向中西部地区转移、中西部的高效率企业选择嵌入沿海地区,形成效率水平"中心—外围"模式,反而进一步扩大地区差距。虽然人均收入意义上的地区差距近年来出现收敛趋势,但是生产效率意义上的差距却在扩大,国内不少学者研究已经印证了这一点(梁琦等,2012;刘红光等,2011)。因此在制定产业空间布局政策时,既要考虑传统的经济地理、新经济地理因素,更要考虑企业生产效率异质性因素,既要优化外部竞争环境,为企业提供"有效"的竞争"门槛值",也要进一步放权,鼓励分散决策,进而充分优化企业内部资源配置,提高企业对自身效率"观测"的有效性,而不能通过简单的地区补贴误导企业空间行为,进而导致产业整体的空间"低效率配置"。

12.3　研究展望

本书的最后一章并不代表问题研究的终结,恰恰相反,作为国内最近研究热点问题之一,二、三产业空间关系问题已经逐渐成为学术界关注的焦点,相比较制造业和生产性服务业这些单个产业集聚研究而言,国内对二、三产业协同集聚的研究才刚刚上路。

在本研究的最后,笔者特别强调"空间"的概念,自从新经济地理学理论将"空间"纳入分析框架后,很多学者都从空间视角对产业集聚展开了研究,由此引发了区域经济学研究范式的变革,但我们在以往研究空间问题时,往往将这一概念抽象化,而没有明确指出这一空间的具体范畴。更多时候,我们所能看到的空间范畴不是基于某一个城市就是某一个省,笔者认为在研究二、三产业协同集聚的空间问题上我们可以遵循"国内—国际—国内"这么一种折返式的逻辑。我们可以突破空间概念,以中国为立足点,站在更高的角度去看待集聚问题,比如说,目前全球已经形成了以纽约、伦敦和东京为三大中心的金融集聚地,金融业集聚的辐射半径已经远远超出了一般产业集聚所能影响的空间范畴,如果仅将研究视角限于一个地区或一个国家,那么,在二、三产业协同集聚的来源和动力的思考上势必会陷入一个"地理误区",另外,在强调空间概念拓展的同时还要将目光回归国内,我们讨论任何一个经济学问题最后都应该落脚于中国现实经济,解决中国既有经济问题并为将来可能出现的障碍提供借鉴是研究中国经济问题的出发点。将世界的范畴回归国内的另一个逻辑就是中国是大国的现实,世界上的许多地理特征和现实经济问题大多可以在中国追溯到它们的缩影,比如说,发达国家与发展中国家间的问题与中国东部和中西部差距的相似性等,正是这种地理和经济特征上的可比性为我们将二、三产业协同集聚回归国内提供了良好的"自然禀赋"。国内和国际双重空间范畴为我们理解国内二、三产业协同集聚提供了一个新的视角,实际上,很多学者在制造业领域已经注意到这两个维度的重要性,如在新经济地理学领域,从原本的国内两个地区逐步考虑开放经济条件下的模型,构筑了国内和国际两个运输成本问题(邓慧慧,2009),而在二、三产业协同集聚领域也需要这两个维度。

　　同时,要注意到随着互联网元素注入经济发展过程中,工业时代逐步向互联网经济时代转型,使得企业生产方式、管理方式以及组织形态都发生了革命性的变化,微观主体的变革通过集体行为促使产业空间分布的驱动力也发生了较大的转换,这也呼唤二、三产业协同集聚的研究范式需要做出相应的调整。特别是新一代信息技术的突飞猛进和互联网、物联网向生产生活的全面渗透,打破了传统意义上的地域空间格局,改变了传统资源要素的配置方式,对生产方式产生了革命性变更,包括对社会经济空间组织、空间过程都产生了深刻的影响,信息技术的广泛应用也深刻改造了企业的商业运行环境,从而导致产业链空间组织发生相应的变化。在中国,互联网正在深刻地改变传统产业的价值创造方式,重塑产业组织形态和产业竞争格局,互联网思维正成为企业变革与产业升级的哲学思想。这种影响不仅仅表现为互联网作为简单的"信息传递工具",更重要的在于通过实体经济与互联网虚拟经济相融合的"跨界融合",对传统产业和市场基础造成"创造性破坏",实现了互联网 1.0 向互联网 2.0 升级。例如,阿里巴巴把淘宝顾客和金融平台进行连接,通过吸收零散存款进行金融创新;腾讯把 QQ 顾客和即时通信平台微信连接,相对于以往的收费模式,它通过免费的商业模式进行创新。此外,在互联网驱动下,小米公司将其核心业务全部放在产品研发和用户沟通上,产品研发围绕用户需求,让用户主导产品创意设计、品牌推广。公司没有工厂,其部件生产和组装选择全世界范围内质量最好、成本最低的工厂合作;没有实体店铺,采用互联网的电商直销模式;没有渠道成本,运营效率极高。以上现象表明,当前产业间不仅表现为协同集聚实现知识外溢,更重要的在于信息技术通过企业组织形式变革,促使企业间合作方式从产品分工向经营环节模块化分工组合转变(李海舰等,2014),从而实现产业融合发展,特别是上述基于产业跨界融合呈现出来的商业模式创新行为不是存在于单个区域,而是不同区域间基于新型的企业模块化分工而实现的空间联动,这就为打破原有的雁形分工模式,通过产业链跨地域空间重塑进而实现区域协调发展提供了可能。因此,这种基于互联网驱动实现的产业链跨界融合会形成三种互联网红利:一是从产业维度看,通过互联网可以整合全国乃至全球资源,通过产业链跨界融合加快国内产业价值链的形成,摆脱依附于由发达国家主导的价值链,从而加快产业转型升级,比如,苹果公司凭借互联网及 APP Store 击败庞大的诺基亚帝国,"小米"在缺乏核心技术的质疑声中与"三星"不相上下,而黑莓、东芝等行业巨头轰然倒下,都说明在互联网驱动下中国的新兴企业有机会颠覆西方发达国家强势在位企业的市场地位,从而构建国内价值链,实现产业升级。二是互联网驱动下企业间从产品分工向模块化分工转变,使得产业链更加细化,需要在更加广域空间内布局,由此缓解了传统产业空间集聚中不断积累的成本和风险,减弱了传统产业隐性知识的空间溢出局限性,突破了产业链互动的物理空间约束,使得远距离的产业链环节互动成为可能。三是从空间维度看,这种企业微观组织的变革往往会引起中观层面产业链空间分布的重构,特别是区域间基于模块化功能组合形成的产业链使得空间关系从工业经济时代的强联系向互联网经济时代的弱联系转变,后发地区由此避免了被锁定的风险,因此,如果加以正确的引导,就会成为推动产业升级和区域协调发展的重要动力。

因此,我们认为,在中国已经具备了融合发展中国家优势与发达国家优势于一体的综合优势的情况下,可以借助互联网经济契机,充分利用中国大国要素禀赋的异质性和适应性,推动产业链空间解构与重构,通过互联网与实体经济的融合,加快依托互联网经济的商业模式创新的微观行为上升为推动区域经济发展的集体行动,构建新型的二、三产业协同集聚理论分析框架,最终架构起在互联网经济时代异质性大国发展模式与可行机制,这也是兼顾区域协调发展和实现在全球产业价值链地位"逆袭"的可行道路。

参考文献

[1] AARLAND K, DAVIS J C, HENDERSON J V, ONO Y. Spatial organization of firms: the decision to split production and administration [J]. The rand journal of economics, 2007,38(2):480-494.

[2] ABRAHAM K G, TAYLOR S K. Firm's use of outside contractors: theory and evidence [J]. Journal of labor economics, 1996, 14 (3): 394-424.

[3] AIROLDI A, BIACHI J G, GAMBARDELLA A, SENN L. The impact of urban structure on the location of producer services[J]. The service industries journal,1997,17(1):91-114 .

[4] ALBERT D V, MARIANNE V D B. Producer services, economic geography, and services tradability [J]. Journal of regional science, 1999,39 (3):539-572.

[5] ALMEIDA P, KOGUT B. Localization of knowledge and the mobility of engineers in regional networks [J]. Management science, 1999 (45): 905-916.

[6] ALONSO W. Location and land use[M]. Harvard: Harvard University Press,1964.

[7] AMIN A. An institutionalist perspective on regional economic development [J]. Internal journal of urban and regional studies, 1999, 23(2):265-378.

[8] AMIN A, THRIFT N. Globalization, instituions and regional development in Europe[M]. Oxford: Oxford University Press,1995.

[9] AMITI. M. Location of vertically linked industries: agglomeration versus comparative advantage[J]. Eurpean economic review,2005,49 (4):809-832.

[10] AMSTRONG R B. The office industry: patterns of growth and location [M]. Cambridge:The MIT Press, 1972.

[11] ANDERSSON M. Co-location of manufacturing & producer services: a simultaneous equation approach [P]. Working Paper Series in Economics and Institutions of Innovation, 2004.

[12] ANSELIN L. Spatial econometrics: methods and models [M]. Dordrecht: Kluwer Academic Publishers, 1988.

[13] ANSELIN L, VARGA A, ACS Z J. Local geographic spillovers between university research and high technology innovations [J]. Journal of urban economics, 1997 (42):422-448.

[14] ARNOLD J M, MATTOO A, NARCISO G. Services inputs and firm productivity in sub-Saharan Africa evidence from firm-level data[R]. World Bank Policy Research Working Paper 4048, 2006-11.

[15] ARZAGHI M, HENDERSON J V. Networking off Madison avnue[J]. The review of economic studies, 2008,75(4):1011-1038.

[16] ASLESEN H W, ISAKSEN A. Knowledge intensive business services and urban industrial development[J]. The service industries journal, 2007, 27(3): 321-338.

[17] AU C C, HENDERSON J V. Are Chinese cities too small? [J]. Review of economic studies,2006,73(3):549-576.

[18] AU C C, HENDERSON J V. How migration restrictions limit agglomeration and productivity in China[J]. Journal of development economics,2006(80):350-388.

[19] AUDRETSCH D B, FELDMAN M P. R&D spillovers and the geography of innovation and production[J]. The American economic review, 1996(86):630-640.

[20] BAGCHI-SEN S, WHEELER J O. A spatial and temporal, model of foreign direct investment in the United States[J]. Economic geography, 1989(65):1113-1291.

[21] BALDWIN R E, BECKSTEAD D, BROWN W M, RIGBY D L. Agglomeration and the geography of localization economies in Canada [J]. Regional studies, 2008,42(1): 117-132.

[22] BALDWIN R E, OKUBO T. Heterogeneous firms, agglomeration and economic geography: spatial selection and sorting [J]. Journal of economic geography, 2006, 6 (3):323-346.

[23] BALDWIN R E. Agglomeration and endogenous capital[J]. European economic review,1999,43(2):253-280.

[24] BALDWIN R E, KRUGMAN P. Agglomeration, integration and tax harmonization[J]. European economic review,2004,48(1):1-23.

[25] BALDWIN R E, MARTIN P, OTTAVIANO G. Global income divergence, trade and industrialization: the geography of growth take-off[J]. Journal of economic growth,2001(6):5-37.

[26] BALTAGI B H. Econometric analysis of panel data[M]. 2nd ed. Chichester: John Wiley & Sons, 2001.

[27] BARRIOS S, BERTINELLI L, STROBL E. Coagglomeration and growth[R]. CEPR Discussion Paper, NO. 3969. 2003.

[28] BARRO R. Economic growth in a cross section of countries[J]. Quarterly journal of economics,1991,106(2):407-443.

[29] BARRIOS S, BERTINELLI L, STROBL E. Coagglomeration and spillovers[J]. Regional science and urban economics, 2006, 36 (4): 467-481.

[30] BATES L J, SANTERRE R E. Do agglomeration economies exist in the hospital services industry? [J]. Eastern economic journal, 2005, 31 (4): 617-628.

[31] BEHRENS K,MURATA Y. Trade, competition, and efficiency [J].

Journal of international economics, 2012,87(1): 1-17.

[32] BEHRENS K, PICARD P M. Welfare, home market effects and horizontal foreign direct investment [J]. The Canadian journal of economics, 2007,40 (4): 1118-1148.

[33] BERNARD A B, REDDING S J, SCHOTT P K. Comparative advantage and heterogeneous firms [J]. The review of economic studies,2007, 74(1):31-66.

[34] BERRY C R,GLAESER E L. The divergence of human capital level across cities[J]. Paper in regional science, 2005,84(3):407-444.

[35] BHAGWATI J N. Splintering and disembodiment of services and developing nations[J]. The world economy,1984,7(2):133-143.

[36] BODENAM J E. The suburbanization of the institutional investment advisory industry: metropolitan Philadelphia, 1983-1993 [J]. Professional geographer,1998,50(1):112-126.

[37] BORCK R, PFLÜER M. Agglomeration and tax competition[J]. European economic review,2006,50(3):647-668.

[38] BOSCHMA R. Proximity and innovation: a critical assessment[J]. Regional studies, 2005,39(1):61-74.

[39] BRAUNERHJELM P, BORGMAN B. Geographical concentration, entrepreneurship and regional growth: evidence from regional data in Sweden, 1975—1999[J]. Regional studies,2004,38(8):929-947.

[40] BRAUNERHJELM P, JOHANSSON D. The determinants of spatial concentration: the manufacturing and service sectors in an international perspective[J]. Industry and innovation,2003(10):41-63 .

[41] BREALEY R A, KAPLANIS E C. The determination of foreign banking location[J]. Journal of international money and finance, 1996, 15(4):577-597.

[42] BREANDAN O H. Agglomeration of services in American metropolitan areas[J]. Growth and change,1989,20(3):34-49.

[43] BRQLHART M, TRAEGER R. An account of geographic concentration patterns in Europe [J]. Regional science and urban economics,2005, 35(6): 597-624.

[44] BRULHART M, KOENIG P. New economic geography meets comecon [J]. Economics of transition, 2006(2):245-267.

[45] BRULHART M, TRAEFER R. An account of geographic concentration patterns in Europe [J]. Regional Science and Urban Economics, 2005,35(6):597-624.

[46] BRUSCO S. The Emilian model: productive decentralization and social integration[J]. Cambridge Journal of Economics,1982,6 (2):167-184.

[47] BURBIDGE J, CUFF K, LEACH J. Capital tax competition with heterogeneous firms and agglomeration effects [R]. Cesifo Working Paper, 2004,No. 1277.

[48] CAMAGNI R. Local "milieu", uncertainty and innovation networks: towards a new dynamic theory of economic space[M]// Camagni, R. Innovation networks: spatial perspectives. London: Belhaven, 1991.

[49] CANDAU F, FLEURBAEY M. Agglomeration and welfare with heterogeneous preferences[R]. SSRN Working Paper,2009.

[50] CAIRNCROSS F. The death of distance: how the communications revolution will change our lives[M]. Boston: Harvard Business School Press,1997.

[51] CARBONARA N. Information and communication technology and geographical clusters: opportunities and spread[J]. Technovation,2005 (25): 213-222 .

[52] CERINA F, PIGLIARU F. Agglomeration and growth in the NEG: a critical assessment[R]. CUEC Working Paper,2005:10.

[53] CHIARVESIO M, MARIA E D, MICELLI S. From local networks of SMEs to virtual districts? Evidence from recent trends in Italy[J]. Research policy, 2004(33): 1509-1528.

[54] CICCONE A. Agglomeration effects in Europe[J]. European economic review, 2002,46(2):213-227.

[55] CICCONE A, HALL R E. Productivity and the density of economic activity[J]. American economic review,1996, 86 (1): 54-70.

[56] CLARK G L. Money flows like mercury: the geography of global finance[J]. Geografiska annaler: series b,human geography,2005,87 (2):99-112.

[57] CLARK G L. London in the European financial services industry: locational advantage and product complementarities [J]. Journal of economic geography,2002,2(4):433-453.

[58] COLBERT B A. The complex resource-based view: implications for theory and practice in strategic human resource manaement [J]. Academy of management review, 2004,29(3):341-358.

[59] COE D T, HELPMAN E. International R&D spillovers[J]. European economic review, 1995(39): 859-887.

[60] COE N M, TOWNSEND A R. Debunking the myth of localized agglomerations: the development of a regionalized service economy in south-east England [J]. Transactions of the institute of British geographers, 1998(23):385-404.

[61] COFFEY W J. The geographies of producer services [J]. Urban geography, 2000, 21(2):170-183.

[62] COFFEY W J, BAILLY A. Producer services and systems of flexible production [J]. Urban studies,1992,29(6):857-868.

[63] COFFEY W J, DROLET R, POLESE M. The intrametropolitan location of high order services: patterns, factors and mobility in Montreal [J]. Papers in regional sciences,1996,75(3):293-323.

[64] COMBES P P. Economic structure and local growth:France,1984—1993 [J]. Journal of urban economics,2000,47(3):329-355.

[65] COMBES P P,DURANTON G, OVERMAN H G. Agglomeration and

the adjustment of the spatial economy[J]. Papers in regional science, 2005,84(3): 311-349.

[66] COMBES P P, DURANTON G, GOBILLON L, PUGA D, ROUX S. The productivity advantages of large cities: distinguishing agglomeration from firm selection[J]. Econometrica, 2012,80(6):2543-2594.

[67] CRESPO N, FONTOURA P. Does the location of manufacturing determine service sectors location' choices? Evidence from Portugal[P]. Technical University of Lisbon Working Paper 33, 2009.

[68] DANIELS P W. Service industries: a geographical appraisal[M]. London: Methuen, 1985.

[69] DANIEL F D. On the limits of the post-industrial society sructural change and service sector employment in Spain[J]. International review of applied economics,1999,13(1):111-123.

[70] DANIEL J G, KIM H Y. An empirical analytical framework for agglomeration economies[J]. The annals of regional science, 2008,42(2): 267-289.

[71] DAVIS J C, HENDERSON J V. The agglomeration of headquarters [J]. Regional science and urban economics,2008(38):445-460.

[72] DAVID S. Are there return to scale in city size? [J]. The review of economics and statistics,1976(58):339-350.

[73] DAVIS D. The home market, trade and industrial structure [J]. American economic review,1999(88):1264-1277.

[74] DAVIS E P. International financial centers-an industrial analysis[R]. Bank of England Discussion Paper,1988,No. 51.

[75] DEBARSY N, ERTUR C. Testing for spatial autocorrelation in a fixed effect panel data model[J]. Regional science and urban economics,2010(40):453-470.

[76] DESMET K, FAFCHAMPS M. Changes in the spatial concentration of employment across US counties: a sectoral analysis, 1972—2000 [J].

Journal of economic geography,2005,5(3):261-284.

[77] DEVEREUX M P, GRIFFITH R, SIMPSON H. The geographic distribution of production activity in the UK[J]. Regional science and urban economics, 2004, 34(5):533-564.

[78] DIETER M. Neoclassical growth, manufacturing agglomeration and terms of trade [J]. Review of international economics, 2007,15(5): 1014-1035.

[79] DINLERSOZ E M. Cities and the organization of manufacturing[J]. Regional science and urban economics, 2004,34(1):71-100.

[80] DOHSE D, STEUDE S C. Concentration, coagglomeration and spillovers: the geography of new market firms in Germany[R]. Paper provided by European Regional Science Association in its series ERSA conference papers with number ersa03p230,2003.

[81] DOBKINS L H, IOANNIDES Y M. Spatial interactions among U. S. cities: 1900—1990[J]. Regional science and urban economics, 2001,31 (6): 701-731.

[82] DONG Y L, LU Y. Industrial agglomeration and firm size: evidence from China[R]. SSRN Working Paper, 2009.

[83] DRUCKER J, FESTER E. Regional industrial structure and agglomeration economies: an analysis of productivity in three manufacturing industries[J]. Regional science and urban economics, 2012,42(1-2):1-14.

[84] DRYSDALE P. Japan, Australia and New Zealand: the prospects for western integration[J]. Economic record, 1969(9):64-72.

[85] DURANTON G, STORPER M. Rising trade costs? agglomeration and trade with endogenous transaction costs [J]. Canadian journal of economics, 2008,41(1): 292-319.

[86] DURANTON G, OVERMAN H G. Testing for localization using micro-geographic Data[J]. Review of economic studies, 2005, 72(4):

1077-1106.

[87] DURANTON G, PUGA D. Diversity and specialisation in cities: why, where and when does it matter? [J]. Urban studies, 2000, 37 (3): 533-555.

[88] DURANTON G, PUGA D. From sectoral to functional urban specialisation[J]. Journal of urban economics, 2005, 57(2): 343-370.

[89] EDWARD G, KALLAL H, SCHEINKMAN J, SHLEIFER A. Growth in cities[J]. Journal of political economy, 1992, 100(6): 1126-1152.

[90] ELISABET V M. Agglomeration economies and industrial location: city-level evidence [J]. Journal of economics geography, 2004 (4): 565-582.

[91] ELLISION G, GLAESER E L. Geographic concentration in U. S. manufacturing industries: a dartboard approach[J]. Journal of urban economics, 1997(47): 115-135.

[92] ELLISION G, GLAESER E L, KERR W R. What causes industry agglomeration? Evidence from coagglomeration patterns[J]. American economic review, 2010, 100(3): 1195-1213.

[93] ERIKSSON T, VILLEVAL M C. Performance pay, sorting and social motivation [J]. Journal of economic behavior & organization, 2008, 68 (2) : 412-421.

[94] ESWARAN M, KOTWAL A. The role of the service sector in the process of industrialization [J]. Journal of development economics, 2002, 68 (2): 401-420.

[95] FEITELSON E, SALOMON I. The implication of differential network flexibility for spatial structures[J]. Transportation research: part a, 2000(34): 459-479.

[96] FENGE R, EHRLICH M V, WREDE M. Fiscal competition convergence and agglomeration[R]. CESIFO Working Paper, 2007, No. 2084.

[97] FINGLETON B, IGLIORI D C, MOORE B. Employment growth of small high-technology firms and the role of horizontal clustering: evidence from computing services and R&D in Great Britain, 1991—2000 [J]. Urban studies, 2004,41(4):773-799.

[98] FLORAX R, NIJKAMP P. Misspecification in linear spatial regression model[R]. Tinbergen Institute Discussion Paper,2003.

[99] FLORIDA R, MELLANDER C, STOLARICK K. Geographies of scope: an empirical analysis of entertainment, 1970—2000[J]. Journal of economic geography, 2012,12(1):183-204.

[100] FORSLID R. Agglomeration with human and physical capital: an analytically solvable case[R]. Discussion Paper NO. 2102, Center for Economic Policy Research,1999.

[101] FORSTALL R L, GREENE R P. Defining job concentrations: the Los Angeles case[J]. Urban geography,1997,18(8):705-739.

[102] FRANCOIS J F. Trade in producer services and returns due to specialization under monopolistic competition [J]. The Canadian journal of economics, 1990, 23(1): 109-124.

[103] FRANKE R, KALMBACH P. Structural change in the manufacturing sector and its impact on business-related services: an input-output study for Germany[J]. Structural change and economic dynamics, 2005,16(4):467-488.

[104] FUJITA M,GOKAN T. On the evolution of the spatial economy with multi-unit multi-plant firms: the impact of IT development [R]. Development Discussion Paper No. 16,2004.

[105] FUJITA M, KRUAMAN P, VENABLES A. The spatial economy: cities, regions and international trade [M]. Cambridge: MIT Press,1999.

[106] FUJITA M, MORI T. The role of ports in the making of the major cities: self-agglomeration and hub-effects[J]. Journal of development

economics，1996，49（1）：93-120.

[107] GABAIX X, IBRAGIMOV R. Rank-1/2：a simple way to improve the OLS estimation of tail exponents[J]. Journal of business & economic statistics，2011(29)：24-39.

[108] GALLAGHER R M. Shipping costs，information costs，and the sources of industrial coagglomeration[J]. Journal of regional science，2013,53(2)：304-331.

[109] GAO T . Regional industrial growth：evidence from Chinese industries [J]. Regional science and urban economics，2004,34(1)：101-124.

[110] GASPAR J,GLAESER E L. Information technology and the future of cities[J]. NBER Working Papers 5562，1996.

[111] GEBAUER H，FLEISCH E. An investigation of the relationship between behavioral processes，motivation，investments in the service business and service revenue[J]. Industrial marketing management，2007,36(3)：337-348.

[112] GEHRIG T. Cities and the geography of financial centers[R]. CEPR. Discussion Paper,1998.

[113] GEREFFI G. International trade and industrial upgrading in the apparel commodity chain [J]. Journal of international economics，1999,48 (1)：37-70.

[114] GLAESER E L，KHAN M，AMOTT R，MAYER C. Decentralized employment and the transformation of the American city[R]. NBER Working Paper,8117，2001.

[115] GOE W R. The producer services sector and development within the deindustrializing urban commuity [J]. Social forces，1994,72 (4)：971-1009.

[116] GOE WR. Producer services，trade and the social division of labour [J]. Regional studies,1990,24(4)：327-342.

[117] GOEDON P，RICHARDSON H. Beyond polycentricity：the dispersed

metropolis, Los Angeles, 1970—1990 [J]. American planning association journal, 1996a,62(3): 289-295.

[118] GOEDON P, RICHARDSON H. Employment decentralization in US metropolitan areas: is Los Angeles an outlier or the norm? [J]. Environment and planning a,1996b,28(10):1727-1743.

[119] GRAHAM S, MARVIN S. Splintering urbanism: networked infrastructures, technological mobilities and the urban condition[M]. London and NewYork: Routledge, 2001.

[120] GREENFIELD H L. Manpower and the growth of producer services [M]. Columbia: Columbia University Press,1966.

[121] GREUNZ L. Geographically and technologically mediated knowledge spillovers between European regions [J]. The annals of regional science, 2003,37(4): 657-680.

[122] GRIMES D, ENELOPE P, PRIME B, WALKER M B. Change in the concentration of employment in computer services: spatial estimation at the U. S. metro county level[J]. Growth and change, 2007,38(1): 39-55.

[123] GWARTNEY J, LAWSON R. Economic freedom of the world: 2005 annual report[R]. Vancouver: The Fraser Institute,2005.

[124] GUERRIERI P, MELICIANI V. International competitiveness in producer services [R]. Paper presented at the SETI Meeting, Rome,2003.

[125] GUERRIERI P, MELICIANI V. Technology and international competitiveness: the interdependence between manufacturing and producer services [J]. Structural change and economic dynamics, 2005, 16(4): 489-502.

[126] HALL R E, JONES C I. Why do some countries produce so much more output perworker than others [J]. Quarterly journal of economics, 1999, 114(1): 83-116.

[127] HANSON G H. Regional adjustment to trade liberalization[J]. Regional science and urban economics,1998,28(4):419-444.

[128] HANSON G H. Scale economics and the geographic concentration of industry[J]. Journal of economic geography,2001(1):255-276.

[129] HARRINGTON J W, CAMPBELL H S. The suburbanization of producer service employment[J]. Growth and change,1997,28(3): 335-359.

[130] HARRINGTON J W, MACPHERSON A D, LOMBARD J R. Interregional trade in producer services: review and synthesis[J]. Growth and change, 1991, 22(4) : 75-94.

[131] HENDERSON J V. Urban development theory, fact and illusion[M]. Oxford: Oxford University Press,1988.

[132] HENDERSON J V. Medium size cities[J]. Regional science and urban economics,1997,27(6):583-612.

[133] HENDERSON J V. Efficiency of resource usage and city size[J]. Journal of urban economics,1986(19):47-70.

[134] HENDERSON J V. Optimum city size: the external diseconomy question[J]. The journal of political economy,1974,82(2):373-388.

[135] HENDERSON J V, ONO Y. Where do manufacturing firms locate their headquarters? [J]. Journal of urban economics, 2008(63): 431-450.

[136] HERRUZO A C, DIAZ-BALTEIRO L, CALVO X. A measure of geographic concentration in Spain's wood-based industry [J]. Forest products journal, 2008,58(5):54-60.

[137] HIRSCHMAN A O. The strategy of economic development[M]. New Haven:Yale University Press,1958.

[138] HITCHENS D M W N, O'FARRELL P N,CONWAY C. Business service use by manufacturing firms in mid Wales[J]. Environment and planning a,1994, 26 (1):95-106.

［139］ HOLMES T，STEVENS J. Geographic concentration and establishment scale[J]. The review of economics and statistics，2002，84(2)：682-690.

［140］ HONG J J, FU S H. Information and communication technologies and geographic concentration of manufacturing industries：evidence from China[R]. MPRA Paper,2008,NO. 7574.

［141］ HOLMES J T. Scale of local production and city size[J]. The American economic review，1999,89(2)：317-320.

［142］ HOOVER E M. The measurement of industrial localization[J]. Review of economics and statistic,1936(18)：62-171.

［143］ HOWARD E，Newman C，Tarp F. Measuring industry agglomeration and identifying the driving forces[R]. UNU-WIDER Research Paper，2012，WP 2012/84.

［144］ HOWELLS J，GREEN A. Location，technology and industrial organization in UK services[J]. Progress in planning,1986,26(2)：83-84.

［145］ ILLERIS S, PHILIPPE J. Introduction：the role of services in regional economic growth[J]. The service industries journal,1993,13(2)：3-10.

［146］ ILLERIS S,SHOLT P. The Nordic countries：high quality services in a low density environment [J]. Progress in planning,1995,3(3)：205-221.

［147］ ILLERIS S. Producer services：the key factor to economic development[J]. Enterpreneurship and regional development，1989,1(3)：267-274.

［148］ IOANNIDES Y M，OVERMAN H G. Spatial evolution of the US urban system[J]. Journal of economic geography,2004(4)：131-156.

［149］ JACOBS J. The economy of cities[M]. New York：Vintage,1969.

［150］ JACOBS W，HANS R，KOSTER A，OORT F V. Co-agglomeration

of knowledge-intensive business services and multinational enterprises [J]. Journal of economic geography,2014,14(2):443-475.

[151] JAMES R, LUFT H. The impact of hospital market structure on patient volume,average length stay,and the cost of care[J]. Journal of health economics, 1985,4(4):333-356.

[152] JEFFREY R, CAMPBELL, HUGO A, HOPENHAYN. Market size matters[R]. NBER Working Paper No. 9113,2002.

[153] JORDI J M, RAQUEL M L, ELISABET V M. The Mechanisms of agglomeration: evidence from the effect of inter-industry relations on the location of new firms[J]. Journal of urban economics, 2011(70): 61-74.

[154] JORDI J M. The scope of agglomeration economies: evidence from Catalonia[J]. Papers in regional science,2009,88(3):575-590.

[155] KANEMOTO Y, OHKAWARA T, SUZUKI T. Agglomeration economies and a test for optimal city sizes in Japan[J]. Journal of the Japanese and international economies,1996(10):379-398.

[156] KARLSSON C. ICT,functional urban regions and the new economic geography, the royal institute of technology centre of excellence for studies in science and innovation[R]. Working Paper, 2004-09.

[157] KAUFFMAN R J, KUMAR A. The new economic geography of IT industries: the impacts of the internet on their market linkages and agglomeration[R]. International Conference on Information Systems, 2007.

[158] KE S Z. Agglomeration, productivity and spatial spillovers across Chinese cities [J]. The annals of regional science, 2010, 45 (1): 157-179.

[159] KE S Z, FESER E. Count on the growth pole strategy for regional economic growth? Spread-backwash effects in greater central China [J]. Regional studies,2010,44(9):1131-1147.

[160] KE S, HE M, YUAN C. Synergy and co-agglomeration of producer services and manufacturing: a panel data analysis of Chinese cities [J]. Regional studies, 2014,48(11):1829-1841.

[161] KEEBLE D, BRYSON J. Small-firm creation and growth, regional development and the north—south divide in Britain[J]. Environment and planning a: economy and space,1996,28(5):909-934.

[162] KEEBLE D, WILKINSON F. High-technology clusters, networking and collective learning in Europe[M]. Aldershot:Ashgate,2000.

[163] KEEBLE D, NACHUM L. Why do business service firms cluster? small consultancies, clustering and decentralization in London and southern England [J]. Transactions of the institute of British geographers, 2002,27(1): 67-90.

[164] KEEBLE D, BRYSON J, WOOD P, Small firms, business service growth and regional development in the UK: some empirical findings [J]. Regional studies, 1991,25(5):439-457.

[165] KELLER R T. Predictors of the performance of project groups in R & Dorganizations[J]. Academy of management journal, 1986 (4): 715-726.

[166] KELLER W. Geographic localization of international technology diffusion[J]. American economic review, 2002, 92 (1):120-142.

[167] KIM S. Expantion of markets and the geographic distribution of economic activities: the trends in U. S. regional manufacturing structure, 1860-1987 [J]. Quarterly journal of economics,1995(110): 881-908.

[168] KLEPPER S, SLEEPER S. Entry by spinoffs[J]. Management science, 2005(51):1291-1306.

[169] KOH H J, RIEDEL N. Assessing the localization pattern of German manufacturing&service industries-a distance based approach [R]. BGPE Discussion Paper No. 80,2009.

[170] KOLKO J. Urbanization, agglomeration, and coagglomeration of service industries [R]. NBER Chapters, in: Agglomeration Economics. National Bureau of Economic Research, Inc. , 2010: 151-180.

[171] KOLKO J. The death of distance? The death of cities? Evidence from the geography of commercial internet usage in the internet upheaval. Cambridge: MIT Press, 2000.

[172] KOLKO J. Can I get some service here? Information technology, service industries, and the future of cities[R]. SSRN Working Paper, 1999-11.

[173] KRENZ A. Services sector's agglomeration and its interdependence with industrial agglomeration in the European Union [J]. CEGE Discussion Paper, 107, 2010.

[174] KATOUZIAN M A. The development of the service sector: a new approach[J]. Oxford economic paper, 1970, 22(3): 362-382.

[175] KRENZ A. Modeling services sectors' agglomeration within a new economic geography model[R]. SSRN Working Paper, 2012.

[176] KROGSTRUP S. Standard tax competition and increasing retures[J]. Journal of public economic theory, 2008, 10(4): 547-561.

[177] KRMENEC A W J, ESPARZA A X. Entrepreneurship and extraregional trade in the producer services[J]. Growth and change, 1999, 30(spring): 213-236.

[178] KRUGMAN P. History and industry location: the case of the US manufacturing belt [J]. American economic review, 1991a, 81(2): 80-83.

[179] KRUGMAN P. Increasing returns and economics geography[J]. The journal of political economics, 1991b, 99(3): 483-499.

[180] KRUGMAN P. Geography and trade[M]. Cambridge: MIT Press, 1991.

[181] KRUGMAN P, VENABLES A J. Integration and the competitiveness of peripheral industry[R]. CEPR Discussion Paper,1990: 363.

[182] KRUGMAN P, VENABLES A J. Globalization and the inequality of nations[J]. The quarterly journal of economics, 1995, 110 (4): 857-880.

[183] KRUGMAN P, VENABLES A J. Integration, specialization and adjustment[J]. European economic review, 1996(40):959-967.

[184] LANFRANCO S. Service activities' urban hierarchy and cumulative growth[J]. The service industries journal,1993,13(2):11-22.

[185] LARSEN E R, Ackere A V,Warren K. The growth of service and the service of growth: using system dynamics to understand service quality and capital allocation[J]. Decision support systems,1997,19 (4):271-287.

[186] LEAMER E, Storper M. The economic geography of the internet age [J]. Journal of international business studies, 2001,32(4): 641-665.

[187] LESLIE D. Abandoning madison avenue: the relocation of advertising services in NewYork city[J]. Urban geography,1997(18):568-590.

[188] LEYSHON A. Geographies of money and finance Ⅲ [J]. Progress in human geography,1998,22(3):433-446.

[189] LIU W D, Dicken P, Yeung H W C. New information and communication technologies and local clustering of firms: a case study of the Xingwang industrial park in Beijing[J]. Urban geography, 2004, 25(4): 390-407.

[190] LONGCORET R, REES P W. Information technology and downtown restructuring: the case of New York city's financial district[J]. Urban geography, 1996(17): 354-372.

[191] LUCIO J J D, HERCE J A, GOICOLEA A. The effects of externalities on productivity growth in Spanish industry[J]. Regional science and urban economics,2002,32 (2):241-258.

[192] LUNDVALL B, BORRAS B. The globalizing learning economy: implication for innovation policy[R]. TESER Programmer Report, DG. Commission of the European Union,1998.

[193] LUTTMER E. Models of growth and firm heterogeneity [J]. Annual review of economics, 2010,2 (1):547-576.

[194] MACHLUP F. The production and distribution of knowledge in the united states[M]. Princeton: Princeton University Press,1962.

[195] MARCON E, PUECH H. Evaluating the geographic concentration of industries using diatance-based method [J]. Journal of economic geography, 2003(3):409-428.

[196] MARIOTTI S, PISCITELLO L, ELIA S. Spatial agglomeration of MNEs: the role of information externalities and knowledge spillovers [R]. SSRN Woking Paper,2009.

[197] MACPHERSON A. Producer service linkages and industrial innovation: results of a twelve-year tracking study New York state producer service linkages and industrial innovation: results of a twelve-year tracking study New York state manufactures [J]. Growth and change, 2008,39(1):1-23.

[198] MACPHERSON A. The role of producer service outsourcing in the innovation performance of New York state manufacturing firms[J]. Annals of the association of American geographers, 1997, 87 (1): 52-71.

[199] MARKUSEN J R. Trade in producer services and other specialized intermediate inputs[J]. American economic review, 1989, 79 (1): 85-95.

[200] MARTIN P, Rogers C A. Industrial location and public infrastructure [J]. Journal of international economics,1995(39): 335-351.

[201] MARTIN P,OTTAVIANO G . Growing locations: industry locations in a model of endogenous growth[J]. European economic review,1999

(43):281-302.

[202] MARSHALL A. Principles of Economics[M]. New York: Macmillan Press,1890.

[203] MELITZ M. The impact of trade on intraindustry reallocations and aggregate industry productivity [J]. Econometrica, 2003, 71 (6): 1695-1725.

[204] MELITZ M, OTTAVIANO G. Market size, trade, and productivity [J]. Review of economic studies,2008, 75 (1): 295-316.

[205] MEYER S P. Finance,insurance and real estate firms and the nature of agglomeration advantage across Canada and within metropolitan Toronto[J]. Canadian journal of urban research, 2007, 16 (2): 149-181.

[206] MILLER P. Business clusters in the UK—a first assement[R]. Trade and industry main report, 2001.

[207] MILLER E S. An aggregative model of resource allocation in a metropolitan area[J]. American economic review,1967(61):197-210.

[208] MORETTI E. Local multiplier[J]. American economic review, 2010, 100 (2):1-7.

[209] MORI T, NISHIKIMI K, SMITH T E. On the empirical identification of industrial agglomerations and their spatial coordination [R]. Institute of Economic Research, Kyoto University,2005.

[210] MONTGOMERY M R. How large is too large? Implications of the city size literature for population policy and research[J]. Economic development and cultural change,1988,36(4):691-720.

[211] MORIKI H, TOHRU H. Trans-boundary pollution transmission and regional agglomeration effects[J]. Papers in regional sience,2006,5 (1):99-120.

[212] MOULAERT F, GALLOUJ C. The locational geography of advanced

producer service firms: the limits of economies of agglomeration[J]. The service industries journal,1993,13(2):91-106.

[213] MYRDAL G. Economic theory and underdeveloped regions [M]. London: Duckworth, 1957.

[214] NARESH R P, GARY C. The benefits of industrial clustering: insights from the British financial services industry at three locations [J]. Journal of financial service marketing, 2003(7):230-245.

[215] NAUGHTON B. How much can regional integration do to unify China's markets? [R]. Conference for Research on Economic Development and Policy Research, Stanford University,1999.

[216] NEFUSSI B, SCHWELLNUS C. Does FDI in manufacturing cause FDI in business services? Evidence from French firm-level data[R]. CEPII Working Paper No. 21, 2007.

[217] NOBLET S. Coordination costs and the redispersion of industrial activities[J]. Papers in regional science,2011,90(4):813-828.

[218] O'CONNOR K. The location of services involved with international trade [J]. Environment and planning a,1987,19(5):687-700.

[219] O'DONOGHUE D, GLEAVE B. A note on methods for measuring industrial agglomeration[J]. Regional studies,2004,38(4):419-427.

[220] O'FARRELL P N, MOFFAT L A R, HITCHENS D M W N. Manufacturing demand for business services in a core and peripheral region: does flexible production imply vertical disintegration of business services? [J]. Regional studies,1993,27(5):385-400.

[221] O'FARRELL P N, WOOD P A. Internationalisation by business service firms: towards a new regionally based conceptual framework [J]. Environment and planning a,1998(30):109-128.

[222] OH'UALLACHAIN B, REID N. The location and growth of business and professional services in American metropolitan areas, 1976—1986 [J]. Annals of the association of American geographers,1991,81(2):

254-270.

[223] OH' UALLACHAIN B,SATTERTHWAITE M A. Sectoral growth patterns at the metropolitan level: an evaluation of economic development incentives [J]. Journal of urban economics,1992(31):25-58.

[224] OKUBO T. Trade liberalization and agglomeration with firm heterogeneity:forward and backward linkages [J]. Regional science and urban economics, 2009,39 (2) :530-541.

[225] OKUBO T, PICARD P M, THISSE J F. The spatial selection of heterogeneous firms [J]. Journal of international economics,2010, 82 (2): 230-237.

[226] OKUBO T, TOMUIURA E. Industrial relocation policy and heterogeneous plants sorted by productivity: evidence from Japan [R]. DP2010-35,Kobe University,2010.

[227] OTTAVIANO G. Agglomeration,trade and selection [J]. Regional science and urban economics,2012, 42(6):987-997.

[228] OTTAVIANO G I P. Monopolistic competition, trade and endogenous spatial flucuations[J]. Regional science and urban economics, 2001, 31(1):51-77.

[229] OTTAVIANO G, THISSE J F. Integration, agglomeration and the political economics of factor mobility [J]. Journal of public economics, 2002,83 (3): 429-456.

[230] OTTAVIANO G I P. Model of "new economic geography": factor mobility vs vertical linkages[M]. GIIS,Mimeo,2002.

[231] PAPYRAKIS E,GERLAGH R. The resource curse hypothesis and its transmission channels[J]. Journal of comparative economics, 2004 (32):181-193.

[232] PARENT O, LESAGE J P. Using the variance structure of the conditional autoregressive spatial specification to model knowledge

spillovers[J]. Journal of applied econometrics, 2008,23(2): 235-256.

[233] PARTRIDGE M, OLFERT M R, ALASIA A. Canadian cities as regional engines of growth: agglomeration and amenities. [J]. Canadian journal of economics, 2007,40(1):39-68.

[234] PARTRIDGE M D, RICKMAN S, ALI K, OLFERT M R. Do new economic geography agglomeration shadows underlie current population dynamics across the urban hierarchy? [J]. Papers in regional science, 2009,88(2): 445-466.

[235] PERROUX F. Note sur la notion de pole de croissance? [J] Economic appliqee, 1955,7(3):307-320.

[236] PFLUGER M, SUDENKUM J. Integration, agglomeration and welfare [J]. Journal of urban economics, 2008,63 (2) :544-566.

[237] PICARD P M, OKUBO T. Firms' locations under demand heterogeneity [J]. Regional science and urban economics,2012, 42 (6): 961-974.

[238] PINCH S, HENRY N. Paul Krugman's geographical economics, industrial clustering and the British motor sport industry[J]. Regional studies, 1999, 33(9):815-827.

[239] PORTER M . 国家竞争优势(中译本)[M]. 李明轩,邱如美,译. 中信出版社,2003.

[240] PORTER M. Clusters and the new economics of competition [J]. Harvard business review, 1998,11(12):37-49.

[241] PUGA D. The rise and fall of regional inequalities[J]. European economic review,1999,43(2):303-335.

[242] QUAH D. ICT clusters in development: theory and evidence, LES Economics Department[R]. Working Paper,2001-02.

[243] RAFF H, RUHR M. Foreign direction investment in producer services: theory and empirical evidence[R]. CESifo Working Paper No. 598,2001.

[244] RAM R. Government size and economic growth: a new framwork and some evidence from cross-section and time-series data [J]. The American economic review,1986(76):191-203.

[245] REDDING S, Venables A J. Economic geography and international inequality[J]. Journal of international economics,2004,62(1):53-82.

[246] ROBERTA CAPELLO. Entrepreneurship and spatial externalities: theory and measurement[J]. The annals of regional science, 2002,36 (3):387-402.

[247] ROBERT-NICOUD F. A simple geography model with vertical linkages and capital mobility[M]. LSE:Mimeo,2002.

[248] ROSENTHAL S, STRANGE W. Evidence on the nature and source of agglomeration economies [R]. Henderson, V & J-F Thisse. Handbook of urban and regional economics. Amsterdam: Elsevier-North Holland, 2004.

[249] ROSENFELD S A. Bringing business clusters into the,mainst ream of economic development[J]. European planning studies,1997,5(1): 3-23 .

[250] ROSENTHAL S S, STRANGE W C. The determinants of agglomeration [J].Journal of urban economics,2001(50):191-229.

[251] RUBALCABA-BERMEJO L, CUADRADO-ROURA J R. Urban hierarchies and territorial competition in Europe: exploring the role of fairs and exhibitions[J]. Urban studies, 1995(32):379-400.

[252] SACHS J, Warner A. Fundamental sources of long run growth[J]. American economic review,1997(87):184-188.

[253] SAITO H, GOPINATH M. Plants' self-selection, agglomeration economies and regional productivity in Chile [J]. Journal of economic geography,2009, 9 (4):539-558.

[254] SASSEN S. Cities in a world economy[M]. Thousand Oasks: Pine Forge Press,1994.

[255] SASKIA S. The global city: New York, London, Tokyo [M].
    Princeton: Princeton University Press,1991.

[256] SCOTT A J. Flexible production systems and regional development:
    the rise of new industrial spaces in north America and western Europe
    [J]. International journal of urban and regional research, 1988(12):
    71-86.

[257] SCOTT A J. From silicon valley to hollywood: growth and
    development of the multimedia industrial in California[M]. London:
    UCL Press,1998.

[258] SCOTT A J, STORPER M. Rethinking human capital, creativity and
    urban growth [J]. Journal of economic geography, 2009,9(2):
    147-167.

[259] SRGAL D. Are there returns to scale in city size? [J]. Review of
    economic and statistics, 1976,58(3):339-350.

[260] SHEARMUR R, ALVERGNE C. Intrametropolitan patterns of high-
    order business service location: a comparative study of seventeen
    sectors in Ile-de-France[J]. Urban studies,2002, 39(7):1143-1163.

[261] SHELP R. The role of service technology in development,in service
    industries and economic development transfer[R]. New York:Praeger
    Publishers,1984.

[262] SHESHINSKI E. Congestion and the optimum city size[J]. The
    American economic review,1973,63(2):61-66.

[263] SHILTON L, STANLEY C. Spatial patterns of headquarters[J].
    Journal of real estate research, 1999(17): 341-364.

[264] SILK A J, KING C III. Concentration levels in the U. S. advertising
    and marketing services industry: myth vs. reality [P]. Harvard
    Business School Working Paper,2008: 9-44.

[265] SOHN J, KIM T J, HEWINGS G D. Information technology impacts
    on urban spatial structure in the Chicago region[J]. Geographical

analysis, 2002(34): 313-329.

[266] STABELL C B, FJELDSTAD D. Configuring value for competitive advantage: on chains, shops, and networks [J]. Strategic management journal, 1998,19(8):413-437.

[267] STELDER D. Where do cities form? A geographical agglomeration model for Europe [J]. Journal of regional science, 2005, 45 (4): 657-679.

[268] STEIN R. Producer services, transaction activities, and cities: rethinking occupational categories in economic geography [J]. European planning studies,2002,10(6):723-743.

[269] STORPER M. The resurgence of regional economies,ten years later: the regional as a nexus of untraded interdependencies[J]. European urban and regional studies,1995(2):191-221.

[270] STORPER M. Why do regions develop and change? The challenge for geography and economics[J]. Journal of economic geography, 2011, 11(2):333-346.

[271] STORPER M, VENABLES A J. Buzz: face-to-face contact and the urban economy [J]. Journal of economic geography, 2004, 4 (4): 351-370.

[272] STRAUSS-KAHN V, VIVES X. Why and where do headquarters move? [J]. Regional science and urban economics, 2009, 39 (2): 168-186.

[273] SUEDEKUM J. Agglomeration and regional costs of living[J]. Journal of regional science, 2006,46(3):529-543.

[274] SVEIKAUSKAS L. The productivity of cities[J]. Quarterly jounal of economics, 1975(89):393-413.

[275] SWANN G M P, PREVEZER M, STOUT D. The dynamics of industrial clustering: international comparisons in computing and biotechnology[M]. Oxford: Oxford University Press,1998.

[276] TABUCHI T. Urban agglomeration and dispersion: a synthesis of Alonso and Krugman[J]. Journal of urban economics, 1998,44(3): 333-351.

[277] TABUCHI T, THISSE J F. Regional specialization, urban hierarchy, and commuting costs[J]. International economic review,2006,47(4): 1295-1317.

[278] TABUCHI T, THISSE J F. Taste heterogeneity, labor mobility and economic geography [J]. Journal of development economics,2002, 69 (1):155-177.

[279] TABUCHI T. Multiproduct firms in Hotelling's spatial competition [J]. Journal of economics & management strategy, 2012,21(2):445-467.

[280] TEN R T,WOLFF E N. Outsoucing of services and the productivity recovery in U. S. manufacturing in the 1980s and 1990s[J]. Jounal of productivity analysis,2001,16(2):149-165.

[281] THRIFT N, OLDS K. Refiguring the economic in economic geography [J]. Progress of human geography, 1996, 20 (3): 311-337.

[282] VON THUNEN J H. 孤立国农业和国民经济的关系[M]. 吴衡康,译. 北京:商务印书馆,1997.

[283] TOBLER W R. Lattice Turning[J]. Geographical analysis, 1979, 11 (1): 36-44.

[284] TSCHETTER J. Producer service industries: why are they growing so rapidly? [J]. Monthly labor review,1987(110):15-22.

[285] VAN DEN BERG,BRAUN L E, WINDEN V W. Growth clusters in European cties: an integral approach[J]. Urban studies,2001,38(1): 186-206.

[286] VENABLES A J. Equilibrium location of vertically linked industries [J]. International economic review, 1996,37(2): 341-359.

[287] VENABLES A J. Spatial disparities in developing countries: cities, regions and international trade [J]. Journal of economic geography, 2005,5 (1):3-21.

[288] VILLAR A O, CHAMORRO-RIVAS J M. How do producer services affect the location of manufacturing firms? The role of information accessibility[J]. Environment and planning,2001,33(9):1621-1642.

[289] VOGEL J. Spatial competition with heterogeneous firms [J]. Journal of political economy, 2008,116(3):423-466.

[290] WALKER R. Is there a service economy? The changing capitalist division of labor[J]. Science and society,1985(39):42-83.

[291] WEBER A. Theory of the location of industries [M]. Chicago: University of Chicago Press,1909.

[292] WEN M. Relocation and agglomeration of Chinese industry [J]. Journal of development economics,2004(73):329-347.

[293] WERNERHEIM C M, SHARPE C A. The potential bias in producer service employment estimates: the case of the Canadian space economy[J]. Urban studies, 2001, 38(3):563-591.

[294] WOOD P A. Flexible accumulation and the rise of business service [J]. Transactions of the institute of British geographers,1992(16): 160-173.

[295] YOUUNG A. The razor's edge: distortions and incremental reform in the People's Republic of China[J]. Quarterly journal of economics, 2000,115(4): 1091-1135.

[296] ZENG D Z. New economic geography with heterogeneous preferences: an explanation of segregation [J]. Journal of urban economics, 2008, 63(1):306-324.

[297] ZENG D Z, ZHAO L X. Pollution havens and industrial agglomeration [J]. Journal of environmental economics and management,2009,58(2):141-153.

[298] ZHENG X P. Measurement of optimal city sizes in Japan: a surplus function approach[J]. Urban studies, 2007, 44(5-6): 939-951.

[299] BATISSE C. 专门化、多样化和中国地区工业产业增长的关系[J]. 世界经济文汇, 2002(4): 49-62.

[300] 安虎森. 空间经济学原理[M]. 北京: 经济科学出版社, 2005.

[301] 安礼伟, 李锋, 赵曙东. 长三角 5 城市商务成本比较研究[J]. 管理世界, 2004(8): 28-36.

[302] 白重恩, 杜颖娟, 陶志刚, 等. 地方保护主义及产业地区集中度的决定因素和变动趋势[J]. 经济研究, 2004(4): 29-40.

[303] 薄文广. 外部性与产业增长——来自中国省级面板数据的研究[J]. 中国工业经济, 2007(1): 37-44.

[304] 蔡昉, 王德文, 曲玥. 中国产业升级的大国雁阵模型分析[J]. 经济研究, 2009(9): 4-14.

[305] 曹毅, 申玉铭, 邱灵. 天津生产性服务业与制造业的产业关联分析[J]. 经济地理, 2009(5): 771-776.

[306] 曹跃群, 刘冀娜. 我国服务业资本存量地区差异及其成因[J]. 数量经济技术经济研究, 2008(11): 71-84.

[307] 茶洪旺. 区域经济发展的第三种理论: 非均衡协调发展[J]. 学术月刊, 2008(10): 71-77.

[308] 陈健, 史修松. 产业关联、行业异质性与生产性服务业发展[J]. 产业经济研究, 2008(6): 16-22.

[309] 陈建军. 长江三角洲地区的产业同构及产业定位[J]. 中国工业经济, 2004(2): 19-26.

[310] 陈建军, 陈国亮, 黄洁. 新经济地理学视角下的生产性服务业集聚及影响因素研究——来自中国 222 个城市的经验证据[J]. 管理世界, 2009(4): 83-95.

[311] 陈建军, 崔春梅, 陈菁菁. 集聚经济、空间连续性与企业区位选择——基于中国 265 个设区城市数据的实证研究[J]. 管理世界, 2011(6): 63-75.

[312] 陈建军,黄洁,陈国亮.产业间集聚分工和地区竞争优势——来自长三角微观数据的实证[J].中国工业经济,2009(3):130-139.

[313] 陈国亮,陈建军.产业关联、空间地理与二三产业共同集聚[J].管理世界,2012(4):82-100.

[314] 陈国亮,唐根年.基于互联网视角的二三产业空间非一体化研究——来自长三角城市群的经验证据[J].中国工业经济,2016(8):76-92.

[315] 陈建军,陈菁菁.生产性服务业与制造业的协同定位研究[J].中国工业经济,2011(6):141-150.

[316] 陈建军,刘月,邹苗苗.产业协同集聚下的城市生产效率增进——基于融合创新与发展动力转换背景[J].浙江大学学报(人文社会科学版),2016(5):150-163.

[317] 陈建军,夏富军.垂直分工、产业集聚与专业化优势——兼论长三角地区的制造业优势格局[J].南通大学学报(社会科学版),2006(9):40-47.

[318] 陈敏,桂琦寒,陆铭,等.中国经济如何持续发挥规模效应?——经济开放与国内商品市场分割的实证研究[J].经济学季刊,2007,7(1):125-150.

[319] 陈强远,钱学锋,李敬子.中国大城市的企业生产率溢价之谜[J].经济研究,2016(3):110-122.

[320] 陈伟达,张宇.生产者服务业对制造业竞争力提升的影响研究——基于我国投入产出表的实证分析[J].东南大学学报(哲学社会科学版),2009(3):67-71.

[321] 陈宪,黄建锋.分工、互动与融合:服务业与制造业关系演进的实证研究[J].中国软科学,2004(10):65-71.

[322] 陈秀山,汤学兵.新经济地理学研究新进展[J].经济学动态,2008(11):84-89.

[323] 陈秀山,徐瑛.中国制造业空间结构变动及其对区域分工的影响[J].经济研究,2008(10):104-116.

[324] 陈修颖,顾朝林.福建省基于闽台互动的产业与空间结构调整研究[J].

地理科学,2003(4):414-421.

[325] 陈迅,童华建.西部地区集聚效应计量研究[J].财经科学,2006(11):103-109.

[326] 陈殷,李金勇.生产性服务业区位模式及影响机制研究[J].上海经济研究,2004(7):52-57.

[327] 程大中.中国服务业增长的特点、原因及影响——鲍莫尔-富克斯假说及其经验研究[J].中国社会科学,2004(2):18-32.

[328] 程大中.上海服务业供需非均衡与江浙沪服务业关联——基于非均衡模型和跳跃式回归方法的分析[J].学术月刊,2005(7):38-46.

[329] 程大中.中国生产性服务业的水平、结构及影响[J].经济研究,2008(1):76-88.

[330] 程大中.中国服务业增长的地区与部门特征[J].财贸经济,2003(8):68-75.

[331] 程大中.中国直辖市服务业中的"成本病"问题[J].学术月刊,2008(11):94-99.

[332] 程大中,陈福炯.中国服务业相对密集度及其对劳动生产率的影响[J].管理世界,2005(2):77-84.

[333] 程大中,黄雯.中国服务业的区位分布与地区的专业化[J].财贸经济,2005(7):73-81.

[334] 程立茹.互联网经济下企业价值网络创新研究[J].中国工业经济,2013(9):82-94.

[335] 崔功豪,马润潮.中国自下而上城市化的发展及其机制[J].地理学报,1999(2):106-115.

[336] 代文.现代服务业集群的形成和发展研究[D].武汉:武汉理工大学,2007.

[337] 代中强.制造业与生产者服务业的互动关系——来自长三角的证据[J].产业经济研究,2008(4):22-28.

[338] 但斌,张乐乐,钱文华.知识密集型生产性服务业区域性分布模式及其动力机制研究[J].软科学,2008(3):5-8.

[339] 丹尼尔·贝尔.后工业社会的来临[M].高銛,王宏周,魏章玲,译.北京：新华出版社,1997.

[340] 邓慧慧.贸易自由化、要素分布和制造业集聚[J].经济研究,2009(11)：118-130.

[341] 丁菊红,王永钦,邓可斌.中国经济发展存在"资源诅咒"吗[J].世界经济,2007(9)：38-46.

[342] 恩格斯.家庭、私有制和国家的起源[M].张仲实,译.北京：人民出版社,1954.

[343] 范剑勇.长三角一体化、地区专业化与制造业空间转移[J].管理世界,2004(4)：77-84.

[344] 范剑勇.产业集聚与地区间劳动生产率差异[J].经济研究,2006(11)：72-81.

[345] 冯梅,杨建文.经济全球化与创新集群的跨区域网络建立[J].学术月刊,2009(4)：73-79.

[346] 冯泰文.生产性服务业的发展对制造业效率的影响——以交易成本和制造成本为中介变量[J].数量经济技术经济研究,2009(3)：56-65.

[347] 弗雷德里克·巴斯夏.和谐经济论[M].章爱民,译.北京：中国社会科学出版社,1995.

[348] 弗里德里希·李斯特.政治经济学的国民体系[M].陈万煦,译.北京：商务印书馆,1997.

[349] 傅十和,洪俊杰.企业规模、城市规模与集聚经济——对中国制造业企业普查数据的实证分析[J].经济研究,2008(11)：112-125.

[350] 高峰,刘志彪.产业协同集聚：长三角经验及对京津唐产业发展战略的启示[J].河北学刊,2008(1)：142-146.

[351] 高鸿鹰,武康平.集聚效应、集聚效率与城市规模分布变化[J].统计研究,2007,24(3)：43-47.

[352] 高汝熹,罗守贵.2006中国都市圈评价报告[J].上海：上海三联出版社,2007.

[353] 格鲁伯,沃克.服务业的增长：原因与影响[M].陈彪如,译.上海：上海三

联出版社,2003.

[354] 谷彬.中国服务业区域发展影响因素的实证研究[J].经济理论与经济管理,2008(9):76-80.

[355] 郭克莎.改革以来的经济波动与增长效率及其变动关系[J].社会科学战线,1993(8):8-14.

[356] 郭克莎.第三产业的结构优化与高效发展(上)[J].财贸经济,2000(10):51-56.

[357] 郭克莎.第三产业的结构优化与高效发展(下)[J].财贸经济,2000(11):30-34.

[358] 顾乃华.我国服务业、工业增长效率对比及其政策内涵[J].财贸经济,2006(7):3-9.

[359] 顾乃华,毕斗斗,任旺兵.生产性服务业与制造业互动发展:文献综述[J].经济学家,2006(6):35-41.

[360] 顾乃华,毕斗斗,任旺兵.中国转型期生产性服务业发展与制造业竞争力关系研究——基于面板数据的实证分析[J].中国工业经济,2006(9):14-21.

[361] 顾乃华,李江帆.中国服务业技术效率区域差异的实证分析[J].经济研究,2006(1):46-56.

[362] 顾乃华.生产性服务业对工业获利能力的影响和渠道——基于城市面板数据和SFA模型的实证研究[J].中国工业经济,2010(5):48-58.

[363] 顾乃华.城市化与服务业发展:基于省市制度互动视角的研究[J].世界经济,2011(1):126-142.

[364] 顾乃华.我国城市生产性服务业集聚对工业的外溢效应及其区域边界——基于HLM模型的实证研究[J].财贸经济,2011(5):115-122.

[365] 韩德超.生产性服务业FDI对工业企业效率影响研究[J].统计研究,2011(2):65-70.

[366] 韩绍凤,向国成,汪金成.农业多样化与小农经济效率改进理论分析、经验证据与国际比较[J].数量经济技术经济研究,2007(1):56-64.

[367] 韩兆洲,安康,桂文林.中国区域经济协调发展实证研究[J].统计研究,

2012（1）：38-42.

[368] 黄晓，胡汉辉，于斌斌. 产业集群式转移中新集群网络的建构与演化——理论与实证[J]. 科学学研究，2015（4）：539-548.

[369] 贺灿飞，谢秀珍. 中国制造业地理集中与省区专业化[J]. 地理学报，2006（2）：212-222.

[370] 贺灿飞，谢秀珍，潘峰华. 中国制造业省区分布及其影响因素[J]. 地理学报，2008（5）：623-635.

[371] 何德旭，王朝阳，吴伯磊. 国际贸易与经济地理的融合——2008年诺贝尔经济学奖评介[N]. 中国经济时报，2008-10-20.

[372] 何德旭，姚战琪. 中国金融服务业的产业关联分析[J]. 金融研究，2006（5）：1-15.

[373] 洪银兴. 城市功能意义的城市化及其产业支持[J]. 经济学家，2003（2）：29-36.

[374] 洪银兴，陈雯. 城市化模式的新发展——以江苏为例的分析[J]. 经济研究，2000（12）：66-71.

[375] 洪银兴，吴俊. 长三角区域的多中心化趋势和一体化的新路径[J]. 学术月刊，2012（5）：94-100.

[376] 胡霞. 中国城市服务业空间集聚变动趋势研究[J]. 财贸经济，2008（6）：103-107.

[377] 胡霞. 中国城市服务业发展差异研究[M]. 北京：经济科学出版社，2009.

[378] 胡晓鹏，李庆科. 生产性服务业与制造业共生关系研究——对苏、浙、沪投入产出表的动态比较[J]. 数量技术经济研究，2009（2）：33-46.

[379] 胡霞，魏作磊. 中国城市服务业发展差异的空间经济计量分析[J]. 统计研究，2006（9）：54-59.

[380] 华尔诚. 论服务业在国民经济发展中的战略性地位[J]. 经济研究，2001（12）：3-8.

[381] 黄洁. 垂直解体与低运输成本下的产业集聚间分工研究——来自长三角的微观实证[D]. 杭州：浙江大学，2009.

[382] 黄玖立，李坤望. 出口开放、地区市场规模和经济增长[J]. 经济研究，

2006(6):27-38.

[383] 黄解宇,杨再斌.金融集聚论:金融中心形成的理论与实践解析[M].北京:中国社会科学出版社,2006.

[384] 黄群慧,霍景东.产业融合与制造业服务化:基于一体化解决方案的多案例研究[J].财贸经济,2015(2):136-147.

[385] 黄群慧,贺俊.中国制造业的核心能力、功能定位与发展战略[J].中国工业经济,2015(6):5-17.

[386] 黄少军.服务业与经济增长[M].北京:经济科学出版社,2000.

[387] 黄永春,郑江淮,杨以文,等.中国"去工业化"与美国"再工业化"冲突之谜解析——来自服务业与制造业交互外部性的分析[J].中国工业经济,2013(3):7-19.

[388] 吉昱华,蔡跃洲,杨克泉.中国城市集聚效益实证分析[J].管理世界,2004(3):67-74.

[389] 贾根良,刘书瀚.生产性服务业:构建中国制造业国家价值链的关键[J].学术月刊,2012(12):60-67.

[390] 江小涓,李辉.服务业与中国经济:相关性和加快增长的潜力[J].经济研究,2004(1):4-15.

[391] 江静,刘志彪,于明超.生产者服务业发展与制造业效率提升:基于地区和行业面板数据的经验分析[J].世界经济,2007(8):52-62.

[392] 蒋三庚.现代服务业研究[M].北京:中国经济出版社,2007.

[393] 江小涓.服务全球化的发展趋势和理论分析[J].经济研究,2008(2):4-18.

[394] 江小涓,李辉.服务业与中国经济:相关性和加快增长的潜力[J].经济研究,2004(1):4-15.

[395] 金祥荣,朱希伟.专业化产业区的起源和演化——一个历史与理论视角的考察[J].经济研究,2002(8):74-82.

[396] 金相郁.中国城市规模效率的实证分析:1990—2001[J].财贸经济,2006(6):78-82.

[397] 金相郁.最佳城市规模理论与实证分析:以中国三大直辖市为例[J].上

海经济研究,2004(7):35-43.

[398] 金煜,陈钊,陆铭.中国的地区工业集聚:经济地理、新经济地理与经济政策[J].经济研究,2006(4):79-89.

[399] 孔德洋,徐希燕.生产性服务业与制造业互动关系研究[J].经济管理,2008(12):74-79.

[400] 李程骅.城市空间重组与新产业价值链的功能[J].江海学刊,2008(7):219-224.

[401] 李冠霖,辛红.我国第三产业比重国际比较的陷阱与出路[J].财贸经济,2005(2):53-59.

[402] 李海舰,田跃新,李文杰.互联网思维与传统企业再造[J].中国工业经济,2014(10):135-146.

[403] 李宏艳,齐俊妍.跨国生产与垂直专业化:一个新经济地理学分析框架[J].世界经济,2008(9):30-40.

[404] 李慧中,王海文.结构演进、空间布局与服务业的发展——来自长三角的经验研究[J].复旦学报(社会科学版),2007(5):59-66.

[405] 李金滟,宋德勇.专业化、多样化与城市集聚经济——基于中国地级单位面板数据的实证研究[J].管理世界,2008(2):25-34.

[406] 李江帆,曾国军.中国第三产业内部结构升级趋势分析[J].中国工业经济,2003(6):34-39.

[407] 李婧,谭清美,白俊红.中国区域创新生产的空间计量分析[J].管理世界,2010(7):43-55.

[408] 李敬子,毛艳华,蔡敏容.城市服务业对工业发展是否具有溢出效应?[J].财经研究,2015(12):129-140.

[409] 李坤望,邵文波,王永进.信息化密度、信息基础设施与企业出口绩效[J].管理世界,2015(4):52-65.

[410] 李培.最优城市规模研究述评[J].经济评论,2007(1):131-135.

[411] 李文秀.美国服务业集聚实证研究[J].世界经济研究,2008(1):79-83.

[412] 李文秀,胡继明.中国服务业集聚实证研究及国际比较[J].武汉大学学报(哲学社会科学版),2008(2):213-219.

[413] 李文秀,谭力文.服务业集聚的二维评价模型及实证研究——以美国服务业为例[J].中国工业经济,2008(4):55-63.

[414] 李郇,徐现祥,陈浩辉.20世纪90年代中国城市效率的时空变化[J].地理学报,2005(4):615-625.

[415] 李宏艳,齐俊妍.跨国生产与垂直专业化:一个新经济地理学分析框架[J].世界经济,2008(9):30-40.

[416] 李小建.经济地理学[M].北京:高等教育出版社,1999.

[417] 李小建,罗庆,祝英丽.经济地理学与区域经济学的区分[J].经济地理,2012(7):1-5.

[418] 李勇坚,夏杰长.我国经济服务化的演变与判断——基于相关国际经验的分析[J].财贸经济,2009(1):96-103.

[419] 林理升,王晔倩.运输成本、劳动力流动与制造业区域分布[J].经济研究,2003(6):115-125.

[420] 林民盾,杜曙光.产业融合:横向产业研究[J].中国工业经济,2006(2):30-36.

[421] 梁琦,李晓萍,吕大国.市场一体化、企业异质性与地区补贴——一个解释中国地区差距的新视角[J].中国工业经济,2012(2):16-25.

[422] 梁琦,吴俊.财政转移与产业集聚[J].经济学(季刊),2008,7(4):1247-1270.

[423] 梁颖.金融产业集聚述评[J].经济学动态,2006(8):75-77.

[424] 刘海云,唐玲.国际外包的生产率效应及行业差异——基于中国工业行业的经验研究[J].中国工业经济,2009(8):78-87.

[425] 刘红光,刘卫东,刘志高.区域间产业转移定量测度研究——基于区域间投入产出表分析[J].中国工业经济,2011(6):79-88.

[426] 柳坤,申玉铭.中国生产性服务业外向功能空间格局及分形特征[J].地理研究,2014(11):2082-2094.

[427] 刘明宇,芮明杰.全球化背景下中国现代产业体系的构建模式研究[J].中国工业经济,2009(5):57-66.

[428] 刘培林,宋湛.服务业和制造业企业法人绩效比较[J].经济研究,2007

(1)：89-101.

[429] 刘书瀚,张瑞,刘立霞. 中国生产性服务业和制造业的产业关联分析[J]. 南开经济研究,2010(6):65-74.

[430] 刘志彪. 发展现代生产者服务业与调整优化制造业结构[J]. 南京大学学报(哲学、人文科学、社会科学版),2006(5):36-44.

[431] 刘志彪,张杰. 从融入全球价值链到构建国家价值链:中国产业升级的战略思考[J]. 学术月刊,2009(9):59-68.

[432] 刘志彪,郑江淮. 服务业驱动长三角[M]. 北京:中国人民大学出版社,2008.

[433] 刘修岩,殷醒民,贺小海. 市场潜能与制造业空间集聚——基于中国地级城市面板数据的经验研究[J]. 世界经济,2007(1):56-63.

[434] 吕政,刘勇,王钦. 中国生产性服务业发展的战略选择——基于产业互动的研究视角[J]. 中国工业经济,2006(8):5-12.

[435] 陆大道. 关于"点—轴"空间结构系统的形成机理分析[J]. 地理科学,2002,22(1):1-6.

[436] 路红艳. 基于产业视角的生产性服务业发展模式研究[J]. 财贸经济,2008(6):108-112.

[437] 路江涌,陶志刚. 中国制造业区域集聚及国际比较[J]. 经济研究,2006(3):103-114.

[438] 陆铭,陈钊. 中国区域经济发展中的市场整合与工业集聚[M]. 上海:上海人民出版社,2006.

[439] 陆铭,陈钊. 在集聚中走向平衡:城乡和区域协调发展的"第三条道路"[J]. 世界经济,2008(8):57-61.

[440] 陆剑宝,梁琦. 生产性服务业与制造业的空间与产业二重协同:研究述评与展望[J]. 中大管理研究,2012,7(2):106-119.

[441] 陆铭,向宽虎. 地理与服务业——内需是否会使城市体系分散化?[J]. 经济学季刊,2012(4):1079-1096.

[442] 卢明华,李国平,孙铁山. 北京都市区城市功能格局及其变化——基于经济普查数据的分析[J]. 地理研究,2011(10):1970-1982.

[443] 卢明华,杨洁.北京都市区服务业地域分工及其变化[J].经济地理, 2013 (2):97-104.

[444] 罗珉,李亮宇.互联网时代的商业模式创新:价值创造视角[J].中国工业 经济,2015(1):95-107.

[445] 罗勇,曹丽莉.中国制造业集聚程度变动趋势实证研究[J].经济研究, 2005(8):106-115.

[446] 吕拉昌,阎小培.服务业地理学的几个基本理论问题[J].经济地理, 2005 (1): 117-120.

[447] 马风华,刘俊.我国服务业地区性集聚程度实证研究[J].经济管理,2006 (23):10-13.

[448] 马国霞,石敏俊,李娜.中国制造业产业间集聚及产业间集聚机制[J].管 理世界,2007(8):58-65.

[449] 毛科君,杨映霞.发展中国家发展劳动密集型产业的可行性分析:一个 博弈论的视角[J].亚太经济,2002(3):3-7.

[450] 孟可强,陆铭.中国的三大都市圈:辐射范围及差异[J].南方经济,2011 (2): 3-15.

[451] 齐讴歌,周新生,王满仓.房价水平、交通成本与产业区位分布关系再考 量[J].当代经济科学,2012(1):100-108.

[452] 钱德勒,孟昕译.战略与结构:美国工商企业成长的若干篇章[M].昆明: 云南人民出版社,2002.

[453] 邱灵.北京市生产性服务业与制造业互动关系的研究——基于产业关 联与地理邻近的分析[D].北京:首都师范大学,2008.

[454] 邱灵,申玉铭,任旺兵.国内外生产性服务业与制造业互动发展的研究 进展[J].世界地理研究,2007(3):71-77.

[455] 邱灵,申玉铭,任旺兵.北京生产性服务业与制造业的关联及空间分布 [J].地理学报,2008(12):1299-1310.

[456] 任迎伟,胡国平.城乡统筹中产业互动研究[J].中国工业经济,2008(8): 65-75.

[457] 萨伊.政治经济学概论[M].北京:商务印书馆,1997.

[458] 申玉铭,邱灵,任旺兵,等.中国服务业空间差异的影响因素与空间分异特征[J].地理研究,2007(6):1255-1264.

[459] 申玉铭,吴康,任旺兵.国内外生产性服务业空间集聚的研究进展[J].地理研究,2009(6):1494-1507.

[460] 申玉铭,邱灵,王茂军,等.中国生产性服务业产业关联效应分析[J].地理学报,2007(8):821-830.

[461] 世界银行.2009年世界发展报告:重塑世界经济地理[M].北京:清华大学出版社,2009.

[462] 宋周莺,刘卫东.信息技术对产业集群空间组织的影响研究[J].世界地理研究,2013(3):57-64.

[463] 宋玉华,吴聃.关税升级与垄断竞争产业发展:基于空间经济学的分析[J].世界经济,2006(7):15-27.

[464] 孙平军,宋伟,修春亮.沈阳市部门企业地理集聚与城市结构[J].地理研究,2014(10):1837-1847.

[465] 谭洪波.细分贸易成本对中国制造业和服务空间集聚影响的实证研究[J].中国工业经济,2013(9):147-159.

[466] 谭洪波.生产者服务业与制造业的空间集聚:基于贸易成本的研究[J].世界经济,2015(3):171-192.

[467] 唐保庆,孙少勤,杨继军.什么影响了生产者服务业FDI的区域分布——来自美国的经验证据:1985—2006[J].财贸经济,2011(5):92-99.

[468] 唐浩,蒋永穆.基于转变经济发展方式的产业链动态演进[J].中国工业经济,2008(5):14-24.

[469] 唐强荣,徐学军,何自力.生产性服务业与制造业共生发展模型及实证研究[J].南开管理评论,2009(3):20-26.

[470] 唐珏岚.国际化大都市与生产性服务业集聚[J].世界经济与政治,2004(11):64-65.

[471] 唐子来,赵渺希.经济全球化视角下长三角区域的城市体系演化:关联网络和价值区段的分析方法[J].城市规划学刊,2010(1):29-34.

[472] 陶纪明.上海生产者服务业空间集聚研究[D].上海:上海社会科学院,2008.

[473] 王德利,方创琳.中国跨区域产业分工与联动特征[J].地理研究,2010(8):1392-1405.

[474] 汪斌,金星.生产性服务业提升制造业竞争力的作用分析——基于发达国家的计量模型的实证研究[J].技术经济,2007(1):44-47.

[475] 汪斌,余冬筠.中国信息化的经济结构效应分析——基于计量模型的实证研究[J].中国工业经济,2004(7):21-28.

[476] 汪德华,张再金,白重恩.政府规模、法治水平与服务业发展[J].经济研究,2008(6):51-64.

[477] 王朝阳,何德旭.英国金融服务业的集群式发展:经验及启示[J].世界经济,2008(3):89-95.

[478] 王缉慈.关于外向型区域发展本地企业集群的一点思考——墨西哥和我国台湾外向型加工区域的对比分析[J].世界地理研究,2001(3):15-19.

[479] 王海江,苗长虹.我国中心城市对外服务能力的空间格局[J].地理研究,2009(7):957-967.

[480] 王辑慈等.创新的空间:企业集群与区域发展[M].北京:北京大学出版社,2001.

[481] 王珺,王峥.产业集群与企业成长[J].中山大学学报(社会科学版),2004(6):224-232.

[482] 王琦,陈才.产业集群与区域经济空间的耦合度分析[J].地理科学,2008(2):145-149.

[483] 王硕.生产性服务业区位与制造业区位的协同定位效应——基于长三角27个城市的面板数据[J].上海经济研究,2013(3):117-124.

[484] 王晓娟,陈建军.企业跨区域发展视角下的产业集群转型[J].学术月刊,2006(10):82-87.

[485] 王小鲁,夏小林.优化城市规模,推动经济增长[J].经济研究,1999(9):22-29.

[486] 王朝阳,何德旭.英国金融服务业的集群式发展:经验与启示[J].世界经济,2008(3):89-95.

[487] 魏江,周丹.生产性服务业与制造业互动机理研究——以乐清低压电器产业链为例[J].科学学研究,2010(8):1171-1180.

[488] 魏宗财,甄峰,席广亮,等.全球化、柔性化、复合化、差异化:信息时代城市功能演变研究[J].经济地理,2013(6):48-52.

[489] 文玫.中国工业在区域上的重新定位和聚集[J].经济研究,2004(2):84-94.

[490] 吴金明,张磐,赵曾琪.产业链、产业配套半径与企业自生能力[J].中国工业经济,2005(2):44-50.

[491] 吴义爽,徐梦周.制造企业"服务平台"战略、跨层面协同与产业间互动发展[J].中国工业经济,2011(11):48-58.

[492] 吴玉鸣.空间计量经济模型在省域研发与创新中的应用研究[J].数量经济技术经济研究,2006(5):74-85.

[493] 席强敏,陈曦,李国平.中国城市生产性服务业模式选择研究——以工业效率提升为导向[J].中国工业经济,2015(2):18-30.

[494] 夏沁芳.生产性服务业与大都市产业结构调整关系的实证研究[J].统计研究,2008(12):101-102.

[495] 徐从才,丁宁.服务业与制造业互动发展的价值链创新及其绩效——基于大型零售商纵向约束与供应链流程再造的分析[J].管理世界,2008(8):77-86.

[496] 徐康宁.开放经济中的产业集群与竞争力[J].中国工业经济,2001(11):22-27.

[497] 徐康宁,陈健.跨国公司价值链的区位选择及其决定因素[J].经济研究,2008(3):138-149.

[498] 徐康宁,韩剑.中国区域经济的"资源诅咒"效应:地区差距的另一种解释[J].经济学家,2005(6):96-102.

[499] 徐康宁,王剑.自然资源丰裕程度与经济发展水平关系的研究[J].经济研究,2006(1):78-89.

[500] 许宪春. 中国服务业核算及其存在的问题研究[J]. 经济研究,2004(3): 20-27.

[501] 徐现祥.市场一体化与区域协调发展[J].经济研究,2005(12):57-67.

[502] 许政,陈钊,陆铭.中国城市体系的"中心—外围模式"[J].世界经济, 2010(7): 144-160.

[503] 宣烨.生产性服务业空间集聚与制造业效率提升[J].财贸经济,2012 (4):121-128.

[504] 阎小培.广州信息密集服务业的空间发展及其对城市地域结构的影响 [J].地理科学,1999,19(5):405-410.

[505] 阎小培,姚一民.广州第三产业发展变化及空间分布特征分析[J].经济 地理,1997,17(2):41-48.

[506] 杨洪焦,孙林岩,吴安波.中国制造业聚集度的变动趋势及其影响因素 研究[J].中国工业经济,2008(4):64-72.

[507] 杨蕙馨,李峰,吴炜峰.互联网条件下企业边界及其战略选择[J].中国工 业经济,2008(11):88-97.

[508] 杨亚琴,王丹.国际大都市现代服务业集群发展的比较研究——以纽 约、伦敦、东京为例的分析[J].世界经济研究,2005(1):61-66.

[509] 岳希明,张曙光.我国服务业增加值的核算问题[J].经济研究,2002 (12):51-59.

[510] 杨瑞龙,冯建.企业间网络及其效率的经济学分析[J].江苏社会科学, 2004(3):53-58.

[511] 杨向阳,高觉民,童馨乐.关于服务业集聚研究的若干思考[J].财贸经 济,2009(2):121-125.

[512] 杨向阳,徐翔.中国服务业生产率与规模报酬分析[J].财贸经济,2004 (11):77-82.

[513] 杨亚平,周泳宏.成本上升、产业转移与结构升级[J].中国工业经济, 2013(7):147-159.

[514] 杨勇.中国服务业集聚实证分析[J].山西财经大学学报,2008(10): 64-68.

[515] 杨永春,伍俊辉,杨晓娟,等.1949年以来兰州城市资本密度空间变化及其机制[J].地理学报,2009(2):189-201.

[516] 易丹辉.数据分析与EVIEWS应用[M].北京:中国统计出版社,2002.

[517] 尹虹潘.城市规模、空间距离与城市经济吸引区——一个简单的经济地理模型[J].南开经济研究,2006(10):82-91.

[518] 郁义鸿.产业链类型与产业链效率基准[J].中国工业经济,2005(11):35-42.

[519] 余泳泽,刘大勇,宣烨.生产性服务业集聚对制造业生产效率的外溢效应及其衰减边界——基于空间计量模型的实证分析[J].金融研究,2016(2):23-36.

[520] 余泳泽,宣烨,沈扬杨.金融集聚对工业效率提升的空间外溢效应[J].世界经济,2013(2):93-116.

[521] 俞勇军,陆玉麒.城市适度空间规模的成本—收益分析模型探讨[J].地理研究,2005(5):794-802.

[522] 原毅军,刘浩.中国制造业服务外包与服务业劳动生产率的提升[J].中国工业经济,2009(5):67-76.

[523] 袁志刚,高虹.中国城市制造业就业对服务业就业的乘数效应[J].经济研究,2015(7):30-41.

[524] 臧旭恒,何青松.试论产业集群租金与产业集群演进[J].中国工业经济,2007(3):5-13.

[525] 曾春水,申玉铭.中国城市服务业职能特征研究[J].地理研究,2015(9):1685-1696.

[526] 曾国宁.生产性服务业集群:现象、机理和模式[J].经济学动态,2006(12):59-61.

[527] 曾忠禄.产业集群与区域经济发展[J].南开经济研究,1997(1):69-73.

[528] 张川川.地区就业乘数:制造业就业对服务业就业的影响[J].世界经济,2015(6):70-87.

[529] 张聪群.产业集群互动机理研究[D].咸阳:西北农林科技大学,2007.

[530] 张萃.什么使城市更有利于创业[J].经济研究,2018(4):151-166.

[531] 张辉.全球价值链动力机制与产业发展策略[J].中国工业经济,2006
(1):40-48.

[532] 张卉,詹宇波,周凯.集聚、多样性和地区经济增长:来自中国制造业的
实证研究[J].世界经济文汇,2007(3):16-29.

[533] 张景秋,陈叶龙.北京城市办公空间的行业分布及集聚特征[J].地理学
报,2011(10):1299-1308.

[534] 张为付.制造业与服务业国际转移特点比较[J].管理世界,2006(4):
48-49.

[535] 张文忠.大城市服务业区位理论及其实证研究[J].地理研究,1999(9):
273-281.

[536] 张晓东,池天河.90年代中国省级区域经济与环境协调度分析[J].地理
研究,2001(4):506-515.

[537] 张亚斌,黄吉林,曾铮.城市群、"圈层"经济与产业结构升级——基于经
济地理学理论视角的分析[J].中国工业经济,2006(12):45-52.

[538] 赵群毅,谢从朴,王茂军,等.北京都市区生产者服务业地域结构[J].地
理研究,2009(9):1401-1413.

[539] 赵群毅,周一星.北京都市区生产者服务业的空间结构——兼与西方主
流观点的比较[J].城市规划,2007(5):24-31.

[540] 赵勇,白永秀.中国城市群功能分工测度与分析[J].中国工业经济,2012
(11):18-30.

[541] 赵伟,郑雯雯.生产性服务业—贸易成本与制造业集聚:机理与实证
[J].经济学家,2011(2):67-75.

[542] 赵振."互联网+"跨界经营:创造性破坏视角[J].中国工业经济,2015
(10):146-150.

[543] 郑才林.生产性服务对不同阶段产生集群竞争力影响研究[D].杭州:浙
江大学,2008.

[544] 郑凯捷.制造业产业链区域间分工与服务业不平衡增长[J].世界经济研
究,2008(1):60-66.

[545] 郑吉昌,夏晴.服务业发展与产业集群竞争优势——以浙江产业集群发

展为例[J].财贸经济,2005(7):82-86.

[546] 郑毓盛,李崇高.中国地方分割的效率损失[J].中国社会科学,2003(1):
      64-72.

[547] 周伟林,严冀.城市经济学[M].上海:复旦大学出版社,2004.

[548] 钟韵.区域中心城市与生产性服务业发展[M].北京:商务印书馆,2007.

[549] 钟韵,闫小培.改革开放以来香港生产性服务业对广州同行业的影响
      [J].地理研究,2006,25(1):151-160.

[550] 周黎安,罗凯.企业规模与创新:来自中国省级水平的经验证据[J].经济
      学季刊,2005(3):623-638.

[551] 朱海燕,魏江.集群网络结构演化分析——基于知识密集型服务机构嵌
      入的视角[J].中国工业经济,2009(10):58-66.

[552] 朱希伟,曾道智.旅游资源、工业集聚与资源诅咒[J].世界经济,2009
      (5):65-72.

后　记

　　在专著即将完稿之际,我们感慨良多。十几年前,新经济地理学理论在区域经济学、国际贸易学等领域已经有了广泛的应用,国内也出现了大量基于该理论的研究成果,可以说,当时研究区域经济问题,"新经济地理学理论＋中国问题"是标配,而2008年诺贝尔经济学奖授予克鲁格曼更是让这一理论在国内掀起了一股研究热潮。在阅读了大量的文献后,我们发现以往关于新经济地理学理论的研究对象都集中在制造业集聚领域,与制造业集聚相关的话题几乎都涉及了,从边际贡献上讲很难再有突破口了,但是,鲜有研究基于新经济地理学理论关注生产性服务业集聚。因此,我们尝试将新经济地理学理论进行了一定的修正,研究生产性服务业集聚,在此基础上,我们将二、三产业结合起来研究二、三产业协同集聚问题,由于多元产业协同集聚在测度方法、形成机理上与单个产业集聚存在较大差异,所以很多时候都是在摸着石头过河。直到现在,关于产业集聚的研究大多集中在单个产业,较少关注多元产业的协同集聚问题,这直接导致目前关于二、三产业协同集聚在测度方法、形成机理等诸多问题上仍然有待探索和挖掘,而且受数据限制,关于二、三产业协同集聚的研究仍然局限于宏观层面,缺乏微观企业数据的支持,但这一话题是永恒的,值得继续去探究。

　　就在书稿落笔之际,我们所面临的国内外形势也发生了巨大的变化,中国经济发展也遇到了百年未有之大变革,我们每个人都在经历并见证着历史,西方国家的经济发展出现了与经济学理论不相符的趋势。按照经济发展阶段划分,在后工业化时代,一个国家或地区的产业结构主要以服务业为主导,但在近几年欧美等西方国家先后实施了"再工业化"战略,极力倡导制造业回流,尤其是在2020年新冠肺炎疫情驱动下,逆全球化趋势存在加剧现象。这些现象的出现无不说明即便在服务经济高度发达的西方国家,制造业始终是一个国家或地区经济稳定的基石,都不应该过度经济服务化。这也是本专著一直强调的制造业和生产性服务业在空间上不能过于割裂:一方面需要发挥市场对资源配置的决定性作用,另一方面要积极发挥有为政府作用,引导二、三产业在空间上的合理分布。

而且这次新冠肺炎疫情对产业结构、城市发展等方面产生了重要的影响,以浙江为例,这次疫情对浙江企业发展造成了较大的冲击。根据笔者的调研,此次疫情对浙江大中型企业造成了五大风险:一是国外需求下降风险。2020年一季度以来,80%有出口实绩的企业反映,近期全球疫情蔓延,导致国外生产减少、需求下降,出口订单出现延后、取消的情况较多,国外原来的短单改为暂停、长单变为短单、好单变成差单情况明显上升,二季度以后订单明显减少。二是国外公司运营风险。浙江大型企业基本都是跨国公司,疫情相继暴发对企业影响明显,有企业反映前期由于国内疫情的影响,越南等国对我国采取入境限制措施,导致部分高管不能进入国外子公司,只能通过远程方式参与经营管理,对企业运营形成负面影响。此外,有些企业的美国在建工厂受疫情影响工程延缓,建设成本大幅增加。也有企业反映海外业务受到当地"封国""封城"措施影响较大,货物运输、项目建设进度均受阻,订单量急剧减少。三是国际出口业务风险。部分企业反映国外业务受阻,出现巴基斯坦已签约合同产品无法验货、缅甸项目中标无法签约等困难。国外疫情蔓延导致的海关清关滞港、放弃订单等风险增加,产生较大滞港费用,而且受国内外疫情影响,有些企业的沙特项目不能按时交货、乌兹别克斯坦项目停工停产,造成直接经济损失、赔偿,影响二次投标,明显影响企业海外业务和全年业绩。四是经济危机传导风险。化工类企业反映,原油价格波动不仅会给企业前期库存造成明显直接损失,还可能造成公司上游供应链动荡不稳等风险。而且原油价格大幅下跌,导致原油输送不锈钢管材需求下降,已经出现风险蔓延。60%的企业认为,疫情导致全球需求暂停、萎缩,引发国际金融市场动荡,向实体领域传导、引发经济危机的概率很大,对浙江国际化程度较高的大型企业而言,威胁较大,需要超前谋划应对。五是内需恢复不及预期风险。国内疫情趋稳,内需有所反弹,但远不及预期,消费者信心恢复缓慢,60%的企业产能恢复至7成左右,仍有40%的企业产能保持在50%~60%。有些企业反映目前已经停止了新员工招聘计划,退休员工留用 2～3 年的惯例也暂停执行,个别企业甚至有裁员压力,企业风险不容忽视。上述问题不是暂时现象,而是长期存在的,这就迫使我们调整发展战略,重视国内市场的挖掘和开发,避免产业链风险,需要我们根据中国地理辽阔的大国特征,形成二、三产业空间有序分布格局,努力构建国内价值链,减缓外部环境波动对国内经济形成的冲击。

本专著是我们近几年研究的一个阶段性总结,部分内容曾经在《管理世界》(2 篇)、《中国工业经济》、《经济地理》、《浙江大学学报(人文社科版)》以及《财贸研究》等杂志上发表过,在本专著写作过程中,也得到了许多师长的关心和帮助,比如浙江大学的姚先国教授、陈建军教授、许庆明教授、蔡宁教授、郭继强教授等,他们的建设性意见对本专著的完善都起到了非常重要的作用。本专著能顺利出版也得到了浙江大学出版社胡志远老师和蔡圆圆老师的大力支持和帮助,在此一并表示感谢。最后,也要感谢这个时代,让我们生活在"空间"的世界里,区域经济学中"空间"概念的导入,让诸多学界同仁能够充分激发灵感,碰撞思想,探寻"空间"世界的奥秘,因此,我们要尊重"空间"规律、敬畏"空间"力量,我们也始终相信空间经济学在中国仍然大有前途,这是一个值得我们用毕生精力去挖掘的宝藏。

陈国亮　袁　凯　徐维祥

2020 年 5 月于浙江工业大学屏峰校区